SHENZHEN SHI
CHENGSHI GUIDAO JIAOTONG GONGCHENG
SAN QI ER JIEDUAN
CELIANG YU JIANCE JISHU SHIJIAN

深圳市城市轨道交通工程
三期二阶段
测量与监测技术实践

深圳地铁建设集团有限公司 主编

人民交通出版社股份有限公司
北京

内 容 提 要

本书总结了深圳市城市轨道交通工程三期二阶段测量与监测技术的实践经验，对各阶段工作的核心内容进行了详细介绍。全书分测量和监测两篇，测量篇主要包括地面控制测量、施工测量、轨道工程测量、设备安装及装修测量、竣工测量、测量项目管理等内容，监测篇主要包括监测控制网系统、监测技术方法、监测工程案例、监测控制值与预警、监测管理、监测新技术等内容。

本书可供从事城市轨道交通工程测量与监测工作的技术人员、高校相关专业师生参考学习。

图书在版编目（CIP）数据

深圳市城市轨道交通工程三期二阶段测量与监测技术实践 / 深圳地铁建设集团有限公司主编． —北京：人民交通出版社股份有限公司，2022.7

ISBN 978-7-114-18037-8

Ⅰ.①深… Ⅱ.①深… Ⅲ.①城市铁路－铁路工程－工程测量－深圳②城市铁路－铁路工程－监测－深圳 Ⅳ.①U239.5-65

中国版本图书馆 CIP 数据核字（2022）第 102419 号

书　　名：深圳市城市轨道交通工程三期二阶段测量与监测技术实践
著 作 者：深圳地铁建设集团有限公司
责任编辑：刘彩云
责任校对：孙国靖　扈　婕
责任印制：刘高彤
出版发行：人民交通出版社股份有限公司
地　　址：（100011）北京市朝阳区安定门外外馆斜街 3 号
网　　址：http://www.ccpcl.com.cn
销售电话：（010）59757973
总 经 销：人民交通出版社股份有限公司发行部
经　　销：各地新华书店
印　　刷：北京建宏印刷有限公司
开　　本：889×1194　1/16
印　　张：21.5
字　　数：610 千
版　　次：2022 年 7 月　第 1 版
印　　次：2022 年 7 月　第 1 次印刷
书　　号：ISBN 978-7-114-18037-8
定　　价：98.00 元

前　　言

根据深圳地铁建设集团有限公司关于开展深圳市城市轨道交通工程三期二阶段建设总结工作，全面总结建设管理经验，为后续工程提供借鉴和指引，进一步提升城市轨道交通工程整体建设管理水平的要求，测量、监测方面的工作总结由深圳地铁建设集团有限公司安质部组织各控制测量与第三方监测单位结合深圳市城市轨道交通建设工作内容及经验进行编制。

在城市轨道交通工程建设全过程中，测量与监测工作始终是安全施工的保障，是质量控制管理的重要环节。本书的编写凝聚了各单位的经验与智慧，内容涵盖了测量、监测工作各阶段的核心内容，并以理论与实践相结合的方式进行阐述。同时，深圳地铁建设集团有限公司为本书提供了相关素材。

本书编写期间，征求了多位专家的意见，结合反馈对书中内容进行了反复修改和完善，希望本书能够为后续地铁建设过程中的测量、监测工作提供一定的借鉴和指导。但由于作者水平有限，本书难免存在纰漏与不足之处，敬请广大读者批评指正。

本书主编单位：深圳地铁建设集团有限公司。

参编单位：北京城建勘测设计研究院有限责任公司、中铁第六勘察设计院集团有限公司、深圳市勘察研究院有限公司、中国铁路设计集团有限公司、深圳市勘察测绘院（集团）有限公司、机械工业勘察设计研究院有限公司。

本书主要编写人员：戴四化、朱滨顺、戴继、郑皓、张斌、罗高团、陈丹、甘璐凯、王维林、龚选波、潘海浪、施秋劼、熊佳亮、胡涛涛、陈伟、崔晓、杨祝华、翟万雨、胡朝辉、吕兵、潘文俊、叶亚林、范朋飞、吴会军、谢春喜、谢文军、钟清祥、尹志超、李志超、丁吉峰、闫阳阳、何建凯。

本书主要审核人员：王平豪、王双龙、宋娱、王玉福。

特别感谢：王维林（北京城建勘测设计研究院有限责任公司）

陈伟（中铁第六勘察设计院集团有限公司）

胡朝辉（深圳市勘察研究院有限公司）

目　录

绪论

1）深圳市城市轨道交通工程建设现状

深圳市城市轨道交通工程于1998年5月获国家批复，1999年4月至2011年6月完成了一期（1号线东段、4号线南段）和二期（1号线续建、4号线北延、2号线、3号线、5号线）建设，线路总长达157km。截至2020年底，历经三期工程的大规模建设，深圳市城市轨道交通运营总里程已达411km（图0-0-1）。

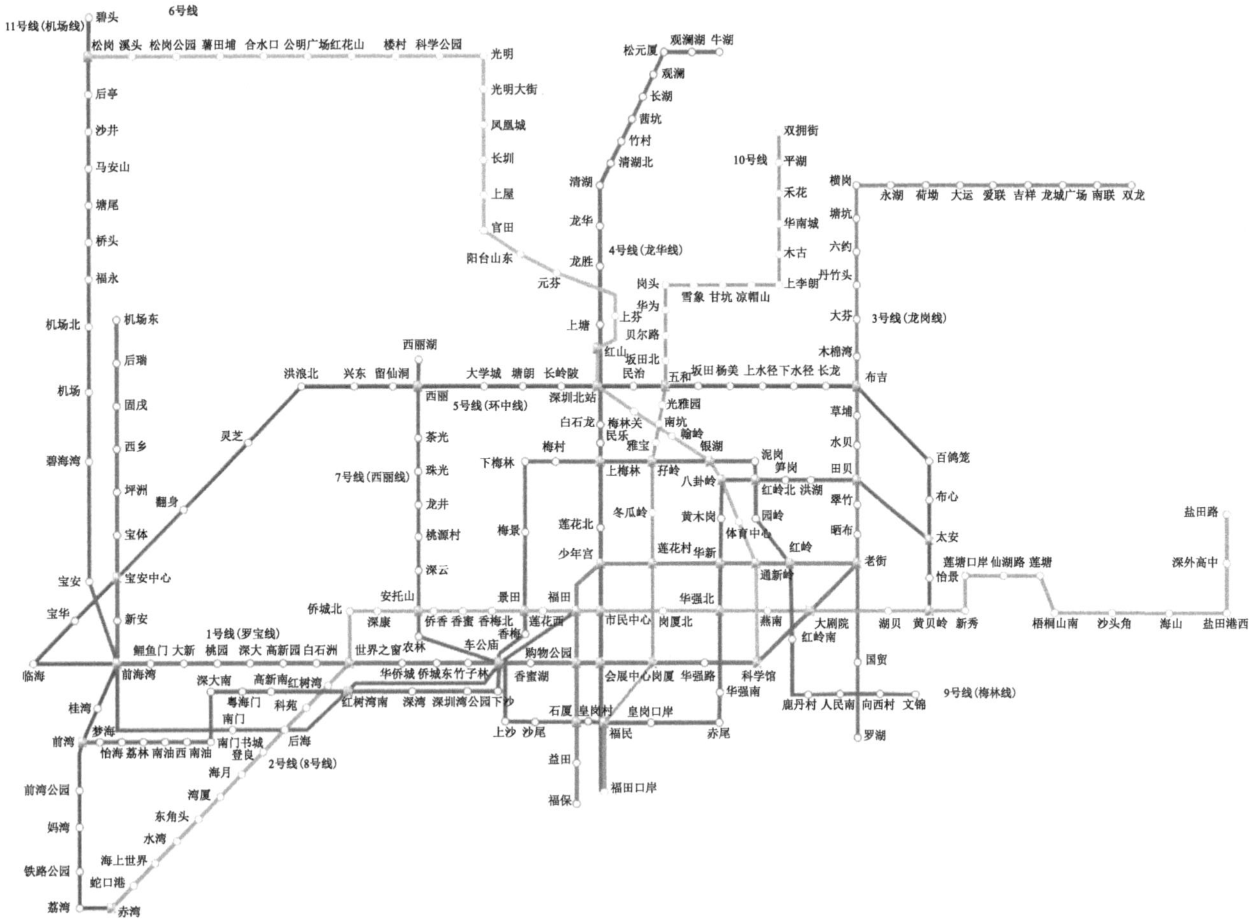

图0-0-1　深圳市城市轨道交通工程线网图

2015年开始的三期二阶段建设工程，充分吸取深圳市前期轨道交通工程建设经验，并引进国内外先进技术，特别是在测量和监测方面得到了充分验证，取得了丰硕成果，可用于指导深圳市城市轨道交通工程后续测量、监测相关工作，并可为全国类似工程提供借鉴和参考。

2）测量与监测在深圳市城市轨道交通工程中的作用

（1）测量在深圳市城市轨道交通工程中的主要作用

深圳市城市轨道交通包括地下、高架两种轨道工程体系，建设在建筑物分布密集、地下管线复杂、人口稠密的地区，工程测量精度要求高。测量工作在深圳市城市轨道交通中的主要作用有：

①保证施工平面和高程精度。由于深圳市城市轨道交通的地理位置特点（穿梭于建筑丛林中）和独特

的施工特点（先车站后区间、盾构施工等），工程需有严格限界规定，允许施工误差很小，测量工作可保证轨道交通建设的无缝贯通。

②完善、详细、准确的建（构）筑物空间实时信息，为轨道交通设计、变更和施工提供基本保障。

③对深圳市城市轨道交通建设工程进行全面的竣工测量，为轨道交通后期工程和城市其他重要建筑的规划、建设、设计和施工提供精确的空间资料。

（2）监测在深圳市城市轨道交通工程中的主要作用

城市轨道交通工程建设具有工程规模大、建设周期长、对周边环境影响大、施工技术条件复杂等特点，为确保工程自身风险及周边环境安全可控，实时反映施工过程中的工程自身以及周边环境条件变化、变形情况，进一步减少事故发生的概率，城市轨道交通工程建设过程中均需实施监测工作。

以地下工程为主的城市轨道交通工程大多为浅埋隧道与深大基坑，属于高风险工程。受工程地质条件和周边环境影响，不确定性因素较多，控制难度较大，施工过程中极易发生坍塌、涌水、涌沙、过量沉降和变形等。尤其是线路穿行于城市交通要道和人口密集区，工程沿线的建（构）筑物、城市桥梁、地下管线等密集，一些地段还要穿越既有轨道交通线路、铁路、建（构）筑物、市政设施等，工程建设有可能对这些周边环境的正常使用和安全产生影响，一旦发生事故，经济损失和社会影响比较大。因此，施工过程中，及时准确地掌握工程围（支）护结构、围岩或开挖面和周边建（构）筑物及设施的位移、变形、倾斜、应力等信息，及时有效地采取应对措施，是控制安全风险、确保工程及其周边环境安全的重要措施，在工程施工中及时对重要周边环境和工程自身关键部位实施监测是十分必要的。

深圳市城市轨道交通工程三期二阶段项目监测工作的主要作用包括：

（1）定期为工程建设提供及时可靠的信息，用以评定地铁施工对周边环境的影响，验证基坑开挖方案和环境保护方案的正确性，并对可能发生的危及地铁及周边环境安全的隐患或事故提供及时、准确的预报，让有关各方有时间做出反应，避免事故的发生。

（2）掌握围岩、支（围）护结构、地层和周边建（构）筑物在施工过程中的动态变化情况，并对其安全稳定性进行评价，为监测范围内建（构）筑物等对象遭破坏界定责任时提供科学的基准数据和报告。

（3）监测数据经分析处理后及时反馈到设计和施工中去，调整相应的开挖、支护参数，为工程和环境安全提供可靠信息。利用监测结果指导施工，为优化设计及今后的类似工程积累经验，提供参考依据。

3）深圳市城市轨道交通工程测量与监测的特点和主要内容

（1）深圳市城市轨道交通工程测量的特点和主要内容

①测量的特点

a. 施工工序繁多，测量工作是最重要的“桥梁”，精度要求高。

b. 建设工期时间长，测量控制点容易受施工扰动，需定期复测和维护。

c. 城市轨道交通工程施工场地小，测量作业环境差，对提高测量精度不利。

d. 地铁暗挖区间，测量网形受限，容易形成累积误差。

②测量的主要内容

城市轨道交通工程测量贯穿工程施工的全过程。建设期间的测量工作主要分为地面控制测量、联系测量、地下控制测量及其他测量。

a. 地面控制测量：在城市轨道交通工程开工前，应结合地铁线网规划和线路走向，完成拟建线路地面控制网系统的布设和测量。同时，为满足施工测量的需要，还需要布设一定数量的施工加密控制点。

b. 联系测量：在城市轨道交通工程建设中，各车站和区间往往需要同步建设，为保证各车站和区间按照设计要求准确衔接，需要将地面平面控制网和高程控制网通过特殊测量方法传递到地下，以保证地下控制网的统一性。

c. 地下控制测量：建立地下施工控制网，并在此基础上开展后续的各种施工测量工作。

d. 其他测量：主要包括地形测量、施工放样、断面测量、竣工测量等测量工作。

（2）深圳市城市轨道交通工程监测的特点和主要内容

①监测的特点

a. 周期性重复观测；

b. 精度要求高；

c. 多种观测技术的综合应用；

d. 着重于监测数据的分析。

②监测的主要内容

a. 建（构）筑物沉降、倾斜、裂缝等监测；

b. 地表沉降、管线变形、围护结构桩（墙）顶水平位移、围护结构桩（墙）顶竖向位移、基坑周围地表沉降、支护结构变形等监测；

c. 支撑轴力（混凝土内力）、地下水位、立柱沉降等结构监测；

d. 隧道拱顶沉降、隧道净空收敛、隧道拱底等隧道结构监测；

e. 现场巡查。

4）深圳市城市轨道交通工程测量与监测工作现状与技术发展方向

自 1956 年以来，我国广大测绘工作者在地铁、隧道等相关工程实践中逐渐总结出了一套行之有效的地铁施工测量方法，并于 1999 年编写出版了《地下铁道、轻轨交通工程测量规范》（GB 50308—1999），2008 年又对其进行了补充完善。

至 2020 年 12 月 31 日，我国大陆已有 38 个城市开通城市轨道交通线路，运营总里程超 7000km。城市轨道交通工程测量与监测伴随城市轨道交通的发展而发展，为城市轨道交通工程建设做出了应有的贡献。

深圳市经济正保持快速发展，未来较长时间内深圳市城市轨道交通固定资产投资仍将保持稳定增长，按照最新的深圳市轨道交通线网规划（2016—2035 年）方案，全市共规划城市轨道线路 33 条，总规模约 1335km。

（1）深圳市城市轨道交通工程测量工作现状与技术发展方向

①测量工作现状

深圳市城市轨道交通工程测量工作水平与测量仪器、测量技术和工程需求有着密切的关系。新型测量仪器、软件的开发，必然将迅速投入市场发挥作用；而为了满足某种工程需求，必然会推陈出新，去研发新的测量仪器、软件，并推动测量技术的发展。近年来，随着测量理论的日益完善，测量仪器的不断升级，测量技术的不断提升，测量管理工作的日益完善，城市轨道交通工程（地下工程）测量工作的水平也在稳步提升。

②测量技术发展方向

深圳经济的发展带动测量技术的快速进步，现代化的工程测量技术正向着内外一体化、智能化、测量过程的可控化、测量成果的数字化、测量信息的可视化、数据获取和处理的自动化、测量信息共享数据库的方向发展。测绘技术的快速更新也要求我国有关部门和企业加强对测量人员的培养，使其及时了解新的测量技术，并较好地应用于工程测量中。

a. 在管理业务、技术层面上，修订深圳市城市轨道交通工程测量管理办法和验收标准；

b. 鼓励测量新技术的推广和测量软件的研发，加强测量新仪器的推广使用。

（2）深圳市城市轨道交通工程监测工作现状与技术发展方向

①监测工作现状

a. 监测管理的法规体系基本形成；

b. 监测管理的体制机制运行良好；

c. 监测的组织模式已成熟完善；

d. 监测工作的作用已有显著成效。

②监测技术发展方向

城市轨道交通工程监测技术日新月异，发展方向趋向监测的自动化、智能化（AI，Artificial Intelligence），包括数据采集与无线传输、近景摄影测量、光纤光栅、三维激光扫描、合成孔径雷达干涉（InSAR，Synthetic Aperture Radar Interferometry）等技术，最终实现监测工作的自动化、网格化、可视化和智能化。

a. 完善监测数据自动采集系统，通过对先进监测设备、计算机、互联网、物联网技术进行整合，实现城市轨道交通常规监测项目的自动化监测，建立基于物联网的基坑全要素自动监测系统、视频采集智能化分析系统、无线传输系统。同时，实现实时无线获得连接在采集终端上的传感器数据、显示各采集终端的在线状态和数据采集状态，超限后实时声光报警提示，可脱机自动运行，自行判断是否超限报警。

b. 智能化监测信息大数据管理平台，与地理信息系统（GIS，Geographic Information System）、建筑信息模型（BIM，Building Information Modeling）融合，实现计算机客户端、移动客户端成果及数据获取，通过监测大数据智能分析系统实现成果报告格式标准化自动生成、自动预警发布、自动处置及信息化管理等功能，确保现场监测数据的真实性、数据分析的及时性，提高在线监测的信息化管理水平，最终实现工程质量和安全实时在线监控。

国内已进入轨道交通建设、运营及保护区监测并重时期。运营线路越来越多，受内在因素（地铁结构承受频繁的动荷载作用及结构长期的疲劳损伤变形）和外在因素（周围地质结构、水文条件及气候条件变化）等的影响，各种小事故频发、大事故时有发生，因而运营线路的监测工作显得日益重要。

第1篇　测量篇

第1章　概述

近年来，我国城市轨道交通发展迅速，运营规模、客运量、在建线路长度、规划线路长度均屡创历史新高，城市轨道交通发展日渐网络化、差异化，制式结构多元化，网络化运营逐步实现。城市轨道交通工程测量在测量仪器、测量技术和软件开发等方面推陈出新，为城市轨道交通工程提供有力支持和保障。

深圳市城市轨道交通工程经过近三期的建设，规模越来越大，地区性的测量工作经验总结已形成完善体系，管理部门编制了地方性的测量管理办法和技术要求，对测量作业流程、技术标准、成果报告以及施工测量服务进行了规范。建设单位及各大施工单位均对测量工作进行了重点关注，各参建单位从测量人员水平到测量装备均得到提升，测量复核制度得到进一步落实，对各项目的控制性测量成果进行了把关。监理单位对测量工作的全过程进行旁站监理，对测量程序进行严格监督，对重要的测量工序进行抽检。建设单位的第三方专业服务单位对整条线路的测量业务进行统筹管理，对重要测量成果进行复核检测，对测量技术进行总结积累。

本测量篇以成熟的深圳特色地下轨道交通工程建设测量技术和管理经验为基础，加入大量的实践案例，可供同类工程借鉴。

第 2 章　地面控制测量

2.1　概述

2.1.1　深圳市平面坐标系统

1996 年，原深圳市规划国土局组织实施“深圳市城市测量控制网改造工程”，采用 GPS（全球定位系统）定位测量技术，在全市 2020km^2 范围内，充分利用原有点位，重新布设 GPS 高精度框架网及首级Ⅱ等 GPS 全面网。控制网改造首先布设 5 个点的高精度 GPS 框架网，采用国家 A 级 GPS 网观测方法，并入国家 A 级网同步施测，获取高精度的地心坐标；全面网布测 77 个点，合计 82 个 B 级 GPS 点。但随着城市建设的不断发展，部分点位遭到了破坏。深圳市城市轨道交通工程测量所采用的平面坐标系统由该控制网发展而来，常称之为深圳独立坐标系统。

2.1.2　深圳市高程系统

1996—1997 年，原深圳市规划国土局为了统一高程基准，在全市范围布测了一、二等高精度高程骨干控制网，同样，随着城市建设的迅速发展，点位均遭到不同程度破坏。深圳市城市轨道交通工程测量所采用的高程系统由该水准网发展而来，为 1956 年黄海高程系统。

2.1.3　城市轨道交通工程地面控制网测量的作用

城市轨道交通工程的地面控制测量分为平面控制测量和高程控制测量两部分。平面控制测量是工程建设中各项测量工作的位置基础和依据，高程控制测量是工程建设中各项测量工作的高程基础和依据。

平面控制网精度直接决定结构几何位置的准确性与线路的贯通质量。在工程规划设计阶段，要建立地形测图控制网；在施工阶段，要建立施工控制网，以控制工程的总体布置和各建筑物轴线之间的相对位置，满足施工放样的需要；在运营管理阶段，根据需要建立变形观测控制网，用来控制建筑物的变形，以鉴定工程质量，保证安全运营，分析变形规律和进行相应的科学研究。因此，工程平面控制测量具有非常重要的意义。

地面高程控制网是城市轨道交通工程建设过程中所有高程测量工作的基础和依据，是城市轨道交通工程全线高程准确贯通的保障，其布设和测量应结合拟建线路情况在轨道交通工程动工前完成。必要时，地面高程控制网也可作为轨道交通施工期间周边环境、工程结构垂直沉降监测的工作基准。

2.2　卫星定位控制网测量

卫星定位控制网，是以全球导航卫星系统为基础，利用全球卫星定位技术建立的测量控制网，是地铁控制测量的首级网，又称 GNSS（全球卫星导航系统）控制网。在卫星定位控制测量前，应根据城市轨道交通线路规划设计，收集、分析线路沿线现有城市控制网的标石，包括点之记、平面控制网的网图精度等有关资料，并按静态相对定位原理进行控制网设计。

2.2.1 卫星定位控制网测量基本要求

GNSS技术在社会各行各业中有着广泛应用，尤其是在工程建设领域，由于地铁线路长、已知点少，用常规测量手段不仅布网困难，而且难以满足高精度的要求。目前，国内已采用GNSS技术建立线路首级高精度平面控制网，然后用常规方法布设导线加密。实践证明，在几十公里范围内的点位误差仅有2cm左右，达到了常规方法难以实现的精度，同时也大大缩减了工期。GNSS测量无需通视，减少了常规方法的中间环节，具有速度快、精度高的优点。

1)卫星定位控制网布设的基本要求

卫星定位控制网的布设要满足相关测量规范的基本要求，同时要兼顾工程建设的需要。其布设要求必须遵循以下原则：

(1)卫星定位控制网内应重合3～5个现有城市一、二等控制点，且控制点应均匀分布；

(2)卫星定位控制网应沿线路两侧布设，控制点宜布设在隧道口、竖井及车站附近，各控制点应至少有2个通视方向；

(3)所选站点应尽量避免误差和干扰因素，宜便于利用。

2)选点的基本要求

(1)控制点应选在施工变形影响区域以外利于长久保存、施测方便、便于扩展和联测的地方；

(2)当利用已有城市控制点时，其标石应稳定、完好；

(3)二等线路控制网各控制点通视方向不应少于2个；

(4)建筑物上的控制点应选在便于联测的楼顶承重结构上；

(5)控制点应避开多路径效应影响，附近不应有大面积的水域或对电磁波反射或吸引强烈的物体；

(6)控制点与无线电发射装置和高压输电线的间距应分别大于200m和50m；

(7)控制点周围应视野开阔，便于扩展，视场内障碍物的高度角不宜大于15°。

3)主要技术指标

根据《城市轨道交通工程测量规范》(GB/T 50308—2017)，卫星定位控制网的主要技术指标应符合表1-2-1的规定。

卫星定位控制网的主要技术指标 表1-2-1

控制网等级	平均边长(km)	固定误差 a(mm)	比例误差 b(mm/km)	相邻点的相对点位中误差(mm)	最弱边的相对中误差
一等	10	≤5	≤2	±20	1/200000
二等	2	≤5	≤5	±10	1/100000

4)作业基本技术要求

根据《城市轨道交通工程测量规范》(GB/T 50308—2017)，卫星定位控制网测量作业基本技术要求应满足表1-2-2的规定。

卫星定位控制网测量作业基本技术要求　　表 1-2-2

控制网等级	一等	二等
接收机类型	双频	双频或单频
观测量	载波相位	载波相位
仪器标称精度	$5mm+2\times10^{-6}\times D$	$5mm+5\times10^{-6}\times D$
卫星高度角(°)	≥ 15	≥ 15
同步观测接收机台数(台)	≥ 3	≥ 3
有效观测卫星数(颗)	≥ 4	≥ 4
每站独立设站数(次)	≥ 2	≥ 2
观测时段长度(min)	≥ 120	≥ 60
数据采样间隔(s)	10 ～ 30	10 ～ 30
点位几何图形强度因子(PDOP)	≤ 6	≤ 6

注：D 为相邻控制点间的距离(km)，下同。

5)卫星定位控制网观测的基本要求

(1)观测前编制 GNSS 卫星可见性预报表，其内容包括可见卫星号、卫星高度角和方位角、最佳观测卫星组的最佳观测时间、点位几何图形强度因子(PDOP)等；

(2)作业前根据实际情况编制作业调度表；

(3)天线整平、对中后的对中误差应小于 2mm；

(4)每时段观测前、后各量取天线高一次，两次互差应小于 3mm，取两次平均值作为最后结果；

(5)天线定向标志应指向正北方向；

(6)按《城市轨道交通工程测量规范》(GB/T 50308—2017)附录 A 表 A.2.1 的规定逐项填写外业观测手簿；

(7)每日观测结束后，应及时复制存储介质上的数据，并应及时进行数据处理。

6)注意事项

采用静态定位技术施测，同步作业图形之间采用网连接的方式。为保证该网的高精度和高可靠性，应从以下两个方面进行加强：

(1)保证时段长度：保持规范规定的时段长度≥ 60min。

(2)加强网的结构：为增加多余观测，每个点必须有 3 条及以上的不同时段的独立基线相连。

2.2.2　卫星定位控制网测量作业程序

(1)测绘资料搜集整理；

(2)编写实施方案及方案评审；

(3)踏勘、选点、埋石；

(4)制订作业计划、仪器检校；

(5)外业观测与整理；

(6)数据处理(基线解算与质量评估)；

(7)成果书编写(技术总结)；

(8)成果验收；

(9)验收合格后交付使用。

2.2.3 地铁卫星定位控制网方案设计

城市轨道交通建设首级测量控制网一般都是在城市二等控制网的基础上通过GNSS技术建立的地铁工程控制网。

地铁卫星定位控制网的建立必须与城市规划、地铁建设规划相结合，考虑远期规划和近期规划，从技术先进、经济合理、质量可靠和安全适用的角度出发进行控制网设计。在保证质量的前提下，尽可能地提高效率、降低成本。因此，在进行地铁卫星定位控制网设计时，既不能脱离实际需求，盲目追求不必要的高精度和高可靠性，也不能为追求高效率和低成本而放弃对质量的要求。

在布设地铁卫星定位控制网时，首先要进行技术设计，以获取最优的布测方案。技术设计可以为地铁卫星定位控制网测量实施提供技术准则，解决布设时遇到的诸多技术问题等。

1）布设地铁卫星定位控制网的设计指标

在布设GNSS控制网时，除了遵循一定的设计原则外，还需要一些定量的指标来指导工作。在进行GNSS控制网的设计时经常需要采用效率指标、可靠性指标和精度指标等。

（1）效率指标

在进行GNSS控制网的设计时，经常采用效率指标来衡量某种网设计方案的效率，以及在采用某种布网方案作业时所需要的作业时间、消耗等。

在布设一个GNSS控制网时，在点数、接收机数和平均重复设站次数确定后，即可确定完成该网测设所需的理论最少观测期数（同步观测的时段数）。但是当按照某个具体的布网方式和观测作业方式进行作业时，要按要求完成整网的测设，所需的观测期数与理论上的最少观测期数会有所差异，理论最少观测期数与设计的观测期数的比值，称之为效率指标（l），即$l=\dfrac{S_{\min}}{S_{\mathrm{d}}}$。其中，$S_{\min}$为理论最少观测期数，$S_{\min}=\mathrm{INT}\left(\dfrac{R\cdot n}{m}\right)$，$R$为平均重复设站次数，$m$为接收机数，$n$为GNSS网的点数，$\mathrm{INT}(x)$为凑整函数；$S_{\mathrm{d}}$为设计观测期数，该指标可用来衡量GNSS控制网设计的效率。

（2）可靠性指标

①可靠性的概念

GNSS控制网可靠性，可以分为内可靠性和外可靠性。GNSS控制网的内可靠性是指所布设的GNSS控制网发现粗差的能力，即可发现的最小粗差的大小；GNSS控制网的外可靠性是指GNSS控制网抵御粗差的能力，即未剔除的粗差对GNSS控制网所造成的不良影响的大小。由于内、外可靠性指标在计算上过于烦琐，因此，在实际的GNSS控制网的设计中采用一个计算较为简单的反映GNSS控制网可靠性的数量指标，该指标就是整网的多余独立基线数与总的独立基线数的比值，称为整网的平均可靠性指标（η），即$\eta=\dfrac{l_{\mathrm{r}}}{l_{\mathrm{n}}}$。其中，$l_{\mathrm{r}}$为多余的独立基线数，$l_{\mathrm{r}}=l_{\mathrm{t}}-l_{\mathrm{n}}$；$l_{\mathrm{n}}$为必要的独立基线数，$l_{\mathrm{n}}=n-l$；$l_{\mathrm{t}}$为总的独立基线数，$l_{\mathrm{t}}=s\cdot(m-l)$；$s$为观测期数；$m$为同步观测接收机的台数。

②提高GNSS控制网可靠性的方法

a. 增加观测期数（增加独立基线数）。在布设GNSS控制网时，适当增加观测期数（时段数），对于提高GNSS控制网的可靠性非常有效。因为随着观测期数的增加，所测得的独立基线数就会增加，而独立基线数的增加，对网的可靠性的提高是非常有益的。

b. 保证一定的重复设站次数。保证一定的重复设站次数，可确保GNSS控制网的可靠性。一方面，通过在同一测站上的多次观测，可有效地发现设站、对中、整平、量测天线高度等的人为错误；另一方面，重复设站次数的增加，也意味着观测期数的增加。需要注意的是，当同一台接收机在同一测站上连续进行多个时段的观测时，各个时段间必须重新安置仪器，以更好地消除各种人为操作误差和错误。

c. 保证每个测站与三条及以上的独立基线相连，这样可以使测站具有较高的可靠性。

在布设 GNSS 控制网时，各个点的可靠性与点位无直接关系，而与该点上所连接的基线数有关。点上所连接的基线数越多，点的可靠性则越高。

d. 布网时要使网中所有最小异步环的边数不大于 6 条。

在布设 GNSS 控制网时，检查 GNSS 观测值（基线向量）质量的最佳方法是，判断异步环闭合差是否满足限差要求，而随着组成异步环的基线向量数的增加，其检验质量的能力将逐渐下降。

（3）精度指标

①精度指标的概念

当 GNSS 控制网布网方式和观测作业方式确定后，GNSS 控制网的网形就确定了，根据已确定的 GNSS 控制网的网形，可以得到 GNSS 控制网的设计矩阵 $\boldsymbol{B}$，从而可以得到 GNSS 控制网的协因数阵 $\boldsymbol{Q}=(\boldsymbol{B}^{\mathrm{T}}\boldsymbol{PB})$，在 GNSS 网的设计阶段可以采用 $\mathrm{tr}(\boldsymbol{Q})$ 作为衡量 GNSS 控制网精度的指标。

②提高 GNSS 控制网精度的方法

a. 为保证 GNSS 控制网中各相邻点具有较高的相对精度，应对网中距离较近的点进行同步观测，以获得它们间的直接观测基线。

b. 为提高整个 GNSS 控制网的精度，可以在全面网之上布设框架网，以框架网作为整个 GNSS 控制网的骨架。

c. 在布网时要使网中所有最小异步环的边数不大于 6 条。

d. 在布设 GNSS 控制网时，引入高精度激光测距边，作为观测值与 GNSS 观测值（基线向量）一同进行联合平差，或将它们作为起算边长。

e. 若要采用高程拟合的方法测定网中各点的正常高 / 正高，则需在布网时选定一定数量的水准点，水准点的数量应尽可能地多，且应在网中均匀分布，还要保证有部分点分布在网的四周，将整个网包含在其中。

f. 为提高 GNSS 控制网的尺度精度，可采用增设长时间、多时段的基线向量等方法。

2）GNSS 控制网布设原则

应在收集和熟悉设计站位、区间走向、施工方法的基础上集合线路附近的既有城市高等级平面控制点进行 GNSS 控制网布设。

（1）一般原则

地铁 GNSS 控制网布设的一般原则是：

①应根据测区的实际情况、精度要求、卫星状况、接收机的类型和数量以及测区已有的测量资料进行综合设计。

②首级网布设时，宜联测 3 个以上高等级国家控制点或地方坐标系的高等级控制点；对控制网内的长边，宜构成大地四边形或中点多边形。

③控制网应由独立观测边构成一个或若干个闭合环或附合路线，各等级控制网中构成闭合环或附合路线的边数不宜多于 6 条。

④各等级控制网中独立基线的观测总数，不宜少于必要观测基线数的 1.5 倍。

⑤根据工程需要，加密网在满足规范精度要求的前提下可采用比较灵活的布网方式。

⑥对于采用 GNSS-RTK 的测区，在控制网的布设中应考虑参考站点的分布及位置。

(2)个性原则

根据地铁建设需求和地铁施工特点，地铁 GNSS 控制网的布设除了满足上述要求外，还应考虑以下要求：

①地铁 GNSS 控制网应根据地铁工程建设规划，考虑近期规划和远期规划，布设覆盖全部规划线路的骨架网，同时根据各条地铁线路建设的先后次序，沿各线路独立布设 GNSS 控制网。

② GNSS 控制网应根据线路、测区实际需要和交通状况进行设计，收集并充分利用既有卫星定位控制点。卫星定位控制网点均应埋设永久性标石。

③地铁 GNSS 控制网的坐标系统应与所在城市现有坐标系统一致。投影面高程应与城市现有坐标系统投影面高程一致，当地铁线路轨道的平均高程与城市投影面高程的高差影响每千米大于 5mm 时，应采用其线路轨道高程作为投影面高程。

④地铁 GNSS 控制网内应重合 3 ～ 5 个现有城市一、二等控制点，控制点应均匀分布；在不同线路交叉有联络线处或同一线路前后工期衔接处应布设 2 个以上的重合点。

⑤地铁 GNSS 控制网应沿地铁线路两侧布设，控制点宜布设在隧道出入口、竖井或车站附近，原则上上述区域至少有 1 个卫星定位控制点，每个卫星定位控制点至少与 1 ～ 2 个相邻卫星定位控制点通视。

⑥车辆段附近应布设 3 ～ 5 个控制点，相邻控制点应满足通视要求。

3)GNSS 控制网布设

(1)影响 GNSS 控制网质量的因素

①观测值的精度：由观测方法和基线处理方法决定。

②起算数据的质量、数量、分布及与网的关系：由网的设计和外业观测调度决定。

③网的结构(基线向量的数量及配置)：由网的设计和外业观测调度决定。

④数学模型的完备性：由数据处理软件决定。

⑤外业观测工作，如对中、量高、天线定向等：由外业作业人员决定。

(2)起算数据的设计

地铁 GNSS 控制网一般选择城市二等控制点作为起算数据，起算数据质量高时，数量可适当多选。起算数据质量低时，数量要适当，具体数目与项目性质及数据处理方法有关。具体起算点的数量按以下情况考虑：旧网改造或加密扩充，起算点的数目可多一些；新建网，起算点的数目可少一些；独立坐标系下的工程网可固定一点一方向。因此在布设 GNSS 控制网时，应基于以下几点统筹考虑：

①布设 GNSS 控制网时起算边长的选取与分布

涉及投影面高度问题的网应引入已知边长。在布设 GNSS 控制网时，可以采用高精度激光测距边作为起算边长，激光测距边的数量可为 3 ～ 5 条，它们可设置在 GNSS 控制网中的任意位置，但激光测距边两端点的高差不应过分悬殊。

②布设 GNSS 控制网时起算点数量的选取与分布

若要求所布设的 GNSS 控制网的成果与旧成果尽可能地吻合，则起算点数量越多越好；若不要求所布设的 GNSS 控制网的成果完全与旧成果吻合，则一般可选 3 ～ 5 个起算点。这样既可以保证新老坐标成果的一致性，又可以保持 GNSS 控制网的原有精度。

为保证整网的点位精度均匀，起算点一般应均匀地分布在 GNSS 控制网的周围。要避免所有的起算点分布在网中一侧的情况。

③布设 GNSS 控制网时起算方位的选取与分布

在布设 GNSS 控制网时，可以引入起算方位，但起算方位不宜太多，起算方位可布设在 GNSS 控制网中的任意位置。

（3）GNSS 快速定位图形布设

根据 GNSS 定位原理，在外业施测过程中，至少需要两台接收机才能形成一条完整的 GNSS 基线，下面介绍不同数量接收机所形成的基本网图结构。

①两台仪器作业的基本图形

a. 多边形环状网

多边形环状网（图 1-2-1），两接收机同步作业，交替迁站 $n-1$ 次，得到首尾相接的 n 边形闭合环，每个新点均与两条独立基线相连。

b. 单基准星状网

单基准星状网（图 1-2-2），两接收机同步作业，1 台固定不动，1 台快速流动迁站 $n-1$ 次，得到 n 条独立基线，每个新点只与 1 条独立基线相连，因此每个点上必须进行第二次设站。

②三台接收机作业的基本图形

a. 单基准星状网

单基准星状网（图 1-2-3），1 台固定不动，2 台各快速流动迁站 $n-1$ 次，得到 $2n$ 条独立基线，每个新点只与 1 条独立基线相连，因此每个点上必须进行第二次设站。

b. 双基准菱状网

双基准菱状网（图 1-2-4），2 台固定不动，1 台快速流动迁站 $n-1$ 次，得到 $2n$ 条独立快速定位基线。如果两基准站采用静态定位方式，则可得到 $2n+1$ 条独立基线向量。如果采用在流动站迁站期间两基准站多次快速定位得到多组快速定位基线向量的方法，则最多可得到 $3n-1$ 条独立基线向量。

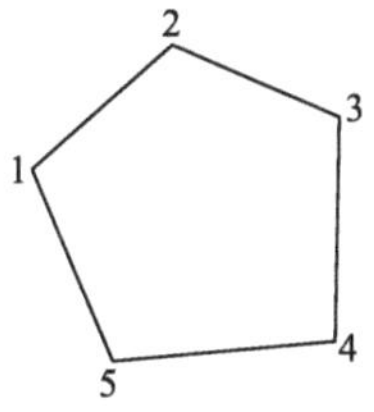

图 1-2-1　多边形环状网

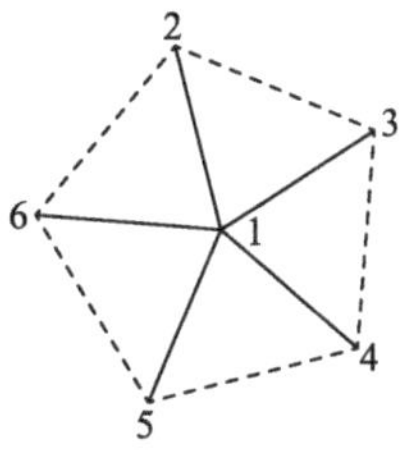

图 1-2-2　单基准星状网

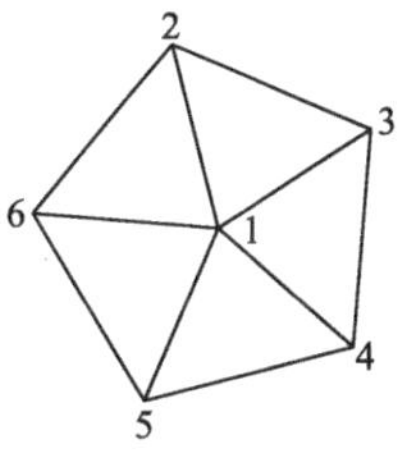

图 1-2-3　单基准星状网

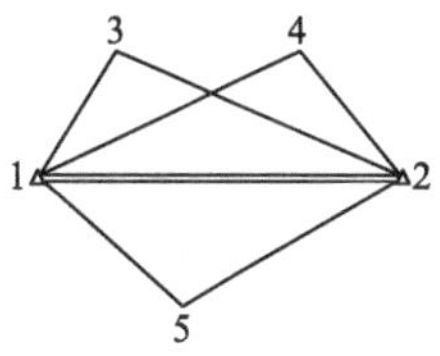

图 1-2-4　双基准菱状网

（4）地铁 GNSS 控制网选点

选点工作关系到 GNSS 控制网的质量，同时在 GNSS 控制网测量中又占有很大的比例。因此应先进行图上选点，然后进行现场核对。通过反复进行图上选点与现场核对才能选出既满足 GNSS 测量要求，又方便使用与保护的 GNSS 控制网点。

地铁 GNSS 控制点点位的选择应遵循以下一般原则：

①应选在土质坚实、稳固可靠的地方，同时要有利于加密和扩展，每个控制点至少应有一个通视方向。

②应选在利于长久保存、交通便利、便于施测的位置。

③应选在视野开阔，高度角在 15° 以上的范围内，应无障碍物，避开多路径效应的影响，如高层建筑、成片水域等。

④点位附近不应有强烈干扰接收 GNSS 卫星信号的干扰源或强烈反射（或吸收）卫星信号的物体，如电磁波发（反）射塔、高压电线、大面积水域等。

⑤控制点与无线电发射装置的间距应大于200m，与高压输电线的间距应大于50m。充分利用符合要求的已有控制点。点位所占用的土地、使用面积等应征得土地使用者或管理者的同意。

为了满足地铁建设需要，方便地铁施工，地铁GNSS控制点点位的选择还应符合以下要求：

①地铁GNSS控制点应根据线路走向，沿线路附近布设，点位分布应均匀。

②控制点应有两个以上通视方向。选出的GNSS控制点特别是沿线路选出的GNSS控制点应尽可能通视，以方便以后各等级常规平面测量工作的开展。

③凡符合地铁GNSS控制网要求的现有城市控制点的标石和其他旧有标石应充分利用。当利用已有城市控制点和其他旧有标石时，应检查该点的稳定性及完好性。

④选出的GNSS控制点必须能控制线路和车站位置，且要避开施工可能导致的变形影响范围。

⑤建筑物上的控制点应选在便于联测的楼顶承重结构上，且靠近施工场地的一侧。

⑥为了减少分级布网，提高精度，降低测量费用，根据地铁建设的特点和精度要求，在地铁建设不布设二级网——精密导线网时，施工场地附近GNSS边长宜在800～1500m之间，便于观测和方便施工使用。

⑦位于地铁区间（特别是长大隧道）两端附近的GNSS控制点与地面的垂直角不应大于20°，以减少垂线偏差对测边方位角的影响。

（5）地铁GNSS控制点埋石

地铁GNSS控制点均应埋设永久性标石，有条件的尽可能埋设强制对中标石，埋设的GNSS桩点上应有标识，以利于判断其有关属性，如在埋石上刻上“地铁GNSS”标记。建筑顶上的标石可以现场浇筑。所有埋石埋设结束后均应绘制点之记，点位标识应牢固、清晰。车站、洞口和竖井附近建筑物上的GNSS控制点上宜建造三角钢架或树立照准杆。

（6）地铁GNSS控制网优化设计

为了保证地铁GNSS控制网的最终成果精度满足方案设计和规范要求，在GNSS控制网布设和施测过程中有必要对网进行优化，达到控制网优化设计的目的。地铁GNSS控制网优化设计是进行GNSS定位的一项重要工作，它是依据测量任务书提出的GNSS控制网的用途、精度、密度和经济指标，结合国家有关测量规程的规定，经过现场踏勘，在确定的地形、地物、交通等条件下，对GNSS控制网的坐标基准（投影面、投影带）、网形、外业观测调度等方面进行具体设计，并根据所设计的控制网图形和所选择GNSS接收机的精度进行GNSS控制网精度、可靠性的估算。在各种设计方案中选择既能满足精度、可靠性要求，又能使整个建网费用最少的方案。地铁GNSS控制网优化设计也可以参照传统控制网优化设计进行分类处理。

①零类设计：即GNSS控制网的基准设计，主要包括选择控制网最优的坐标系统、投影面、投影带和确定起算点取舍、联测水准的控制点位置与个数等。

②一类设计：即GNSS控制网的图形设计，主要根据测区地形、地物、交通等具体条件和控制网精度、可靠性、经费等具体指标，确定GNSS控制点的最佳位置和连接方式、重复设站率、复测基线率、水准联测路线选取等。

③二类设计：即GNSS控制网观测方案的设计，主要包括测量时段、交通路线选取、观测时间的分配等。

2.2.4 卫星定位测量数据处理

卫星定位测量包括外业数据采集和内业数据处理，外业采集的数据只有通过内业数据处理才能获得最终测量成果，而内业数据处理的质量又直接关系到卫星定位测量最终测量结果的精度（质量），因此，数据处理是卫星定位测量的一项重要工作。

1)卫星定位测量精度指标

(1)质量指标

质量指标分为控制指标和参考指标。控制指标包括同步环闭合差、异步环闭合差、重复基线较差，在 GNSS 数据处理过程中要求这些控制指标必须满足有关质量要求。参考指标包括单位权方差因子 $\hat{\sigma}_0$、均方根误差 RMSE、确定模糊度时的方差比 RATIO，这些质量指标用于参考，不做要求，软件能自动判断。

(2)数据剔除率

在基线解算时，如果观测值的改正数大于某一个阈值时，则认为该观测值含有粗差，需要将其删除。被删除观测值的数量与观测值的总数的比值，即数据剔除率。数据剔除率从某一方面反映了 GNSS 原始观测值的质量。数据删除率越高，说明观测值的质量越差。同一时段内观测值的数据剔除率不应超过 10%。

(3)均方根误差 RMSE

RMSE 即均方根误差(Root Mean Square Error)。RMSE 表明了观测值的质量，RMSE 越小，观测值质量越好；反之，RMSE 越大，则观测值质量越差，它不受观测条件(观测期间卫星分布图形)好坏的影响。依照数理统计的有关理论，观测值误差落在 1.96 倍 RMSE 范围内的概率是 95%。

(4)方差比 RATIO

$RATIO = RMSE_{次最小}/RMSE_{最小}$。RATIO 反映了所确定出的整周未知数参数的可靠性，这一指标取决于多种因素，既与观测值的质量有关，也与观测条件的好坏有关。显然，RATIO ≥ 1.0，而且在 GNSS 基线解算中 RATIO 越大越好。实践证明，当 RATIO ≥ 3.0 时，GNSS 固定双差解的置信水平高。

(5) RDOP 值

RDOP 值指的是在基线解算时待定参数的协因数阵的迹 $[\mathrm{tr}(\boldsymbol{Q})]$ 的平方根，即 $RDOP = [\mathrm{tr}(\boldsymbol{Q})]^{1/2}$。RDOP 值的大小与基线位置和卫星在空间中的几何分布及运行轨迹(即观测条件)有关，当基线位置确定后，RDOP 值就只与观测条件有关，而观测条件又是时间的函数，因此实际上对于某条基线向量而言，其 RDOP 值的大小与观测时间段有关。RDOP 表明了 GNSS 卫星的状态对相对定位的影响，即取决于观测条件的好坏，不受观测值质量好坏的影响。

(6)同步环闭合差

同步环闭合差是由同步观测基线所组成的闭合环的闭合差。由于同步观测基线间具有一定的内在联系，从而使得同步环闭合差在理论上应总为 0，如果同步环闭合差超限，则说明组成同步环的基线中至少存在一条基线向量是错误的，但反过来，即使同步环闭合差没有超限，也不能说明组成同步环的所有基线在质量上均合格。

(7)异步环闭合差

不是完全由同步观测基线所组成的闭合环称为异步环，异步环的闭合差称为异步环闭合差。当异步环闭合差满足限差要求时，表明组成异步环的基线向量的质量是合格的；当异步环闭合差不满足限差要求时，则表明组成异步环的基线向量中至少有一条基线向量的质量不合格，要确定出哪些基线向量的质量不合格，可以通过多个相邻的异步环或重复基线来进行。

(8)重复基线较差

不同观测时段，对同一条基线的观测结果，即重复基线。这些观测结果之间的差异，就是重复基线较差。

基线质量的好坏，可以依据 RMSE、RDOP、RATIO、同步环闭合差、异步环闭合差和重复基线较差来综合判定。另外，RMSE、RDOP、RATIO 这几个质量指标只具有某种相对意义，它们数值的高低不能绝对说明基线质量的高低。若 RMSE 偏大，则说明观测值质量较差；若 RDOP 值较大，则说明观测条件较差。

（9）单位权方差因子

$$\hat{\sigma}_0=\sqrt{\frac{\boldsymbol{V}^{\mathrm{T}}\boldsymbol{P}\boldsymbol{V}}{n}}$$

其中，$\boldsymbol{V}$ 为观测值的残差；$\boldsymbol{P}$ 为观测值的权；n 为观测值的总数。单位权方差因子又称为参考因子。

2）GNSS 控制网质量内涵

质量是指产品或工作的优劣程度。GNSS 测量产品质量的内涵，包括精度和可靠性两个方面。因此，质量≠精度，而应该全面理解质量为：质量 = 精度 + 可靠性（+ 应用目标符合度）。

（1）GNSS 控制网的精度

GNSS 控制网的精度应从以下方面综合衡量：基线向量改正数、重复基线向量的较差、闭合差、相邻点距离中误差、点位中误差。

（2）GNSS 控制网的可靠性

GNSS 控制网的可靠性应从以下方面综合评定：

①可探测出的观测值中粗差的大小；

②观测值中残余粗差对结果影响的大小。

（3）质量控制

质量控制是指为达到质量要求所采取的作业技术和活动。GNSS 测量产品质量控制的内容包括：

①质量评价，即评定质量的指标；

②质量改善，即提高质量的方法，提高 GNSS 网精度、可靠性的方法。

（4）评定质量指标时的常见错误

如前所述，质量≠精度，因此认为精度高就等于质量好是错误的观念。

以 Trimble 配套商用软件为例，常见的错误质量评定方法包括以下现象：

①根据颜色和是否插旗来评定质量，如图 1-2-5 所示；

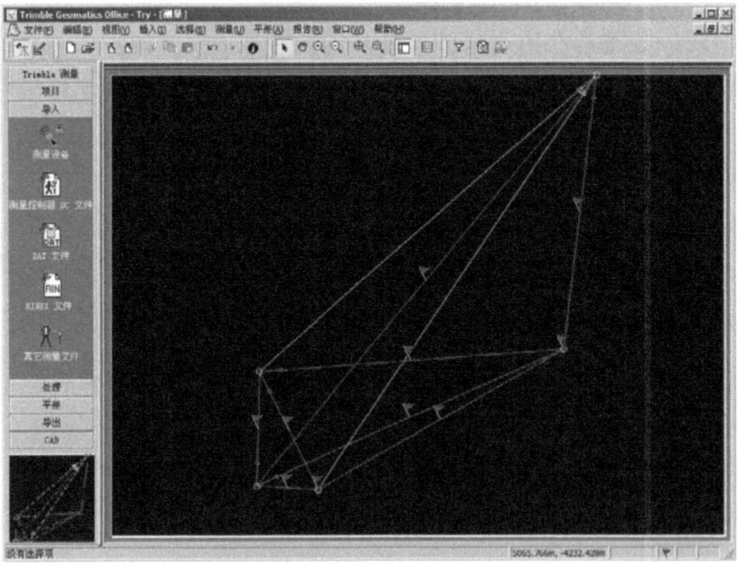

图 1-2-5　基线解算警告

②根据报告中是否出现“失败”等字眼来评定质量，如图 1-2-6 所示；

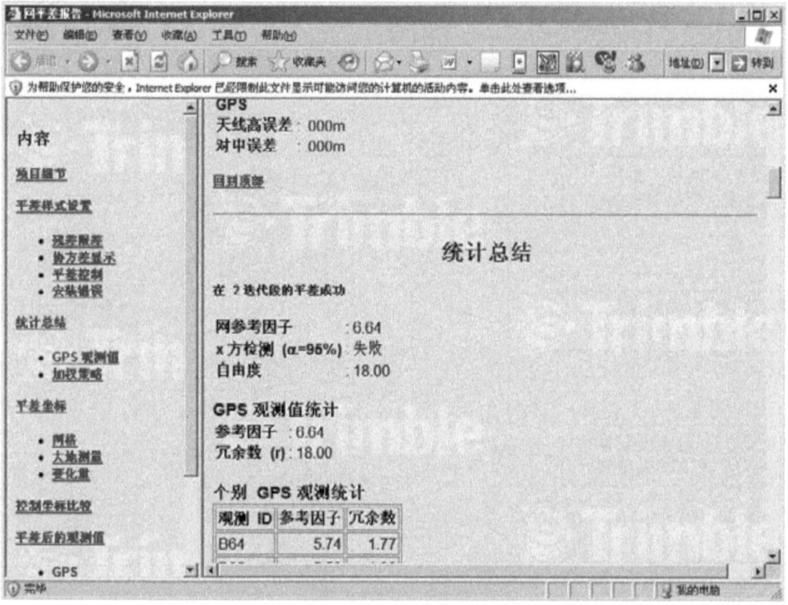

图 1-2-6　报告检测失败

③根据是否打钩和是否是固定解来评定质量，如图 1-2-7 所示。

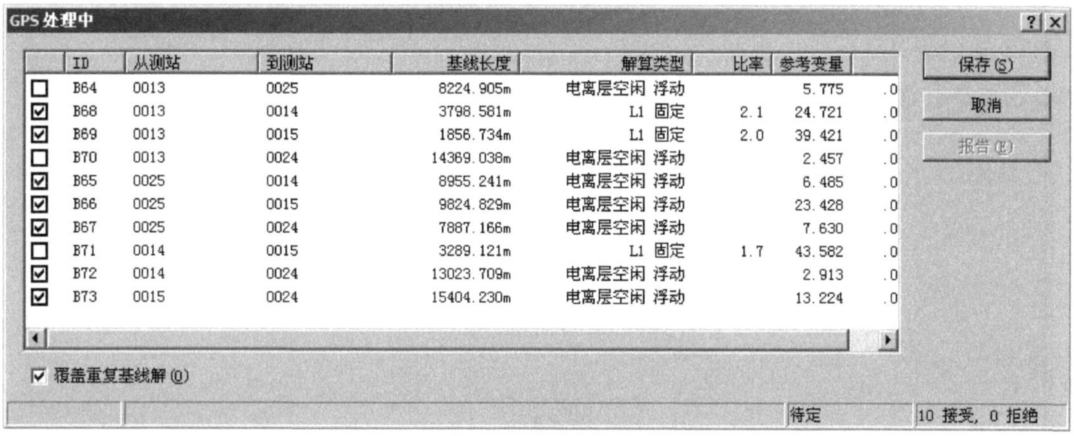

图 1-2-7　解算类型显示浮动

（5）GNSS 测量数据处理软件

GNSS 数据处理可以采用与接收机配套的商用软件，也可以采用经有关部门试验鉴定并经业务部门批准的其他数据处理软件，如科傻、GPS Survey 等。GNSS 数据处理包括基线处理、三维自由网无约束平差、约束平差和联合平差。

（6）GNSS 基线向量解算

GNSS 基线向量解算是指在卫星定位控制测量中，利用载波相位观测值或其差分观测值，求解两个同步观测的测站之间的基线向量坐标差的过程。基线向量解算实际上是一个平差过程，平差所采用的观测值主要是双差观测值。在基线解算时，平差要分三个阶段进行：第一阶段进行初始平差，解算出整周未知数和基线向量的实数解（浮动解）；第二阶段，将整周未知数固定成整数；第三阶段，将确定的整周未知数作为已知值，仅将待定的测站坐标作为未知参数，再次进行平差解算，解求出基线向量的最终解——整数解（固定解）。软件内部基线解算流程如图 1-2-8 所示。

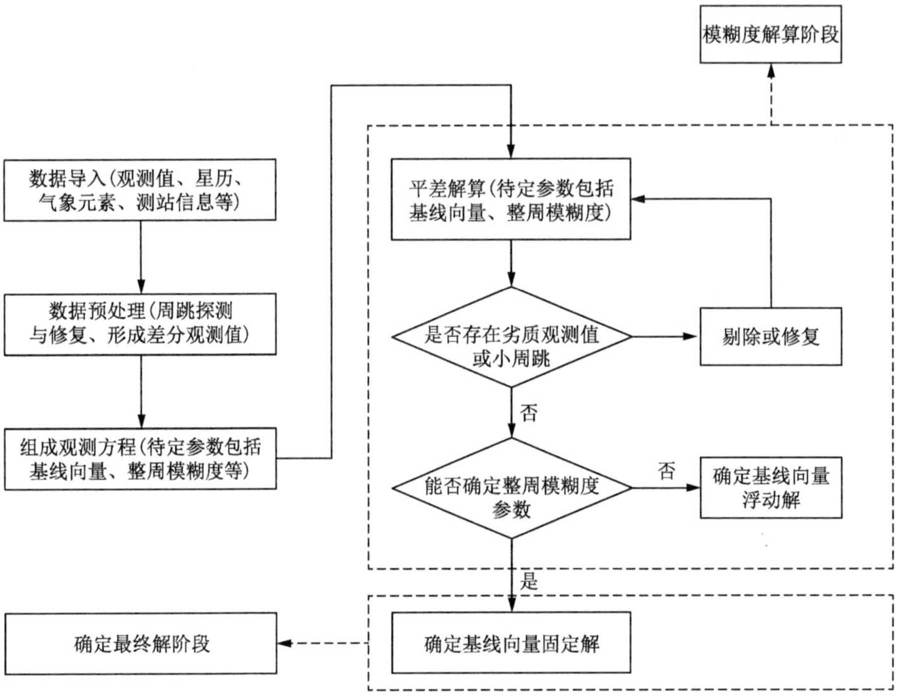

图 1-2-8　软件内部基线解算流程图

① GNSS 基线解算流程

GNSS 基线解算流程如图 1-2-9 所示。

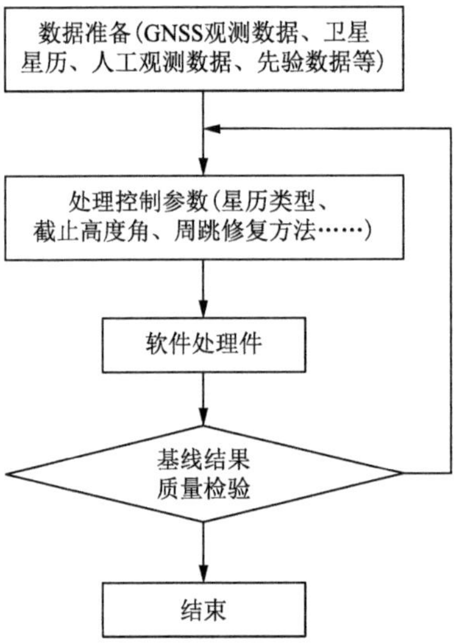

图 1-2-9　GNSS 基线解算流程图

②原始观测数据导入

在进行基线解算时，首先需要导入 GNSS 原始观测值数据。通常，各接收机厂商随接收机一起提供的数据处理软件都可以直接处理从接收机中传输出来的 GNSS 原始观测值数据，而由第三方所开发的数据处理软件则不一定能对各接收机的原始观测数据进行处理，要处理这些数据，首先需要进行格式转换。目前，最常用的格式是 RINEX 格式，对于按此种格式存储的数据，大部分的数据处理软件都能直接处理。

③外业输入数据检查与修改

在导入 GNSS 观测值数据后，就需要对观测数据进行必要的检查，以避免外业操作时的误操作。检查的项目包括测站名、点号、测站坐标、天线高等。

④设定基线解算的控制参数

基线解算的控制参数用以确定数据处理软件采用何种处理方法来进行基线解算。设定基线解算的控制参数是基线解算时的一个非常重要的环节，通过星历类型、截止高度角、历元间隔等控制参数的设定，可以实现基线的精化处理。

⑤基线解算

基线解算的过程一般是自动进行的，无需过多的人工干预。

⑥基线质量检验

基线解算完毕后，基线结果并不能马上用于后续的处理，还必须对基线的质量进行检验，只有质量合格的基线才能用于后续的处理；如果质量不合格，则需要对基线进行重新解算或重新测量。

3)GNSS **基线处理要求**

根据 GNSS 控制网外业观测数据进行基线解算，全部数据应经过同步环、异步环和重复边检核，并应满足下列要求后方可进行网平差计算。

（1）GNSS 控制网相邻点间基线精度计算公式

$$\sigma = \sqrt{a^2 + (bd)^2} \tag{1-2-1}$$

式中：σ——标准差（mm），即基线向量的弦长中误差；

a——固定误差（mm）；

b——比例误差系数（1×10^{-6}）；

d——GNSS 控制网中相邻点间的距离（km）。

（2）同步环各坐标分量及全长闭合差要求

$$\left.\begin{aligned} W_X &\leqslant \frac{\sqrt{N}}{5}\sigma \\ W_Y &\leqslant \frac{\sqrt{N}}{5}\sigma \\ W_Z &\leqslant \frac{\sqrt{N}}{5}\sigma \end{aligned}\right\} \tag{1-2-2}$$

$$W = \sqrt{W_X^2 + W_Y^2 + W_Z^2} \tag{1-2-3}$$

$$W \leqslant \frac{\sqrt{3N}}{5}\sigma \tag{1-2-4}$$

上述式中：N——同步环中基线边的个数；

W——环闭合差。

（3）异步环（独立基线构成的独立环）各坐标分量及全长闭合差要求

$$\left.\begin{aligned} W_X &\leqslant 2\sqrt{n}\sigma \\ W_Y &\leqslant 2\sqrt{n}\sigma \\ W_Z &\leqslant 2\sqrt{n}\sigma \end{aligned}\right\} \tag{1-2-5}$$

$$W \leqslant 2\sqrt{3n}\sigma \tag{1-2-6}$$

式中：n——独立环中基线边的个数。

（4）重复基线的长度较差要求

$$d_S \leqslant 2\sqrt{n}\sigma \tag{1-2-7}$$

式中：n——同一边复测的次数，通常等于2。

（5）控制网的测量中误差要求

外业观测数据检验合格后，应对GNSS控制网的观测精度进行评定。GNSS控制网的观测精度应满足下列要求：

控制网的测量中误差计算公式为：

$$m = \sqrt{\frac{1}{3N}\left[\frac{WW}{n}\right]} \tag{1-2-8}$$

式中：m ——控制网的测量中误差（mm）；

N——控制网中异步环的个数；

n ——异步环的边数；

W——异步环环线全长闭合差（mm）。

控制网的测量中误差m，应满足相应等级控制网的基线精度要求，并符合$m \leqslant \sigma$的规定。

4）影响GNSS基线解算结果的因素

影响基线解算结果的因素主要有：

（1）基线解算时所设定的起点坐标不准确，会导致基线出现尺度和方向上的偏差。

（2）少数卫星的观测时间太短，导致这些卫星的整周未知数无法准确确定。当卫星的观测时间太短时，会导致与该颗卫星有关的整周未知数无法准确确定，而对于基线解算而言，参与计算的卫星，如果与其相关的整周未知数没有准确确定，则将影响整个GNSS网解算的结果。

（3）在整个观测时段，有个别时段周跳太多，致使周跳修复不完善。

（4）在观测时段，多路径效应比较严重，观测值的改正数普遍较大。

（5）对流层或电离层折射影响过大。

5）影响GNSS基线解算结果因素的判别及应对措施

影响GNSS基线解算结果的因素，有些是较容易判别的，如卫星观测时间太短、周跳太多、多路径效应严重、对流层或电离层折射影响过大等；但有些因素是不易判别的，如起点坐标不准确。

（1）基线起点坐标不准确的判别及应对措施

判别：由于起点坐标不准确对基线解算质量造成的影响，目前还没有较容易的方法来加以判别，因此，在实际工作中，只能尽量提高起点坐标的准确度，以避免这种情况的发生。

应对措施：要解决基线起点坐标不准确的问题，可以在进行基线解算时，使用坐标准确度较高的点作为基线解算的起点，较为准确的起点坐标可以通过进行较长时间的单点定位或通过与WGS-84坐标较准确的点联测得到；也可以在进行整网的基线解算时，所有基线起点的坐标均由一个点坐标衍生而来，使得基线结果均具有某一系统偏差，然后再在GNSS网平差处理时引入系统参数的方法加以解决。

在进行GNSS网的约束平差或联合平差时，起算数据质量的检验非常必要，由于在GNSS网平差中所用的起算数据一般为点的坐标，因此，本书将主要介绍对起算点坐标的检验。

①方差检验法

在进行三维无约束平差时，要进行方差估计，调整观测值的权，直至验后的单位权方差与先验的单位权方差相容。在进行约束平差时，以三维无约束平差所得到的验后单位权方差作为先验的单位权方差，逐个加入起算数据进行平差解算，同时检验后的单位权方差与先验的单位权方差之间的相容性，在加入了某一起算数据后发现它们不一致，则说明该起算数据可能存在质量问题。

②附合路线法

附合路线法是从一个起算点通过一条由 GNSS 基线向量组成的 GNSS 导线推算另一个起算点的坐标，将此坐标与已知值比较，根据它们的差异来判断起算点的质量。为准确地判断起算点质量的好坏，一般需要采用多条附合路线。

③检查点法

在进行平差解算时，不将所有起算点坐标固定，而是保留一个点作为检查点，平差后比较该点坐标的平差值和已知值，根据它们差异的大小来判断起算点质量的好坏。为准确地判断起算点质量的好坏，一般需要将各个起算点分别作为检查点。

(2)卫星观测时间短的判别及应对措施

判别：关于卫星观测时间太短这类问题的判断比较简单，只要查看观测数据的记录文件中针对每个卫星的观测数据的数量即可，有些数据处理软件还输出卫星的可见性图，如图 1-2-10 所示。

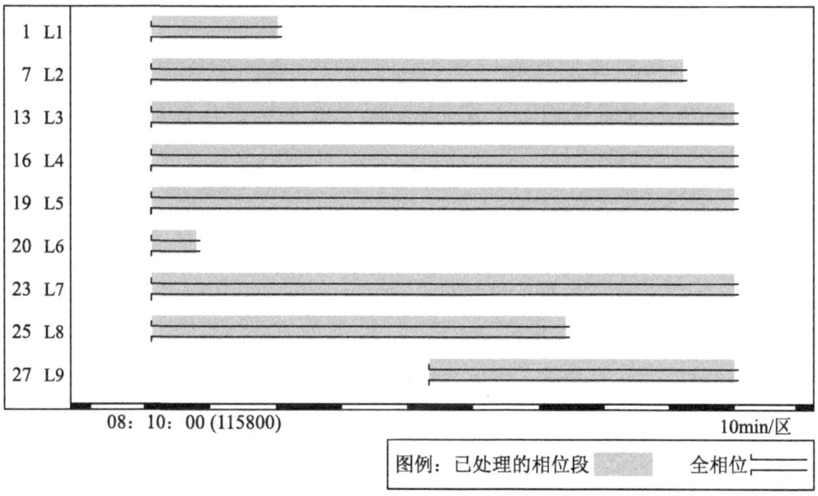

图 1-2-10　卫星的可见性图

应对措施：若某颗卫星的观测时间太短，则可以删除该卫星的观测数据，不让它们参加基线解算，以保证基线解算结果的质量。

(3)周跳太多的判别及应对措施

判别：对于卫星观测值中周跳太多的情况，可以对基线解算后所获得的观测值残差进行分析。目前大部分的基线处理软件采用双差观测值，当在某测站对某颗卫星的观测值中含有未修复的周跳时，与此相关的所有双差观测值的残差都会出现显著的整数倍的增大。

应对措施：当多颗卫星在相同的时间段内经常发生周跳时，可采用删除周跳严重的时间段的方法来尝试改善基线解算结果的质量；若只是个别卫星经常发生周跳，则可采用删除经常发生周跳的卫星观测值的方法。

(4)多路径效应严重、对流层或电离层折射影响过大的判别及应对措施

判别：对于多路径效应、对流层或电离层折射影响的判别，也是通过观测值残差来进行的。但与整

周跳变不同的是，当路径效应严重、对流层或电离层折射影响过大时，观测值残差不会像周跳未修复那样出现整数倍的增大，而只是出现非整数倍的增大，一般不超过 1 周，但却又明显地大于正常观测值的残差。

应对措施：由于多路径效应往往造成观测值残差较大，因此可以通过缩小编辑因子的方法来剔除残差较大的观测值；另外，也可以采用删除多路径效应严重的时间段或卫星的方法。

对于对流层或电离层折射影响过大的问题，可以采用下列方法解决：

①提高截止高度角，剔除易受对流层或电离层影响的低高度角观测数据。但这种方法具有一定的盲目性，因为高度角低的信号受对流层或电离层的影响不一定大。

②分别采用模型对对流层和电离层延迟进行改正。

③如果观测值是双频观测值，则可以使用已消除电离层折射影响的观测值来进行基线解算。

6）利用残差图精化基线处理

残差图是基线处理过程中的有力工具。在基线解算时经常要判断影响基线解算结果质量的因素，或需要确定哪颗卫星或哪段时间的观测值质量有问题，残差图对于完成这些工作非常有用。所谓残差图就是根据观测值的残差绘制的一种图表。

（1）正常残差图形式

如图 1-2-11 所示是一种常见双差分观测值残差图的形式，它的横轴表示观测时间，纵轴表示观测值的残差。正常的残差图一般为残差绕着零轴上下摆动，振幅一般不超过 0.1 周。

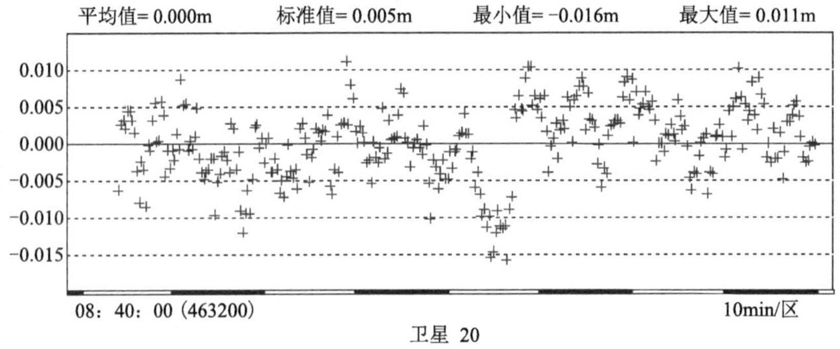

图 1-2-11 正常残差图

（2）含有周跳的残差图一般形式

图 1-2-12 表明 25 号卫星的观测值中含有周跳。

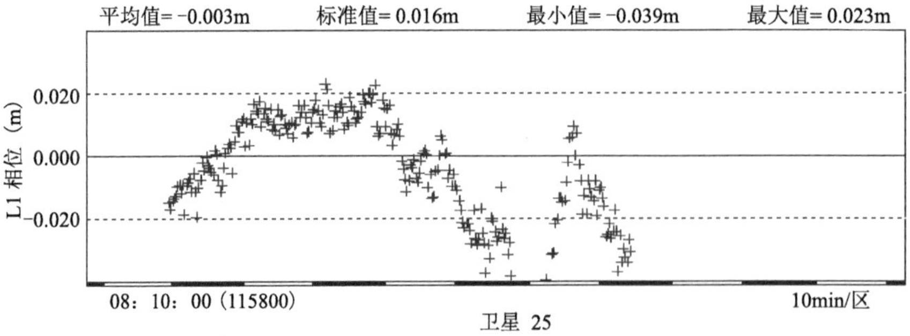

图 1-2-12 含有周跳的残差图

(3)其他不明因素影响的残差图

图 1-2-13 表明卫星 25 受不明因素(可能是多路径效应、对流层折射、电离层折射或强电磁波干扰)影响严重。

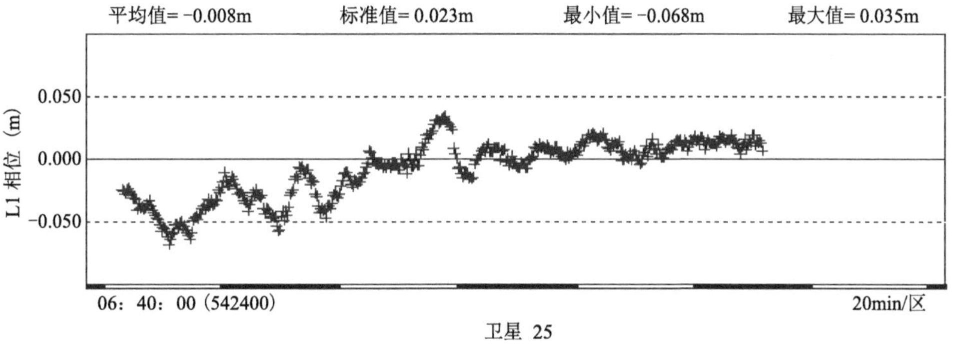

图 1-2-13　受不明因素影响的残差图

7)重测和补测

重测或补测按以下要求进行：

(1)当观测数据不能满足上述检核要求时，应对成果进行全面分析，并舍弃不合格基线，但应保证舍弃基线后，所构成异步环的边数不应超过 6 条。否则，应重测该基线或有关的同步环。

(2)未按施测方案要求，外业缺测、漏测，或数据处理后，观测数据不满足表 1-2-2 要求的，有关成果应及时补测。

(3)对需要补测或重测的观测时段或基线，要具体分析原因，在满足要求的情况下尽量进行同步观测。

(4)补测或重测的分析应写入数据处理报告。

8)GNSS 基线解算网平差

在使用 GNSS 接收机观测完整个 GNSS 网后，经过基线解算可以获得具有同步观测数据的测站间的基线向量，为了确定 GNSS 网中各个点在某一坐标系统下的绝对坐标，需要提供位置基准、方位基准和尺度基准，而 GNSS 基线向量只含有在 WGS-84 坐标系下的方位基准和尺度基准，而布设 GNSS 网的主要目的是确定网中各个点在某一特定局部坐标系下的坐标，这就需要通过在平差时引入该坐标系下的起算数据来实现。GNSS 基线向量网的平差还可以消除 GNSS 基线向量观测值和地面观测中由于各种类型的误差而引起的矛盾。根据平差所进行的坐标空间，可将 GNSS 网平差分为三维平差和二维平差，根据平差时所采用的观测值和起算数据的数量和类型，可将平差分为无约束平差、约束平差和联合平差等。

(1)提取基线向量，构建 GNSS 基线向量网

要进行 GNSS 网平差，首先必须提取基线向量，构建 GNSS 基线向量网。提取基线向量时需要遵循以下原则：

①必须选取相互独立的基线，若选取了不相互独立的基线，则平差结果会与真实情况不相符。

②所选取的基线应构成闭合的几何图形。

③选取质量好的基线向量。

④选取能构成边数较少的异步环的基线向量。

⑤选取边长较短的基线向量。

（2）三维无约束平差

在构成了GNSS基线向量网后，需要进行GNSS网的三维无约束平差，通过无约束平差主要达到以下目的：

①根据无约束平差的结果，判别GNSS网中是否有粗差基线，如发现含有粗差的基线，则需要进行相应的处理，使最后用于构网的所有基线向量均满足质量要求。

②调整各基线向量观测值的权，使它们相互匹配。

三维无约束平差是指平差在空间三维坐标系中进行，观测值为三维空间中的观测值，在平差时不引入可能造成GNSS网产生变形的外部起算数据，解算出的结果为点的三维空间坐标。

在进行三维无约束平差时，应将全部合格的独立基线构成闭合图形，以三维基线向量及其相应方差协方差阵作为观测信息，以一个点的城市现有WGS-84坐标系的三维坐标为起算数据，在WGS-84坐标系中进行三维无约束平差，并提供各观测点在WGS-84坐标系中的三维坐标、各基线向量三个坐标差观测值的总改正数、基线边长、基线方位及相关的精度信息等。基线向量改正数的绝对值应满足下列各式的要求：

$$\left.\begin{aligned} V_{\Delta X} &\leqslant 3\sigma \\ V_{\Delta Y} &\leqslant 3\sigma \\ V_{\Delta Z} &\leqslant 3\sigma \end{aligned}\right\} \tag{1-2-9}$$

（3）约束平差

在进行完三维无约束平差后，需要进行约束平差或联合平差，平差可根据需要在二维或三维空间中进行。

GNSS网的约束平差是指平差时所采用的观测值完全是GNSS观测值（即GNSS基线向量），而且在平差时引入了使GNSS网产生由非观测量所引起的变形的外部起算数据。

约束平差应在国家坐标系或地方坐标系中进行二维或三维约束平差。对地铁GNSS控制网而言，应在所使用的城市坐标系中进行约束平差及精度评定，并应输出相应坐标系中的坐标、基线向量改正数、基线边长、方位角以及相关的中误差、相应点位中误差的精度信息、转换参数及其精度信息等。需要时，还应输出坐标转换参数及其精度信息。

基线向量的改正数与同名基线无约束平差相应改正数的较差应满足下列各式要求：

$$\left.\begin{aligned} \mathrm{d}V_{\Delta X} &\leqslant 2\sigma \\ \mathrm{d}V_{\Delta Y} &\leqslant 2\sigma \\ \mathrm{d}V_{\Delta Z} &\leqslant 2\sigma \end{aligned}\right\} \tag{1-2-10}$$

在GNSS网进行约束平差和坐标转换前，应先对联测的高等级三角点或GNSS点的可靠性进行验算。

根据《城市轨道交通工程测量规范》（GB/T 50308—2017）的规定，地铁GNSS控制网应满足卫星定位控制网的主要技术指标。

（4）联合平差

GNSS网的联合平差是指平差时所采用的观测值除了GNSS观测值以外，还采用了地面常规观测值，这些地面常规观测值包括边长、方向、角度等。

2.2.5 地铁卫星定位控制网复测实例

深圳地铁8号线一期工程和2号线三期工程，线路全长约16km，共有9座车站。原GNSS控制网共计

32 个网点，联测 2 号线控制点 2 个，点位情况统计见表 1-2-3。

地铁卫星定位控制网复测及加密测量点位情况统计　　表 1-2-3

类　别	数量及内容
原网控制点	共 32 点
破坏的控制点	共 4 点，分别为 G805、G819、G817、G827-1
恢复的控制点	共恢复控制点 3 个，分别为 G817-1、G819-1、G827-1
加密的控制点	共 10 点，分别为 JM02、JM03、JM09、G817-3、G817-4、N2、ST1、WT4-1、YT3、WJH2-2
联测其他线路控制点	共 2 个，分别为 2 号线 GPS2-13、AYDS

1）作业依据和执行规范

（1）现行《城市轨道交通工程测量规范》（GB/T 50308）。

（2）现行《国家一、二等水准测量规范》（GB/T 12897）。

（3）现行《全球定位系统（GPS）测量规范》（GB/T 18314）。

（4）现行《工程测量规范》（GB 50026）。

（5）现行《城市测量规范》（CJJ/T 8）。

2）观测计划及作业要求

（1）观测前应编制出 GNSS 卫星可见性预报表，其内容应包括可见卫星号、卫星高度角和方位角、最佳观测卫星组的最佳观测时间、点位几何图形强度因子（PDOP）等。各项要求见表 1-2-4。

作 业 要 求　　表 1-2-4

项　目	要　求
控制网等级	二等
接收机类型	双频
观测量	载波相位
接收机标称精度	≤$(5mm+5\times10^{-6}\times D)$
卫星高度角（°）	≥ 15
有效观测卫星数（颗）	≥ 4
观测时段长度（min）	短边≥ 60，长边≥ 90
数据采样间隔（s）	10 ～ 30
点位几何图形强度因子（PDOP）	≤ 6
重复设站数（次）	≥ 2
闭合环或附合路线中的边数（条）	≤ 6
同步观测接收机数量（台）	≥ 3

（2）根据卫星可见性预报表、参加作业的接收机台数、点位交通情况、点位环视图以及 GNSS 网形设计，进行观测纲要设计，编写观测计划表及作业调度命令。

（3）每时段观测前、后各量取天线高一次，两次互差应小于 3mm，取两次平均值作为最后结果。

（4）应按《城市轨道交通工程测量规范》（GB/T 50308—2017）附录 A 表 A.2.1 的规定逐项填写外业观测手簿。

（5）每日观测结束后，应及时复制存储介质上的数据，并及时进行数据处理。

（6）GNSS 外业观测技术要求见表 1-2-5。

地铁卫星定位控制网外业观测技术要求 表 1-2-5

控制网等级	卫星高度角(°)	有效观测卫星数(颗)	观测时段长(min)	数据采样间隔(s)	RDOP	重复设站数(次)
二等	≥ 15	≥ 4	短边≥ 60，长边≥ 90	10 ～ 30	≤ 6	≥ 2

3）作业实施

全网采用 6 台拓普康 HiPer Ⅱ G 双频 GNSS 接收机作业观测，其精度和等级与原网相当，标称精度：静态平面 $3mm+0.5\times10^{-6}\times D$，静态高程 $5mm+0.5\times10^{-6}\times D$。观测前对 GNSS 接收机和天线等设备进行全面检验，设备状况及精度指标均符合规范要求。

6 台接收机采用静态观测模式，以同步边或三角形连接，扩展成空间 GNSS 控制网。开机后查看卫星接收情况，记录外业观测手簿，同时注意仪器的警告信息，及时处理各种特殊情况，每时段观测 90min 以上，平均重复设站数不小于 2 次。深圳地铁 2 号线三期、8 号线一期工程全线卫星定位控制网复测图如图 1-2-14 所示。

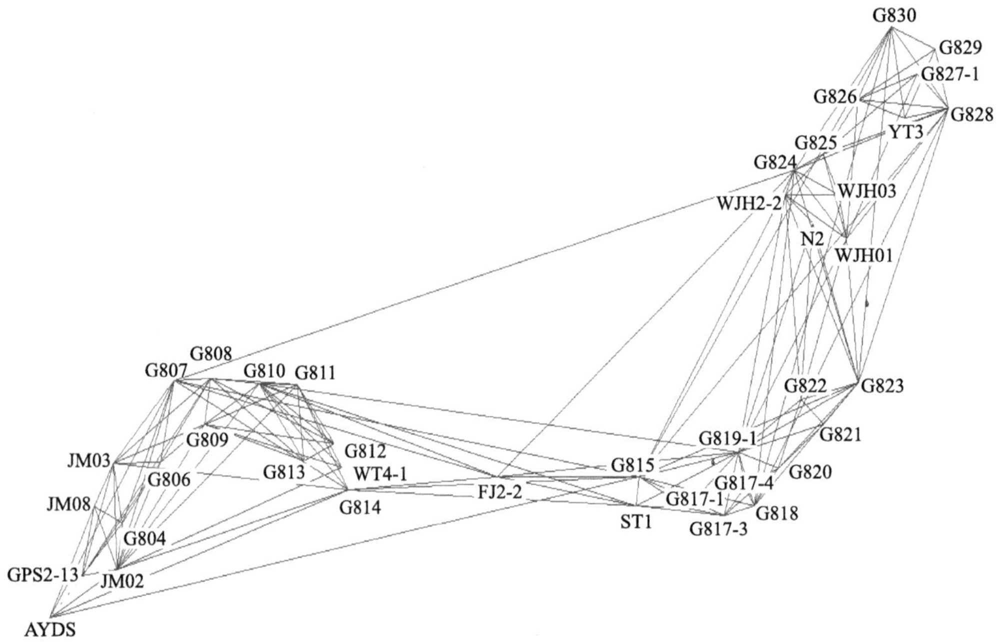

图 1-2-14 深圳地铁 2 号线三期、8 号线一期工程全线卫星定位控制网复测图

4）内业数据处理

（1）基线向量解算和检查

每天外业观测结束后，立即将采集的数据传输到计算机中进行基线解算。基线向量采用拓普康的随机商品化软件 Pinnacle 进行批处理解算和初步解算，然后再统一转换成 RINEX 标准格式，用中海达 HGO 软件进行基线解算及平差处理，检查解算出的基线的精度指标是否满足规范要求。对解算结果不好的基线作单独解算，通过删减卫星、改变时段和高度角等方法改善基线解算结果，对于单独解算仍不满意的基线则在次日进行重测或删除处理。然后将解算出的合格基线组成同步环，按照规范限差要求进行闭合差检验。共观测 20 个时段，经统计检查所组成的同步环闭合差均满足规范限差要求。

当工作数日或工作结束后，由独立基线组成闭合环，即进行复测基线和异步环闭合差计算检核。

共有 80 条独立基线，构成 222 个同步环和 482 个异步环，同步环和异步环全部为三角形。其坐标差分量、环闭合差全部满足《城市轨道交通工程测量规范》（GB/T 50308—2017）要求，异步环闭合差值分布情况见表 1-2-6。

异步环闭合差统计　　表 1-2-6

相对闭合差	<1	1 ～ 2	2 ～ 4	4 ～ 8
闭合环个数	96	155	177	54

由表 1-2-6 可见，482 个异步闭合环中，有 428 个相对闭合差小于 4，其中最小的相对闭合差为 0.4，最大的相对闭合差为 7.82（限差要求为 8），异步环全部满足限差要求，整体精度较高。由表 1-2-7 可以看出，异步环各坐标分量均满足相关要求，说明观测的精度和内部符合情况较好，观测值可靠。

异步环各坐标分量改正数统计　　表 1-2-7

改正数区间（cm）	0.0 ～ 2.0	2.0 ～ 4.0	4.0 ～ 6	改正数最大值
W_X	198	246	38	5.5
W_Y	196	230	56	5.1
W_Z	180	225	77	5.8

（2）三维无约束平差

三维无约束平差采用 WGS-84 坐标系，以单点定位解为起算数据。无约束平差基线向量的改正值分布情况见表 1-2-8。

无约束平差基线向量的改正值分布情况　　表 1-2-8

改正数区间（cm）	0.0 ～ 2.0	2.0 ～ 4.0	4.0 ～ 6.0	改正数最大值
$V_{\Delta X}$	56	86	68	5.2
$V_{\Delta Y}$	54	78	78	5.5
$V_{\Delta Z}$	49	80	81	5.7

复测网选了 210 条基线作三维无约束平差，最弱点为 G819-1，其点位中误差为 10.7mm；最弱边的边长相对精度为 1 : 77381，为 G817-4 ～ G818 的基线边，该基线长度为 199.6341m；根据无约束平差结果可知，该网的总体精度较好，内符合精度较高。

（3）二维约束平差

在三维无约束平差所选基线向量基础上，进行二维约束平差。为了确保起算点的稳定性与兼容性，选取 GPS2-13、G807、G815、FJ2-2、G823、G824、G828、G830 共 8 个点组成框架网进行观测。以 GPS2-13、G828 为约束条件进行二维约束平差，发现各控制点坐标与原测坐标符合性较好，满足规范限差要求。

本次约束平差的精度均满足要求，下面对复测网进行精度分析：

①最弱点 WJH3 点位中误差为 0.907cm，满足≤ 1.2cm 的要求。

②最弱基线边边长相对精度为 1 : 74973，为 G817-4 ～ G818 的基线边，该基线边边长为 199.6341m，因边长太短，导致相对误差不满足 1/10 万的要求。

由二维约束平差精度的分析可见，该网的总体精度较好，本次测量的平差结果可靠。

（4）复测网与原测网二维平差成果比较分析

复测网与原网比较分析主要看两期卫星定位控制网的二维约束平差坐标是否有显著的差异。

本次复测与原网成果坐标比较情况见表 1-2-9。

GNSS 控制网复测成果对比分析(部分点位) 表 1-2-9

点号	复测坐标		原测坐标		坐标较差		备注
	N(m)	E(m)	X(m)	Y(m)	X(mm)	Y(mm)	
G806	**024.7740	***274.6200	**024.7675	***274.6186	6.5	1.4	采用原测成果
G807	**768.0443	***455.8979	**768.0455	***455.8990	-1.2	-1.1	采用原测成果
G808	**792.4837	***939.5526	**792.4969	***939.5565	-13.2	-3.9	采用复测成果
G809	**371.8542	***859.0699	**371.8581	***859.0603	-3.9	9.6	采用原测成果
G810	**744.7945	***593.8526	**744.7792	***593.8325	15.3	20.1	采用复测成果
G812	**188.0399	***593.9280	**188.0336	***593.9351	6.3	-7.1	采用原测成果
G813	**029.3370	***192.9972	**029.3373	***193.0011	-0.3	-3.9	采用原测成果
…	…	…	…	…	…	…	…
G815	**889.3605	***617.6646	**889.3605	***617.6646	0.0	0.0	采用原测成果
G817-1	**604.9697	***240.1837	**604.9676	***240.1938	2.1	-10.1	采用原测成果
G817-3	**528.5959	***735.9965	**528.5992	***735.9891	-3.3	7.4	采用原测成果
G817-4	**789.0073	***018.9991	**789.0096	***018.9994	-2.3	-0.3	采用原测成果
G818	**621.9356	***128.2727	**621.9268	***128.2705	8.8	2.2	采用原测成果
G820	**964.8850	***449.8231	**964.8833	***449.8221	1.7	1.0	采用原测成果

注:表中 ** 表示省略了前面几位数,不影响计算,下同。

根据 2018 年 1 月 1 日开始实施的《城市轨道交通工程测量规范》(GB/T 50308—2017)要求,同一控制点的复测与原测成果坐标分量较差的极限误差应小于 $2m$,其中 m 为复测控制点的点位中误差。当复测成果与原测成果坐标分量较差分别小于 $2m$ 时,应采用原测成果;当复测成果与原测成果坐标分量较差分别大于 $2m$ 时,应查明原因及时补测或修测,确认无误后,予以更新。

本次复测点位中 G808、G810 的 X 坐标分量较差均大于 $2m$,经分析比较,现场复测,其坐标成果予以更新,采用复测成果;其他各点位的坐标分量较差均小于 $2m$,采用原测成果。

2.3 精密导线控制网测量

地铁平面控制网一般分两级布设,首级为卫星定位控制网,二级为精密导线控制网,精密导线起闭于卫星定位控制边,一般沿线路走向布设,并应布设成附合导线、闭合导线或结点导线网的形式。

2.3.1 精密导线网技术要求和布设方案

1)精密导线网技术要求

根据《城市轨道交通工程测量规范》(GB/T 50308—2017),精密导线网测量和观测技术要求见表 1-2-10。

精密导线网测量和观测技术要求 表 1-2-10

平均边长(m)	闭合环或附合导线总长度(km)	每边测距中误差(mm)	测角中误差(″)	水平角测回数		边长测回数	方位角闭合差(″)	全长相对闭合差	相邻点的相对点位中误差(mm)
				Ⅰ级全站仪	Ⅱ级全站仪	Ⅰ、Ⅱ级全站仪			
350	3	±3	±2.5	4	6	往返测距各 2 测回	$\pm 5\sqrt{n}$	1/35000	±8

注:1. n 为导线的角度个数,一般不超过 12。
2. 附合导线路线超长时,宜布设结点导线网,结点间角度个数不超过 8 个。

2）导线点上只有两个方向时水平角观测要求

（1）应采用左、右角观测，左、右角平均值之和与 360° 的较差应小于 4″。

（2）前后视边长相差较大，观测需调焦时，宜采用同一方向正倒镜同时观测法，此时一个测回中不同方向可不考虑 2C 较差的限差。

（3）水平角观测一测回内 2C 较差，Ⅰ级全站仪为 9″，Ⅱ级全站仪为 13″。同一方向值各测回较差，Ⅰ级全站仪为 6″，Ⅱ级全站仪为 9″。

3）在精密导线网结点或卫星定位控制点上水平角观测要求

（1）在附合导线两端的卫星定位控制点上观测时，宜联测两个卫星定位控制点方向，夹角的平均观测值与卫星定位控制点坐标反算夹角之差应小于 6″。

（2）方向数超过 3 个时宜采用方向观测法，方向数不多于 3 个时可不归零。

（3）方向观测法水平角观测技术要求见表 1-2-11。

方向观测法水平角观测技术要求（单位：″）　　表 1-2-11

全站仪等级	半测回归零差	一测回内 2C 较差	同一方向值各测回较差
Ⅰ	6	9	6
Ⅱ	8	13	9

精密导线网距离测量除应满足表 1-2-11 的要求外，还应符合表 1-2-12 的规定。

距离测量限差技术要求（单位：mm）　　表 1-2-12

全站仪等级	一测回中读数间较差	单程各测回间较差	往返测或不同时段结果较差
Ⅰ	3	4	$2(a+bd)$
Ⅱ	4	6	

注：1. $a+bd$ 为仪器标称精度，a 为固定误差，b 为比例误差系数，d 为距离测量值（以 km 计）。
2. 一测回指照准目标一次读数 4 次。
3. 测距时应读取温度和气压，测前、测后各读取一次，取平均值作为测站的气象数据。温度读至 0.2℃，气压读至 50Pa。

4）精密导线网布设方法

地面控制网的布设直接影响隧道的贯通精度。为了确保精密导线具有较高的质量和精度，满足地铁定测特别是施工控制测量的需要，尽量减少因地面测量误差影响而产生在贯通面上的贯通误差，精密导线布设是关键环节之一。

地铁精密导线控制网一般主要分为单导线与双导线两种。单导线具有节省成本、测设便捷、灵活性强等优点，其缺点是不利于提高精度、易被破坏等。双导线具有可用控制点较多、网形稳固、结构精度高、易于保存等优点，故条件允许的情况下一般推荐使用双导线布设地铁精密导线控制网。

精密导线（网）应尽量沿地铁线路布设成直伸形状，每点具备两个以上的通视方向。在沿线所有预计的开挖处（包括车站和竖井），精密导线点布设成大地四边形和三角锁网的网状图形，前后相邻的两个大地四边形和三角锁网在一个 GNSS 控制点处相接，最后与 GNSS 控制点形成附合在 GNSS 控制网上的三角形或大地四边形的网状图形。

按双导线布设控制网时，主导线距地铁线路 50 ～ 80m，方便施工使用，一般在车站和各施工竖井（矿山法、盾构法、区间风井等处）设 3、4 个精密导线点。副导线与主导线距离 200 ～ 300m，方便主导线使用，主导线（副导线）点间距平均为 350m。车站及竖井精密导线布设网示意图如图 1-2-15、图 1-2-16 所示。

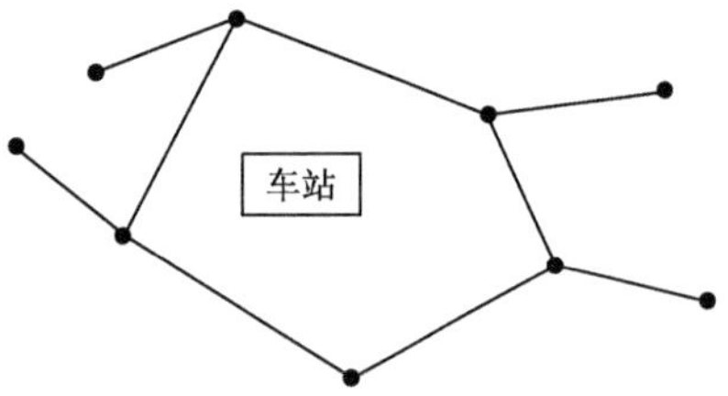

图 1-2-15　车站精密导线布设网示意图

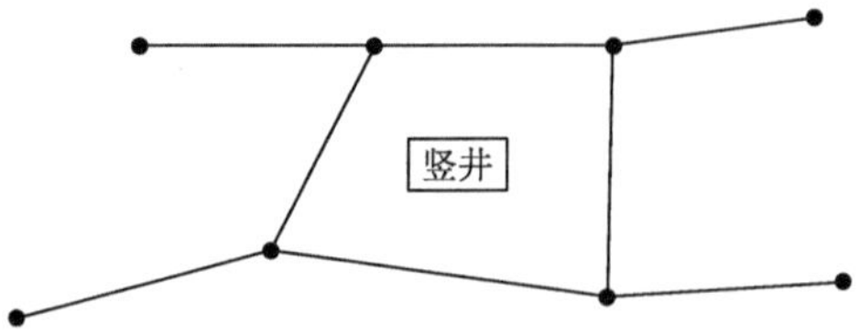

图 1-2-16　竖井精密导线布设网示意图

5)精密导线网选点要求

精密导线的布设，是在搜集和了解有关资料的基础上，采用野外踏勘和图上设计相结合的方法制订合理可行的方案，最后确定导线点在现场的位置。同时，应尽量做到以下几点：

(1)相邻点之间均通视良好，无折光影响，点位附近视野开阔。

(2)所选点位附近没有散热体，测线(视线)没有从散热体(烟囱、散热塔、散热池)附近通过。

(3)测线(视线)上没有树枝、电线等障碍物，测线(视线)距离地面或障碍物均在 1.5m 以上。

(4)所选相邻导线点之间高度角不大于 30°。

(5)精密导线点大都方便使用，利于长期保存。

2.3.2　精密导线外业观测

1)角度观测

精密导线的质量除受选点制约外，还受观测质量的制约。现场条件千变万化，外业工作所得数据必须有效可靠。采用精密导线进行角度观测时应符合以下要求：

(1) Ⅰ级全站仪每一水平角观测计 4 测回，Ⅱ级全站仪每一水平角观测计 6 测回。水平角观测采用方向观测法，当方向数多于 3 个时，进行归零，各测回间度盘配置根据实际情况设计。

(2)方向观测时，要选择距离适中、通视良好、成像清晰且竖直角较小的方向作为后视方向。

(3)精密导线观测前后用垂球检核对点情况。观测过程中，气泡中心位置偏离整置中心不超过一格，全站仪圆水准气泡置中。

(4)精密导线观测尽量在晴天上午 11:30 以前或下午 2:30 以后进行，当太阳升到一定高度(上午 10:00 以后，下午 4:30 以前)时应给仪器设备遮伞，保证仪器设备受热均匀。

(5)当观测仅有两个方向时，在观测总测回中以奇数测回和偶数测回分别观测导线前进方向的左角和右角，左角平均值与右角平均值之和与 360° 的差值不大于 4″。

2)距离观测

精密导线边长测量在成像清晰和气象条件稳定时进行，往返观测，单向由正倒镜各一测回构成，测距时测出气象数据并加以改正。气象数据测定要求见表 1-2-13。

气象数据测定要求　　表 1-2-13

最小读数		测定时间间隔	气象数据的取用
温度(℃)	气压(Pa)		
0.2	50	一测站同时段观测的始或末	测边两边的平均值

3)精密导线点三角高程测定

三角高程测定的目的是满足边长投影计算的需要。高程起闭点应为不低于三等水准的高程点，仪器高和觇牌高在观测前从三个不同方向量取，准确到毫米（mm），三个方向量取值互差在 3mm 以内，取均值作为采用值。精密导线点间高差测定与精密导线边长测定同时进行，主要技术要求见表 1-2-14。

三角高程测量技术要求　　表 1-2-14

等　级	仪　器	测　回　数	指标差较差	垂直角较差	对向观测高程较差	附合或环形闭合差
四等	DJ1	3	≤7″	≤7″	$40\sqrt{D}$（mm）	$20\sqrt{\sum D}$（mm）

外业观测完成后，需对外业成果进行一定的抽检，以检核外业数据的准确性。一般要求自检比例不得低于 10%。

2.3.3　精密导线网数据处理

1）边长改正

外业完成后，需要对外业测量数据进行边长改正。主要包括温度、气压、仪器加乘常数改正等。考虑到精度要求，地铁精密导线测距边还必须进行高程归化和高斯投影改化。精密导线网边长应按下列要求进行改正：

（1）气象改正，根据仪器提供的公式进行改正，也可以将气象数据输入全站仪内自动改正。

（2）仪器加、乘常数改正值 S，应按下式计算：

$$S = S_o + S_o \cdot K + C \tag{1-2-11}$$

式中：S_o——改正前的距离；

C——仪器加常数；

K——仪器乘常数。

（3）利用垂直角计算水平距离 D 时应按下式计算：

$$D = S(\cos\alpha + f) \tag{1-2-12}$$

$$f = (1-K)\,\rho S \cdot \frac{\cos\alpha}{2R} \tag{1-2-13}$$

式中：α —— 垂直角观测值；

K—— 大气折光系统；

S—— 经气象及加、乘常数改正后的斜距（m）；

R—— 地球平均曲率半径（m）；

f—— 地球曲率和大气折光对垂直角的修正量（″）；

ρ——1 弧度对应的秒值（″），即 ρ =206265″。

2）高程、投影归化改正

精密导线网测距边的高程归化和投影改化，应符合下列规定：

（1）归化到城市轨道交通线路测区平均高程面的测距边长度 D，应按下式计算：

$$D = D_{o'}\left(1 + \frac{H_p - H_m}{R_a}\right) \tag{1-2-14}$$

式中：$D_{o'}$——测距两端点平均高程面上的水平距离（m）；

R_a——参考椭球体在测距边方向法截弧的曲率半径（m）；

H_p ——现有城市坐标系统投影面高程或城市轨道交通工程线路的平均高程(m)；

H_m ——测距边两端点的平均高程(m)。

(2)测距边在高斯投影面上的长度D_z，按下式计算：

$$D_z = D\left(1+\frac{Y_m^{\ 2}}{2R_m^{\ 2}}+\frac{\Delta Y^2}{24R_m^{\ 2}}\right) \tag{1-2-15}$$

式中：Y_m ——测距边两端点横坐标平均值(m)；

R_m ——测距边中点的平均曲率半径(m)；

ΔY ——测距边两端点近似横坐标的增量(m)。

3)数据平差处理

地铁精密导线控制网的计算应采用严密平差法。平差后应进行精度评定，其中包括平差后单位权中误差、最弱相邻点的点位中误差、最弱边的边长及方向角度误差等。现在精密导线网的平差一般采用平差系统软件进行计算，可以一定程度上避免计算错误，且能较全面地评定平差后网中各元素的精度。

(1)精密导线方位闭合差与测角中误差的计算

附合精密导线或精密导线环的方位角闭合差(W_β)，不应大于下式计算的值：

$$W_\beta = \pm 2m_\beta\sqrt{n} \tag{1-2-16}$$

式中：m_β ——表1-2-10中的测角中误差(″)；

n ——附合导线或导线环的角度个数。

精密导线网测角中误差(M_0)应按下式计算：

$$M_0 = \pm\sqrt{\frac{1}{N}\left(\frac{f_\beta \cdot f_\beta}{n}\right)} \tag{1-2-17}$$

式中：f_β ——附合导线或闭合导线环的方位角闭合差；

n ——附合导线或导线环的角度个数；

N ——附合导线或闭合导线环的个数。

(2)导线平差处理

精密导线网数据经上述各项改正后，需按照严密平差的方法进行平差计算。平差使用的软件需经有关主管部门鉴定认可，平差成果需包含点位中误差、边长中误差、方位角中误差和最弱点点位中误差等内容。

2.3.4 精密导线网复测

1)控制网复测的重要性

工程建设项目尤其是地铁工程项目通常位于建筑物密集和地下管线众多的城市环境中，不仅对工程本身质量要求高，对线路控制精度要求也特别严格，测量的准确性对工程施工的质量起着关键性作用，而复测又是测量工作能否准确进行的关键所在。一个工程项目往往建设周期较长，随着城市环境的改变，点位稳定性难免遭受破坏，导致控制点发生平面位移和沉降，如不及时进行定期复测则难以掌握控制点的变形情况，按照错误的数据施工将导致工程质量事故。因此，定期、及时地对地面控制网进行复核检测非常必要。

2）复测范围及实施流程

（1）复测范围

土建阶段平面控制网主要进行地面卫星定位控制网、精密导线网的复测和控制点的保护工作，确保控制点成果准确。

（2）复测实施流程

地面控制网复测流程如图 1-2-17 所示。

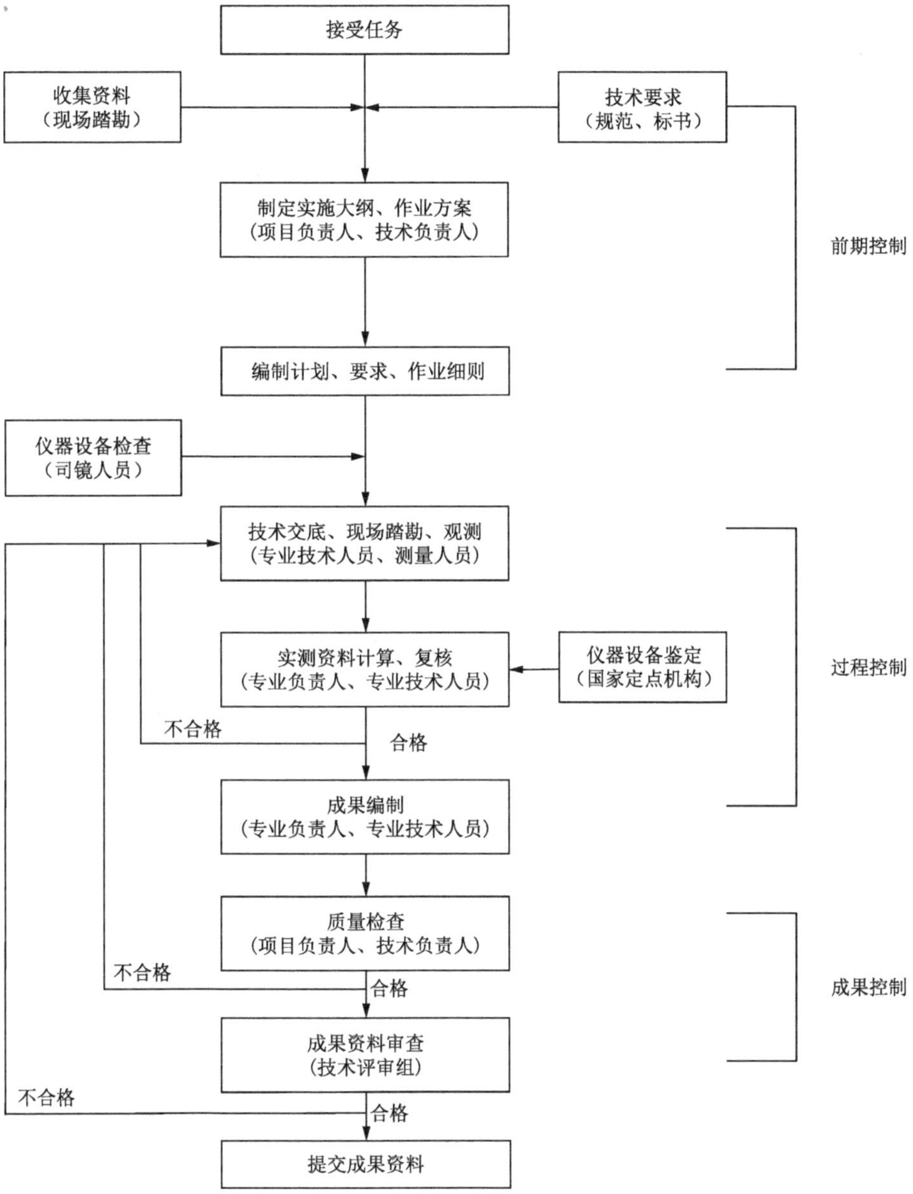

图 1-2-17　地面控制网复测实施流程图

3）复测的精度评定与分析

平面控制网复测精度评定是检测控制网可靠性的重要指标，即将两期控制网中相同点的坐标进行比较，求得其较差 $\Delta P=\sqrt{(X_2-X_1)^2+(Y_2-Y_1)^2}$，检测网两期测量的点位较差允许中误差（限差）取 2 倍点位较差中误差，即

$$\Delta P_{限} = 2m_{\Delta p} \tag{1-2-18}$$

$$m_{\Delta p} = \sqrt{m_{p1}^2 + m_{p2}^2} \tag{1-2-19}$$

可以根据以上两式同精度误差分配，计算出点位较差限差，并与网中各点的较差进行比较，统计得出在限差范围内的点位占总点数的百分比，从而评价原测网的可靠性。

2.3.5 精密导线测量实例

以深圳地铁5号线南延线工程精密导线网为例，全线共设8个车站和8个区间，线路长约8km。

1）导线点的选点埋设

为了确保精密导线具有较高质量，满足地铁设计测量及施工测量的需要，特别是尽量减少地面测量误差在贯通面上产生的贯通误差，精密导线布设是关键环节之一，重点要把好选点关，布设的精密导线点沿地铁线路形成一多结点附合在GNSS控制点上的主副导线网。主副导线形成的导线环边数不多于8条，以5～7条为宜。主导线距地铁线路近，方便施工使用，在车站和各施工竖井（矿山法、盾构法、区间风井等处）设点。副导线与主导线的距离为350～400m，方便主导线使用，主导线（副导线）点间距平均350m。依据GNSS点的设置情况，共设精密导线点28个。与已建成2号线联测已有的精密导线点2个、GNSS控制点2个，以保证两期控制网的衔接要求。

2）精密导线控制网的设计

本线路设点大部分采用双导线的布设方式，在车站及区间竖井口附近有条件的地方均布设了多边形结点网，设置了足够数量的点位，以满足车站及竖井施工和联系测量的需求；长区间地段适当加大距离进行过渡，部分长区间采用单导线形式。

根据作业依据、布设原则，经现场踏勘，认真筛选，反复比较，全网总点数31个，采用原有GNSS控制点2个，GNSS加密控制点5个，新增精密导线点24个，组成了5号线南延线精密导线控制网。

3）导线观测

在进行精密导线观测时，应视测量时的条件和实施方案制订相应观测计划，而且应遵循以下原则：根据位于地铁线路附近的GNSS点的通视情况布点，再进行位于两GNSS点间的精密导线观测。

4）平差计算

首先对距离测量中的边长进行仪器加常数与乘常数改正，并进行投影归化改正。然后附合导线方位闭合差，闭合导线闭合差≤ $\pm 5'' \sqrt{n}$（n为测站数）。

精密导线网采用原武汉测绘科技大学研制的Cosawin严密平差软件进行全网整体平差，沿线所用到的GNSS控制点及GNSS加密控制点都作为起算点。

5）精度分析

（1）水平角测量

全网共测水平方向78个。两个方向的单导线测站，采用左右角各3测回观测。左右角平均值与360°之差均小于3.5″，全部符合设计要求，其中最大较差为2.3″；多于两个方向的测站用全圆法观测6测回，各测回间方向值之差在5″以下的约占98%，其余测回间方向值之差均小于6″。

测角精度统计：从两个方向的左右角平均值较差统计表来看，可由每测站左右角与360°差值求算测角

中误差 $m_β$。

$$m_\beta = \pm\sqrt{\frac{[\Delta\Delta]}{2n}} \tag{1-2-20}$$

将 $[\Delta\Delta]$ =31.44，n=22 代入上式，计算得：$m_β$ =±0.85″。

（2）边长测量

全网共测导线边长 39 条，测回间边长互差均小于 3mm；往返互差 3mm 以下的占 86%，往返互差最大为 11.2mm（边长约为 1377.0329m，两点间高差影响较大），均满足规范的要求。

平均测距中误差：从导线边长观测较差统计表来看，往返测最大较差为 11.2mm，相对精度最低为 1/122949。平均测距中误差计算公式见式（1-2-21）。

$$M_d = \pm\sqrt{\frac{[dd]}{2n}} \tag{1-2-21}$$

将 $[dd]$ =432.05、n=39 代入上式，计算得：平均测距中误差 M_d=±2.354mm。

测距相对中误差：精密导线平均边长 S 为 630.168m，最短边长为 149.4748m；平均测距中误差 M_d =±2.353mm，平均测距相对中误差为：630.168×10^3÷2.353=26.78 万，即为 1/26.78 万。

最大测距相对中误差为 149.4748×10^3÷2.353=6.35 万，即 1/6.35 万。

（3）闭合差统计分析

精密导线共有闭合环 9 个。最大角度闭合差为 7.2″，限差为 $5\sqrt{n}$ =12.2″，n=6 为测站数。角度闭合差大于 5″的环有 1 个。$f_β f_β / n$ 最大值为 8.64（其中 $f_β$ =7.2″，n=6）。

$$m_\beta = \pm\sqrt{\left[f_\beta f_\beta\right]/N} \tag{1-2-22}$$

将 $\left[f_β f_β\right]$ =51.84，N=6 代入上式，计算得 $m_β$ =±2.94″。

精密导线共有附合导线 3 条。最大角度闭合差为 2.4″，$f_β f_β / n$ 为 0.82（其中 $f_β$ =2.4″，n=7）。

$$m_\beta = \pm\sqrt{\left[f_\beta f_\beta / n\right]/N} \tag{1-2-23}$$

将 $\left[f_β f_β / n\right]$ =0.82，N=7 代入上式，计算得：$m_β$ =±0.34″。

由闭合导线角度闭合差和附合导线角度闭合差计算测角中误差，将 $\left[f_β f_β\right]$ =17.68，N=12 代入上式，计算得：$m_β$ =±1.21″。

导线全长相对闭合差：导线全长相对精度在 1/35000 ～ 1/90000 之间的占 0；导线全长相对精度在 1/90000 以上的占 100%；导线全长相对闭合差最大为 1/99134，满足《地铁设计规范》（GB 50157—2013）1/35000 的限差要求。

（4）点位精度统计

从坐标和点位精度成果表来看，Ⅱ BJ70 点位误差最大为 2.49mm，点位误差 M_X 最大值为 1.44mm，M_Y 最大值为 2.04 mm。

最大的相邻点的相对点位中误差 $(\mathrm{MT})_{ij}$ 计算公式如下：

$$(\mathrm{MT})_{ij} = \frac{\mathrm{MT}}{\sqrt{N/2}} \tag{1-2-24}$$

式中：MT——精密导线最弱点的点位中误差，MT=2.49mm；

N——一段（条）精密导线测角个数，N=7。

计算得最大相邻点的相对点位中误差 $(\mathrm{MT})_{ij}$ =1.17mm，优于《地铁设计规范》（GB 50157—2013）中相邻点相对点位中误差≤ ±8mm 的限差要求。

2.4 水准控制网测量

2.4.1 高程控制测量技术要求

（1）地面高程控制测量主要技术要求

依据《城市轨道交通工程测量规范》（GB/T 50308—2017），地铁地面高程控制测量的主要技术要求应符合表 1-2-15 的规定。

水准网测量的主要技术要求 表 1-2-15

水准测量等级	每千米高差中数中误差（mm）		环线或附合水准路线最大长度（km）	水准仪等级	水准尺	观测次数		往返较差、附合或环线闭合差（mm）
	偶然中误差 M_Δ	全中误差 M_W				与已知点联测	附合或环线	
一等	±1	±2	400	DS1	铟瓦尺或条码尺	往返测各一次		$\pm4\sqrt{L}$
二等	±2	±4	40					$\pm8\sqrt{L}$

注：1. L 为往返测段、附合或环线的路线长（以 km 计）。
2. 采用数字水准仪测量的技术要求与同等级的光学水准仪测量技术要求相同。

（2）高差偶然中误差计算

水准测量的往返测是在外界环境差异较大的条件下独立完成的，高差不符值表示误差抵消程度，主要包含偶然误差。因此，用往返不符值计算水准测量的偶然中误差是衡量作业质量的重要指标，主要反映测段间偶然误差的影响。

每千米的高差中数偶然中误差 M_Δ 按式（1-2-25）计算：

$$M_\Delta = \pm\sqrt{\frac{1}{4n}\pm\left[\frac{\Delta\Delta}{L}\right]} \tag{1-2-25}$$

式中：M_Δ——每千米高差中数偶然中误差（mm）；

L——水准测量的测段长度（km）；

Δ——水准路线测段往返高差不符值（mm）；

n——往返测水准路线的测段数。

（3）高差全中误差计算

环线闭合差是由往返测平均高差形成的闭合差，具有真误差性质。它既能反映高差平均值的偶然误差，也能反映系统误差，包含这两种误差的综合影响，因此可以用环线闭合差计算水准测量的全中误差。

每千米的高差中数全中误差 M_W 按式（1-2-26）计算：

$$M_W = \pm\sqrt{\frac{1}{N}\left[\frac{WW}{L}\right]} \tag{1-2-26}$$

式中：M_W——每千米高差中数全中误差（mm）；

L——计算附合线路或环线闭合差时的相应路线长度（km）；

W——附合线路或环线闭合差（mm）；

N——附合线路和闭合线路的条数。

当用附合线路的闭合差代替环线闭合差计算水准测量的全中误差时，一定要保证附合线路起闭的两已知高程点高程的准确性和现势性。

2.4.2　高程控制网设计

1）高程控制网布设原则

（1）高程测量应采用统一的高程系统，并应与现有城市高程系统相一致。

（2）高程控制网的控制范围、点位分布应满足地铁工程施工的需要，可以根据城市轨道交通总体规划图布设全面网，也可为某条线路布设专门的线状控制网。

（3）高程控制网应分两个等级布设：地铁一等水准网是与城市二等水准精度一致的水准网，地铁二等水准网是在地铁一等水准网的基础上加密的水准网。当拟建地铁沿线现存城市一、二等水准点间距小于 4km 时，可一次布设地铁二等水准网。

（4）地铁一等水准网为地面高程控制网的起算依据，一般由地铁沿线城市既有的一、二等水准控制点构成，且不应少于 3 个，宜均匀分布。

（5）地铁二等水准网是起算于一等水准网的高程控制网，主要为施工服务，其网形主要取决于地铁一等水准点的位置及地铁线路的走向，与一等水准网构成附合、闭合水准路线或结点网，二等水准点间平均间距宜为 800m。

（6）地面高程控制点应选在受施工影响变形区域以外，稳固、利于保护、方便引测的地方，点位离地铁车站或区间隧道结构外缘距离，视当地水文地质情况及工程实践经验而定，一般以不小于两倍地铁隧道埋深为宜。

（7）对于地表沉降比较大的城市，当城市既有的一、二等水准控制点比较少且间距较大时，宜每隔 3km 左右埋设深桩水准点或基岩水准点，深桩水准点应埋设在稳定的持力层上。

（8）为方便施工和高程传递，车站、竖井及车辆段附近均应布设地铁二等水准控制点，其数量不应少于两个，以方便相互检核。

（9）有条件时地铁 GNSS 网或精密导线网中的各点都可纳入二等水准网测量中。

（10）地铁延伸线或新线与既有线路交叉时，必须联测交叉地段既有线路控制网中的控制点。

2）水准标石的类型与埋设

水准标石是需长期保存的固定标志，因此其稳定性至关重要。如果水准标石埋设质量不好，则易产生垂直位移或倾斜，从而导致测量成果不可靠。城市地铁工程中的水准标石可分为混凝土水准标石、墙角水准标志、基岩水准标石和深桩水准标石四种，其埋设标准及规格如下：

（1）混凝土水准标石

埋设时要特别注意埋设地点的地质条件，了解地下水位的深度，地下有无空洞和流砂等，确保标石埋设在土质坚实的稳定地层中。混凝土水准标石埋设示意图如图 1-2-18 所示。

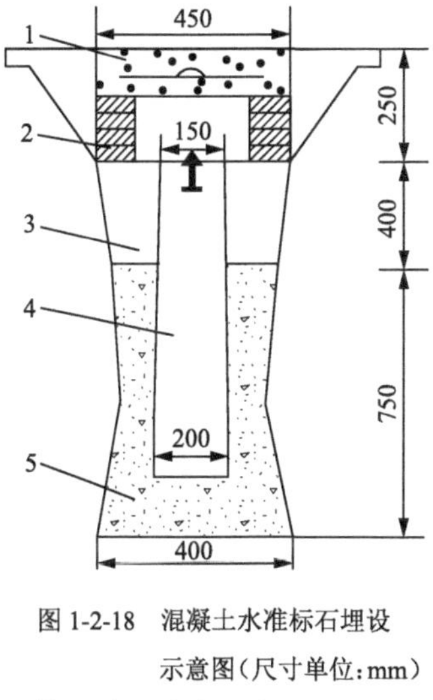

图 1-2-18　混凝土水准标石埋设示意图（尺寸单位：mm）

1- 盖；2- 砖；3- 素土；4- 标石；5- 混凝土

（2）墙角水准标志

墙角水准标志应选择在永久性且沉降稳定、坚固的建筑物或构筑物基础上，考虑到水准尺的长度，埋设时应注意远离影响水准尺竖立的障碍物。墙角水准标志埋设示意图如图 1-2-19 所示。

(3)基岩水准标石

基岩水准标石应埋设在真正的基岩上,防止埋在较大的孤石上。为了施工方便,可以尽量选在基岩露头的地方,遇到风化层时,必须将风化层凿剥除去。埋设基岩水准标石一般应有地质人员参加或以地质资料为依据,必要时事先进行地质钻探。基岩水准标石必须由混凝土制成,使其与基岩牢固相接。基岩水准标石埋设示意如图 1-2-20 所示。

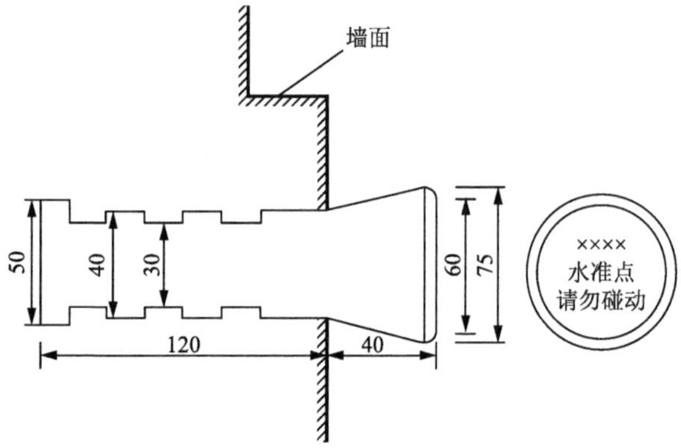

图 1-2-19　墙角水准标志埋设示意图(尺寸单位:mm)

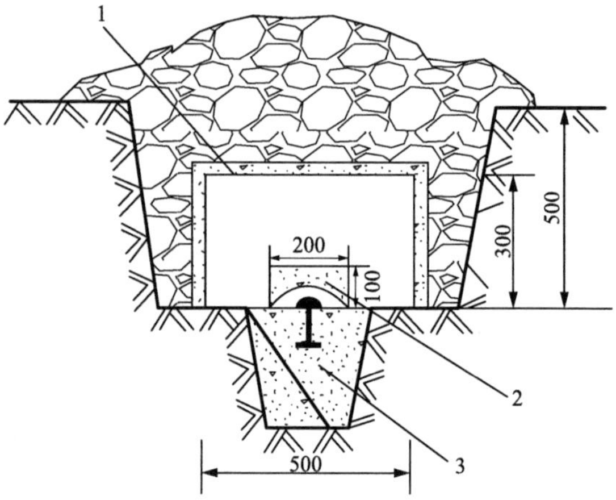

图 1-2-20　基岩水准标石埋设示意图(尺寸单位:mm)
1、2- 混凝土盖板;3- 混凝土

(4)深桩水准标石

深桩水准标石埋设时应注意收集地质资料作为依据,深桩应埋设在稳定的持力层内。深桩水准标石埋设示意图如图 1-2-21 所示。

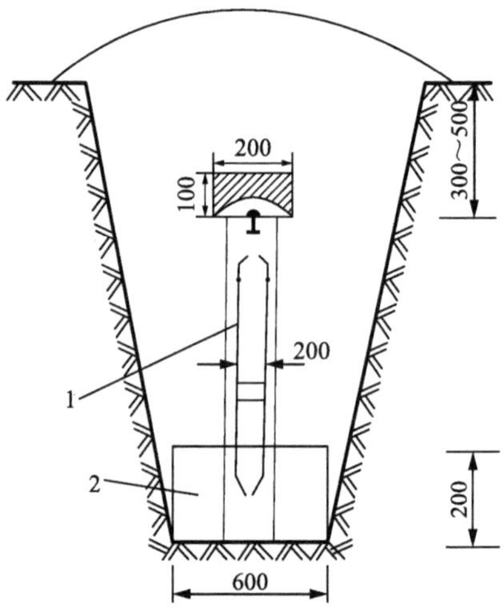

图 1-2-21　深桩水准点标石埋设示意图
(尺寸单位:mm)
1- 混凝土桩;2- 混凝土桩座

3)地面高程控制网的精度设计

《城市轨道交通工程测量规范》(GB/T 50308—2017)中规定高程贯通测量中误差不大于 25mm,配赋给地面高程控制测量的中误差为 ±16mm,地面高程控制网布设方案与精度设计应以此为依据。考虑到城市一、二等水准点分布在整个城市中,点间距较长,其点数及分布均满足不了城市地铁施工控制测量的需要,因此应沿地铁线路独立布设高程控制网,一等为城市一、二等水准网,即地铁一等水准网;二等为加密的水准网,即地铁二等水准网。

按上述高程控制网的分级布设方案,各等级高程中误差的关系为:

$$M_{\mathrm{H}} = \pm\sqrt{(M_{\mathrm{H}})_{\mathrm{I}}^{2} + (M_{\mathrm{H}})_{\mathrm{II}}^{2}} \tag{1-2-27}$$

为使估算偏于安全,在此假定一等水准测量的高程中误差等于城市二等水准测量附合路线或环线的闭合差($\pm 4\sqrt{L}$ mm),二等水准测量的高程中误差等于其附合路线或环线的闭合差($\pm 8\sqrt{L}$ mm),即

$$(M_{\mathrm{H}})_{\mathrm{I}} = \pm 4\sqrt{L} \tag{1-2-28}$$

$$(M_{\mathrm{H}})_{\mathrm{II}} = \pm 8\sqrt{L} \tag{1-2-29}$$

上述式中:L——该等级水准点的距离(km);

$(M_{\mathrm{H}})_{\mathrm{I}}$——一等水准测量的高程中误差(mm);

$(M_{\mathrm{H}})_{\mathrm{II}}$——二等水准测量的高程中误差(mm);

M_H——地铁地面高程控制测量的中误差（mm）。

根据城市地铁建设的实际，取一等水准点间的最大距离为 3km，二等水准点间的最大距离为 1.5km，将其代入式（1-2-28）、式（1-2-29）可得：

$$(M_H)_{\mathrm{I}} = \pm 4\sqrt{3} = \pm 6.93\mathrm{mm}$$

$$(M_H)_{\mathrm{II}} = \pm 8\sqrt{1.5} = \pm 9.8\mathrm{mm}$$

代入式（1-2-27），得 $M_H = \pm 12.0$mm，表明 M_H 在规定的地面高程中误差 ±16.0mm 之内，设计方案可行。

因此，地铁一等水准点间的间距不大于 3km，二等水准点间的间距不大于 1.5km，即能保证地面控制测量误差对地铁隧道竖向贯通误差的影响值控制在 ±16.0mm 之内。

2.4.3　高程控制网外业观测及内业处理

高程控制点埋设后不能急于进行外业观测，一般地区需经过一个雨季的沉降，寒冷地区还应经过冬季冻融季节的变化，待水准点相对稳定后再进行观测。外业观测即原始数据采集过程，为了达到拟定的精度要求，数据采集需按照规范作业。外业观测前的准备工作包括测量组的技术交底、仪器设备的检校等。由于地铁线路一般穿越城市繁华地段，人、车流量非常大，外业观测中要注意安全作业。

根据外业观测特点，本节主要介绍水准仪及水准标尺的检校、水准测量观测方法及技术要求、跨河水准测量、水准测量内业计算。

1）水准仪及水准标尺的检校

水准仪及水准标尺除需按国家相关法律法规定期进行检定外，在施测前和施测过程中还应对其进行常规检校，其中水准仪 i 角误差、水准标尺垂直度是影响水准测量精度的两个很重要的因素，下面对仪器的 i 角误差和水准标尺垂直度检查校正的方法进行介绍。

（1）仪器 i 角的检查

测定仪器 i 角的一般做法：在一平坦场地上用钢卷尺依次量取一直线 I_1ABI_2 其中 I_1、I_2 为安置仪器处，A、B 为立标尺处。在线段 I_1ABI_2 上使 $I_1A=BI_2$，如图 1-2-22 所示。

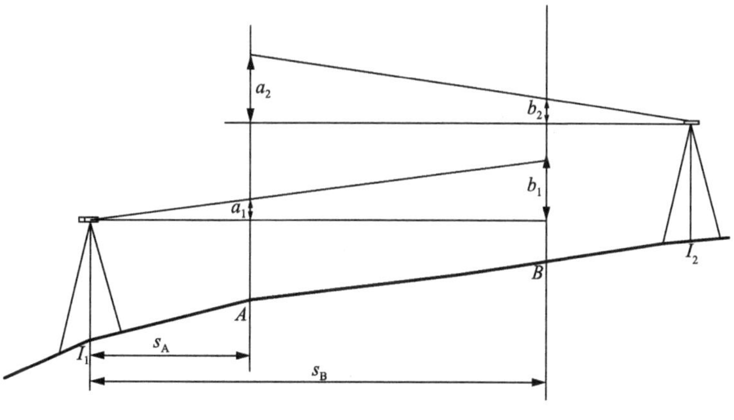

图 1-2-22　测定仪器 i 角示意图

考虑到调焦透镜运行误差对测定 i 角的影响，仪器距近尺点 A 的距离 s_A 取 5 ～ 7m，距远尺点 B 的距离 s_B 以 40 ～ 50m 为宜。按式（1-2-30）计算仪器的 i 角：

$$i = \frac{\Delta}{s_B - s_A}\rho - 1.61\times10^{-6}(s_B + s_A) \tag{1-2-30}$$

$$\Delta = [(a_2 - b_2) - (a_1 - b_1)]/2$$

$$\rho = 206265''$$

式中：a_2——在 I_2 处观测 A 标尺的读数平均值（mm）；

b_2——在 I_2 处观测 B 标尺的读数平均值（mm）；

a_1——在 I_1 处观测 A 标尺的读数平均值（mm）；

b_1——在 I_1 处观测 B 标尺的读数平均值（mm）；

s_A——仪器距近标尺的距离（mm）；

s_B——仪器距远标尺的距离（mm）。

地铁一等水准测量仪器 i 角应小于或等于 15″，二等水准测量仪器 i 角应小于或等于 20″。水准仪 i 角检查，在作业第一周内应每天 1 次，稳定后可半月 1 次。

（2）水准仪 i 角的校正

水准仪 i 角变化不属于保修范围，通过正确的方法可自行校正，水准测量人员需把对 i 角的检查作为仪器设备日常检验的必备项目。由于水准仪设备构造不同，对 i 角的调整方法略有不同，但基本操作步骤及原理如下：

①在平坦地面上选取相距约 100m 的固定点 a、b，先在 a、b 的中点安置水准仪，测出 a、b 两点的高差。

②将仪器搬到距 a 点（或 b 点）2 ~ 3m 处。精平后读取两点的尺读数。如果高差与仪器放在中间时的高差一致，则说明仪器不需要校正，否则需要校正。

③计算 b 尺的正确读数。正确读数应为 a 尺读数加上水准仪安置在中间时测得的两点间高差。

④水准管的校正。根据式（1-2-30）的计算结果，转动微倾螺旋使十字丝横丝对准 b 点尺上的读数处，此时视准轴已水平，但水准管气泡不居中，松开水准管左右两个校正螺钉，拨动水准管上下校正螺钉使气泡居中，即可使两轴平行。

⑤校正完毕后，应将水准仪安置在中间及靠近立尺附近点，再次对 a、b 两点进行高差测量比对，以校核调整的准确性。

（3）水准标尺的检校

水准标尺的检查主要为水准尺垂直度的检查，即检查圆水准气泡居中时水准尺是否处于竖直状态。

其检校方法有两种：一种是用一垂球挂在水准尺上，使尺的边缘与垂球线一致，用圆水准器的校正螺钉调整气泡使其居中，这种方法须在室内或避风之处进行；另一种是安置一台经检校合格的水准仪（或经纬仪、全站仪），严格整平后在相距约 50m 处的尺垫上竖立水准尺，检查时观测者指挥持尺员将水准尺的边缘与望远镜中竖丝重合，用圆水准器的校正螺钉调整气泡使其居中，然后将水准尺转动 90°，重复前述操作至少两次，此法可在室外进行。

2）水准测量观测方法

（1）观测顺序。使用光学水准仪观测时，往测时在奇数站上观测标尺的顺序应为“后—前—前—后”；在偶数站上观测标尺的顺序应为“前—后—后—前”；返测时在奇数站上观测标尺的顺序应为“前—后—后—前”，在偶数站上观测标尺的顺序应为“后—前—前—后”。使用电子水准仪观测时，往返测奇数站观测标尺的顺序应为“后—前—前—后”，往返测偶数站观测标尺的顺序应为“前—后—后—前”。

（2）一等水准每一测段的往测和返测，宜分别在上午、下午进行。

（3）观测间歇时，最好在水准点上结束。否则，应在最后一站选择两个稳固可靠、不易被破坏的固定点作为间歇点。继续施测时，应检测间歇点之间间歇前后的高差，若符合要求，即可由此起测；否则，可变动仪器高度再检测一次，如仍超限，则应从前一水准点起测。

3）水准测量的技术要求

（1）视线长度、视距差、视线高度规定

水准测量视线长度、视距差、视线高度应满足表 1-2-16 的规定。

水准测量观测的视线长度、视距差、视线高度的要求（单位：m）　　表 1-2-16

等级	视线长度		水准仪类型	前后视距差	前后视距累积差	视线高度
	仪器等级	视距				
一等	DS1	≤ 50	光学	≤ 1.0	≤ 3.0	下丝读数≥ 0.3
			电子	≤ 1.5	≤ 6.0	≥ 0.55 且≤ 2.8
二等	DS1	≤ 60	光学	≤ 2.0	≤ 4.0	下丝读数≥ 0.3
			电子	≤ 4.0	≤ 6.0	≥ 0.55 且≤ 2.8

（2）测站观测限差规定

水准测量的测站观测限差应满足表 1-2-17 的规定。

水准测量的测站观测限差（单位：mm）　　表 1-2-17

等级	上下丝读数平均值与中丝读数之差	基、辅分划读数之差	基、辅分划所测高差之差	检测间歇点高差之差
一等	3.0	0.4	0.6	1.0
二等	3.0	0.5	0.7	2.0

注：使用数字水准仪观测时，同一测站两次测量高差较差应满足基、辅分划所测高差较差的要求。

（3）成果取值

往返两次观测高差超限时应重测。重测后，一等水准应取两次异向观测的合格成果，二等水准则应将重测成果与原测成果比较，其较差合格时，取其平均值。

（4）注意事项

水准观测应在标尺分划成像清晰且稳定时进行。下列情况不应进行观测：

①日出后与日落前 30min 内。

②太阳中天前后各约 2h 内（可根据地区、季节和气象情况，适当增减中午间歇时间）。

③标尺分划线的影像跳动剧烈或气温突变或风力过大而使标尺与仪器不能稳定时。

水准测量所使用的仪器及水准尺除定期到计量部门检定外，作业前，还应进行常规检校，主要是对仪器 i 角的检查。

水准测量线路应避开施工降水、基坑开挖、盾构推进等施工影响区域。

4）跨河水准测量

当水准路线跨越江、河、湖、塘且视线长度小于 100m 时，可采用一般水准测量方法进行观测；视线长度大于 100m 时，则应根据视线长度和仪器设备等情况，采用光学测微法、倾斜螺旋法、经纬仪倾角法、测距三角高程法和 GNSS 水准测量法等进行跨河水准测量。前三种方法是传统的测量方法，技术成熟，但对场地及观测条件要求较高；测距三角高程法是较新的测量方法，具有场地布设灵活、仪尺无需频繁调岸、作业效率较高的优点；GNSS 水准测量法的主要优点是受外界气候影响较小，作业时间短，但对测区似大地水准面平缓性等有严格的限制，实际应用中需要采用传统跨河技术或使用其他资料进行验证。

(1)场地布设

由于跨越障碍物的视线较长，使观测时前后视距不能相等，仪器 i 角误差的影响、大气垂直折光的影响尤为突出，为了更好地消除仪器 i 角的影响和折光的影响，最好用两台相同型号的仪器在两岸同时进行观测，两岸的立尺点 b_1、b_2 和仪器观测站 I_1、I_2 应布设成如图 1-2-23 所示的三种形式。

当只用一台仪器观测时，跨河水准测量场地如图 1-2-24 所示呈“Z”字形布设，在河的两岸选定立尺点 b_1、b_2 和测站 I_1、I_2，I_1、I_2 同时又是立尺点，选点时应尽量选择在两岸地形相似、高差相差不大而跨越距离较短的地点；草丛、沙滩、芦苇等受日光照射后，上面的空气层温度分布情况变化很快，折光影响复杂，要尽量避免视线通过它们上方；两岸测站至水边的距离应相等，并应大于 2m；立尺点应打在有帽钉的木桩或钢管上。两岸仪器视线离水面的高度应相等，当跨河视线长度小于 300m 时，视线离水面的高度不低于 2m；当跨河视线长度大于 300m 时，应不低于 $4\sqrt{s}$ m（s 为跨河视线长度，单位为 km）。

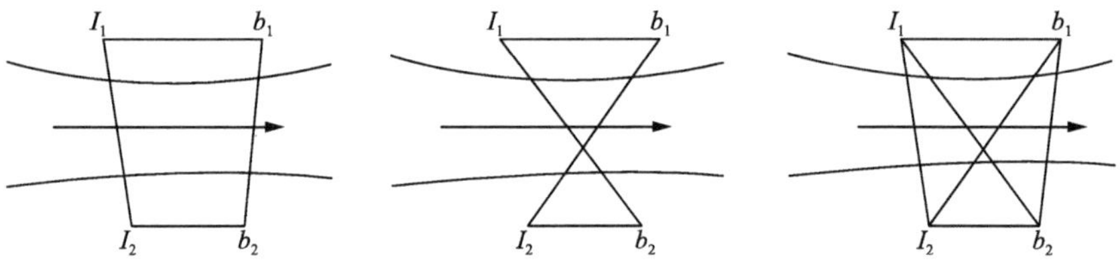

图 1-2-23　跨河水准观测示意图（两台仪器观测）

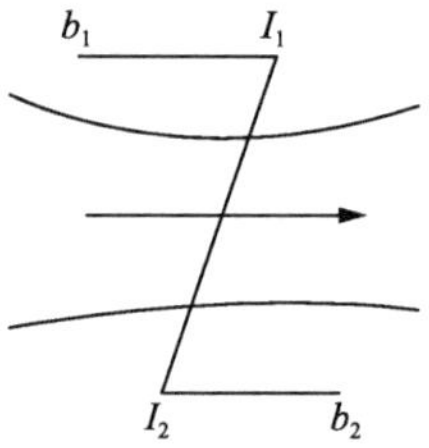

图 1-2-24　跨河水准观测示意图（一台仪器观测）

两岸测得的标尺跨河高差，分别为两个测站高差之和：

上半测回：

$$h_{b_1b_2} = h_{b_1I_2} + h_{I_2b_2} \tag{1-2-31}$$

下半测回：

$$h_{b_2b_1} = h_{b_2I_1} + h_{I_1b_1} \tag{1-2-32}$$

跨河水准测量的全部观测测回数，上午和下午应各占一半，或分别在白天和晚间观测。测回间应间歇 30min，再开始下一测回的观测。

(2)观测方法

①光学测微法

若跨距在 500m 以内，则可用光学测微法进行观测。先要预先制作有加粗标志线的特制觇板。觇板可用铝板制作，涂成黑色或白色，在其上画有一个白色或黑色的矩形标志线，如图 1-2-25 所示。矩形标志线的宽度一般取跨距的 1/25000，长度约为宽度的 5 倍。如跨越距离为 250m，则矩形标志线的宽度为 1cm，长度约为 5cm。

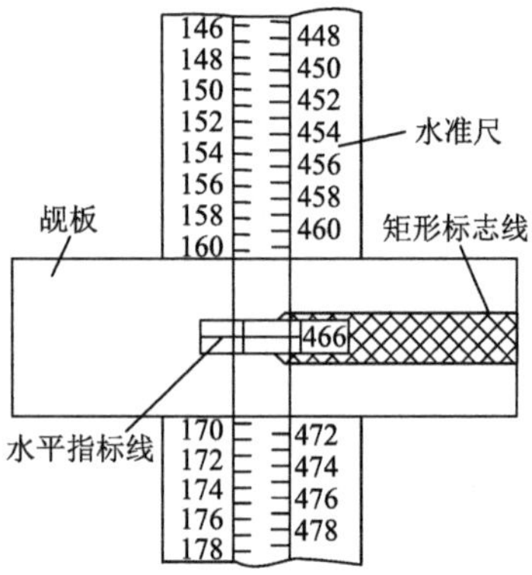

图 1-2-25　光学测微法特制觇板图

觇板中央开一矩形小窗口，在小窗口中央装有一条马尾丝或细铜丝水平指标线。指标线应恰好平分矩形标志线的宽度。觇板的背面装有夹具，可使觇板沿水准尺尺面上下滑动，并能用螺旋将觇板固定在水准尺上的任一位置。

整平仪器后，先对本岸近标尺进行观测，接连照准标尺的基本分划两次，使用光学测微器读数；对岸水准标尺读数的方法是：整平仪器，对准对岸水准标尺，并使符合水准气泡精密符合，再将测微器读数置于分划全程的中央位置，即平行玻璃板居于垂直位置，按约定信号（或使用对讲机）指挥对岸扶尺员将觇板在尺面上下移动，直至觇板上的矩形标志线被望远镜中的楔形丝平分夹住为止，即通知扶尺员使觇板标志中心线精密对准标尺上最邻近的基本分划线，固定并记下标志中心线在标尺上的读数，同时转告对岸记录员。再按光学测微器精密照准觇板上的标志线，并读、记测微器格值，这样就可以得到水平视线在对岸水准标尺上的精确读数。

为了精确测定觇板指标线的平移量，规范规定要测 5 次，各次读数互差不得超过 0.01mm×*s*（*s* 为跨河视线长度，单位为 m）。

②光电测距三角高程法

光电测距三角高程法，最大跨距可达 3500m，目前应用较为普遍。

根据“跨河水准测量跨越场地的布设”的有关规定，按图 1-2-26 中的大地四边形布设跨河点。*A*、*B* 和 *C*、*D* 分别为两岸安置仪器（或标尺）的位置，均应埋设固定点。

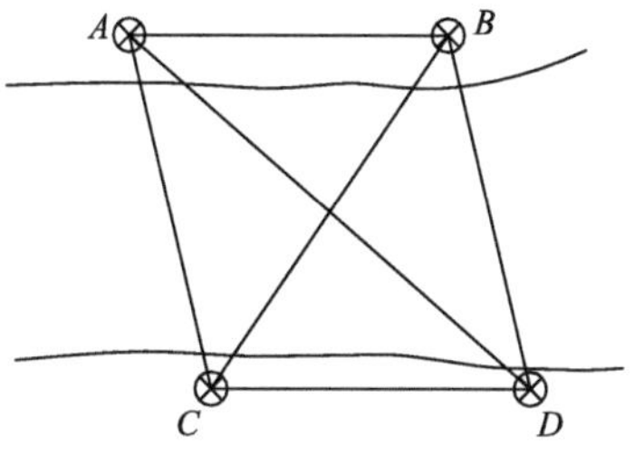

图 1-2-26　光电测距三角高程法跨河水准测量示意图

观测程序：

a. 在 *A*、*C* 点设站，同时观测本岸近点棱镜，而后同步观测对岸远点棱镜。

b. *A* 点仪器不动，将 *C* 点仪器迁至 *D* 点，两岸仪器同步观测对岸远点棱镜。

c. *D* 点仪器不动，观测本岸近点棱镜，此时将 *A* 点仪器迁至 *B* 点，然后两岸仪器同步观测对岸远点棱镜。

d. *B* 点仪器不动，观测本岸近点棱镜，此时将 *D* 点重新迁至 *C* 点，两岸仪器同步观测对岸远点棱镜。最后 *C* 点仪器再次观测本岸近点棱镜，至此两台仪器共完成 4 个单测回。

e. 两岸仪器、棱镜对调，重复步骤 a ～ d，至此两台仪器共完成 4 个双测回。

本岸测站点间高差按同等级水准测量要求进行往返观测，以往返高差中数作为检测和计算测站点仪器高的基准。观测应选在风力小、气温变化小的气象条件下进行。测量时，将气压、温度直接输入仪器进行改正，现场直接记录高差、平距、垂直角、仪器高、棱镜高，其中平距、垂直角、仪器高、棱镜高主要是便于检查与核对。

③倾斜螺旋法

当跨越障碍的距离在 500 ～ 1500m 之间时，光学测微器的照准和读数精度会受到限制，在这种情况下，目前采用的是倾斜螺旋法。

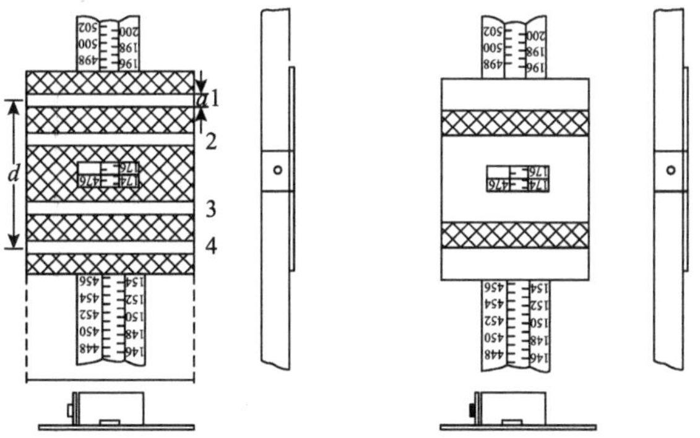

图 1-2-27　倾斜螺旋法特制觇板图

倾斜螺旋法，就是用水准仪的倾斜螺旋使视线倾斜地照准对岸水准标尺上特制觇板的标志线，觇板一般有 4 条标志线或 2 条标志线，如图 1-2-27 所示，利用视线的倾角和标志线之间的已知距离来间接求出水平视线在对岸水准标尺上的精确读数。视线的倾角可用倾斜螺旋分划鼓的转动数（如 N3 精密水准仪）或用水准器气泡偏离中央位置的格数（如 Ni004 精密水准仪）来确定。

④经纬仪倾角法

经纬仪倾角法，最大跨距可达 3500m。它的基本原理是，用经纬仪观测垂直角，间接求出视线水平时中丝在远、近水准标尺上的读数，两者之差就是远、近立尺点间的高差。

经纬仪倾角法对经纬仪的指标差要求严格，应选用指标差较为稳定的经纬仪，观测前应对仪器垂直度盘的光学测微器行差、指标差进行检验与校正。

5)水准测量内业计算

水准测量外业观测工作结束后,应及时整理和检查外业观测手簿。外业手簿中所有计算应有第二人100% 检查,确认观测成果全部正确无误、符合相关的限差要求后,编制水准测量外业高差和概略高程表,在此基础上计算观测高差改正数、偶然中误差、全中误差等。

(1)高差改正数计算

结合地铁工程实践,高程控制网高程概算时,所用观测高差只需加入水准标尺长度改正及正常水准面不平行改正。

水准标尺每米长度误差对高差的影响是系统性的。根据规定,当一对水准尺每米长度的平均误差 f 大于 ±0.02mm 时,要对观测高差进行改正。水准标尺长度改正数依据计量部门提供的检定标尺改正系数 f 计算。一测段高差水准标尺长度改正数 δ 按式(1-2-33)计算。

$$\delta = fh \tag{1-2-33}$$

式中:f——标尺改正系数(mm/m),f=名义米长−1000;

h——观测高差(m)。

由于往返观测高差的符号相反,所以往返观测高差的改正数符号也不同,往返高差不符值不变。

由于水准面的不平行性,使得两固定点间的高差和两水准面间的垂直距离不一致,在较短的距离内相差不大,而当距离较长时,相差较大。各等级水准测量结果,均需计算正常水准面不平行改正数。一测段高差正常水准面不平行改正数 ε 按式(1-2-34)计算。

$$\varepsilon = -0.0000015395\sin 2\varphi_{\mathrm{m}} \cdot \Delta\varphi' H_{\mathrm{m}} \tag{1-2-34}$$

式中:φ_{m}——测段 A、B 两点平均纬度;

$\Delta\varphi'$——A、B 两点的纬度差,$\Delta\varphi' = \varphi_{\mathrm{B}} - \varphi_{\mathrm{A}}$;

H_{m}——A、B 两点的概略高程均值。

地铁工程线路长度一般为几十千米,相对较短,在线路南北纬差较小、平均高程面较低的情况下,可不计算正常水准面不平行改正数。

(2)偶然中误差计算

偶然中误差是评定水准观测精度的一个重要指标。当每条水准路线分段施测时,可按式(1-2-25)计算水准测量每千米的高差中数偶然中误差(M_{Δ})。

(3)全中误差计算

高差全中误差反映了观测高差的偶然误差和系统误差。当附合路线和水准环多于 20 个时,可用环线闭合差按式(1-2-26)计算每千米水准测量高差中数全中误差(M_{W})。

(4)水准网平差

城市轨道交通工程水准网按照一、二等水准网分别进行平差处理。水准网平差最常用的方法是间接平差和条件平差,它们是利用最小二乘法的原理,即观测值权与观测值改正数平方乘积的总和为最小,即在 $[PVV]$ 为最小的条件下,求出观测值的改正数和平差值,并对观测值、平差值及其函数进行精度评定。

2.4.4 高程控制网复测

为确保地面控制网的连续、稳定、可靠及现势性,必须对地面控制网进行定期复测,同时应视点位稳定情况适当调整复测频次。地面高程控制网的复测是地面三网复测内容之一。

1）复测频率

对高程控制原网必须进行复测，复测工作分为定期全面复测和不定期局部复测。

（1）定期全面复测

有计划地对原高程控制网的全部点位进行定期复测。在整个工程实施阶段一般进行 3 次定期全面复测。

①首次复测应在土建施工开始前完成。原因一是原网实施后至开工可能间隔一段时间，或由于雨季、冻融等自然现象影响产生偏差；二是必须对原网的成果进行重新确认，确保开工测量基础资料的准确无误。

②第二次全面复测安排在土建工程进展过半后。根据整条线路总体工程进度实施。

③第三次全面复测应在铺轨前完成。考虑到工后沉降因素、铺轨作业精度高的特点，铺轨前对高程控制网进行一次全面复测，以便确认由各车站（或竖井）处重新进行高程联系测量起算数据的准确性。

（2）不定期局部复测

根据施工需要进行不定期局部复测。

通常情况下，下列情形需要立即进行局部复测：

①控制点附近有影响其点位稳定的因素产生，如地基降水、桩基施工、土方开挖、工程爆破等；

②控制点破坏后重新恢复或埋设；

③其他对控制点稳定性产生影响的情形。

高程控制网的复测频次要求不一。有的城市原网布设桩位埋设质量差，作业时间仓促，后续的复测工作频率达到每季度复测一次，大大增加了测量人员工作强度，成果数据又调整频繁；有的城市原网规划设计合理，点位布设质量高，每年只需复测一次，成果稳定，使用方便。因此，对控制网的复测频率应根据点位稳定情况进行调整，原则上每年需复测一次，同时应做好原网的质量控制工作。

2）复测作业要求

高程控制网复测精度不应低于原网精度，复测精度参照原网技术要求及观测要求实施。复测作业要求如下：

（1）作业前进行现场勘查，检查标石的完好性，对破损较严重的标石按原控制点标准恢复。

（2）应合理组织，短时间内连续完成。作业前和过程中应加强仪器设备的常规检查。观测应遵循固定仪器、固定观测人员、固定测量路线的“三固定”原则。

（3）一等水准网、二等水准网的复测可以合并进行，采用城市一等水准作业要求实施。

（4）复测成果报告中，须对控制网现状进行评价并明确控制点的最终取值。

（5）复测工作的作业时间宜根据城市气候特点合理安排，尽量避开雨季、冻融、大风等季节因素影响。

（6）局部复测工作，可以联测至标段两端稳定的起算点上，提供中间成果供施工使用。

高程控制网复测作业流程如图 1-2-28 所示。

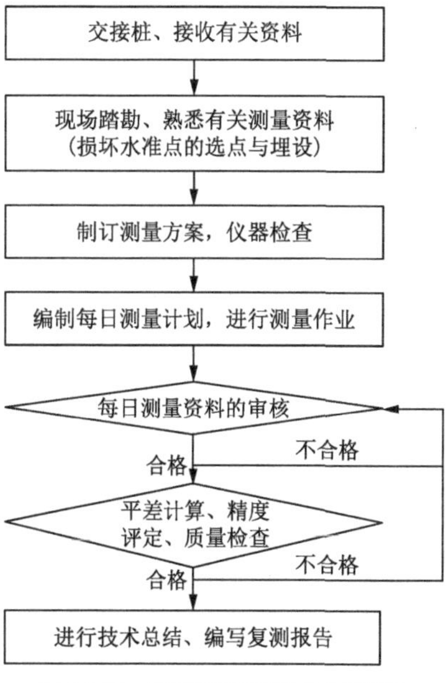

图 1-2-28　高程控制网复测作业流程图

3)复测成果限差取值

《城市轨道交通工程测量规范》(GB/T 50308—2017)规定地面高程控制网一等水准测量全中误差为2mm,二等水准测量全中误差为4mm,两期高程较差不应大于$\sqrt{2}$倍的高程中误差。由此可计算出复测高程较差:一等水准网不大于$2\sqrt{2}$ =2.8mm,二等水准网不大于$4\sqrt{2}$ =5.6mm。

考虑到地铁工程对高程的精度要求,参考规范并结合实践经验,在确认检测成果正确的情况下,一般对原测成果可按以下原则参考处理。

(1)检测高程与原测高程的互差≤ ±3mm 时,高程采用原测成果;

(2)±3mm ≤检测高程与原测高程的互差≤ ±6mm 时,高程采用两期平均值;

(3)检测高程与原测高程的互差≥ ±6mm 时,高程采用新成果。

4)复测提交资料

(1)技术设计书;

(2)高程控制网图及水准点之记;

(3)外业观测手簿;

(4)高程成果表和精度评定成果表;

(5)原测和检测成果比较表;

(6)技术总结报告;

(7)仪器及标尺的检验资料及质量检查验收报告。

2.4.5 高程控制网复测实例

1)工程概况

深圳地铁 10 号线工程北起双拥街站,南至福田口岸站,全长约 29.3km,共设 25 站、24 区间,以及凉帽山出入线和益田停车场。

2)执行技术标准和技术要求

(1)《城市轨道交通工程测量规范》(GB/T 50308—2017)。

(2)《工程测量规范》(GB 50026—2007)。

(3)《城市测量规范》(CJJ/T 8—2011)。

(4)《国家一、二等水准测量规范》(GB/T 12897—2006)。

(5)《地铁施工测量管理细则》。

(6)《地铁控制测量检测及施工测量检测工程总体技术要求》。

(7)地铁一期工程相关设计文件。

3)原二等水准控制网概况

深圳地铁 10 号线一期工程二等水准控制网于 2015 年初测设完成,并于 2015 年 11 月对该二等水准控制网进行了第一次复测。由于两次测量时间间隔较短及地铁工程还没有开始建设,复测情况显示大部分点位变动较少。2017 年 12 月对该网进行第二次复测。

经现场踏勘,结合目前工程使用情况,在复测过程中沿原水准线路新增加 DT75-1 等 15 个点位。

4)地铁高程系统与起算数据

通过平差方案比选,此次复测路线由南向北依次选定DT77、DT67、DT151、DT137、DT143、DT63、DT27、DT01、Ⅱ城404作为附合水准路线整体平差的起算点,这样整体平差的结果与原网保持了较好的附合性。

高程控制网系统为1956年黄海高程系。

5)二等水准网复测主要精度指标

(1)每千米高差中数偶然中误差≤ ±2mm;

(2)每千米高差中数全中误差≤ ±4mm;

(3)测段、区段、路线往返测高差不符值以及附合路线或环线闭合差≤ $8\sqrt{L}$(L为测量路线长度)。

6)使用仪器及检验

(1)使用的仪器

全线二等水准控制网复测使用仪器为××(型号)电子水准仪(标称精度:0.3mm/km)和××(型号)光学水准仪(标称精度:0.4mm/km)及其配套的铟瓦钢尺,保证仪器在检定有效期之内。在观测过程中,定期对仪器进行作业前常规检查,并进行记录,各项指标满足相关要求后,方投入观测工作使用。

(2)仪器检验

所使用的仪器除必须提供国家认可的仪器检测部门出具的检验证书等标识外,还应按以下要求进行:

①水准仪和水准标尺符合测量等级的要求,并按规范规定进行各项检验;水准仪与水准尺在观测前、观测中、观测后按规定要求进行全面检验。

②作业开始后的一周内每天检校水准仪的i角两次(上、下午各检校一次),若i角较为稳定,则以后可每隔15天检校一次,水准仪的i角不得大于15″。

③在观测期间注意对水准仪与水准尺的保护,若对仪器某一部件的质量有怀疑,则应随时进行相应项目的检验。

④其他未阐述的检验项目、方法和要求参照《国家一、二等水准测量规范》(GB/T 12897—2006)的有关规定执行。

7)外业测试

(1)观测方式

采用单线路往返观测;一条线路的往返测,使用同一类型的仪器和尺垫,沿同一线路进行;同一测段往测或返测宜分别在上午与下午进行,在日间气温变化不大的阴天或观测条件较好时,若干里程的往返测可上午或下午同时进行。但这种里程的总站数不应超过该区段总站数的30%;复测时对相邻两二等水准点进行往返观测,每测段的往测和返测,其测站数均为偶数;为了消除i角误差的影响,采用绳尺进行量距,保证前后视距较差小于1m,前后视距累积差小于3m;在工作间歇时,找3个稳定可靠、便于放铟瓦尺的固定点作为间歇点,并做好标记,间歇完后,对3个固定点的高差进行检测,满足有关要求后再继续前测。

(2)注意事项

观测前30min,将仪器置于露天阴影下,使仪器与外界气温趋于一致(仪器在伞下),水准仪的圆水准器须严格置平。

在连续各测站上安置水准仪的三脚架时,使其中两脚与水准路线的方向平行,而第三个脚轮置于路线的左侧或右侧。

由往测转返测时，两根标尺必须互换位置，并重新整置仪器。

同一测站观测时，不得两次调焦。转动仪器的倾斜螺旋和测微鼓时，其最后旋转方向均为旋进。

观测间歇时，最好能在水准点上结束。否则，在最后一站选择两个稳定可靠、光滑凸出、便于放置标尺的固定点作为间歇点。间歇后应对间歇点进行检测，比较任意两尺承点间歇前后所测高差。若符合限差要求，则可由此起测；若超过限差，则可变动仪器再观测一次；如仍超限，则须从前一水准点起测。

8）技术要求

观测的视线长度、视距差、视线高度均按表 1-2-18 的规定执行。

视线长度、视距差、视线高度的规定 表 1-2-18

等级	视线长度(m)		前后视距差(m)	前后视距累积差(m)	视线高度	
	仪器类型	视距(m)			视线长度在 20m 以上(m)	视线长度在 20m 以下(m)
一等	DS1	≤50	≤1.0	≤3.0	≥0.5	≥0.3

测站观测限差、往返测高差不符值、路线、闭合差、每千米水准测量的全中误差限差等应满足表 1-2-19 的规定。

各项限差的规定 表 1-2-19

基、辅分划读数之差(mm)	基、辅分划(黑红面)所测高差之差(mm)	检测间歇点高差之差(mm)	每千米高差中数中误差(mm)		测段(路线)往返测高差不符值(mm)	符合或环形路线不符值(mm)
			偶然中误差	全中误差		
0.4	0.6	1.0	±1.0	±2.0	$\pm 4\sqrt{k}$	$\pm 4\sqrt{L}$

注：k 为测段长度，L 为符合路线或环线长度，均以 km 计。

水准测量采用光学测微法，进行往返观测，不应在规范规定的不利情况下观测。观测顺序如下：往测时，奇数站为“后－前－前－后”，偶数站为“前－后－后－前”；返测时，奇数站为“前－后－后－前”，偶数站为“后－前－前－后”。

9）数据处理

（1）超限处理

测站观测时误差超限，在本站发现后可立即重测；若迁站后才发现，则从水准点或间歇点（须经检测符合限差）起始，重新观测。

测段往返测高差不符值超限时，应先对可靠程度较小的往测或返测进行整测段重测，并按下列原则取舍：若重测的结果与同方向原测结果的不符值超过往返测高差不符值的限差，但不超出与另一单程高差的不符值限差，则取其重测结果；若同方向两高差不符值未超限，且其中数与反向原测结果不符值又未超限，则取中数作为该单程的高差结果；若该单程重测后仍超限，则重测另一单程；若超限测段经过两次或多次重测后，出现同向观测结果靠近而异向观测结果不符值超限的分群现象，且同方向高差不符值小于限差之半，则取原测的往返高差中数作为往测结果，取重测的往返高差中数作为返测结果；若每公里水准测量的偶然中误差 M_{Δ}、区段往返测高差不符值、符合路线或环线闭合差超限，则应认真分析，先对路线上可靠性较小的一些测段进行重测；本次全线二等水准控制网复测，除每站当时检核外，每个测段完成后还应及时进行往返高差不符值检核。

（2）每千米水准测量高差中数偶然中误差的计算

本次二等水准控制网复测共完成 4 条水准路线，复测水准路线长度约为 110km。

经计算，每公里高差偶然中误差 M_Δ 符合规范小于或等于 ±1mm 的要求。

（3）平差计算

地铁二等水准控制网复测采用严密平差软件进行平差计算，部分复测结果与原测结果的比较详见表 1-2-20，部分平差结果报表详见表 1-2-21。

复测高程与原测高程成果比较　　表 1-2-20

序　号	点　号	本次复测高程（m）	采用高程（m）	差值（mm）	备　注
1	DT67	6.2112	6.2112	0.0	起算点
2	DT71	6.7933	6.8061	-12.8	
3	DT73	5.9002	5.9024	-2.2	
4	DT76	5.2181	5.2443	-26.2	
5	DT77	6.1081	6.1081	0.0	起算点
6	DT145	6.9509	6.9489	2.0	
7	DT144	7.2452	7.2469	-1.7	
8	DT143	7.7134	7.7134	0.0	起算点
9	DT139	8.5479	8.5518	-3.9	
10	DT138	8.2225	8.2207	1.8	
11	DT137	8.0366	8.0366	0.0	起算点

高差观测值平差成果　　表 1-2-21

起　点　N_1	终　点　N_2	观测高差（m）	改正数（mm）	平差值（m）	精度（mm）	距离（km）
II109	DT151	−1.6197	−1.85	−1.6215	3	0.89
DT151	DT152-2	0.3762	−0.01	0.3762	0.75	0.047
DT152-2	DT150	0.3096	−0.05	0.3095	1.64	0.233
DT150	DT148	0.2178	−0.18	0.2176	2.84	0.77
DT148	DT147	−0.5717	−0.23	−0.5719	3.16	0.995
DT147	DT146	−0.556	−0.21	−0.5562	3.03	0.9

对复测高程与原测高程较差较大的水准点重新进行水准测量检查，检查结果显示现场测量结果无误。

10）二等水准控制网复测结论与建议

根据经验，提出以下建议：高程较差小于 3mm（含 3mm）的高程点，仍采用原测高程；高程较差在 3 ～ 6mm（含 6mm）之间的高程点，取原测高程与复测高程的均值；高程较差大于 6 mm 的高程点，采用复测高程值。

第3章 施工测量

3.1 施工测量的主要内容及技术要求

3.1.1 施工测量概述

城市轨道交通工程测量按阶段可以分为设计阶段测量、施工阶段测量和运营阶段测量。其中，施工阶段测量主要分为土建施工阶段测量、铺轨阶段测量和设备安装阶段测量。城市轨道交通工程各阶段测量工作如图1-3-1所示。

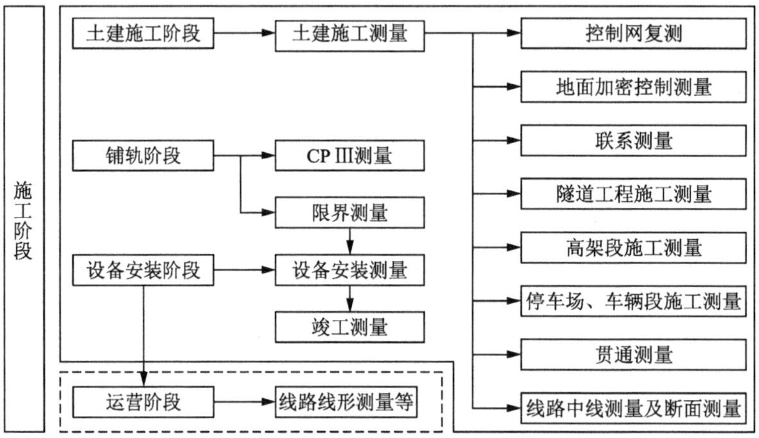

图1-3-1 城市轨道交通工程各阶段测量工作

施工阶段测量(以下简称“施工测量”)即各种工程在施工阶段所进行的测量工作。其主要任务是在施工阶段将设计图纸上的建(构)筑物的平面位置和高程，按照设计与施工要求，以一定的精度测设(放样)到施工作业面上，作为施工的依据，并在施工过程中进行一系列的测量控制工作，以指导和保证施工按设计要求进行。

施工测量是直接为工程施工服务的，它既是施工的先导，又贯穿于整个施工过程。从场地平整、建(构)筑物定位、基础施工，到墙体施工、建(构)筑物构件安装等工序，都需要进行施工测量，以确保建(构)筑物各部分的尺寸、位置符合设计要求。

3.1.2 施工测量的主要内容

土建施工阶段的测量工作主要包括以下内容：

(1)施工单位在接桩后，编制控制网测量方案，对控制网进行复测；工点开工前，根据周边控制点数量和分布情况，选择受施工影响较小的区域，布设加密控制点，进行地面加密控制测量。

(2)明挖区间、车站基坑围护结构施工放样测量，基坑开挖施工放样测量，主体结构施工测量。

(3)盾构区间始发、暗挖隧道或暗挖车站施工前的联系测量，将地面坐标和高程传递至井下。

(4)盾构法隧道施工测量，主要包括盾构始发前的洞门钢环测量、始发托架安装定位测量、始发姿态测量，隧道掘进过程中的管片姿态测量和盾构姿态测量，隧道掘进到一定距离的联系测量、隧道内加密控制测量，盾构区间接收端洞门钢环测量、接收架定位测量。

（5）矿山法隧道施工测量，主要包括隧道开挖到一定距离的联系测量、隧道内加密控制点测量、隧道中腰线标定。

（6）高架段施工测量，主要包括高架车站和高架区间的桥墩基础、桥墩、墩顶盖梁、盖梁上的轨道梁等施工放样测量。

（7）车站竣工断面测量，盾构区间、暗挖区间等贯通后的贯通测量和隧道横断面测量。

3.1.3　施工测量的技术要求

1）施工测量检测频率

（1）明挖段、高架段控制测量（含车辆段）

①在车辆段施工期间，对承包商的施工测量基线进行检测，次数不少于 3 次。

②在明挖区间，每开挖 150 ～ 200m 时应分别进行一次导线、高程、中线控制桩测量及检测。

③在明挖车站，在垫层施工前、开挖至整个长度 1/2 时及完工时应分别进行一次控制测量及检测。

（2）暗挖段控制测量

①竖井联系测量

矿山法暗挖区间，当正线洞内掘进约 50m 时，进行第一次竖井定向；当开挖至 150 ～ 200m 处时，进行第二次竖井定向；当距贯通面 150 ～ 200m 时，进行第三次竖井定向。若单向开挖长度超过 1000m，则掘进至 200m 后每 600m 须增加一次联系测量；若单向开挖长度超过 1500m，则应增加陀螺定向以检核坐标方位；若贯通距离小于 300m，则可只进行两次联系测量。各次定向互差≤ ±10″，可取其平均值指导开挖。

盾构区间应在盾构始发前进行第一次联系测量，掘进至 150 ～ 200m 处时进行第二次竖井定向，距贯通面 150 ～ 200m 时进行第三次竖井定向。若单向开挖长度超过 1000m，则掘进至 200m 后每 600m 须增加一次联系测量；若单向开挖长度超过 1500m，则应增加陀螺定向以检核坐标方位；若贯通距离小于 300m，则可只进行两次联系测量。各次定向互差≤ ±10″，可取其平均值指导开挖。

②地下控制测量

在每次竖井联系测量完成后，均需进行地下控制测量，并且在每开挖 120 ～ 200m、贯通前 50 ～ 100m 分别进行一次洞内控制测量及检测。

③贯通测量（指初期支护贯通及二次衬砌后贯通）

当两相向开挖的暗挖标准段贯通后和盾构出洞时，应进行一次贯通测量及检测。

2）各项检测精度指标、检测限差

（1）精度指标

土建工程暗、明挖隧道和高架结构贯通测量误差规定为：横向 ±100mm，纵向 $\pm L/5000$（L 为两开挖洞口之间的距离，下同），竖向 ±50mm。总贯通中误差的允许值取极限误差的一半，见表 1-3-1。

平面与高程贯通误差限差　　表 1-3-1

项　目	地面控制测量	联 系 测 量	地下控制测量	总贯通中误差
横向贯通误差	≤ ±25mm	≤ ±15mm （≤ ±20mm）	≤ ±30mm	≤ ±50mm
纵向贯通误差	—	—	—	L/10000
高程贯通误差	≤ ±15mm	≤ ±9mm	≤ ±15mm	≤ ±25mm

注：括号内数值为竖井联系测量有趋近导线时采用的值。

表 1-3-1 所列精度指标是各等级测量，包括地面 GNSS 控制网、精密导线网、由地面向地下传递的测量、地下导线测量及洞内外高程测量的设计依据，最终必须满足总贯通中误差的要求。

（2）各项检测限差

根据《深圳地铁控制测量检测技术要求》的相关规定，一般检测值与原测值互差小于 2 倍中误差时，可用原测成果。

根据《城市轨道交通工程测量规范》（GB/T 50308—2017）并结合工程特点，制定了如下各项检测的限差：

①地上导线点的坐标互差：≤ ±12mm。

②地下导线点的坐标互差：当贯通距离小于 600m 时，≤ ±14mm；当贯通距离大于 600m 时，≤ ±18mm。

③地上高程点高程的互差：≤ ±3mm。

④地下高程点高程的互差：≤ ±5mm。

⑤地下导线起始边（基线边）方位角的互差：≤ ±10″。

⑥相邻高程点高差的互差：≤ ±3mm。

⑦导线边的边长互差：≤ ±8mm。

⑧经竖井悬吊钢尺传递高程的互差：≤ ±3mm。

⑨控制测量检测隧道中线点、高架桥墩台中心坐标的互差：≤ ±16mm。

⑩盾构姿态检测互差：±5mm。

⑪盾构隧道断面测量互差：±20mm。

⑫车站墙、柱垂直度测量互差：±10mm。

对影响隧道横向贯通的检测误差应进行严格控制。

3.2 地面加密控制测量

城市轨道交通工程平面控制网由卫星定位控制网和精密导线网组成，高程控制网由一、二等水准网组成。尽管布网时已考虑轨道交通线路工程特点和要求，但不可能详细考虑到每个工点的具体情况，首级控制点的密度和位置在施工全过程中很难一次性地满足需要，因此要根据需要随时进行地面加密控制测量。

地面施工加密控制点直接用于（车站、车辆段、地面线路以及施工竖井）施工放样、联系测量等。因此，其点位必须可靠，且要有足够的精度，以满足各项测量工作需要。

3.2.1 平面加密控制测量

在工程开工前，测量人员应根据建设单位提供的首级控制点，结合施工需要、场地布置和工程结构形式等进行加密控制测量。明挖车站和明挖区间一般选用附合导线测量方法进行平面加密控制测量。

加密控制测量应以卫星定位控制点或精密导线点为起算点。临近施工影响区域的控制点很可能会发生位移，在加密控制测量前必须对起算控制点进行复测，控制点复核无误后方可作为加密控制的起算数据。平面加密控制测量的起算点一般不少于 3 个，平面加密控制测量按照精密导线测量相关技术要求执行。

1）平面加密控制网布设形式

城市轨道交通工程平面加密控制网多布设成导线网，导线网布设的基本形式有支导线、闭合导线和附合导线，如图 1-3-2 所示，设图中 A、B、C、D 为高等级控制点（已知点），T_1，T_2，…，T_{10} 为布设的平面加密控制点（待定点），由此构成各种形式的导线网。

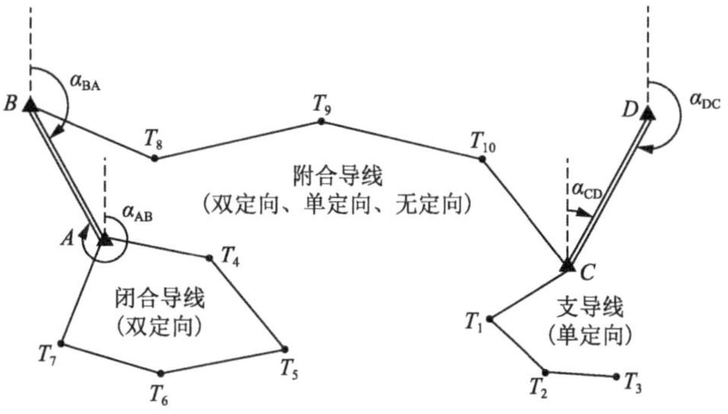

图 1-3-2　导线网的布设形式

（1）支导线

从一个高等级点 C 和 CD 边的已知方位角 α_{CD} 出发，延伸出去的导线 $D-C-T_1-T_2-T_3$ 称为支导线。支导线只具有必要的起算数据，缺少对观测数据的检核，因此应谨慎使用。

（2）闭合导线

以高等级点 A 为起始点，以 AB 边的坐标方位角 α_{AB} 为起始边方位角，布设 $B-A-T_4-T_5-T_6-T_7-A$ 点，即从 A 点出发仍回到 A 点，形成一个闭合多边形，称为闭合导线。闭合导线一般在小范围的独立地区（如主变电所）布设，可以进行导线转折角测量的检核和导线点坐标计算的检核。

（3）附合导线

两端连接于高等级控制点 B、C 的导线称为附合导线。根据两端连接已知方位角的情况不同，附合导线可再划分为双定向附合导线、单定向附合导线和无定向附合导线。

①双定向附合导线

导线线路 $A-B-T_8-T_9-T_{10}-C-D$ 两端联测 AB 和 CD 已知边，其已知方位角 α_{BA} 和 α_{CD} 均用于导线的定向，故称为双定向附合导线。对于观测的导线转折角和导线点的坐标计算均可得到检核。双定向附合导线是在高等级控制点下进行控制点加密最常用的形式，一般简称为附合导线。

②单定向附合导线

导线线路 $A-B-T_8-T_9-T_{10}-C$ 仅能在 B 点一端联测 AB 的已知方位角，取得导线计算的定向数据，但不能检核导线的转折角，故称为单定向附合导线。由于从已知点 A 附合到另一个已知点 C，故对于导线的坐标计算仍可进行检核。

③无定向附合导线

导线线路 $B-T_8-T_9-T_{10}-C$ 两端联测已知点，但均未能联测已知方位角，缺少导线计算的直接定向数据，称为无定向附合导线（简称无定向导线）。导线计算时可以利用间接计算方法取得定向数据，并有“闭合边”（起点和终点的连线）长度的检核。布置附合导线从双定向到无定向是由于缺少可以定向的已知点，虽然都可以计算出导线点的坐标，但其精度会随定向数据的减少而有所降低。无定向导线常用于井的上下联系测量。

在交接桩完成后，对所交接桩控制点进行复测，对控制点成果质量、各项闭合差进行分析，在此基础上制订切实可行的平面加密控制网布设和测量方案。明挖车站、明挖区间的平面加密控制网宜布设成附合导线或结点导线网，主变电所或其他小范围独立地区视通视条件可布设为闭合导线。

2）平面加密控制点标石埋设

平面加密控制点标石埋设前，首先对首级控制网点进行全面的踏勘和检查，选择合理的布点方法，根据测区范围、控制点分布、地形以及施工现场情况，将加密控制点布设在车站及盾构始发井附近，选点、埋设点标石（测量墩）时既要便于导线本身的测量，又要便于工程施工。平面加密控制点标石埋设需按照精密导线点标石埋设要求执行，由于车站围挡较高，可以埋设成有强制对中标志的观测墩（图 1-3-3），同时应满足以下要求：

（1）相邻导线点间应通视良好，视野尽量开阔，以便测角、测距和碎部测量。

（2）导线布设于交通便利、地势平坦且坚实处，以便测量和保存。

（3）导线的各边长大致相等，避免相邻边长相差悬殊，以保证和提高测角精度。

（4）相邻导线点间以及加密点与精密导线点之间的垂直角不应大于 30°，视线离障碍物距离不应小于 1.5m，避免旁折光的影响。

（5）加密控制点附近不应有大面积的水域和对电磁波反射（或吸引）强烈的物体。

（6）导线点具有足够的密度，分布均匀，便于控制整个测区；导线点均为长期保存的导线点，应埋设混凝土标石，中心钢筋柱顶面镶有铜心标志，导线点统一编号。

（7）高程控制点与平面控制点可以合用一个点。

图 1-3-3　平面加密控制点标石埋设

3）平面加密控制网测量精度指标

平面加密控制点测量应符合《城市轨道交通工程测量规范》（GB/T 50308—2017）的要求，见表 1-3-2。

精密导线网测量技术要求　　表 1-3-2

控制网等级	闭合环或附合导线平均长度（km）	平均边长（m）	每边测距中误差（mm）	测角中误差（″）	方位角闭合差（″）	全长相对中误差（mm）	相邻点的相对点位中误差（mm）
三等	3	350	±3	±2.5	$\pm5\sqrt{n}$	1/35000	±8

注：n 为导线的角度个数。

4）平面加密控制网外业观测

平面加密控制点外业测量采用等级不低于Ⅱ级的全站仪，使用的仪器应确保检定合格并在检定有效期内。外业测量前进行常规检查和校正，同时记录检校结果，检查的内容应包括仪器外观及键盘功能检查、工作电压显示的正确性检查、照准部旋转的正确性检查、仪器基座和脚架的稳定性检查、光学对中器的准确性检查等。

（1）水平角观测

当导线点只有两个方向时，平面加密控制网测角采用测回法观测，方向数多于 3 个时采用方向观测法观测。水平角观测一测回内 $2C$ 较差、同一方向值各测回较差应满足表 1-3-3 中技术要求。

方向观测法水平角观测技术要求　　表 1-3-3

全站仪等级	半测回归零差(″)	一测回内 2C 较差(″)	同一方向值各测回较差(″)
Ⅰ	6	9	6
Ⅱ	8	13	9

(2)边长观测

平面加密控制点边长观测时，往返观测各 2 测回，取往返观测平均值为最终结果。测距时，应在测前、测后各读取一次温度和气压，并取平均值作为测站的气象数据，温度读至 0.2℃，气压读至 0.5hPa。距离测量限差应满足表 1-3-4 中技术要求。

距离测量限差技术要求(单位:mm)　　表 1-3-4

全站仪等级	一测回中读数间较差	单程各测回间较差	往返测或不同时段结果较差
Ⅰ	3	4	$2(a+bd)$
Ⅱ	4	6	

注:1. $a+bd$ 为仪器标称精度，其中 a 为固定误差，b 为比例误差系数，d 为距离测量值(以 km 计)。
2. 一测回指照准目标一次读数 4 次。

5)平面加密控制网数据处理

平面加密控制网外业观测完成后，所有测量记录均应 100% 复核，检查无误后方可进行数据处理，处理前对边长进行气象改正、仪器加乘常数改正、高程归化和投影改正。

导线网平差前，需计算附(闭)合导线闭合差($\leqslant \pm 5\sqrt{n}$)和导线的全长相对中误差($\leqslant 1/35000$)，并利用导线网的方位角闭合差计算测角中误差($\leqslant \pm 2.5''$)。各项闭合差和测角中误差均满足要求后，使用控制网测量平差软件进行严密平差，平差后相邻点的相对点位中误差应满足不大于 ±8mm 的精度要求。

3.2.2　高程加密控制测量

在高程加密控制测量前，应对起算控制点进行复核，保证起算成果的可靠性。加密高程测量一般采用水准测量方法，按照二等水准测量技术要求施测。

1)高程加密控制网布设形式

高程加密控制网应根据起算控制点位置、密度和现场施工情况等，布设成附合水准路线、闭合路线或结点水准网。高程起算控制点一般不少于 2 个。

2)高程加密控制点标石(标志)埋设

高程控制点标石(标志)埋设形式有多种，加密高程控制点多采用混凝土水准标石、墙上水准标志，其埋设技术要求同二等水准点标石(标志)埋设技术要求。

高程加密控制点布设原则:

(1)各等级的水准点，应埋设水准标石。

(2)水准点应选在土质坚硬、便于长期保存和使用方便的地点。

(3)墙上水准点应选设于稳定的建筑物上，点位应便于寻找、保存和引测。

(4)高程控制点与平面控制点可以合用一个点。

3)高程加密控制网测量精度指标

高程加密控制网测量宜采用二等水准测量方法施测，测量精度应符合《城市轨道交通工程测量规范》

（GB/T 50308—2017）的要求，见表 1-3-5。

水准测量技术要求　　表 1-3-5

水准测量等级	每千米高差中数中误差(mm)		环线或附合水准线路最大长度(km)	水准仪等级	水准尺	观测次数		往返较差、附合或环线闭合差(mm)
	偶然中误差 M_Δ	全中误差 M_W				与已知点联测	附合或环线	
二等	±2	±4	40	DS_1	铟瓦尺或条码尺	往返	往返	$\pm 8\sqrt{L}$

注：L 为往返测段、附合或环线的路线长度(km)。

4）高程加密控制网外业观测

采用精密电子水准仪及配套的铟瓦水准标尺，按《城市轨道交通工程测量规范》（GB/T 50308—2017）中的二等水准测量要求进行作业，并应满足以下要求。

（1）水准路线采用往返观测，并沿同一条路线进行。观测顺序如下：往测时，奇数站为"后—前—前—后"，偶数站为"前—后—后—前"；返测时，奇数站为"前—后—后—前"，偶数站为"后—前—前—后"。

（2）测量时，尽量保证前后视距相等，减少仪器 i 角对高差观测的影响。

（3）作业前检校 i 角，保证 i 角绝对值在作业过程中均不超过 15″。

（4）采用尺撑辅助安置水准尺，确保水准尺在观测时处于竖直状态。

（5）为了保证水准尺的稳定性，选用质量为 5kg 的尺垫，将尺垫安放在坚实位置并踩实以防止尺垫下沉。

（6）在连续各测站上安置水准仪的脚架时，使其两脚与水准线路的方向平行，而第三脚轮换置于线路方向的左侧与右侧。

（7）水准路线采用往返观测，并沿同一条路线进行。每一测段均以偶数站结束，由往测转为返测时，互换前后尺再进行观测。

水准测量中对视线长度、视距差、视线高度的要求见表 1-3-6。

水准测量观测中对视线长度、视距差、视线高度的要求（单位：m）　　表 1-3-6

等级	视线长度		水准仪类型	前后视距差	前后视距累积差	视线高度
	仪器等级	视距				
二等	DS1	≤ 60	电子水准仪	≤ 2.0	≤ 6.0	≥ 0.55 且≤ 2.8

水准测量测站观测限差应符合表 1-3-7 的规定。

水准测量测站观测限差（单位：mm）　　表 1-3-7

等级	上下丝读数平距值与中丝读数之差	基、辅分划读数之差	基、辅分划所测高差之差	检测间歇点高差之差
二等	3.0	0.5	0.7	2.0

5）高程加密控制网数据处理

水准测量外业工作结束后，所有测量记录均应 100% 复核，检查无误后方可进行数据处理。首先将观测手簿记录的各项资料、测段距离、测段高差数据编制成表，并计算观测高差改正数、附（闭）合线路闭合差、偶然中误差等。

高程加密控制网平差前，需计算附（闭）合水准路线闭合差（$\leq \pm 8\sqrt{L}$）和每千米高差中数偶然中误差（≤±2mm）。水准路线闭合差和每千米高差中数偶然中误差均满足要求后，使用控制网测量平差软件进行严密平差。

3.2.3　工程案例

深圳地铁某线某明挖车站，由于首级控制点距离车站较远，为了便于施工放样，在车站施工范围内布设若干平面和高程加密控制点，进行平面和高程加密控制测量。平面加密控制点和高程加密控制点共桩。

1）使用仪器

（1）徕卡（Lecia）TS50 系列全站仪及其配套光学对中觇板。

（2）天宝（Trimble）Dini03 电子水准仪及其配套铟瓦尺。

2）测量坐标系统

平面坐标系为深圳市独立坐标系，高程坐标系为 1956 年黄海高程系。

3）加密控制网布设和测量

以车站附近的精密导线点和二等水准点作为起算依据，加密控制网布设前已完成首级控制点复测，复测成果满足要求。平面加密控制网布设成附合导线，高程加密控制网布设成附合水准。加密控制点外业测量如图 1-3-4 所示。

图 1-3-4　加密控制点外业测量

加密控制网施测方法和主要技术要求，按照《城市轨道交通工程测量规范》（GB/T 50308—2017）的相关规定执行。加密控制网测量示意图如图 1-3-5、图 1-3-6 所示。

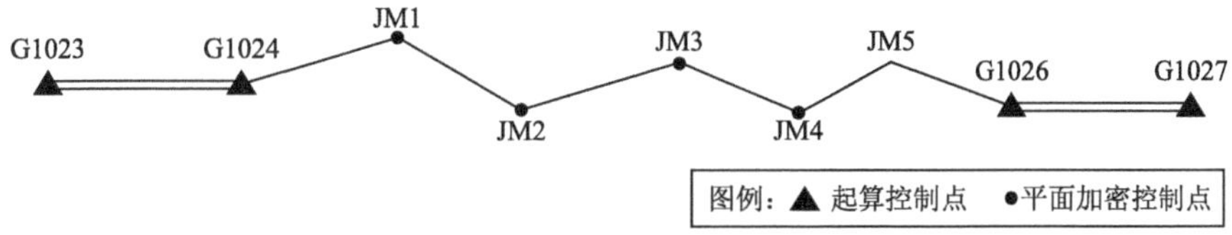

图 1-3-5　平面加密控制点测量示意图

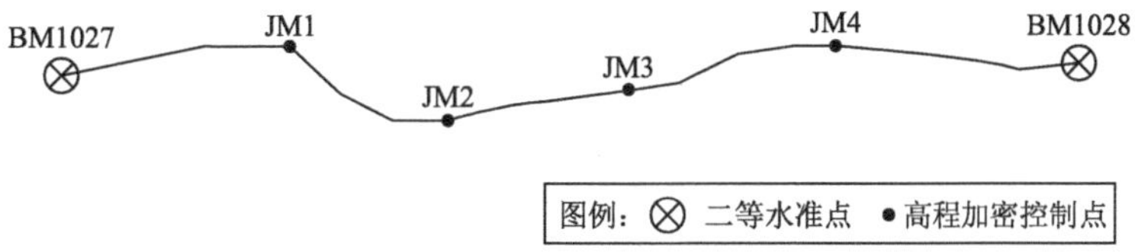

图 1-3-6　高程加密控制点测量示意图

4）数据处理和精度分析

（1）平面加密控制网

内业数据处理前，首先对测量记录进行 100% 复核，通过三角高程法计算精密导线点和平面加密控制点的概略高程，对观测边长进行高程归化和投影改正。附合导线精度指标见表 1-3-8。由表 1-3-8 和式(1-3-1)可知，附合导线方位角闭合差小于限差，全长相对中误差 1/99232 小于 1/35000。经计算，加密平面控制网测角中误差为 ±2.00″，满足《城市轨道交通工程测量规范》(GB/T 50308—2017)中的相关规定。

附合导线精度统计　　表 1-3-8

附合导线	方位角闭合差(″)	闭合差限差(″)	导线长度(km)	全长相对中误差	备注
G1023-G1024 ～ G1026-G1027	-5.3	±13.2	1.3	1/99232	合格

测角中误差计算公式为：

$$M=\pm\sqrt{\frac{1}{N}\left[\frac{f_{\beta}\cdot f_{\beta}}{n}\right]} \tag{1-3-1}$$

加密平面控制网共 7 站，测角中误差为：

$$M=\pm\sqrt{\frac{(-5.3)\times(-5.3)}{7}}=\pm 2.00\,''$$

然后用控制网测量平差软件进行严密平差，平面加密控制网平差后，最大点位中误差为 ±1.4mm、最大点间中误差为 ±1.1mm，均满足规范要求。本次平面加密控制点成果可以作为后续施工的依据。

(2)高程加密控制网

内业数据处理首先对测量记录进行 100% 复核，统计各段线路长度、往返高差、往返高差之差、闭合差及限差，见表 1-3-9、表 1-3-10。

往返测高差统计　　表 1-3-9

测段	往测高差(m)	返测高差(m)	往返高差不符值(mm)	限差(mm)	线路长度(km)
BM1027—JM1	1.6028	-1.6032	-0.4	3.7	0.212
JM1—JM2	0.1326	-0.1327	-0.1	3.5	0.194
JM2—JM3	-0.8446	0.8449	0.3	4.3	0.286
JM3—JM4	0.2342	-0.2336	0.6	4.3	0.294
JM4—BM1028	2.2893	-2.2893	0.0	3.6	0.201

注：往返较差、闭合差限差按照二等水准网要求计算。

附合水准路线精度统计　　表 1-3-10

水准线路	设计高差(m)	实测高差(m)	闭合差(mm)	限差(mm)	线路长度(m)
BM1027—BM1028	3.4165	3.4141	-2.40	±8.7	1.187

由表 1-3-8、表 1-3-9 可知，水准测段往返测高差不符值和附合水准线路闭合差均满足规范要求。水准测量每千米的高差中数偶然中误差：

$$M_{\Delta}=\pm\sqrt{\frac{1}{4n}\left[\frac{\Delta\Delta}{L}\right]} \tag{1-3-2}$$

代入数据可得 $M_{\Delta}=\pm 0.34\text{mm}<\pm 2.0\text{mm}$，水准测量每千米高差中数偶然中误差满足规范要求。然后采用控制网测量平差软件，对附合水准线路进行严密平差，平差后最弱点高程中误差为 ±1.18mm，相邻点相对高差中误差最大为 ±1.04mm。本次高程加密控制点成果可以作为后续施工的依据。

3.3 联系测量

联系测量是将地面的平面坐标系统和高程系统通过明挖基坑(一般为车站或风井)、暗挖区间施工竖井、区间投点钻孔等传递到地下，使地上、地下坐标及高程系统统一的测量工作。联系测量工作包括地面近井导线测量和近井水准测量，通过明挖基坑（一般为车站或风井）、暗挖区间施工竖井、区间投点钻孔的定向测量和高程传递测量，井下近井导线测量和近井水准测量。联系测量质量的好坏直接关系到隧道的贯通精度，是隧道贯通的测量基础。

3.3.1　平面联系测量

平面联系测量是以地面近井导线点为依据，确定地下近井导线起算边的起算坐标和方位角的工作。从地面控制点向近井点引测坐标和方位的趋近测量，可采用边角三角形或附合导线。平面联系测量可根据工程特点、采用的施工方法、施工工艺、工程周边环境条件以及所使用的仪器设备等条件采用一井定向、两井定向、导线直接传递测量、陀螺全站仪和铅垂仪组合定向及投点定向法等。

1）一井定向

一井定向又称为联系三角形定向测量，是平面联系测量中最传统的方法。主要技术方法是在同一竖井悬挂两根钢丝，地面近井点 A 与钢丝组成三角形，测定近井点 A 与钢丝的距离和角度，从而算得两根钢丝的坐标和方位角。同样，井下近井点 A' 也与钢丝构成三角形，测定井下近井点 A' 与钢丝的距离和角度，由于钢丝处在自由悬吊状态，可以认为钢丝的坐标和方位角与地面一致，通过计算便可获得地下导线起算点的坐标和方位角，这样就把地上与地下导线联系起来了。其基本原理如图 1-3-7 所示。

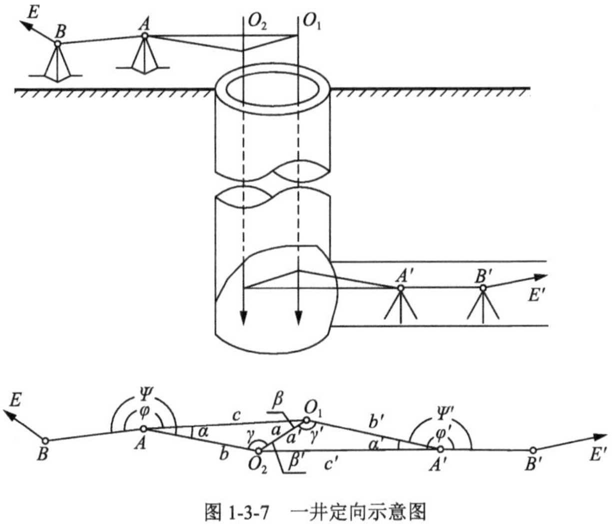

图 1-3-7　一井定向示意图

（1）一井定向计算方法

根据外业观测的水平角和边长，以及地面近井点的坐标和方位角。由 $\triangle AO_1O_2$ 解算出 β，由 $\triangle A'O_1O_2$ 计算出 β'。

$$\left.\begin{aligned}\sin\beta&=\sin\alpha\cdot\frac{b}{a}\\ \sin\beta'&=\sin\alpha'\cdot\frac{b'}{a'}\end{aligned}\right\}\tag{1-3-3}$$

井下导线测量起始边的方位角计算公式为：

$$\alpha_{A'B'}=\alpha_{AB}+\varphi-\beta+\beta'+\varphi'\pm3\times180^\circ\tag{1-3-4}$$

（2）一井定向的误差组成

一井定向的误差主要有连接角误差和投点误差，方位角 $\alpha_{A'B'}$ 的误差即定向误差，可以表示为：

$$m_{A'B'}^2 = m_{AB}^2 + m_{\varphi}^2 + m_{\beta}^2 + m_{\beta'}^2 + m_{\varphi'}^2 + m_{\theta}^2 \tag{1-3-5}$$

如果将误差分别表示为井上连接误差 $m_{上}$、井下连接误差 $m_{下}$ 和投点误差 m_{θ}，则可以将误差组成表示为：

$$\left.\begin{aligned} m_{A'B'}^2 &= m_{上}^2 + m_{下}^2 + m_{\theta}^2 \\ m_{上}^2 &= m_{AB}^2 + m_{\varphi}^2 + m_{\beta}^2 \\ m_{下}^2 &= m_{\beta'}^2 + m_{\varphi'}^2 \end{aligned}\right\} \tag{1-3-6}$$

竖井联系测量中，投点误差的主要来源有气流对垂球和垂球线的作用，垂球线向地心性的影响，钢丝的弹性，垂球线的附生摆动和滴水对垂球线的影响，垂球线摆动与标尺面不平行。其中，前两项是投点误差的主要来源。

减小投点误差可以采用以下措施：

①尽量增大两垂球线间的距离，选择合理的垂球线位置；

②定向时停止风机运转或增设风门减小风速；

③采用直径小（宜采用直径为 0.3mm 的钢丝）、强度高的钢丝，适当增加垂球的质量，并将垂球浸入阻尼液中；

④减小滴水对垂球线及垂球的影响，淋水较大的竖井应采取挡水措施。

（3）一井定向中垂球线处角度中误差及联系三角形

外业观测近井点与钢丝组成的联系三角形中测量 a、b、c 三条边长和连接角 α，井下与井上测量方法一致。提高地下起算边的定向精度，除了要提高外业观测精度外，还要保证联系三角形构成最有利的图形。

井上联系三角形中，计算中所用到的垂球线 O_1 处角度 β，可用式（1-3-7）计算。

$$\sin\beta = \frac{b}{a}\sin\alpha \tag{1-3-7}$$

将上式转化为中误差式并微分，可以推导出 O_1 处角度 β 的中误差 m_{β} 为：

$$m_{\beta} = \pm\sqrt{\rho^2\tan^2\beta\left(\frac{m_a^2}{a^2} + \frac{m_b^2}{b^2} - \frac{m_a^2}{\rho^2}\right) + \frac{b^2}{a^2\cos^2\beta}m_a^2} \tag{1-3-8}$$

同理可以推导出垂球线 O_2 处角度 γ 的中误差 m_{γ} 为：

$$m_{\gamma} = \pm\sqrt{\rho^2\tan^2\gamma\left(\frac{m_a^2}{a^2} + \frac{m_c^2}{c^2} - \frac{m_a^2}{\rho^2}\right) + \frac{c^2}{a^2\cos^2\gamma}m_a^2} \tag{1-3-9}$$

对于井下定向的连接三角形，同理可以得到同样的公式。由以上两式可以看出，当 $\beta \approx 0^{\circ}$，$\gamma \approx 180^{\circ}$（或 $\beta \approx 180^{\circ}$，$\gamma \approx 0^{\circ}$）时，各项测量数据对 β、γ 的精度影响最小，此时公式可以转化为：

$$\left.\begin{aligned} m_{\beta} &= \pm\frac{b}{a}m_{\alpha} \\ m_{\gamma} &= \pm\frac{c}{a}m_{\alpha} \end{aligned}\right\} \tag{1-3-10}$$

由此可以得出以下结论：

①采用一井定向时，井上下连接三角形应为直伸三角形，角度 $\alpha(\alpha')$、$\beta(\beta')$ 应接近于零，在任何情况下

连接角都不大于 1°。

②计算 $\beta(\beta')$、$\gamma(\gamma')$ 的精度取决于 $\alpha(\alpha')$ 的精度，并随比值 b/a（或 b'/a'）的减小而减小。因此在联系测量时，应尽量使连接点 A（或 A'）靠近最近的垂球线，并精确测量角度 $\alpha(\alpha')$，b/a（或 b'/a'）的值宜小于 1.5。

③两垂球线间的距离应尽可能大。

④传递方向时，应选择经过小角 $\beta(\beta')$ 的线路。

⑤在直伸型三角形中，测距误差和量边误差对定向精度的影响较小。

（4）双联系三角形定向测量

双联系三角形定向测量较一次联系三角形定向测量，不仅在精度上有一定的提高，而且能起到重要的检核作用，可有效地减少错误的发生。该方法是在竖井中悬挂三根钢丝，组成两个联系三角形，双联系三角形定向测量如图 1-3-8 所示。

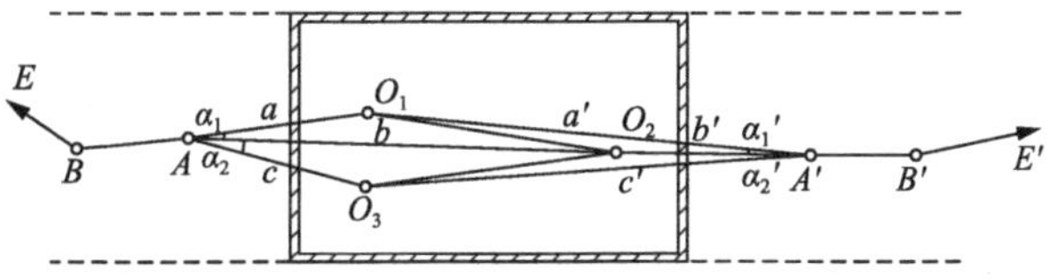

图 1-3-8　双联系三角形定向测量示意图

在进行定向测量时，在地面近井点和地下近井点处观测边长 a、b、c、a'、b'、c' 和钢丝 O_1O_2、O_2O_3 间的距离，以及连接角 α_1、α_2、α_1'、α_2'，然后根据外业观测数据，使用平差软件计算地下近井点的方位角和坐标。双联系三角形定向测量稳定性较好，使用方便，但占用井筒空间较大，适用于直径较大的井筒。

（5）一井定向测量技术要求

①采用直径为 0.3mm 的钢丝，悬挂质量为 10kg 的重锤，重锤应浸没在阻尼液中，以减小投点误差。

②联系三角形边长测量可采用电磁波测距或经检定合格的钢尺丈量，每次独立观测三测回，每测回读数三次，各测回较差应小于 1mm。地上和地下丈量的钢丝距离应小于 1mm。钢尺测距时应施加钢尺检定时的拉力，并进行温度、尺长、倾斜改正。

③角度观测应采用等级不低于 I 级的全站仪，用方向观测法观测六测回，测角中误差在 1″之内。一井定向测量，每次应独立进行三次，取三次定向平均值作为最终结果。联系三角形地下近井定向边方位角中误差不应超过 8″。

2）两井定向

两井定向是在两个施工竖井分别悬吊一根（为增加检核条件，可悬挂两根）钢丝，具有外业操作简单、占用施工竖井的时间较短的优点。与一井定向相比，两井定向由于钢丝间距离大大增加了，减少了投点误差引起的定向误差，有利于提高地下近井导线的定向精度。

（1）两井定向外业实施

两井定向（图 1-3-9）外业工作主要有悬吊钢丝和地上、井下测量。在两个竖井分别悬吊一根直径为 0.3mm 的钢丝，钢丝底部悬挂质量为 10kg 的重锤，并将重锤放入装有阻尼液的容器中。钢丝悬吊完成后，对钢丝进行检查，避免钢丝与主体结构或现场施工设备接触；检查重锤，防止重锤与容器壁接触。在两根钢丝上粘贴反射片，钢丝稳定后再进行观测。

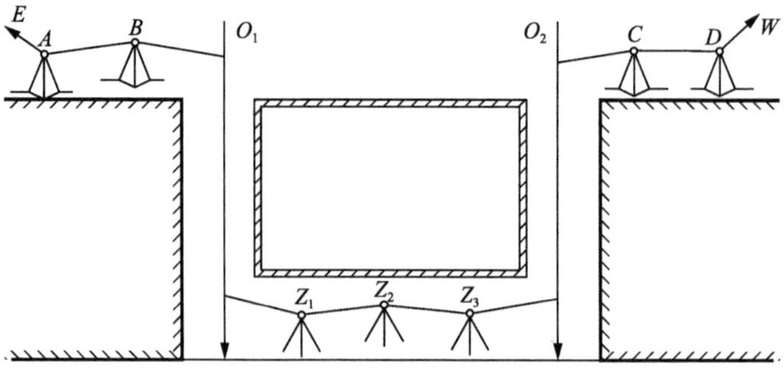

图 1-3-9 两井定向示意图

外业观测按照精密导线测量技术要求进行，在井上、下近井点架设仪器，同时观测一根钢丝，并用相同的方法观测另外一根钢丝。每次联系测量应独立进行三次，取三次平均值作为定向测量成果。

（2）两井定向计算方法

在地面近井点采用导线测量方法测得两根钢丝的坐标，地下近井点分别与两根钢丝联测，组成附合图形。由于两根钢丝无法架设仪器，缺少两个连接角，因此地下导线无起始方位角，称为无定向附合导线（无定向导线），如图 1-3-10 所示。

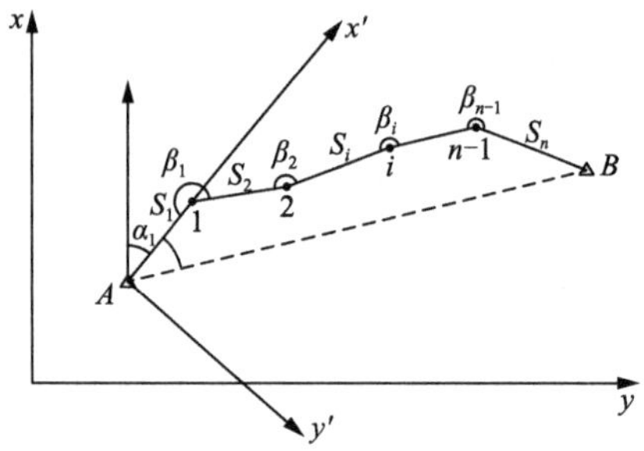

图 1-3-10 无定向导线示意图

对于任意一条无定向单导线，A 和 B 为两端已知高级控制点，无定向导线点数为 $n-1$，$\beta_i(i=1\sim n-1)$ 为观测左角，$S_i(i=1\sim n)$ 为观测边长。

计算时，先假定 A 点坐标为 (x'_A, y'_A)，起始边 $A-1$ 的方位角为 α'_1，按导线的观测水平角 β_i，推算各边的假定方位角 α'_i。再按导线各边的观测边长 S_i 及假定方位角 α'_i，推算各边的假定坐标增量及各点的假定坐标，直至 B 的假定坐标为 (x'_B, y'_B)，由 A 点和 B 点的假定坐标，计算闭合边 AB 的假定方位角和假定边长。

①计算各点在假定坐标系中的坐标值

$$\left.\begin{aligned} x'_k &= x_a + \sum_{i=1}^{k} S_i \cos\alpha'_i \\ y'_k &= y_a + \sum_{i=1}^{k} S_i \sin\alpha'_i \\ \alpha'_i &= \alpha'_1 + \sum_{j=1}^{i-1}(\beta_j - 180^\circ) \\ k &= 1,2,\cdots,n-1,n \end{aligned}\right\} \tag{1-3-11}$$

②计算闭合边 AB 的假定方位角和假定边长

$$S'_{AB} = \sqrt{(x'_B - x'_A)^2 + (y'_B - y'_A)^2} \tag{1-3-12}$$

$$\alpha'_{AB} = \arctan\left[\frac{(y'_B - y'_A)}{(x'_B - x'_A)}\right] \tag{1-3-13}$$

③计算长度比和方位角差

根据 A 点和 B 点的已知坐标，计算闭合边 AB 的真边长 S_{AB} 和真方位角 α_{AB}，根据真、假闭合边的长度和方位角，可以计算闭合边长度比 R 和方位角差 $\Delta\alpha$：

$$\begin{aligned} R &= \frac{S_{AB}}{S'_{AB}} \\ \Delta\alpha &= \alpha_{AB} - \alpha'_{AB} \end{aligned} \tag{1-3-14}$$

闭合边长度比是单条无定向导线唯一的观测质量检验标准，如不超过规定限差，即可认为检验通过。然后根据长度比 R 和方位角差 $\Delta\alpha$ 改正导线各边的边长和方位角：

$$\left.\begin{aligned} S_i &= RS_i' \\ \alpha_i &= \alpha_i' + \Delta\alpha \end{aligned}\right\} \tag{1-3-15}$$

④计算各点在原坐标系中的坐标

用改正后的方位角和边长计算各边的坐标增量，推算各点的坐标。此时应无坐标闭合差，这是单条无定向导线的唯一检验标准。

单条无定向导线由于多余观测值少，横向误差难以控制，对角度观测缺少检核，导致横向误差增大。在布设无定向导线时，可以采取多个闭合环，增加多余观测，使导线的观测角度和边长得到有效检核。也可采用悬挂多根钢丝的方法，提高地下控制点的定向精度。

3）导线直接传递测量

导线直接传递测量是利用精密导线测量原理和方法，将地面坐标和方位直接传递到地下或隧道内的联系测量方法。导线直接传递测量适用于埋深较浅的明挖车站、区间，或者竖井井筒直径较大的部位，如盾构始发井和接收井等，竖井中部有中板，通过中板布设导线可直接观测到地面和竖井底部的控制点，或是出入隧道的斜井。该方法具有工序简单、作业时间短、劳动强度低等优点。

（1）导线直接传递测量技术要求

导线直接传递测量可采用闭合导线或附合导线等形式，按照精密导线网测量有关技术要求执行，并应满足以下要求：

①导线测量时，宜采用具有双轴补偿的全站仪，无双轴补偿的全站仪应进行竖轴倾斜改正；

②控制点间的垂直角应小于 30°；

③仪器和觇牌安置宜采用强制对中或三联脚架法；

④测回间应检查仪器和觇牌气泡的偏离情况，气泡偏离超过限差时应重新整平；

⑤导线直接传递测量宜独立进行两次，符合较差要求后取平均值作为定向测量成果。

（2）导线直接传递测量计算方法

导线直接传递测量主要是沿着竖井的竖直方向布设导线点，通过测定相邻点之间的水平角和导线边长，根据地面已知边和已知点坐标推算井下待定边的方位角和待定点坐标的一种方法，如图 1-3-11 所示。该方法的导线布设路线一般为从地面经车站中板到盾构区间进行坐标和方向传递测量。

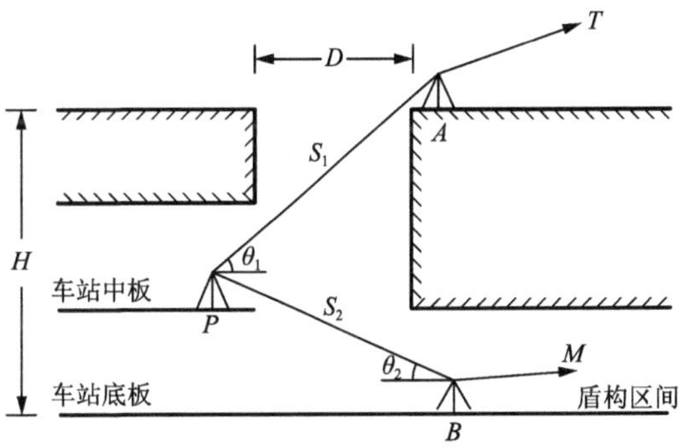

图 1-3-11　导线直接传递测量示意图

$$\alpha_{BM} = \alpha_{TA} + \sum_{i=1}^{n+1} \pm\beta_i \mp (n+1)180^\circ \tag{1-3-16}$$

$$X_B = X_A + \sum_{i=1}^{n} S_i \cos\theta_i \cos\alpha_i \tag{1-3-17}$$

$$Y_B = Y_A + \sum_{i=1}^{n} S_i \cos\theta_i \sin\alpha_i \tag{1-3-18}$$

上述式中：α_{BM}——BM 的方位角；

X_A、Y_A，X_B Y_B——分别为 A、B 两点的横、纵坐标。

β_i——各点水平角；

S_i——各导线边的观测边长；

α_i——各导线边的方位角；

θ_i——各导线边的竖直角。

（3）导线直接传递测量方法误差分析

①导线直接传递测量的方位角中误差

若不考虑起算方位角误差，并令各水平角观测中误差 $m_{\beta_1}=m_{\beta_2}=\cdots=m_{\beta_i}=m_\beta$，则地下定向边方位角中误差为：

$$m_{\alpha_{BM}}=m_\beta(n+1) \tag{1-3-19}$$

由此可以看出地下定向边精度与测角精度和导线边数有关，当测角精度一定时，导线边数 n 越小，定向精度越高。在施工竖井深度 H 和井直径 D 确定的情况下，井深 H、井直径 D、竖直角 θ 的关系为 $D\tan\theta_1+D\tan\theta_2+\cdots+D\tan\theta_n=H$，设 $\theta_1=\theta_2=\cdots=\theta_n=\theta$，则

$$n=\frac{H}{D}\cot\theta \tag{1-3-20}$$

导线边数与竖直角大小成反比，导线边数减少，会造成导线边竖直角增大。故导线布设时应在控制导线边竖直角的条件下，尽可能减少导线边数。

②仪器误差和对中误差及处理措施

导线直接传递测量方法一般是通过车站端头的工作井将地面坐标和方位传递到地下，该方法所布设的导线具有边长短、竖直角大等特点。因此，水平角观测的主要误差来源有仪器的三轴误差、测站对中误差以及目标偏心误差。仪器三轴误差中的视准轴误差和横轴误差的影响可以采用盘左、盘右观测取平均值的方法予以消除。

仪器竖轴误差属于系统误差，无法通过盘左盘右观测和增加测回数消除，只能通过改正和气泡严格居中进行消除。测站对中误差主要由人为因素导致，目标偏心误差大多是由棱镜（觇牌）中心与基座对点器竖轴不重合或觇牌变形所致，因此在施测前必须对对点设备进行常规检校。导线点布设成带有强制对中装置的观测墩或带有内外架式的金属吊篮，可有效消除或减弱对中误差和目标偏心误差的影响。

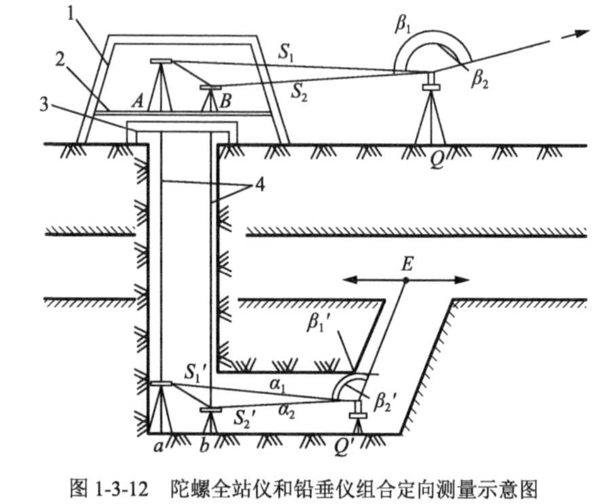

图 1-3-12　陀螺全站仪和铅垂仪组合定向测量示意图

1-井架；2-仪器台；3-井台；4-视线；Q-地面上的近井点；Q'-地下近井点；A、B-铅垂仪位置；a、b-井底测量位置；β_1、β_2-地面观测角度；β_1'、β_2'-地下观测角度；S_1、S_2-地面测量距离；S_1'、S_2'-地下测量距离；α_1、α_2-陀螺方位角；$Q'E$-地下方位角起算边

4）陀螺全站仪和铅垂仪组合定向

陀螺全站仪和铅垂仪组合定向就是利用铅垂仪向地下传递坐标，在地下用陀螺全站仪测定定向边方位角的测量方法，定向测量示意图如图 1-3-12 所示。

（1）地下定向边陀螺方位角外业测量

地下定向边陀螺仪方位角测量采用陀螺全站仪，按照“地面已知边—地下定向边—地面已知边”的测量程序进行，具体操作步骤为：

①在地面已知方位边上测定仪器常数。

②在井下待定边上测定陀螺方位角。观测测前测线方向值；观测测前零位；粗略定向，即使望远镜视准轴位于近似北方向；精密定向，即测定陀螺摆动的平衡位置（陀螺北方向）；观测测后零位；观测测后测线方向值。

③在地面已知方位边上重新测定仪器常数。

④陀螺全站仪定向应符合下列规定：陀螺经纬仪定向时，绝对零位偏移大于 0.5 格时，进行零位校正；观测中的测前、测后零位平均值大于 0.05 格时，进行零位改正。测前、测后各三测回测定的陀螺经纬仪常数平均值较差应小于 15″，地下定向边的陀螺方位角测回间较差应小于 20″。如果地下定向边为两条，两条定向边陀螺方位角之差的角度值与全站仪实测角度值较差应小于 10″。

（2）陀螺全站仪和铅垂仪组合定向外业实施

①在近井点 Q 上安置陀螺全站仪，按精密导线测量要求测定已设置在井口上的两铅垂仪（配棱镜）A、B 的平面坐标，以地面已知定向边为基准测定仪器常数。

②按照投点定向法的要求将地面点 A、B 的坐标传递至井下 a、b 点。

③待铅垂仪将平面坐标传递至井下已设置的光学对点仪（配棱镜）后，在隧道近井点 Q' 安置陀螺全站仪，测定定向边 $Q'E$ 的方位角及坐标。

④在地面已知边上重新测定陀螺全站仪的仪器常数。

（3）坐标方位角内业计算

陀螺全站仪测定的是观测边的陀螺方位角，而实际使用的是观测边的坐标方位角，所以内业需要将测得的陀螺方位角转换成坐标方位角。陀螺方位角、坐标方位角关系如图 1-3-13 所示。

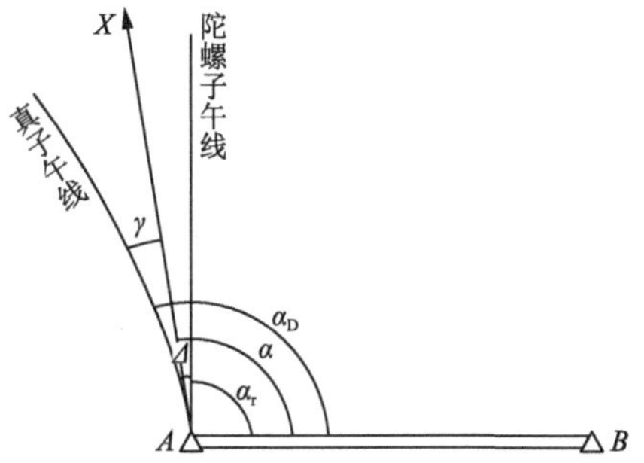

图 1-3-13　陀螺方位角与坐标方位角关系示意图

①子午线收敛角计算

子午线收敛角是地球椭球体上一点的真子午线与位于此点所在投影带的中央子午线之间的夹角，即在高斯平面上的真子午线与坐标纵轴的夹角，通常用 γ 表示。此角有正、负之分：以真子午线北方向为准，当坐标纵轴线北端位于真子午线以东时称为东偏，其角值为正；位于真子午线以西时称为西偏，其角值为负。某地面点此角的大小与此点相对于中央子午线的经差 l 和此点的纬度 B 有关，计算公式为：

$$\gamma = l \cdot \sin B \tag{1-3-21}$$

②仪器常数计算

由于许多综合因素作用于仪器，从而造成在对某一固定边定向时，陀螺全站仪读数设备读出的陀螺方位角与其地理方位角之间存在差异，这个差值就是仪器常数。其计算公式为：

$$\varDelta = \alpha_D - \alpha_T = \alpha + \gamma - \alpha_T \tag{1-3-22}$$

式中：$\varDelta$——仪器常数；

α_D——地理方位角；

α_T——陀螺方位角；

α——坐标方位角；

γ——子午收敛线。

一般情况下，已知边距定向边较近，可认为井上、井下的子午线收敛角影响相同，在这种情况下可不考虑子午线收敛角的影响，式（1-3-22）可简化为：

$$\Delta = \alpha - \alpha_{\mathrm{T}} \tag{1-3-23}$$

在仪器保存较好时，仪器常数可保持不变，但是经过一段时间后，可能会发生变化。因此，在进行重要的定向观测前后，应分别在同一条已知边上进行多次（测前、测后各三测回）测定，取其均值作为仪器常数。当仪器长途搬运，受振动、撞击后，以及更换悬带后，仪器常数可能有较大变化，应及时进行检测观测。地区与地区之间，由于地理方位角的测定精度不同，对仪器常数也有影响，因此，各地区不能通用一个常数，应分别独立测定。

③坐标方位角计算

定向边的坐标方位角计算公式如下：

$$\alpha = \alpha_{\mathrm{T}} + \Delta - \gamma \tag{1-3-24}$$

隧道贯通前同一定向边陀螺方位角测量应独立进行三次，三次定向陀螺方位角较差应小于 12″，三次定向陀螺方位角平均值中误差应不大于 ±8″。

5）投点定向法

投点定向法指利用投点仪或垂线将地面坐标和方位角传递到井下，作为隧道开挖或掘进起算测量数据的方法。该方法是根据地铁车站、竖井埋深较浅的特点，以及铅垂线上平面坐标相同的原理总结出的联系测量方法。当隧道贯通距离较长时，为控制隧道掘进的横向误差，对浅埋隧道可在隧道上方钻孔，用投点仪将坐标传入地下隧道，使支导线变成附合导线，提高地下施工控制导线精度。

（1）投点定向法外业实施

①对投点位置附近的控制点进行复测，复测成果符合要求后，在竖井或钻孔附近布设近井点 A、B，按照精密导线测量技术要求进行。

②在进行投点定向时，一般使用投点仪进行投点。投点仪主要有光学垂准仪（铅垂仪）和激光铅垂仪。根据现场条件，投点定向测量利用已建成的竖井或钻孔进行，在竖井上搭设稳固的钢架，在钢架上安置投点仪并整平。使用全站仪采用支导线方法准确测量投点仪中心 T_1、T_2 坐标，如图 1-3-14 所示。

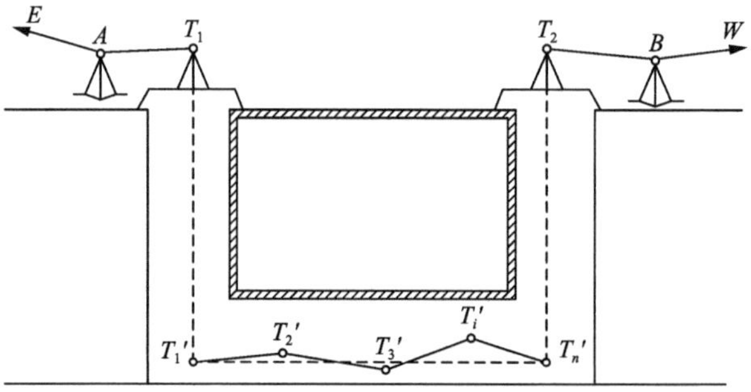

图 1-3-14　投点定向法示意图

③按照 0°、90°、180°、270° 四个方向在井下预埋件上投出四个点，取四个点的中心作为 T_1'、T_2' 的投点坐标，并在预埋件上镶嵌固定标志。

④所投点在井下互相通视时，可以直接作为隧道掘进或开挖的起算数据；当所投点不通视时，可以在两点之间布设无定向导线，按照无定向导线技术要求进行处理，作为地下控制测量的起算数据。

（2）投点定向法技术要求

①投点定向测量应独立进行三测回，每测回旋转投点仪基座三次，每次旋转 120°，取三测回投点位置的

重心作为投点的坐标。

②投点定向测量观测技术要求同精密导线。

③各测回间投点坐标分量互差应小于 ±3mm。地下定向边方位角互差小于 12″，中误差小于 ±8″。

④钻孔投点法适用于埋深较浅（小于 30m）且已开挖一定长度的隧道，钻孔点距离以大于 150m 为宜。

⑤钻孔投点法具有操作简便、测量精度高、占用施工竖井时间少、对施工影响较小等优点，缺点是测量钻孔难度较大（垂直度要求高），钻孔成本较高。但由于该方法优点较为明显，有条件时应优先考虑采用该方法。

3.3.2　高程联系测量

高程联系测量是将地面加密高程点、近井高程点的高程传递到车站底板、地下隧道的高程近井点上，使井上下高程系统相一致的测量工作。高程联系测量工作包括地面近井水准测量、高程传递测量和地下水准测量。高程传递测量一般采用悬挂钢尺法、三角高程法、水准测量法、电磁波测距法等。

1）悬挂钢尺法

悬挂钢尺法是用钢卷尺将地面高程传递到井下的高程联系测量方法，如图 1-3-15 所示。测量前搭建挂尺架，悬挂经过鉴定合格的钢尺至基坑底部，并在下端悬挂与钢尺鉴定时相同拉力的重锤，并使钢尺处于自由悬挂状态，在井上、井下各安置一台水准仪进行测量。悬挂钢尺法传递高程时，每次应独立观测三测回，每测回之间应变动仪器高，三测回测得井上、下水准点间的高差应小于 3mm。

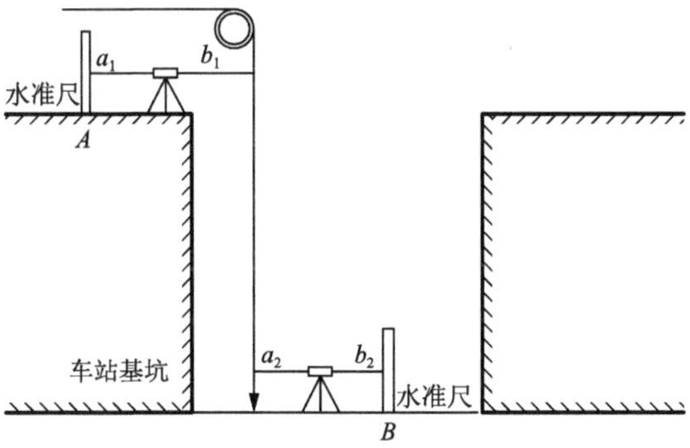

图 1-3-15　悬挂钢尺法示意图

假设地面水准仪在 A 点水准尺上读数为 a_1，钢尺读数为 b_1；地下水准仪在钢尺读数为 a_2，在 B 点水准尺上读数为 b_2。钢尺读数时应在井上下同时观测，观测时量取地面及井下的温度。由图 1-3-15 可知，地下近井高程点 B 的高程为：

$$\begin{aligned}H_B &= H_A + a_1 - (b_1 - a_2 + \Delta t + \Delta k) - b_2 \\ &= H_A - (b_1 - a_1) + (b_2 - a_2) - (\Delta t + \Delta k)\end{aligned} \tag{1-3-25}$$

式中：Δt——钢尺的温度改正数；

Δk——钢尺的检定改正数。

$$\Delta t = \alpha l(t_{均} - t_0) = \alpha(b_1 - a_2)(t_{均} - t_0) \tag{1-3-26}$$

式中：α——钢尺的膨胀系数；一般取为 0.0000125/℃；

$t_{均}$——地上与井下温度的平均值；

t_0——钢尺检定时的温度。

拉力改正及钢尺自重力改正：如测量时使用的重锤质量和鉴定时质量一致，可不考虑拉力改正。基坑较浅时，可不考虑钢尺本身自重力改正，当竖井深度超过 50m 时，应考虑此项改正。

2）电磁波测距三角高程法

轨道交通工程中进行高程联系测量时，一般从车站基坑和区间竖井进行传递。当车站、竖井深度较浅，平面联系测量采用导线直接传递方法进行测量时，可同时采用电磁波测距三角高程法将高程传递至井下，如图 1-3-16 所示。

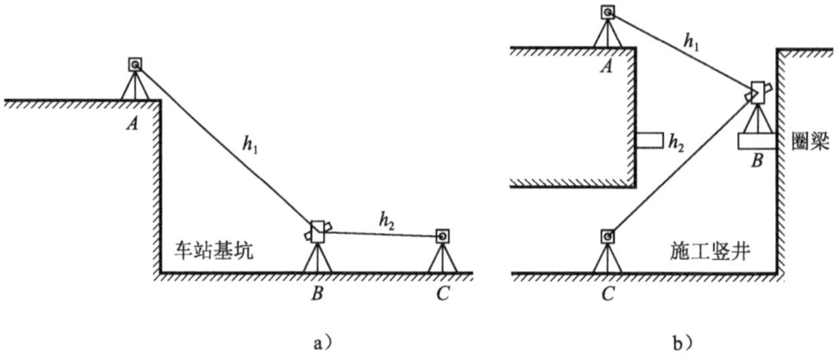

图 1-3-16　三角高程法示意图

外业观测时首先采用水准测量方法从已知点将高程引测至近井高程点 A 上，在 A 点架设棱镜，量取棱镜高 i_A，在 B 点架设全站仪，量取仪器高 v_B，在 C 点架设棱镜，量取棱镜高 i_C，测得 AB 的斜距 S_1 和竖直角 a_1 及 BC 的斜距 S_2 和竖直角 a_2。从而计算出 A与B 的高差 h_1 和 B与C 的高差 h_2。此时 C 点的高程值可以用下式计算：

$$H_C = H_A + h_1 - h_2 \tag{1-3-27}$$

三角高程测量高差计算的基本公式为：

$$h_1 = S_1 \sin\alpha_1 + \frac{1-K_1}{2R} S_1^2 \cos^2\alpha_1 + i_A - v_B \tag{1-3-28}$$

$$h_2 = S_2 \sin\alpha_2 + \frac{1-K_2}{2R} S_1^2 \cos^2\alpha_2 + i_C - v_B \tag{1-3-29}$$

式中：K_1 K_2——大气折光系数；

R——地球平均半径。

从 A 点传递到 C 点的高差：

$$h = h_1 - h_2 = (S_1\sin\alpha_1 - S_2\sin\alpha_2) + \frac{1-K_1}{2R}S_1^2\cos^2\alpha_1 - \frac{1-K_2}{2R}S_1^2\cos^2\alpha_2 + (i_A - i_C) \tag{1-3-30}$$

按照协方差传播率，将上式全微分即可得高差的方差，考虑到同类观测量的观测精度相同，高差的方差式可以写为：

$$m_h^2 = (\sin\alpha m_S)^2 + \left(S\cos\alpha\frac{m_\alpha}{\rho}\right)^2 + \left(\frac{1}{2R}S^2\cos^2\alpha m_K\right)^2 + m_i^2 \tag{1-3-31}$$

从上式可以看出，三角高程测量误差的主要来源有测角误差、测距误差、量高误差等。测角、测距误差可以通过多测回和往返观测的方法来减小。从上式可以看出：全站仪采用自由设站法时，井上、井下采用同样高度的觇标进行观测，由于没有仪器高和觇标高测量误差，这种方法可以消除量高误差。

电磁波测距三角高程法主要用于深度较浅的明挖车站和明挖区间，其测量精度应符合二等水准测量相关技术要求，并应符合下列规定。

（1）电磁波测距三角高程法外业测量应使用 I 级全站仪，距离测量值应进行常数改正和气象改正。

（2）高程传递应独立进行三测回，测回间应检查仪器气泡的偏离情况，气泡偏离超限时应重新整平；测回间变动仪器高，三测回测得地上、地下水准点间的高差较差应小于 3mm。

3)水准测量法

水准测量法高程联系测量是指采用水准测量原理，布设水准路线将高程由地面传递至车站底板或隧道内。当暗挖施工或明挖施工的斜井坡度较小时，可通过斜井采用水准测量方法，将地面高程传递至井下，其测量精度应满足二等水准测量相关技术要求。

3.3.3　工程案例

【案例 1-3-1】两井定向

深圳地铁某线某盾构区间隧道，盾构掘进至 300m，按照《城市轨道交通工程测量规范》(GB/T 50308—2017)的相关要求，进行第三次平面联系测量工作。在车站端头和中部分别有盾构始发井和出渣口，可采用两井定向法，将地面坐标和方位通过地面近井点传递至井下近井点。

1)使用仪器

(1)两台 Lecia TS50 系列测量机器人及配套棱镜；

(2)直径为 0.3mm 的钢丝和标准质量(10kg)重锤。

2)外业测量

根据始发井和出渣口的位置布设近井点，以车站附近的精密导线点 D1045、D1046、D1048、D1049 作为起算依据，连接近井点 JJ1、JJ2 组成附合导线。在盾构始发井和中部出渣口搭设平台，分别悬挂直径为 0.3mm 的钢丝，构成两井定向条件，挂上 10kg 标准重锤，放入油桶并浸没于阻尼液中。两井定向外业测量如图 1-3-17 所示。

图 1-3-17　两井定向外业测量

外业测量首先进行地面近井导线测量，导线布设形式应为附合导线，外业观测按照精密导线测量技术要求执行。为提高测量精度及外业成果的可靠性，在实际工作中，可在两井定向的基础上，多悬挂一根钢丝，以形成检核条件。

两井定向测量流程：在地面近井点 JJ1 和井下近井点 Y2 架设全站仪，同时观测 GS1 进行测量；在地面近井点 JJ2 和井下近井点 Y1 架设全站仪，同时观测 GS2 进行测量。采用等级不低于 I 级的全站仪进行水平角和距离观测，水平角观测四测回，各测回较差小于 6″；距离独立观测三测回，每测回读数三次，各测回较差小于 1mm。一次定向完成后，拨动钢丝，待稳定后，按照同样的观测要求进行测量，独立进行三次定向测量。两井定向测量如图 1-3-18 所示。

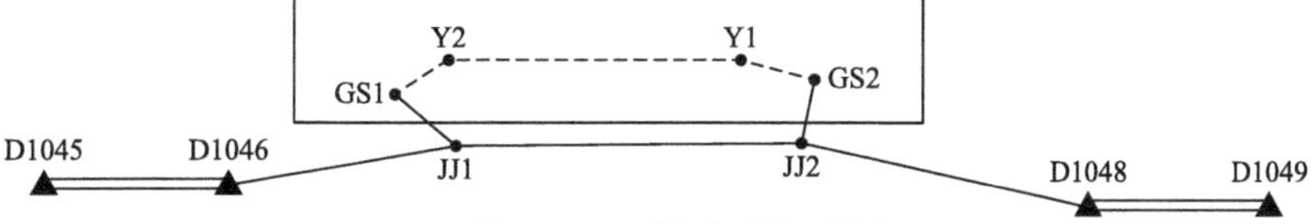

图 1-3-18　两井定向测量示意图

3)内业计算

(1)近井导线测量数据处理

对外业观测数据进行 100% 检核，近井导线网在平差计算前，将观测所得导线点间平距值根据概略高程进行高程归化。地面近井导线网平差计算前，首先进行导线闭合差检核，方位角闭合差≤ $\pm 5\sqrt{n}$ (″)，导线全长相对闭合差≤ 1/35000。地面近井导线测量精度指标见表 1-3-11。

近井导线测量精度统计表 表 1-3-11

附合导线	方位角闭合差(″)	闭合差限差(″)	导线长度(km)	全长相对中误差	备注
D1045- D1046 ~ D1048-D1049	3.3	±10.0	0.6	1/88279	合格

地面近井导线共 4 站,测角中误差为:

$$M=\pm\sqrt{\frac{1}{N}\left[\frac{f_{\beta}\cdot f_{\beta}}{n}\right]}=\pm\sqrt{\frac{3.3\times3.3}{4}}=\pm1.65''$$

由表 1-3-11 及 $M=\pm1.65''$ 可知,附合导线方位角闭合差小于限差,全长相对中误差 1/88279 小于 1/35000。经计算,加密平面控制网测角中误差为 ±1.65″,满足《城市轨道交通工程测量规范》(GB/T 50308—2017)中的相关规定。本次近井点成果可以作为两井定向的起算数据。

(2)两井定向数据处理

对两井定向外业观测数据进行 100% 检核,检核合格后输入平差软件,采用控制网测量平差软件按照无定向导线进行平差。三组地下近井点的坐标和方位角见表 1-3-12。

地下定向边坐标和方位角 表 1-3-12

序号	点名	坐标(m)		方位角(° ′ ″)	边长(m)
		X 坐标	Y 坐标		
第 1 组	Y1	***89.5775	***04.9731	73° 36′ 38.7″	147.2338
	Y2	***31.1212	***46.2243		
第 2 组	Y1	***89.5776	***04.9744	73° 36′ 38.9″	147.2340
	Y2	***31.1212	***46.2259		
第 3 组	Y1	***89.5766	***04.9732	73° 36′ 39.3″	147.2337
	Y2	***31.1199	***46.2245		
平均值	Y1	***89.5772	***04.9736	73° 36′ 38.9″	147.2338
	Y2	***31.1208	***46.2249		
地下近井定向边方位角中误差			0.25″		

由表 1-3-12 可知,由三组定向测量成果计算得到的地下近井定向边方位角中误差小于 8″,满足限差规定,取三组数据的平均值作为本次联系测量的最终成果。

4)结论

此次平面联系测量方法满足规范要求,联系测量成果各项精度指标均符合《城市轨道交通工程测量规范》(GB/T 50308—2017)限差要求,测量成果可靠,可以作为后续施工的依据。

【案例 1-3-2】一井定向

深圳地铁某线某盾构区间隧道,区间长度约为 900m,盾构掘进至距贯通面 150m,按照《城市轨道交通工程测量规范》(GB/T 50308—2017)的要求,进行盾构接收前进行联系测量工作。在车站端头有盾构始发井,可采用一井定向法,将地面坐标和方位通过始发井口传递到隧道内。

1)使用仪器

(1)Lecia TS50 系列测量机器人 2 台及配套光学对中觇板;

(2)直径为 0.3mm 的钢丝和标准质量(10kg)重锤。

2)外业测量

一井定向（图 1-3-19）对外业观测条件要求较高，钢丝悬挂位置和近井点位置要组成有利图形。根据隧道内控制点位置，调整地面近井点和钢丝悬挂的位置，保证近井点至悬挂钢丝的最短距离与两钢丝间距比值小于 1.5，连接角不大于 1°。钢丝位置选择完毕后，分别在井上下与视线平行位置粘贴反射片，挂上 10kg 标准重锤，没入阻尼液中。

图 1-3-19　一井定向外业测量

趋近导线以始发井附近的精密导线点和卫星定位控制点 D1012、D1013、D1015、D1016 为起算依据，连接盾构始发井口的近井点 JJD，组成附合导线，外业观测按照精密导线测量技术要求执行。近井导线测量如图 1-3-20 所示。

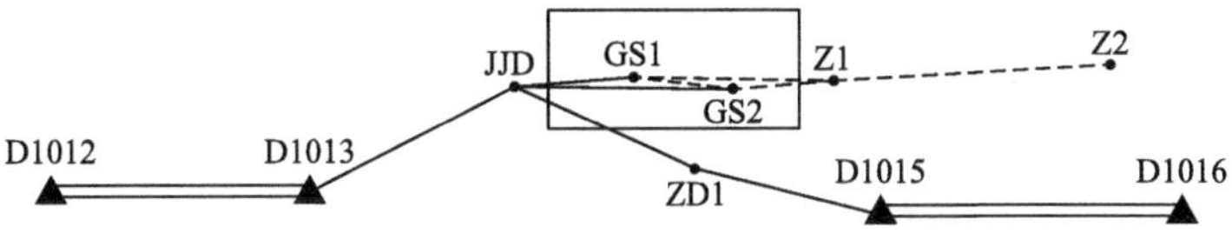

图 1-3-20　一井定向外业测量

分别在地面近井点 JJD 和井下控制点 Z1，架设全站仪，同时观测两根钢丝 GS1、GS2。水平角观测采用等级不低于 I 级的全站仪，用方向观测法观测六测回，测回较差小于 6″，测角中误差在 ±1″以内；距离独立观测三测回，每测回观测三次读数，测回较差小于 1mm。一次定向完成后，调整钢丝位置，稳定后按同样的技术要求进行测量，共独立观测三次。

3)内业计算

（1）近井导线测量数据处理

对外业观测数据进行 100% 检核，近井导线网在平差计算前，将观测所得导线点间平距值根据概略高程进行高程归化。地面近井导线网平差计算前，首先进行导线闭合差检核，方位角闭合差≤ $\pm5\sqrt{n}$（″），导线全长相对闭合差≤ 1/35000。地面近井导线测量精度指标见表 1-3-13。

近井导线测量精度统计　　表 1-3-13

附 合 导 线	方位角闭合差(″)	闭合差限差(″)	导线长度(km)	全长相对中误差	备　注
D1012- D1013 ～ D1015-D1016	-4.2	±10.0	0.7	1/73462	合格

地面近井导线共 4 站，测角中误差为：

$$M=\pm\sqrt{\frac{1}{N}\left[\frac{f_\beta\cdot f_\beta}{n}\right]}=\pm\sqrt{\frac{(-4.2)\times(-4.2)}{4}}=\pm2.10''$$

由表 1-3-13 及 $M=\pm2.10''$ 可知，附合导线方位角闭合差小于限差，全长相对中误差 1/73462，小于 1/35000。经计算，加密平面控制网测角中误差为 ±2.10″，满足《城市轨道交通工程测量规范》（GB/T 50308—2017）中的相关规定。本次近井点成果可以作为两井定向的起算数据。

（2）一井定向测量数据处理

按照一井定向解算要求，根据观测数据求解传递方向上的小角。测量工作者利用 Excel 编写了联系测量计算表，将观测数据录入表 1-3-14 中，可以自动计算相关数据。

联系三角形定向测量计算　　表 1-3-14

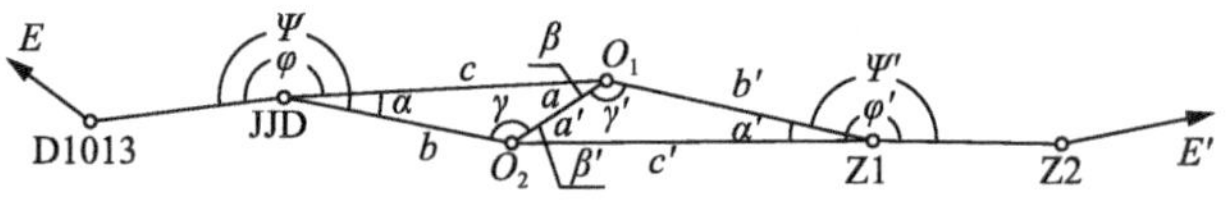

地面编号说明		D1013 → JJD → GS1 → GS2		井下编号说明		GS1' -GS2' -Z1-Z2	
D1013-JJD-GS1		201° 25' 29.88"	201.4250°	GS1'-Z1-Z2		347° 33' 28.00"	347.5578°
D1013-JJD-GS2		200° 46' 43.88"	200.7789°	GS2'-Z1-Z2		348° 03' 00.50"	348.0501°
实测值 α		38' 38.75"	0.6441°	实测值 α'		29' 32.13"	0.4923°
α 值计算方法一		38' 46.00"	0.6461°	α' 值计算方法一		29' 32.50"	0.4924°
修正值 α		38' 42.3750"	0.6451°	修正值 α'		29' 32.30"	0.4923°
实测钢丝间距 a（m）		11.0964		实测钢丝间距 a'（m）		11.0964	
检核 $\lvert a_{井上}-a_{井下}\rvert<1$mm				0.1mm		合格	
计算钢丝间距 a 方法一（m）		11.0969		计算钢丝间距 a' 方法一（m）		11.0966	
计算钢丝间距 a 方法二（m）		11.0969		计算钢丝间距 a' 方法二（m）		11.0966	
实测距离（m）	b	5.7167		实测距离（m）	b'	7.4949	
实测距离（m）	c	16.8131		实测距离（m）	c'	18.5910	
井上钢丝边长实测与计算较差（m）		−0.0005		井下钢丝边长实测与计算较差（m）		−0.0003	
修正值（m）	a	11.0971		修正值（m）	a'	11.0967	
	b	5.7168			b'	7.4950	
	c	16.8129			c'	18.5909	
计算值	β	19' 56.39"	0.3323°	计算值	β'	19' 57.05"	0.3325°
	γ	179° 01' 21.35"	179.0226°		γ'	179° 10' 30.68"	179.1752°
$f_B=\alpha+\beta+\gamma-180°=0$?		0.11"	0.000030°	$f_B=\alpha'+\beta'+\gamma'-180°=0$?		0.04"	0.0000°
方位角闭合差限差		±8.660254°		方位角闭合差限差		±8.660254°	
检核 $M_{\beta测}<M_{\beta允}=1''$		0.1″	合格	检核 $M_{\beta测}<M_{\beta允}=1''$		0.0″	合格
修正值	α	38' 42.34"	0.6451°	修正值	α'	29' 32.30"	0.4923°
	β	19' 56.35"	0.3323°		β'	19' 57.03"	0.3325°
	γ	179° 01' 21.31"	179.0226°		γ'	179° 10' 30.67"	179.1752°
$f_B=\alpha+\beta+\gamma-180°=0$?		0.0"	0°	$f_B=\alpha'+\beta'+\gamma'-180°=0$?		0.0"	0°

三组定向测量成果满足限差规定时，取三组数据的平均值作为本次联系测量的最后成果。根据表格计算的角度，输入控制网测量平差软件，按照路线 D1013 → JJD → GS1 → GS2 → Z1 → Z2 计算隧道内加密控制点的方位角和坐标，见表 1-3-15。

地下定向边坐标和方位角　　表 1-3-15

序　号	点　名	坐标（m）		方 位 角	边长（m）
		X 坐标	Y 坐标		
第 1 组	Z1	***23.7875	****79.5612	186° 51′ 9.3″	243.8305
	Z2	***81.6988	****50.4686		
第 2 组	Z1	***23.7876	****79.5608	186° 51′ 2.7″	243.8305
	Z2	***81.6980	****50.4758		
第 3 组	Z1	***23.7956	****79.5663	186° 51′ 3.1″	243.8303
	Z2	***81.7062	****50.4809		
平均值	Z1	***23.7902	****79.5628	186° 51′ 5.1″	243.8304
	Z2	***81.7010	****50.4751		
地下近井定向边方位角中误差			3.0″		

由表 1-3-15 可知，三组定向测量成果计算得到的地下近井定向边方位角中误差小于 8″，满足限差规定，取三组数据的平均值作为本次联系测量的最终成果。

4)结论

此次平面联系测量方法满足规范要求，联系测量成果各项精度指标均符合《城市轨道交通工程测量规范》(GB/T 50308—2017)限差要求，测量成果可靠，可以作为后续施工的依据。

【案例 1-3-3】陀螺定向

深圳地铁某区间右线，区间长度约为 3km，盾构掘进至 2000m，按照测量专项方案及《城市轨道交通工程测量规范》(GB/T 50308—2017)的要求，进行第二次陀螺定向测量工作。

1)使用仪器

(1) AGT-5 陀螺全站仪；

(2)光学对中觇板 2 套。

2)外业测量

本次地下定向边陀螺方位角测量采用“地面已知边—地下定向边—地面已知边”的测量顺序。首先在地面 G1067 设站，观测 G1067 ~ G1068 边的陀螺方位角，随后在地下对陀螺边 Y539 ~ Y609 进行观测，地下边观测进行往返测量取其平均值，求得地下边陀螺方位角，最后回到地面进行测后 G1067 ~ G1068 边的陀螺方位角测定。每条边均至少观测 3 个测回，见表 1-3-16 及图 1-3-21。

陀螺定向外业测量测回数　　表 1-3-16

序　号	观　测　边	测　回　数	有效测回数	备　注
1	G1067 ~ G1068	3	3	测前地面陀螺方位角测量
2	Y539 ~ Y609	3	3	地下边测量
3	Y609 ~ Y539	3	3	地下边测量
4	G1068 ~ G1067	3	3	测后地面陀螺方位角测量

图 1-3-21　陀螺定向外业观测

3)内业计算

陀螺观测的陀螺边方位角成果见表 1-3-17。

由表 1-3-17 可知，平均 G1067 → G1068 的测前测后陀螺方位角为：

$$[232°05'45.0''+(52°05'47.0''+180°0'0'')]\div 2=232°05'46.0''$$

地面起算边 G1067 → G1068 的坐标方位角为 233° 53′ 17.6″。

陀螺常数：

坐标方位角－陀螺方位角=233° 53′ 17.6″−232° 05′ 46.0″=1° 47′ 31.6″

右线平均 Y539 → Y609 边的往返测陀螺方位角为：

[236° 15′ 57.0″+（56° 15′ 56.7″+180° 0′ 0″）]÷2=236° 15′ 56.9″

右线地下边 Y539 → Y609 陀螺坐标方位角为：

陀螺方位角＋陀螺常数=236° 15′ 56.9″+1° 47′ 31.6″=238° 03′ 28.5″

陀螺观测的陀螺边方位角 表 1-3-17

序　号	观　测　边	观测边陀螺方位角	观测边陀螺方位角均值	备　注
1	G1067 → G1068	232° 06′ 45.0″	232° 05′ 45.0″	测前地面已知边，测回间陀螺方位角最大较差为 1.0″
2		232° 06′ 44.0″		
3		232° 06′ 45.0″		
4	Y539 → Y609	236° 15′ 56.0″	236° 15′ 57.0″	右线地下定向边往测，测回间陀螺方位角最大较差为 2.0″
5		236° 15′ 58.0″		
6		236° 15′ 57.0″		
7	Y609 → Y539	56° 15′ 55.0″	56° 15′ 56.7″	右线地下定向边返测，测回间陀螺方位角最大较差为 3.0″
8		56° 15′ 58.0″		
9		56° 15′ 57.0″		
10	G1068 → G1067	52° 05′ 47.0″	52° 05′ 47.0″	测后地面已知边，测回间陀螺方位角最大较差为 4.0″
11		52° 05′ 45.0″		
12		52° 05′ 49.0″		

4）结论

本次陀螺定向测量每边最少测回数为三，测回间陀螺方位角最大较差为：测前地面 $\Delta_{测前max}$ =1.0″，测后地面 $\Delta_{测后max}$ =4.0″，右线地下边往测 $\Delta_{往测max}$ =2.0″，右线地下边返测 $\Delta_{返测max}$ =3.0″，均满足《城市轨道交通工程测量规范》（GB/T 50308—2017）中的“三测回间陀螺方位角较差应小于 20″”的规定。

地面 G1067 → G1068 边测前、测后计算陀螺方位角较差为 2.0″，满足规范中“测前、测后各三测回测定的陀螺经纬仪常数平均值较差不应大于 15″”的规定。本次定向成果可以作为后续施工的依据。

【案例 1-3-4】悬挂钢尺法

深圳地铁 6 号线工程某盾构区间，盾构掘进至 400m，按照《城市轨道交通工程测量规范》（GB/T 50308—2017）要求，进行第三次高程联系测量工作。由于井口较深，采用悬挂钢尺法进行高程联系测量。

1）使用仪器

（1）Trimble Dini03 电子水准仪，配套 2m 铟瓦尺；

（2）检定合格的 50m 钢卷尺及标准重量重锤。

2）外业测量

近井水准测量以车站附近地面二等水准点 BM03C、BM05 为起算依据，布设附合水准路线，将高程引测至近井水准点。然后通过悬挂钢尺，测取地上近井点和地下近井点的高差，将地面高程引入地下，从而求取地下近井点的高程。地下高程控制点以地下近井点为起算点，布设闭合水准路线进行测量。水准测量按照《城市轨道交通工程测量规范》（GB/T 50308—2017）中二等水准测量的技术方法和精度要求进行施测，如图 1-3-22 所示。

图 1-3-22　高程联系测量外业观测

在盾构始发井口或出渣口搭设平台，将钢尺自由悬挂，挂上标准重锤并放至油桶内，使垂球浸没于阻尼液中。待钢尺稳定后，在井上及井下架设水准仪同时进行观测。传递高程时，每次独立观测三测回，测回间变动仪器高，三测回测得的地上、地下水准点高差应小于 3mm。测量时记录井上、井下温度，内业处理时进行温度改正。

3）内业计算

根据外业观测数据计算地上近井点和地下近井点的高差，并对高差进行温度和尺长改正。然后，将各点高差和距离按照测段输入平差软件，进行严密平差，计算求得各点的高程，见表 1-3-18。

高程联系测量计算　　表 1-3-18

钢尺号	MQ/2284283-2	尺长 L_0（m）	50	尺长改正数 Δ_1（m）	2.4	温度(℃)	26	
测回	a_1（m）	b_2（m）	b_1（m）	a_2（m）	b_1−a_2（m）	改正数 v（mm）		高差(m)
						尺长改正	温度改正	
1	1.38283	1.56631	19.2373	0.1347	19.1026	0.917	1.098	−19.28810
2	1.40767	1.56140	19.2620	0.1297	19.1323	0.918	1.100	−19.28805
3	1.33578	1.54259	19.1902	0.1109	19.0793	0.916	1.097	−19.28812
平均值	1.37543	1.55677	19.2298	0.1251	19.10473	0.917	1.099	−19.28809
高程	点名	JJD	21.7448			检核计算		−19.28809
		Y1	2.4567					

高程联系测量示意图及说明

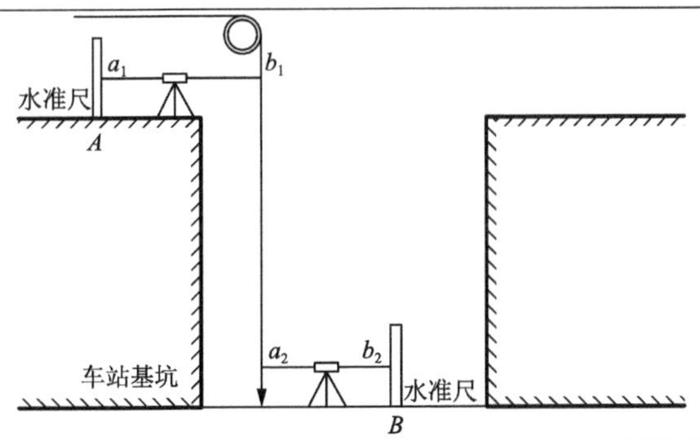

说明：

1. a_1、b_2 为井上及井下近井点水准尺读数，a_2、b_1 为井上及井下钢尺读数。

2. 尺长方程：

$$L = L_0 + \Delta l + \alpha \times (t - 20℃) \times L_0$$

尺带膨胀系数：$\alpha = 11.5\times10^{-6}$ mm/(m·℃)

3. 井上下近井点高差：$h = (a_1 - b_2) - (b_1 - a_2 + v)$

4）结论

此次高程联系测量方法满足规范要求，联系测量成果各项精度指标均符合《城市轨道交通工程测量规范》（GB/T 50308—2017）限差要求，测量成果可靠，可以作为后续施工的依据。

3.4 车站和明挖区间施工测量

明挖法是目前我国地铁工程车站采用最多的一种施工方法，埋深不大、地面无建（构）筑物、地面交通和环境保护无特殊要求的区间隧道通常采用该方法。

3.4.1 施工测量工作的基本要求

明挖区间、车站施工测量包括基坑围护结构、基坑开挖和结构施工测量。

施工前测量人员应收集设计和测绘资料，并应根据施工方法和现场测量控制点状况制订施工测量方案。

施工测量前应对接收的测绘资料进行复核，对各类控制点进行检测，并应在施工过程中妥善保护测量标志。

施工放样应依据地铁公司组织交桩的控制点或经第三方测量单位检测合格的加密控制点进行，测量前应对控制点的稳定性进行检核。

3.4.2 施工放样测量准备工作

1）检查线路设计图纸

施工测量人员拿到设计图纸之后，应了解设计意图，对设计图纸上标注的所有数据进行核对，检查设计线路的里程、距离、方向、坐标、曲线半径、转折角、切线长、缓和曲线长、曲线长等数据的正确性以及是否满足相关几何条件。

2）放样数据的计算

（1）在测量放样之前，核查所要放样周边是否有可用的已知测量控制点，且相关数据是否齐全，以确定标定所使用的起算测量控制点。如果附近没有可靠的测量控制点，则应现场踏勘了解周边测量控制点的分布和完好情况，并制订测量方案。

（2）隧道的设计数据及相关标定数据的计算，依据设计图和施工方案计算相关标定数据，数据计算必须采用不同方法且应由不同人员分别进行计算，以保证放样数据的正确性。

（3）现场测量放样之前，对起算控制点要进行现场检核。如控制点的位置、相对关系等是否与已收集的资料一致。

（4）有条件时应准备几个标定方案，以免测量放样时，现场条件有变，无法按既定方案进行放样定线，影响工程建设。

3.4.3 基坑围护结构施工放样测量

基坑围护结构形式一般有连续墙、钻孔桩、人工挖孔桩、SMW 工法桩、工字钢桩和钢板桩围堰等。不同围护结构施工测量基本方法相同，但是不同围护结构的施工工法不同，测量放样要求也有所差异。

采用地下连续墙围护基坑时，其施工测量技术要求应符合下列规定：

（1）连续墙的中心线放样误差应在 ±10mm 之内；

（2）内外导墙应平行于地下连续墙中线，其放样允许误差应在 ±5mm 之内；

（3）连续墙槽施工中应测量其深度、宽度和铅垂度；

（4）连续墙竣工后，应测定其实际中心位置与设计中心线的偏差。

连续墙施工前，一般在施工场地内布设和施测施工控制导线点。施工控制导线点边长应不低于 150m，有条件的地方最好要布设加密控制点，加密导线经过严密平差，其精度不低于城市一级导线的精度。

连续墙放样实际上是对其导墙进行放样。放样时，先按照设计图纸的坐标，计算出连续墙两侧导墙与施工控制导线点的距离和方位角，然后按照连续墙的每幅长度（一般每幅长度为 6 ～ 8m），每 2 ～ 3 幅放一个点。此外，在导墙的起点及终点约 5m 外各测定 2 个导墙控制点，以便在施工过程中对机械移位位置进行检查。导墙放样可采用双极坐标测量的方法。

连续墙槽施工一般采用间隔式开挖，槽段挖至设计高程后，为避免导墙底部侵入结构限界，应及时进行槽位、槽深、槽宽和垂直度检查测量。垂直度偏差测量可使用全站仪测量导墙顶边和对应底处的三维坐标，并利用三维坐标计算垂直度偏差，地下连续墙墙体结构允许偏差见表 1-3-19。

地下连续墙墙体结构允许平差值 表 1-3-19

检 测 项 目	临时支护墙体允许偏差	单一或复合墙体允许偏差
平面位置（mm）	+50	+30
垂直度（‰）	5	3

采用护坡桩围护基坑时，其施工测量技术要求应符合下列规定：

（1）护坡桩地面位置放样，依据线路中线控制点或导线点进行，放样允许误差纵向不应大于 100mm，横向应在 0 ～ ±50mm 之间；

（2）桩孔成孔过程中，应测量孔深、孔径及其铅垂度；

（3）采用预制桩施工过程中应检测桩的铅垂度；

（4）护坡桩竣工后，应测定各桩的位置及与轴线的偏差，其横向允许偏差值应在 [0，±50] mm 之内。

护坡桩测设与地下连续墙施工测量类似，测量人员应根据现场实际情况，设计好放样点位和测设路线。放样时以施工加密控制点为基准，首先在钻孔桩中线的延长线上测设两个控制点，控制点经过检查满足精度要求以后，在控制点上架设仪器，按照 10 根或者 20 根桩的间隔测定一个点，然后在两点之间拉一根直线，用钢尺进行放样，并将每个钻孔桩的中心位置标定出来。

桩位放样后需检核桩点位之间的相互关系，以确保放样无误。桩成孔后可采用测斜仪等测量钻孔垂直偏差，人工挖孔桩和钻孔桩桩体允许偏差见表 1-3-20。

地下连续墙墙体结构允许偏差值 表 1-3-20

检 测 项 目	结构允许偏差
纵向（mm）	±100
平面位置（mm）	0 ～ 500
垂直度（‰）	5

3.4.4 明挖区间、车站基坑开挖施工放样测量

明挖隧道、车站基坑开挖前，测量人员应认真阅读设计图纸，按设计要素计算出基坑轮廓点的坐标，根据施工现场已有的线路中线点或导线点，采用极坐标法测设这些基坑轮廓点以确定开挖范围。

采用自然边坡的基坑，其边坡线位置应根据线路中线控制点进行放样，其放样允许误差应在 ±50mm 内。

基坑开挖前，采用附合水准测量方法，从高程控制点引测至施工场地条件较好的位置，设立 2 ～ 3 个临时高程点。

基坑开挖过程中，使用坡度尺或采用其他方法检测边坡坡度，坡脚距隧道结构的距离应满足设计要求。施工过程按照设定的坡度放坡，一般第一次开挖不要求一次到位，预留约 200mm 厚的土方，在最后修整边坡时再准确到位，避免施工超挖造成边坡失稳引起塌方或其他危险，接近基底高程时，要求把高程引测至基坑底，以便控制开挖的高程。

基坑开挖至底部后，应采用附合导线将线路中线引测到基坑底部。基坑底部线路中线纵向允许误差应在 ±10mm 内，横向允许误差应在 ±5mm 内。

高程传入基坑底部可采用水准测量方法或光电测距三角高程测量方法。光电测距三角高程测量应对向观测，垂直角观测、距离往返测距各测两测回，仪器高和觇标高量至毫米。水准测量和光电测距三角高程测量精度要求满足相关规定。

3.4.5 结构施工放样测量

明挖隧道的施工，一般是分段施工，即开挖一段施作一段主体结构，由于地铁隧道在线路的平顺连接和结构相对关系方面要求较高，因此施工测量的精度要求比一般建筑物高。

明挖隧道、车站结构底板绑扎钢筋前，应依据线路中线，在底板垫层上标定出钢筋摆放位置，放线允许误差应在 ±10mm 内。

垫层浇筑完成后，以地下线路中线点或导线点为依据，在垫层上测设线路中线点，车站还需测设主要控制轴线，测设方法同线路测量，测设完成后还需检核点位的相互关系。底板混凝土模板、预埋件和变形缝的位置放样后，必须在混凝土浇筑前进行检核测量。

结构边、中墙模板支立前，应按设计要求，依据线路中线放样边墙内侧和中墙两侧线，放样允许偏差应在 0 ～ 5mm 之间。

顶板模板安装过程中，应将线路中线点和顶板宽度测设在模板上，并应测量模板高程，其高程测量允许误差应在 0 ～ 10mm 之间，中线测量允许误差应在 ±10mm 之间，宽度测量允许误差应在 -10 ～ +15mm 之间。

结构施工完成后，应对设置在底板上的线路中线点和高程控制点进行复测，测量方法和精度要求应按有关规定执行。

采用盖挖逆作法施工的结构施工测量时，按下述方法进行测量：

（1）顶板立模前，应在连续墙或桩墙的顶面，每 5m 测量一个高程点并标定其位置，同时在连续墙的侧面标出顶板底面设计高程线，其测量允许误差应在 0 ～ 10mm 之内。

（2）中板施工前，应对顶板上的线路中线控制点和高程控制点进行检测，并通过顶板上的预留孔或预留口将这些控制点的坐标和高程传递到中板的基坑面上，作为支立中板模板和钢筋的依据。在浇筑混凝土前应对标定在模板上的线路中线控制点和高程点进行检核，其中线测量允许误差应在 ±10mm 之间，高程允许误差应在 0 ～ 10mm 之间。

（3）底板的施工测量方法同中板，其中线允许误差应在 ±10mm 之间，高程允许误差应在 -10 ～ 0mm 之间。

采用盖挖顺作法施工的隧道、车站结构施工测量方法与暗挖隧道、车站的施工测量方法相同。

3.4.6 工程案例

【案例 1-3-5】车站围护结构测量检测作业

深圳地铁 6 号线某车站为明挖双层结构，车站总长度 207.75m，进行车站围护结构测量检测作业时其场地已平整。

控制点检核完成后，在JM1点上设站，后视ZD1，对场地内的连续墙中心线及围护结构角点进行检测，并测设转点J1，在J1上设站，后视JM1，检核ZD1，对场地内的连续墙中心线及围护结构角点进行检测（图1-3-23、图1-3-24）。该次测量在既有结构线顺接处角点设计坐标垂直于基坑轴向边方向未进行外放，其余放样点设计坐标均外放7.5cm。

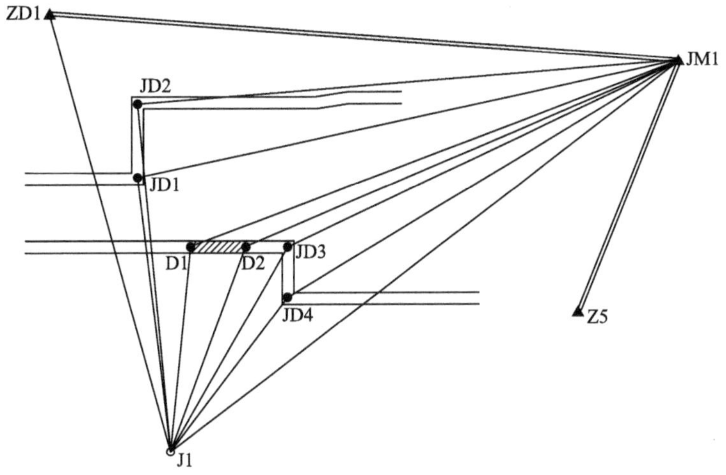

图1-3-23 车站围护结构平面测量示意图

图1-3-24 车站围护结构现场测量作业

外业完成后采用清华山维软件计算实测坐标，将实测坐标与设计坐标进行对比，并根据该桩所在基坑边的方位角进行投影，将坐标差值分解为垂直于基坑轴向边方向的横向分量（向基坑外为"+"）及平行于里程方向的纵向分量。测量成果表见表1-3-21。

围护结构测量检测成果 表1-3-21

点 号	与施工报验值轴向偏差（mm）	与施工报验值里程向偏差（mm）
JD1	+12	+15
JD2	+16	+18
JD3	+8	−4
JD4	−24	−7
D1	−6	0
D2	−10	−5

3.5 隧道工程施工测量

深圳市城市轨道交通工程三期二阶段隧道施工方法分为盾构法和矿山法等，不同施工方法，其施工测量的方法亦有所不同。

3.5.1 盾构掘进隧道施工测量

盾构掘进隧道施工测量是为指导盾构掘进施工和管片拼装符合设计要求而进行的测量工作。盾构掘进施工测量工作分为三个阶段，即盾构始发前的测量工作、盾构掘进过程中盾构姿态和衬砌环安装测量，以及盾构接收测量。

1）盾构始发前的测量工作

盾构始发井建成后，利用联系测量成果加密测量控制点，满足中线测设、盾构组装、反力架和导轨安装等测量需要。按照盾构基座设计的位置，对盾构基座安装所需的轴线进行标定。

反力架定位测量可使用全站仪进行反力架基准环中心的测设。测设完成后应进行检测，检测的内容包括反力架基准环中心和其法线面是否分别与盾构实际中心轴线一致和垂直，基准环中心高程与盾构中心轴线高程是否一致，基准环法线面倾角是否与盾构实际坡度一致。以上检测数据应满足盾构始发掘进的技术设计精度要求。

盾构姿态测量时，在盾构上所设置的测量标志应满足下列要求：

（1）盾构测量标志不应少于3个，测量标志应牢固设置在盾构纵向、横向、竖向截面上，标志点间距离应尽量大，前标志点应靠近切口位置，标志可粘贴反射片或安置棱镜。

（2）测量标志点的三维坐标系统应与盾构几何坐标系统一致或建立明确的换算关系。

盾构就位始发前，必须利用人工测量方法测定盾构的初始位置和盾构姿态，盾构自身导向系统测得的成果应与人工测量结果相一致。

盾构就位始发前，需要对预留洞门钢圈位置进行测量。预留洞门钢圈位置测量同样可使用全站仪并采用极坐标法进行测设。

测设完成后应对安装好的工作井预留洞门钢圈安装位置和尺寸进行检测，其安装位置和尺寸应满足盾构始发要求。

2）盾构掘进过程中盾构姿态和衬砌环安装测量

在盾构掘进过程中盾构姿态的测量按下述方法进行：

（1）盾构姿态测量内容包括平面偏差、高程偏差、俯仰角、方位角、滚转角及切口里程；

（2）及时利用盾构配置的导向系统或人工测量法对盾构姿态进行测量，并应定期采用人工测量方法对导向系统测定的盾构姿态数据进行检核校正；

（3）盾构配置的导向系统宜具有实时测量功能，人工辅助测量时，测量频率应根据其导向系统精度确定，盾构始发10环内，到达接收井前50环内应增加人工测量频率；

（4）利用地下平面控制点和高程控制点测定盾构测量标志点，测量误差应在±3mm以内。

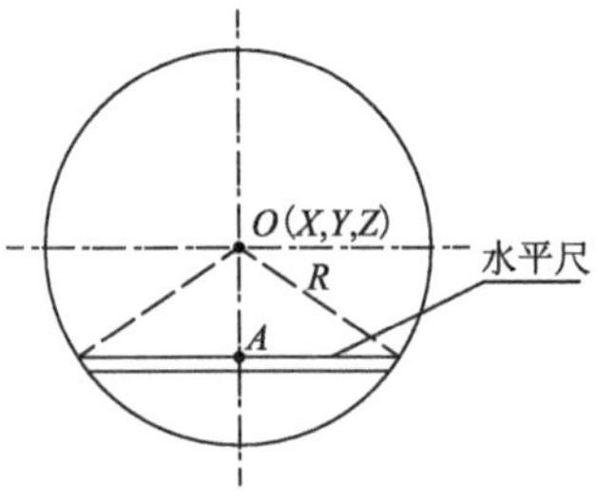

图1-3-25 盾构衬砌环管片测量示意图

在盾构掘进过程中，盾构衬砌环的测量按下述方法进行（图1-3-25）：

（1）衬砌环测量应在盾尾内完成管片拼装和衬砌环完成壁后注浆两个阶段进行；

（2）在盾尾内管片拼装成环后应测量盾尾间隙；

（3）衬砌环完成壁后注浆后，宜在管片出车架后进行测量，内容宜包括衬砌环中心坐标、底部高程、水平直径、垂直直径和前端面里程，测量误差应在 ±3mm 以内。

每次测量完成后，应及时提供盾构和衬砌环测量结果，以供修正运行轨迹使用。

3）盾构接收测量

盾构接收测量指盾构到达接收井前，在接收井内应完成的测量工作，主要内容包括预留洞门钢圈位置测量、盾构基座位置测量等。

盾构接收测量方法和技术要求与盾构始发前的相关测量工作基本相同。

3.5.2　矿山法掘进隧道施工测量

矿山法掘进隧道施工测量是在隧道控制测量的基础上，依据施工设计给定的隧道开挖方向和高程控制线，进行现场测设，以指导隧道按设计要求正确开挖。隧道开挖方向和高程控制线的标定不同于地面定线，地面定线可一次定出整个线路，而地下隧道则是随隧道向前开挖，不断向前延伸连点进行标定的。下面对矿山法掘进隧道的施工测量工作进行介绍。

1）矿山法隧道施工测量的基本要求

地铁工程线路设计完成后，施工单位将按设计要求进行工程建设。工程建设中测量的任务就是要把图上设计的线路，随土建施工的进展和隧道掘进的不断深入，逐步标设于实地。

暗挖隧道、车站施工测量工作的基本要求如下：

（1）暗挖隧道施工测量包括施工导线测量、施工高程测量、施工放样测量、初期支护断面测量、贯通误差测量；

（2）施工测量前，测量人员应熟悉设计图纸，检核设计数据，并对测量资料进行核对；

（3）暗挖隧道掘进初期，施工测量工作应以联系测量成果为起算依据，进行地下施工导线和施工高程测量，测量前需要对联系测量成果进行检核；

（4）随着暗挖隧道的延伸，测设地下平面和高程控制点，并应以竖井内联系测量的控制点或隧道内不断延伸的控制点为起算依据，进行地下施工导线和施工高程测量，在进行上述作业时须根据开挖进度对开挖面处距掌子面最近处已成形的 10m 范围内的初期支护断面进行测量，每 2m 测一个断面；

（5）以地下控制点或施工导线点及施工高程点测设线路中线、隧道中线和高程控制线指导隧道施工；

（6）隧道掘进距贯通面 60m 时，应对线路中线、隧道中线和高程控制线进行全面检核；

（7）隧道贯通后，测量人员应及时进行平面和高程贯通误差测量。

2）矿山法隧道施工导线和施工高程测量

在进行施工导线测量时，施工导线边数不应超过 3 条，总长度不应超过 180m。施工导线点宜设置在线路中线或隧道中线上，也可埋设在其他位置，施工导线测量应符合表 1-3-22 的要求。

施工导线测量技术要求　　表 1-3-22

仪器等级（全站仪）	测角中误差（″）	测距中误差（mm）	测　回　数
Ⅱ	±6	±5	1
Ⅲ	±6	±5	2

在进行施工高程测量时，地下施工高程测量一般采用水准测量方法，水准点宜每 50m 设置一个。施工高程测量需采用 DS1 级的水准仪和铟瓦尺或条码尺，并按城市二等水准测量技术要求进行往返观测，其闭合差应在 $\pm 8\sqrt{L}$ mm（L 为导线长度，以 km 计）以内。

3）矿山法隧道施工放样测量

矿山法隧道施工放样测量的准备工作与 3.4.2 节明挖区间、车站施工放样测量准备工作的内容一致。

（1）隧道中线测量放样方法

隧道开挖初次衬砌掘进中线的放样方法有多种，一般采用极坐标放样的方法。在隧道施工中，应视具体情况，使用简单、便利的方法测设，中线埋设的位置应利于保存且方便使用。

直线隧道施工测量放样时，依据地下平面控制点及施工导线点测设中线（线路中线或结构中心线），并依据地下高程控制点或施工高程点测设高程控制线。中线宜采用不低于Ⅲ级的全站仪测定，高程控制线宜采用不低于 DS3 级的水准仪测定。隧道每掘进 30 ～ 50m 应重新标定中线和高程控制线，标定后应进行检查。隧道掘进一定距离后，要测设控制导线以校正施工中线，保证隧道按设计要求贯通。

给定隧道开挖的平面中心线，除了标定隧道结构（几何）中心线外，也常采用标定线路轨道中心线或隧道边线（俗称偏中线）的方法。在地铁线路的岔区，隧道断面不断变化，结构中心线亦随断面的变化不断变化，但是直股轨道线路的中心线不会发生变化，因而只要标定线路轨道中心线就不必经常改变中线的位置。

利用激光指向仪指导直线隧道掘进时，应满足下列要求；

①激光指向仪设置的位置和光束方向，应根据中线和高程控制线设定；

②仪器设置必须安全牢固，激光指向仪安置位置与工作面的距离不应小于 30m；

③隧道掘进中，应经常检查激光指向仪位置的正确性，并对光束进行校正。

采用喷锚构筑法施工时，宜以中线为依据控制超前导管、管棚、钢拱架和边墙格栅的安装位置以及喷射混凝土支护的厚度，其测量允许误差应不超过 ±20mm。曲线隧道施工测量放样时，应视曲线半径的大小、曲线长度及施工方法，选择切线支距法或弦线支距法测设中线点。

地铁线路隧道的转弯处，要用曲线连接。由于曲线隧道的隧道中心线或轨道中心线是弯曲的，只能在小范围内以直代曲，即用分段的弦线来代替分段的曲线，用内接多边形代替整个曲线，并实地标定这些弦线来指示曲线隧道的开挖方向。

用弦线来代替曲线，一定要确定合理的弦长。如果弦长太短，则中线点过多，将增加测量工作并会多占用开挖时间，影响掘进速度；如果弦长太长，则又会造成弦线距内侧隧道壁太近，施工放样困难，甚至弦的两端不能通视。为保证隧道按设计施工，采用测设一条隧道中心线或轨道中心线和两条辅助中线（与隧道中心线平行且两线之间定距离）的方式指导施工。

采用弦线支距法测设曲线时，与弦线相对应的曲线矢距在下列条件下，应以弦线代替曲线：

①开挖土方和进行导管、管棚、格栅等混凝土支护施工，矢距不大于 20mm；

②混凝土结构施工，矢距不大于 10mm。

隧道每掘进开挖 150 ～ 500m，应测设平面控制导线，利用平面控制导线对临时导线进行检查。平面控制导线点向前延伸时，应至少检测已测设的两个平面控制导线点，两次测量水平角检测较差小于 10″，边长检测较误差小于 5mm。继续延伸中线时，应以新测的平面控制导线点为依据，检查或重新标设中线。

（2）隧道高程线（腰线）测量放样的方法

高程控制线（腰线）测量放样是按设计要求给定隧道竖直面内的方向，即按照设计给定隧道的坡度标定腰线。

高程控制线测量放样时的准备工作和标定中线基本相同，实地标定工作也往往和标定中线同时或先后进行。地铁隧道高程控制线测量放样一般采用水准仪标定。目前，地铁隧道大多数将高程控制线设置在设计轨面上 50cm 或 1m 的位置上，一般在隧道两侧成组设置，三个点为一组，两侧共设六个点或在施工面附近的两侧或一侧直接画出腰线。不论是成组设置，还是直接画出腰线，都是为隧道开挖和格栅安装支护提供依据，其测设的原理相同。

隧道掘进每开挖 20 ～ 30m，应使用水准仪重新给定一组腰线点。使用全站仪或经纬仪视线置平代替水准仪标定腰线时，应进行正、倒镜观测。

每向前标设几组腰线点之后，应进行检查测量。这时应从已知高程的水准点，进行水准测量，检查测定腰线点的高程是否与设计的高程符合。如其差值超过规定，则应调整腰线点。同时，还应根据调整后的腰线点标定下一组腰线点。

高程控制测量应采用 SI 级水准仪和《城市轨道交通工程测量规范》(GB/T 50308—2017) 规定的二等水准测量方法测定，并应从井下近井水准点开始起算。高程控制点可利用地下导线点，单独埋设时宜每 200m 左右埋设一个高程控制点，直至开挖工作面。高程控制点向前延伸时，应至少检测先前已测设的两个高程控制点，继续延伸腰线时，应以新检测的高程控制点为依据，检查或重新标设腰线。

(3) 隧道二次衬砌结构施工测量的方法

隧道二次衬砌结构施工测量前应进行贯通测量，相邻车站或竖井间的地下控制导线和水准线路应形成附合线路并进行严密平差。隧道二次衬砌结构施工测量应符合下列要求：

①以平差后的地下控制点作为二次衬砌施工测量依据，进行中线和高程控制线测量；

②在隧道未贯通前必须进行二次衬砌施工时，应采取增加控制点测量次数（联系测量和控制点复测）、钻孔投点以及加测陀螺方位等方法，提高现有控制点的精度，并以其调整中线和高程控制线。同时应预留不小于 150m 长度的隧道（不得进行二次衬砌施工）作为贯通误差调整段，待预留段贯通后，应以平差后的控制点为依据进行二次衬砌施工测量。

用台车浇筑隧道边墙二次衬砌结构时，台车两端的中心点与中线偏离允许误差应在 ±5mm 以内。曲线段台车中线与其相应曲线的矢距不大于 5mm 时，台车长度可代替曲线长度。台车两端隧道结构断面中心点的高程，应采用直接水准测设，与其相应里程的设计高程较差应小于 5mm。

(4) 车站施工测量的方法

在进行车站的施工竖井、斜井等地面测量放样时，一般应测设结构四角或十字轴线，放样后应进行检核。其放样中误差，临时结构应在 ±50mm 以内、永久结构应在 ±20mm 以内。施工竖井、斜井竣工后应进行联系测量，联系测量的方法和精度应符合规范的有关要求。

车站采用分层开挖施工时，宜在各层测设地下控制点或基线，各控制点或基线点的测量中误差应在 ±5mm 以内。有条件时各层间应进行贯通测量。

采用导洞法施工，上层边孔拱部隧道和下层边孔隧道两侧各开挖 100m 时，应进行上、下层边孔的贯通测量，其上、下层边孔贯通中误差应在 ±30mm 以内。贯通测量后必须进行上、下层线路中线的调整，并标定出隧道下层底板上的左、右线线路中线点和其他特征点。采用双侧壁（桩）及梁柱导洞法施工时，根据施工导线测设壁（桩）的位置，其测量允许误差应在 ±5mm 以内。

根据车站线路中线点测定车站钢管柱的位置，其测设允许误差应在 ±3mm 以内。钢管柱安装过程中应检测其垂直度，安装就位后应进行检核测量。

进行车站结构二次衬砌施工测量时，应先恢复上、下层底板上的线路中线点和水准点，下层底板上恢复的线路中线点和水准点应与车站两侧区间隧道的线路中线点进行贯通误差测量和线路调整，贯通误差分配时应考虑车站施工现状，下层底板上的线路中线点和水准点调整幅度不宜超过 5mm。

车站站台的结构和装饰施工，应使用已调整后的线路中线点和水准点。站台沿边线模板测设应以线路中线为依据，其间距误差应为 0 ～ 5mm，站台模板高程宜低于设计高程，测设误差应为 -5 ～ 0mm。

3.5.3 工程案例

【案例 1-3-6】洞门环测量检测

深圳地铁 6 号线工程 6102 标某车站在进行洞门环测量检测作业（图 1-3-26）时，其大里程端正进行盾构始发井施工，车站大里程端左右线始发钢环已经安装完成。本次检测工作的内容是对车站大里程端左右线始发钢环进行测量检测。

图 1-3-26　洞门环现场测量作业

平面测量以深圳地铁 6 号线 GNSS 控制点 XGS30 检测合格的加密控制点 S7 为起算点，将平面坐标引测至车站中板 ZD1、ZD2。右线在 ZD1 设站，采集钢环内边沿 8 个点的三维坐标。左线在 ZD2 设站，采集钢环内边沿 10 个点的三维坐标。洞门环平面测量示意图如图 1-3-27 所示。

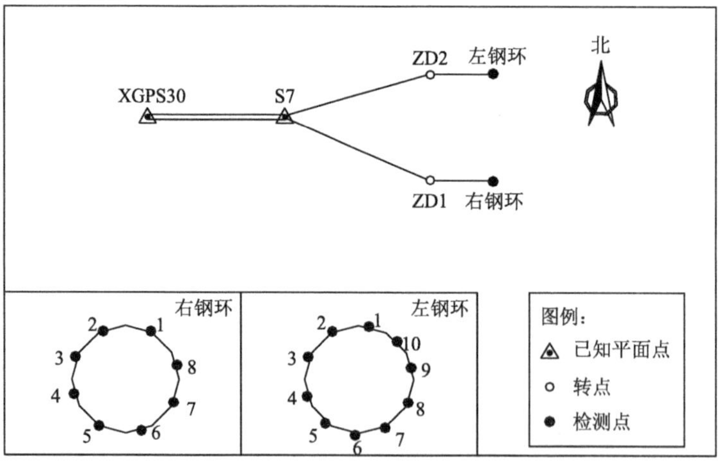

图 1-3-27　洞门环平面测量示意图

高程测量以高程控制点 GC1 为起算点，以 GC2 为检核点，直接测设 ZD1、ZD2 高程。洞门环高程测量示意图如图 1-3-28 所示。

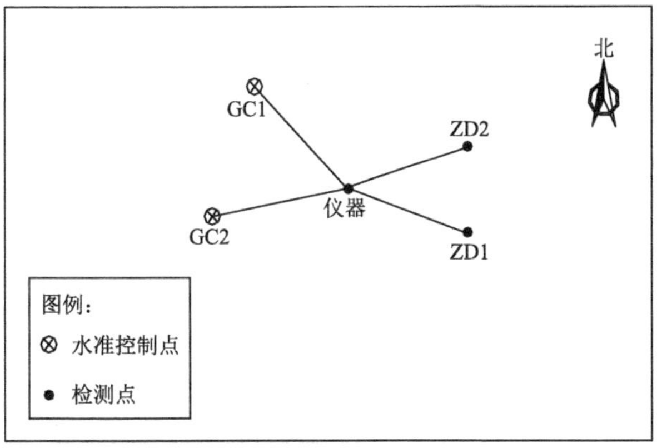

图 1-3-28　洞门环高程测量示意图

洞门环测量成果见表 1-3-23。

洞门环测量成果　　表 1-3-23

点　号	纵坐标 X（m）		横坐标 Y（m）		高程 H（m）		备　注
	设计值 / 检测值	较差(mm)	设计值 / 检测值	较差(mm)	设计值 / 检测值	较差(mm)	
YDM	***22.825	-2	***11.715	12	-**.800	-13	（1）法线方向差值为正表示沿中心线大里程方向偏右。（2）里程方向差值为正表示偏大里程方向。（3）高程方向为正表示偏上
	***22.823		***11.727		-**.813		
ZDM	***10.700	-5	***15.008	3	-**.800	24	
	***10.695		***15.011		-**.776		
点号	与设计值的差值						
	法线方向(mm)		里程方向(mm)		高程 H（mm）		
YDM	-4		8		-13		
ZDM	-6		-2		24		

【案例 1-3-7】管片姿态测量检测

深圳地铁 6 号线工程 6102 标四工区某盾构区间长度约为 992m，采用盾构法施工，本次对报验的盾构管片姿态进行测量检测（图 1-3-29）。检测隧道环片姿态以地下控制点 SY340、SY440 的坐标及高程值为测量依据，在检核坐标无误后，对隧道右线 150 ～ 250 环的隧道管片姿态进行抽检，测量采用平杆法进行。现场将测量结果保存至仪器中。

图 1-3-29　管片姿态现场测量作业

内业处理使用仪器保存的坐标及高程数据，按照设计线路图进行投影，得出隧道管片的水平偏差；对照设计图纸的竖曲线要素、起始点切线方位角等数据计算隧道管片的垂直偏差。成果详见表 1-3-24。

盾构管片姿态测量成果 表 1-3-24

工程名称：深圳市轨道交通 6102 标 ××× 右线盾构区间 150 ～ 250 环管片姿态检测 测量时间：2017 年 10 月 20 日　　　　使用仪器：Leica TS15				
环号	里程(m)	检测值与设计中心线偏移量		备注
		水平偏差(mm)	垂直偏差(mm)	
150	K50+607.757	-29	15	
160	K50+622.777	-72	3	
170	K50+637.799	-67	29	
180	K50+652.823	-76	10	
190	K50+667.829	-43	11	
200	K50+682.870	11	14	
210	K50+697.887	-10	1	
220	K50+712.911	24	12	
230	K50+727.917	-1	40	
240	K50+742.947	-35	8	
250	K50+757.956	-20	51	

注：横向偏差为正表示沿掘进方向偏右，竖向偏差为负表示向下。

3.6 高架段施工测量

高架线路工程是地铁工程中的一部分，其结构工程与特大型桥梁线路工程和大型高架市政道路大体相同，其线路结构的施工测量可按桥梁工程的测量标准施测。但车辆从隧道内行驶到地面后采用轨道与高架线路衔接，其线路测量的内容应按地铁工程整体道床轨道线路测量标准施测。

3.6.1 设计资料复核及放样数据准备

根据设计施工图，把直缓点、缓圆点的桩号里程、施工坐标、缓和曲线的曲率参数、梁底板中线至线路中心线的偏距等参数输入计算机，利用曲线坐标电算程序计算出每隔 0.25 ～ 0.5m 的理论坐标并与设计图纸相比较，同时进行手算以便相互校核确保计算结果无误。

放样的主要工作包括中桩放样、桩基施工放样、承台施工放样、墩身施工放样等。

3.6.2 施工控制测量

1)控制网复核

为维护施工期间地面的平面、高程主控制网完整，确保其可靠、可用，应定期对平面与高程控制网进行闭合校验，保证各点位于同一坐标与高程系统。随着施工的进展，每个月至少复测一次，确保控制网达到精度要求。

2)施工加密平面控制网测量

为施工方便加密地面控制点并确保其可靠、可用，应对施工现场及控制点进行实地踏勘，并结合工程平面布置图，测设施工加密平面控制网。应考虑通视条件、稳固状态、放样方便等各种因素，在现场根据实际情况布置控制点。控制点在高架桥中心线两侧间隔分布，以建立通视情况良好的导线控制网；放样时每点至少有两个控制点作为后视点，便于校核。

3）平面轴线测量

（1）针对设计图高架桥结构的不同施工部位，分别制订不同的测量方法，以满足精度要求和施工进度要求。

（2）桩基础施工时所需要的轴线，采用极坐标法进行放样，用全站仪直接放出桥墩中心点。然后将仪器架至桥墩中心点，后视控制点，定出切线，再转 90° 定出法线桩。如果一次无法放样到位，则可以在附近适当位置临时转点，但转点次数尽量控制在一次。

（3）桩基施工结束后，采取同样方法确定承台位置。

（4）承台浇筑完毕后，所需要的轴线采取后方交会法，定出偏移轴线，测站为承台上的任意点，根据该点坐标值计算出到中心点的角度和距离，采用极坐标法定出其他轴线。

（5）布设地铁工程二等水准点时，采用精密水准仪进行引测，且要布置在施工区域附近。为保证施工期间高程点的稳定性，点位设置在受施工环境影响小且不易遭破坏的地方；考虑季节的变化和环境的影响，定期对水准点进行复测。

3.6.3　桥梁结构细部放样

高架结构施工测量包括高架桥和高架车站的柱（墩）基础、柱（墩）、柱（墩）上横梁、横梁上的纵梁等部位的施工测量工作，具体测量内容如下。

（1）桩基施工放样

根据施工设计图计算出每个桩基中心的放样数据，并用极坐标法放出桩基中心位置，待护筒埋设完毕后，再放出桩位的纵横轴线，进行钻机定位，并测量护筒高程。在条件允许的情况下，采用不同的控制点对同号桩位的放样进行检核，并用钢尺复核相邻桩的平面距离。

（2）承台施工放样

采用全站仪以极坐标法放出承台轮廓线特征点，以便安装模板。模板安装完毕后，进行模板顶口特征点坐标复测，直至符合设计要求。用水准仪进行承台顶面的高程放样，并用红油漆标出，以指导施工。

（3）墩身和垫梁石施工放样

墩身施工放样时，先在已浇筑承台的顶面上放出墩身轮廓线的特征点，以便支设模板，再采用全站仪以极坐标法测出模板顶面特征点的三维坐标并与理论值相比较，调整至满足规范要求。垫梁石中心十字线放样及高程控制应满足规范要求。

在没有较高地形水准点的情况下，可以采用钢尺进行高程传递，首先要用检定过的钢尺，在操作过程中要注意钢尺的垂直度和倾斜度。计算的高程数据要与采用承台顶作找平层加模板高得出的高程数据进行检核。

（4）桥台施工放样

放样测量前，先对线路中线进行检测、核对。根据线路的地面中线控制点放样桥台中心，横向放样允许误差在 ±10mm 之内，桥台间距的允许误差为 ±10mm。台身施工中，将仪器架设在施工控制桩互相垂直的四个端点上以指导立模，台身模板铅垂度的测量允许偏差为 1%。台身分段施工的高度，从承台面用钢尺在四个位置向上量取，四个高度值的较差控制在小于 10mm。

（5）盖梁施工放样

采用全站仪以极坐标法放出盖梁轮廓线特征点，以便安装模板。模板安装完毕后，进行模板顶口特征点坐标复测，直至符合设计要求。由于盖梁处于位置较高的地方，在没有较高地形水准点的情况下，可以采用钢尺进行高程传递，钢尺必须经过检定后方可使用，在施测过程中注意钢尺的垂直度和倾斜度。计算的数据与采用墩柱顶作找平层加模板高得出的高程数据进行审核，采用水准仪进行盖梁底面和顶面的高程放样，并用红油漆标出，以指导施工。

（6）梁体中线放样

根据桥梁施工图纸将设计理论梁端线和中线在CAD中绘制出并提取特征点位坐标，再用全站仪放样出来，然后用黑墨线弹画出并标注清楚。

（7）湿接头、湿接缝施工测量

为保证梁体顶面高程符合设计要求，湿接头、湿接缝施工之前，测量人员必须复核梁顶面高程，如安装误差较大，对桥面铺装层厚度有影响时，应书面通知湿接头施工负责人及箱梁安装负责人，暂停该湿接头施工，调整梁顶面高程，直至合格后方可继续施工。

（8）特殊孔跨的控制测量

对于特殊孔跨的控制测量，应充分考虑施工过程中的各个环节，并按照施工图纸特殊孔跨施工组织设计，将整个环节在CAD中绘制，再交由项目总工程师审核各节点部位相对关系，确保无误后将特征点坐标提取再用全站仪放样出。在放样前首先对控制点和水准点进行复测，确保控制点位在施工放样中的精度。

（9）满堂支架现浇梁测量

当连续梁主梁采用预应力混凝土连续箱梁结构时，梁部均采用满布支架现浇施工。墩柱、台帽施工完毕后对墩柱位置、高程进行复核，桥台胸墙部分应在梁体张拉完成后再浇筑。地面硬化处理完后，按照设计支架尺寸及布置情况进行定位放样。搭设、支立方木骨架、底模，然后按要求进行预压，对超载预压进行测量监控，提供准确数据；对支架设置反拱，以消除支架变形对梁的影响，并得出塑性变形及弹性变形数据，以指导施工。

连续梁施工过程中加强观测监控，如支架的沉降情况、模板横向位移与水平位移等，发现问题及时通知施工负责人和技术人员解决，并为下步施工提供有效参数。

（10）刚构连续梁桥测量

刚构连续梁桥体均采用满堂支架施工，根据梁体自重、施工荷载及预定的安全系数经计算确定支架系统各部尺寸。地面硬化处理完后，按照设计支架尺寸及布置情况进行定位放样。搭设、支立方木骨架、底模，然后按要求进行预压，对超载预压进行测量监控，提供准确数据，对支架设置反拱，以消除支架变形对梁的影响，并得出塑性变形及弹性变形数据，以指导施工。

梁体的线形控制过程为“试验—施工—量测—分析—预告—施工”的循环过程，根据图纸进行仿真分析计算，对下一未浇筑梁段的立模高程做出较准确的预测。通过对每节段挠度变化的观测，将成型后梁段的高程与预测高程的误差控制在5～10mm以内。

合龙前两梁端的相对高差、中线偏差均控制在规范要求内。

连续梁施工过程中要加强观测监控，包括支架的沉降情况、模板横向位移、水平位移等，发现问题及时通知施工负责人和技术人员进行解决，并为下步施工提供有效参数。

3.6.4 工程案例

【案例1-3-8】高架桥墩放样点测量检测

深圳地铁6号线工程6101标某区间为桥梁工程，本次检测工作的内容是对报验的SC22、SC23、SC24墩身立模放样点进行测量检测。

平面数据采集：如图 1-3-30 所示，以起算点 XJM04、XJM05、JM06 为复测的施工加密控制网点，通过检核，起算点点位稳定，可以作为检测的起算依据。检测采用极坐标法，在 XJM05 设站，以 XJM04 为后视点、JM06 为检核点，核对坐标无误后，采集墩身立模坐标。

高程数据采集：如图 1-3-31 所示，以复测施工加密高程控制点 JM05 为起算点，JM04 为检核点。采用全站仪直接测设墩身立模放样点的高程。

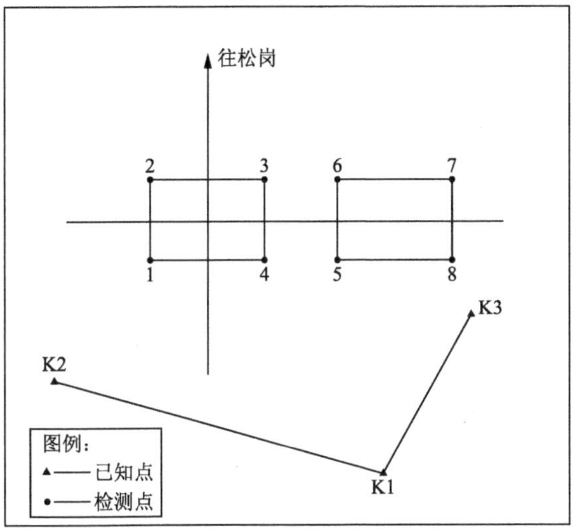

图 1-3-30　墩身立模放样平面测量

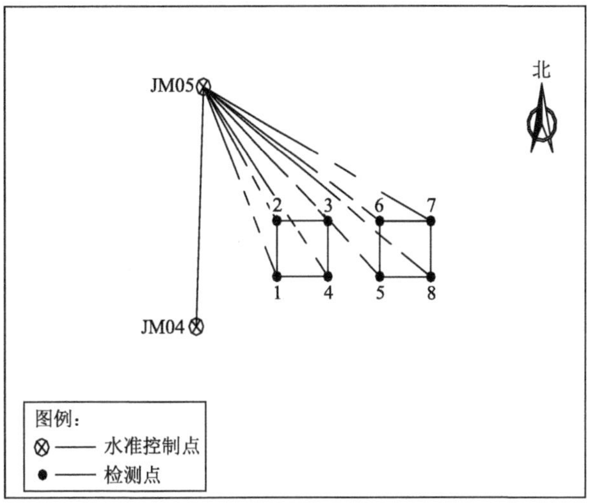

图 1-3-31　墩身立模放样高程测量

将检测成果与设计值进行比较，SC22 墩身立模放样点平面坐标差值最大点位为 3：Δ*X*=−1mm、Δ*Y*=−9mm；高程差值最大点位为 1：Δ*H*=−5 mm。检测成果见表 1-3-25。现场测量作业如图 1-3-32 所示。

SC22 墩身立模测量成果　　表 1-3-25

点名（里程）	*X* 坐标（m）		*Y* 坐标（m）		高程（m）		备　注
	设计值 / 检测值	差值（mm）	设计值 / 检测值	差值（mm）	设计值 / 检测值	差值（mm）	
1	***43.977 / ***43.979	2	***60.992 / ***60.985	−7	21.090 / 21.085	−5	
2	***45.963 / ***45.957	−6	***60.754 / ***60.748	−6	21.090 / 21.087	−3	
3	***46.200 / ***46.199	−1	***62.740 / ***62.731	−9	21.090 / 21.086	−4	
4	***44.214 / ***44.209	−5	***62.977 / ***62.973	−4	21.090 / 21.088	−2	
5	***45.794 / ***45.800	6	***76.183 / ***76.179	−4	21.090 / 21.087	−3	
6	***47.780 / ***47.782	2	***75.946 / ***75.939	−7	21.090 / 21.085	−5	
7	***48.018 / ***48.025	7	***77.931 / ***77.929	−2	21.090 / 21.086	−4	
8	***46.032 / ***46.036	4	***78.169 / ***78.168	−1	21.090 / 21.088	−2	

图 1-3-32　高架梁面高程现场测量作业

3.7　停车场、车辆段测量

地铁车辆段是车辆停放、检查、整备、运用和修理的管理中心所在地。若运行线路较长，为了有利于运营和分担车辆的检查清洗工作量，可在线路的另一端设停车场，负责部分车辆的停放、运用、检查和整备工作。

车辆段测量应包括施工场地、车场线、建筑及附属设施和联络线的施工控制测量和施工测量等。施工控制网测量应以前期建立的卫星定位控制、精密导线点及二等水准点为起算依据，根据场地特点，平面控制网可采用导线测量和卫星定位测量等方法。高程控制网可采用附合水准或结点水准网等形式。

3.7.1　车辆段施工控制测量

车辆段施工控制测量包括平面控制网测量和高程控制网测量。施工平面控制网布设应参考车辆基地总平面布置图，控制网布设应便于与高一级控制点联测和下一级施工控制网的扩展。控制网宜布设在车辆基地的四周及建设空地上，应完善控制点的保护措施。

车辆段施工平面和高程控制网应分别附合在相应线路一、二等平面控制网和高程控制网上，施工平面控制网可采用精密导线测量、卫星定位测量等方法；施工高程控制网可采用附合水准路线或结点水准网等形式布网。施工平面控制网测量精度应不低于三等平面控制网的测量精度，施工高程控制网测量精度不应低于二等高程控制网的测量精度。

当施工平面控制网采用卫星定位方法测量时，测量主要技术要求和测量作业技术要求应符合表 1-3-26、表 1-3-27 的要求。

车辆段卫星定位测量主要技术要求　　表 1-3-26

平均边长(m)	最弱点的点位中误差(mm)	相邻点的相对点位中误差(mm)	最弱边的相对中误差
350	±10	±8	1/50000

车辆段卫星定位测量作业技术要求　　表 1-3-27

项　　目	技 术 要 求
观测方法	静态
接收机类型	双频或单频
观测量	载波相位
接收机标称精度	$\leqslant 10\text{mm}+5\times10^{-6}\times D$
卫星高度角(°)	$\geqslant 15$
同步观测接收机数量(台)	$\geqslant 3$

续上表

项　目	技 术 要 求
有效观测卫星数(颗)	≥4
平均重复设站数(次)	≥1.6
观测时段长度(min)	≥45
数据采样间隔(s)	10～15
点位几何图形强度因子(PDOP)	≤6

当施工平面控制网测量采用导线或导线网测量时，其施测方法及技术要求与精密导线测量相同；施工高程控制测量应符合二等水准测量技术要求，高程控制网应一次布设，控制点数量应不少于 3 个。

3.7.2　施工场地测量

施工场地测量包括场地平整、施工道路、临时管线、临时建筑以及场地内重点对象等的测量或放样工作。

场地平整测量应根据总体设计及施工方案的要求进行。方格网测量的边长在平坦场区宜为 20m×20m，地形起伏场区宜为 10m×10m。

施工道路、临时管线、临时建筑等的放样测量，利用场区测量控制点，采用极坐标方法施测。施工场地测量的允许误差应符合表 1-3-28 的规定。

施工场地测量允许误差(单位：mm)　　表 1-3-28

项　目	平面位置误差	高 程 误 差
场地平整	100	30
施工道路	150	50
临时管线	150	50
临时建筑	150	50

对施工场地内需要保留的原有地下建筑、地下管线、古树等重点对象应采用双极坐标法进行测量，精度应符合图根控制点的要求。

3.7.3　建筑及附属设施施工测量

建筑及附属设施施工测量包括建筑轴线施工控制测量、建筑及附属设施细部点放样测量等。

建筑轴线施工平面控制网宜布设成矩形、十字轴线或平行于建筑外轮廓的多边形。根据建筑物结构类型，平面控制网分为三个等级，其主要技术要求应符合表 1-3-29 的规定。

建筑施工平面控制网主要技术要求　　表 1-3-29

等　级	适 用 范 围	测角、测距中误差		测距边长相对中误差
		测角(″)	测距(mm)	
一级	钢结构、超高层等连续性高的建筑	±9	±3	1/24000
二级	框架、高层等连续性一般的建筑	±12	±5	1/15000
三级	一般建筑	±24	±10	1/8000

建筑施工高程控制网，可直接利用车辆段施工高程控制点，或在其基础上进行加密。采用水准测量方法加密高程控制点，应按城市轨道二等水准测量技术要求施测。

放样测量应依据施工控制网和设计图进行。放样测量前应对设计资料及放样数据进行复核和验算。

平面放样测量宜采用极坐标法、直角坐标法等。高程放样测量宜采用水准测量方法。

建筑轴线和建筑细部放样以及竖向投测误差应不超过建筑施工允许偏差的 1/3 ～ 1/2。

放样完成后应进行测量复核。测量复核内容应包括建筑轴线和建筑细部放样点的平面坐标以及 50 线或 1m 线的高程等。放样点平面设计坐标与实测坐标分量较差应分别小于或等于 10mm，50 线或 1m 线的设计高程与实测高程较差应小于或等于 10mm。

3.7.4 工程案例

【案例 1-3-9】民乐停车场加密测量

深圳地铁 6 号线二期民乐停车场为地上停车场。为了在停车场内布设加密点，采用卫星定位控制网进行加密测量。本次加密测量采用 6 台天宝（Trimble）公司生产的 R8 接收机［标称精度为 ±($5mm+1\times10^{-6}\times D$)］采用静态测量方式进行测量，所用仪器均经测绘仪器计量单位检定合格，并在检定有效期内。

观测前对卫星定位接收机设备进行常规检查（包括仪器检定结果、电池容量、光学对中器和接收机内存容量等），对接收机基座进行每日常规检校以保证其对中误差小于 1mm，根据接收机数量、控制网设计图形及交通情况编制作业计划。

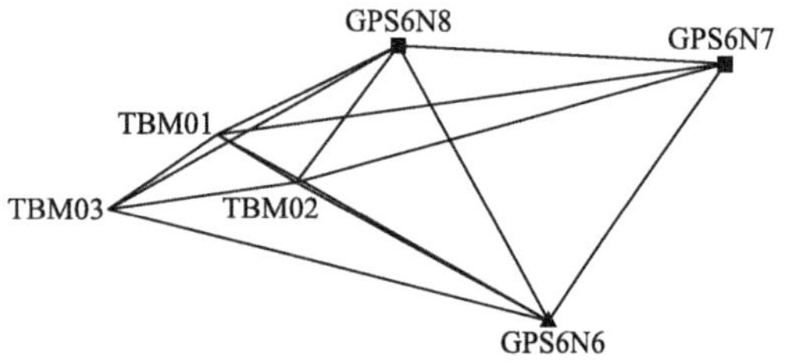

图 1-3-33　停车场卫星定位加密网网形示意图

已知点采用设计交桩的卫星定位控制点 GS6N6、GS6N7 和 GS6N8，对加密控制点进行联测，从而获得加密控制点的施工控制成果，如图 1-3-33 所示。

数据处理使用 Leica Geo Office Combined 7.1 基线处理软件解算基线，控制网平差采用中国铁路设计集团有限公司和同济大学联合研发的卫星定位网数据处理软件系统“TGPPS WIN32 软件”。对停车场卫星定位控制网进行整网平差，平差计算精度统计情况如下。

1）重复基线和环闭合差检验

本次独立计算共形成重复基线 12 条，提取独立基线形成独立三、四边形环共计 9 个，重复观测基线较差均满足的限差要求，环闭合差均满足 $d_s \leqslant 2\sqrt{2}\sigma$ 的限差要求，环闭合差均满足 $W \leqslant 3\sqrt{3n}\sigma$ 的限差要求，重复基线较差最大值统计见表 1-3-30，环闭合差最大值统计见表 1-3-31，独立环坐标分量闭合差精度统计和立环全长闭合差精度统计如图 1-3-34 和图 1-3-35 所示。

停车场卫星定位加密网重复基线较差最大值统计　　表 1-3-30

对应基线边	基线长(m)	较差最大值(m)	限差(m)	是否合格
GS6N8 ～ TBM01	284.952	d_s=0.0075	d_{smax}=0.0142	是

停车场卫星定位加密网环闭合差最大值统计　　表 1-3-31

对应闭合环	闭合差最大值(m)	限差(m)	是否合格
TBM03 ～ GS6N6 ～ TBM02 ～ TBM03	W_x=−0.0139	W_{xyz}=0.0261	是
GS6N7 ～ GS6N6 ～ GS6N8 ～ GS6N7	W_y=−0.0184	W_{xyz}=0.0261	是
GS6N6 ～ TBM01 ～ TBM02 ～ GS6N6	W_z=−0.0092	W_{xyz}=0.026	是
GS6N7 ～ GS6N6 ～ GS6N8 ～ GS6N7	W_s=0.0196	W_{smax}=0.0452	是

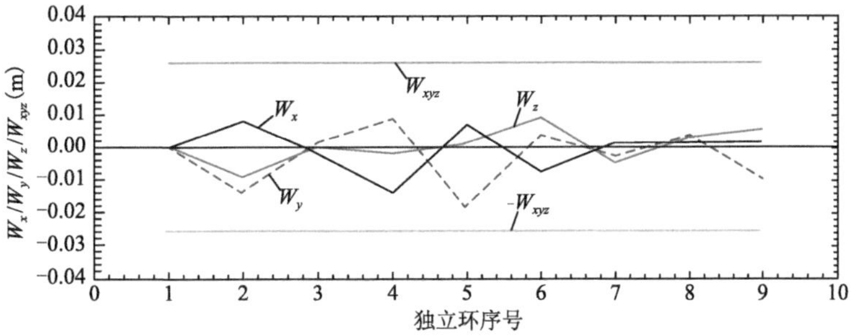

图 1-3-34　停车场卫星定位加密网独立环坐标分量闭合差精度统计图

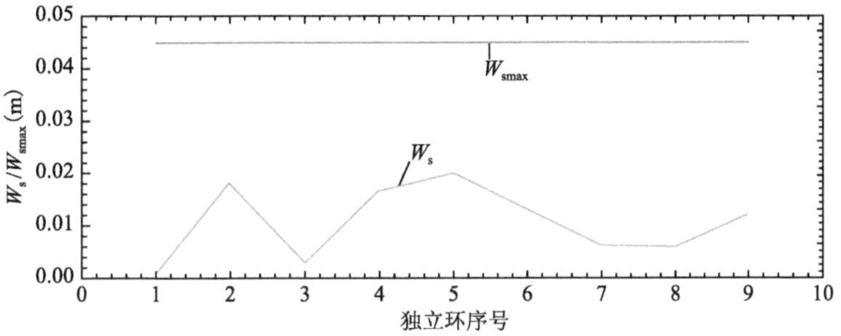

图 1-3-35　停车场卫星定位加密网独立环全长闭合差精度统计图

2)无约束平差

以 GS6N6 为固定点,在 WGS-84 坐标系中进行无约束平差,对单位权中误差、观测值改正数进行统计分析,检查 GNSS 基线向量是否有粗差和明显的系统误差,剔除有粗差和明显的系统误差后,所有基线向量改正数均满足 $(V_x、V_y、V_z)\leqslant 3\sigma\left[\sigma=\sqrt{a^2+(b\cdot d)^2}\right]$(其中,固定误差 a=5mm,比例误差系数 $b=1\times10^{-6}$,d 为基线长度)的限差要求,基线向量改正数最大值统计见表 1-3-32,约束平差基线向量改正数统计如图 1-3-36 所示。

停车场卫星定位加密网无约束平差基线向量改正数最大值统计　　表 1-3-32

对应基线边	改正数最大值(cm)	限差(cm)	是否合格
GS6N6 ～ TBM03	V_x=0.69	V_{max}=1.51	是
TBM02 ～ GS6N6	V_y=−1.01	V_{max}=1.5	是
TBM02 ～ TBM03	V_z=−1.4	V_{max}=1.5	是

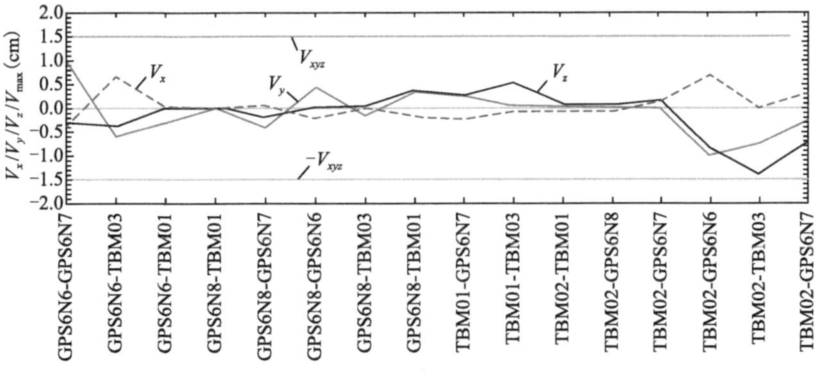

图 1-3-36　停车场卫星定位加密网无约束平差基线向量改正数统计图

3)约束平差

约束平差前,对起算点进行兼容性检查,检算结果为:起算点间边长相对中误差均满足卫星定位控制网的限差要求,详见表 1-3-33。说明起算点 GS6N6、GS6N7、GS6N8 这 3 个点间相对稳定性较好,可以作为起算点参与平差计算。

停车场卫星定位加密网起算点兼容性检查 表 1-3-33

序号	基线边		推算基线长(m)	理论基线长(m)	边长相对中误差	限差
	起点	终点				
1	GS6N6	GS6N7	405.6298	405.6327	1/139872	1/100000
2	GS6N7	GS6N8	434.2085	434.2115	1/144736	1/100000

以 GS6N6、GS6N7、GS6N8 这 3 个点作为起算点进行约束平差后,约束平差基线向量改正数与同名基线无约束平差基线向量改正数较差、相邻点的相对点位中误差、基线边方向中误差、最弱边相对中误差均满足限差要求,各项精度指标最大值统计见表 1-3-34,约束与无约束平差同名基线向量改正数差值统计如图 1-3-37 所示。

停车场卫星定位加密网约束平差精度指标统计 表 1-3-34

项目名称	对应基线	对应最大值	限差	是否合格
约束平差基线向量改正数与同名基线无约束平差基线向量改正数较差	GS6N6 ~ GS6N7	dV_x=0.77cm	dV_{max}=1cm	是
	GS6N8 ~ GS6N7	dV_y=0.33cm	dV_{max}=1cm	是
	GS6N8 ~ TBM03	dV_z=−0.22cm	dV_{max}=1cm	是
相邻点的相对点位中误差	GS6N8 ~ TBM03	3.18mm	8mm	是
基线边方向中误差	TBM01 ~ TBM03	1.23″	1.7″	是
最弱边相对中误差	TBM01 ~ TBM03	1/101137	1/50000	是

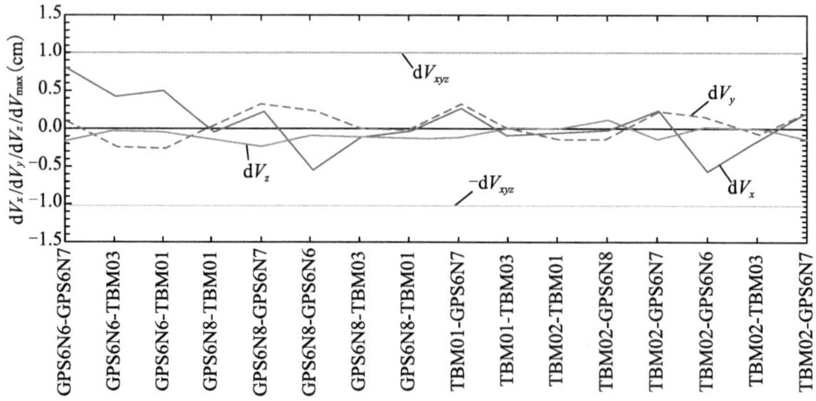

图 1-3-37 停车场卫星定位加密网约束与无约束平差同名基线向量改正数差值统计图

【案例 1-3-10】笔架山停车场平面控制测量

笔架山停车场是在原地铁 9 号线基础上的扩建工程,笔架山停车场扩建工程位于笔架山公园内,为全地下停车场,扩建工程位于原停车场东侧,采用独立结构形式,与原停车场采用通道连接。

(1)车辆段平面控制网

笔架山停车场扩建工程平面加密测量采用导线加密测量。本次导线测量采用一台 Leica TS30(0.5″,

1mm±1×10^{-6}）全站仪，配置 TSDI Sets Survey 机载自动数据采集软件进行施测。导线测量标准按照精密导线测量精度要求进行施测，本次平面测量工作主要分两部分：第一部分，精密导线复测。主要采用 GNSS 控制点对附近精密导线点进行联测，从而确定精密导线控制点的稳定性，其观测网网形示意图如图 1-3-38 所示。第二部分，施工加密控制网检测。通过复测后的精密导线控制点对施工加密控制网进行检测，其观测网网形示意图如图 1-3-39 所示。

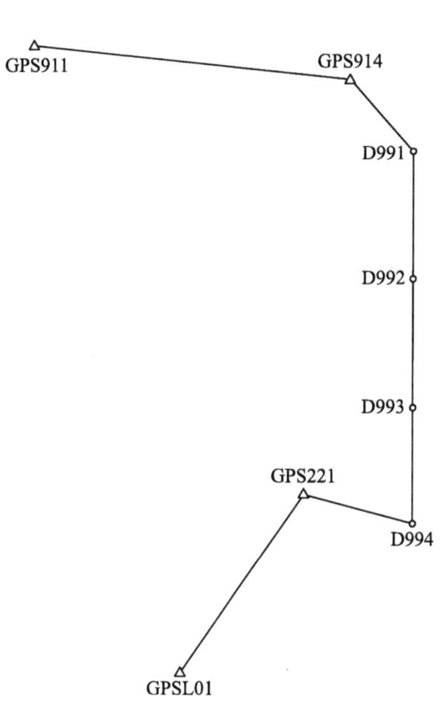

图 1-3-38　精密导线控制网网形示意图

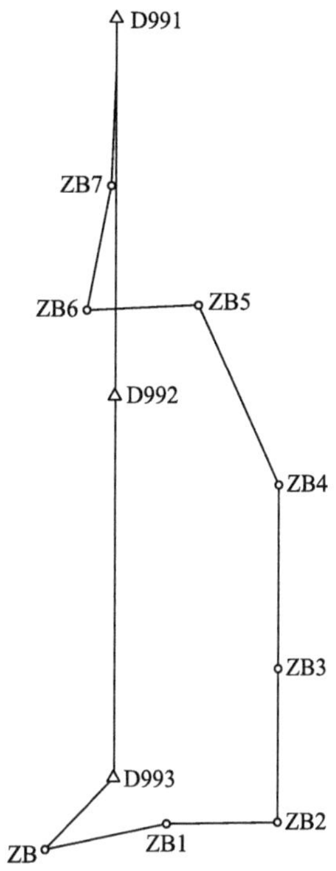

图 1-3-39　加密导线控制网网形示意图

导线网在平差计算前，将观测所得导线点间平距值根据水准测量得到的导线点高程进行两化改正。平差计算采用“NASEW2008”软件进行严密平差，导线网平差计算前首先进行导线闭合差检核。根据约束平差文件，导线的测角中误差为 1.06″<2.5″（限差），方位角闭合差为 0.02″<±16.58″（限差），平差中最弱相邻点为 D991-GS914，相对点位中误差 =0.001722<±0.008m（限差），最大边长比例误差边为 D993-ZB，比例误差 =1/156730，小于限差 1/80000，全长闭合差为 1/158515，小于限差 1/35000，全部指标皆在限差范围以内。将测量结果与原复测成果进行对比，见表 1-3-35。

停车场精密导线复测坐标成果比较　　表 1-3-35

点　号	复测坐标成果		2015 年 4 月复测成果		坐 标 差 值	
	X（m）	*Y*（m）	*X*（m）	*Y*（m）	Δ*X*（mm）	Δ*Y*（mm）
D991	***51.5343	***272.8316	***51.5326	***272.8187	-1.7	-12.9
D992	***81.3602	***272.8748	***81.3585	***272.8683	-1.7	-6.5
D993	***05.8297	***272.8586	***05.8268	***272.8575	-2.9	-1.1
D994	***67.8226	***272.8068	***67.8229	***272.8032	0.3	-3.6

根据控制网复测要求中精密导线点更新原则，对坐标差值大于 12mm 的控制点进行更新，采用两端 GNSS 点成果对更新点采用同精度内插更新法进行更新，将 D991 成果更新为复测后的成果，原 2015 年 4 月版 D991 的复测成果停止使用。

检测的导线施工加密点成果与土建承包商提交的加密测量成果比较，见表1-3-36。

停车场加密导线坐标成果比较　　表1-3-36

点　号	检测坐标成果		施工坐标成果		坐标差值	
	X（m）	Y（m）	X（m）	Y（m）	ΔX（mm）	ΔY（mm）
ZB	***35.6643	***204.4947	***35.6630	***204.4909	-1.3	-3.8
ZB1	***60.7689	***326.4517	***60.7649	***326.4502	-4.0	-1.5
ZB2	***62.8227	***436.3869	***62.8160	***436.3904	-6.7	3.5
ZB3	***12.8983	***436.3802	***12.8959	***436.3859	-2.4	5.7
ZB4	***93.4450	***436.5661	***93.4418	***436.5719	-3.2	5.8
ZB5	***69.5681	***356.0484	***69.5731	***356.0467	5.0	-1.7
ZB6	***64.9747	***244.6378	***64.9691	***244.6374	-5.6	-0.4
ZB7	***87.9689	***267.9731	***87.9686	***267.9728	-0.3	-0.3

根据规范及地铁公司管理办法要求，施工加密点检测限差要求为地面导线点的坐标互差应小于或等于±12mm。由表1-3-36可知，此次承包商停车场加密成果数据与检测数据差值在限差范围以内，可以作为施工加密控制成果使用。

（2）停车场高程测量

本次水准测量采用了一台满足精度要求的高精度电子水准仪Leica DNA03（0.3mm/km）和配套铟瓦条码尺，且仪器均经测绘仪器计量单位检定合格，并在有效期内。

首先对附近二等水准点进行复测，通过与一等水准点联测确定其稳定情况，进而对施工加密高程点进行检测。二等水准点复测按I950—D991—D992—D993—I949附合水准路线施测；施工加密高程控制网按D992—GC1—GC2—GC3—GC4—GC5—GC6—D991施测。与2015年4月版复测二等水准点成果比较，见表1-3-37。

二等高程点成果对比　　表1-3-37

点　号	本次复测高程成果（m）	2015年4月复测高程成果（m）	差值（mm）
D991	16.4805	16.4780	-2.5
D992	13.4399	13.4401	0.2
D993	11.5576	11.5552	-2.4

根据表1-3-37可知，复测成果与原成果相差较小，原成果保持不变。

施工加密点成果与土建承包商提供的加密成果比较，具体见表1-3-38。

停车场加密高程点成果对比　　表1-3-38

点　号	本次检测高程成果（m）	施工单位测量高程成果（m）	差值（mm）
GC2	13.0800	13.0805	0.5
GC3	13.0049	13.0063	1.4
GC4	13.1417	13.1431	1.4
GC5	13.1383	13.1380	-0.3
GC6	15.7160	15.7179	1.9

根据深圳地铁建设工程施工测量技术规定，水准点高程检测限差小于或等于 ±3mm。由表 1-3-38 可以看出施工单位测量成果与检测成果互差均在限差 ±3mm 以内，满足限差要求，可以作为施工加密控制测量成果使用。

3.8 贯通测量

贯通测量即隧道贯通后的测量。贯通测量的目的是为获取实际的贯通误差值，作为下一步调整施工中线的依据，以获得一条调整后的隧道中线，作为扩大断面、衬砌以及在隧道中铺设铁轨的依据。

贯通测量分为两部分：第一部分为贯通误差，即通过测量计算隧道的平面（横向、纵向）贯通误差和高程贯通误差；第二部分为贯通成果，即通过贯通联测计算隧道平面和高程控制网成果。

3.8.1 贯通误差

贯通误差的主要影响因素包括地面上测量误差、地上地下联系测量误差和地下导线误差等。贯通测量包括平面贯通测量和高程贯通测量。

贯通误差是衡量隧道测量质量最直观的指标。暗、明挖隧道横向贯通测量中误差为 ±50mm，高程贯通测量中误差为 ±25mm，纵向贯通中误差为 $L/10000$（L 为导线长度）。贯通测量允许误差为 2 倍贯通测量中误差。

地下平面控制点贯通测量可参照“精密导线测量”中相关内容执行。

地下高程点贯通测量可按照《城市轨道交通工程测量规范》（GB/T 50308—2017）二等水准相关技术要求施测。

1）平面贯通误差测量

横向、纵向贯通误差的测量方法主要有坐标法和中线法。坐标法是根据两侧控制导线测定的贯通面上同一临时点的坐标闭合差来确定贯通误差，在城市轨道交通工程中多采用坐标法；中线法是利用两侧中线延伸在贯通面上同一里程处各自临时点的间距来确定贯通误差。

（1）坐标法

图 1-3-40 中，A、B 和 C、D 分别为两端的已知控制点，GT、GT′ 分别为两端测得的贯通点，测得的坐标分别为 GT（X, Y）、GT′（X', Y'），GT ～ GT′ 的长度 Δ 可由两点的坐标求得，再投影至隧道中线和法线上，则可得到横向贯通误差 $\Delta_{横}$和纵向贯通误差 $\Delta_{纵}$。方位角贯通误差可利用两侧控制导线测定贯通面附近同一导线边的方位角较差确定。

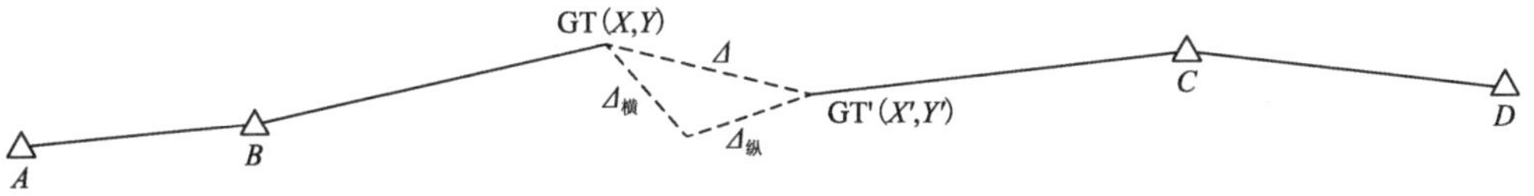

图 1-3-40 坐标法贯通误差测量原理示意图

（2）中线法

采用中线法施工的隧道贯通之后，可以采用中线法进行贯通误差测量。从相向测量的两个方向各自向贯通面延伸中线，并各钉一临时桩，量取两桩之间的距离，即得隧道的实际横向贯通误差，两临时桩的里程

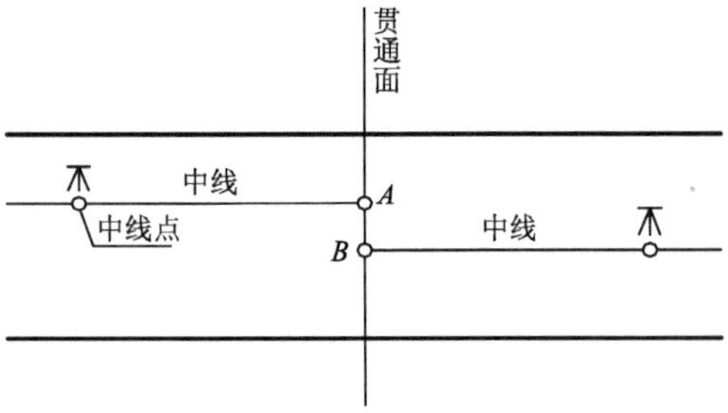

图 1-3-41 中线法贯通误差测量示意图

之差即为隧道的实际纵向贯通误差。如图 1-3-41 所示，由贯通面两侧最近的中线点（或导线点）向贯通面测设中线 *AB*，则 *A*、*B* 点间距离即为横向贯通误差，贯通面两侧推算的 *A*、*B* 里程差即为纵向贯通误差。

注意事项：进行贯通测量前应先检测地下已知控制导线边、点的稳定情况，选用稳定的地下导线边、点作为贯通测量的起始边、点。

2）高程贯通误差测量

当两相向开挖的隧道贯通后，应及时进行高程贯通测量。高程贯通测量采用的方法及对仪器的要求与地下高程控制测量相同。隧道高程贯通误差应由两侧地下高程控制点测定贯通面附近同一水准点的高程较差确定。

注意事项：进行贯通测量前应先检测地下已知控制水准点的稳定情况，选用稳定的地下水准控制点作为贯通测量的起始点。

3.8.2 贯通成果

进行贯通成果计算前应先检核地下已知控制导线点、边的稳定情况，选用稳定的地下导线边、点作为贯通测量的起始边、点；检核地下已知控制水准点的稳定情况，选用稳定的地下水准控制点作为贯通测量的起始点。

隧道贯通后，地下导线通过支导线与另一端基线边联测变成了附合导线，支线水准也变成了附合水准。贯通控制点联测后，当闭合差满足限差要求时，进行平差计算；当不满足限差要求时，应进行复核测量查明原因。平差的新成果将作为结构测量、中线调整测量、轨道控制网测量及进行变形监测的起算依据。

地下控制网测量完成后，及时进行数据处理、报告编制工作，按时提交地下控制网贯通成果，满足后续测量工作的相关要求。

隧道贯通测量成果资料主要包括：

（1）贯通测量技术设计；

（2）测量原始数据及外业记录；

（3）隧道贯通误差表；

（4）隧道贯通误差表与施工单位测量成果对比情况，并给予评定。

3.8.3 工程案例

【案例 1-3-11】李朗站—木古站区间贯通测量

深圳地铁 10 号线工程上李朗站—木古站区间左、右线已经贯通，为满足后期施工需要，及时对该区间左线进行了贯通测量。本次平面贯通测量采用导线测量，在贯通面处设置贯通点，分别从车站两侧测至贯通点处，通过贯通点分别计算纵向、横向及方位角贯通误差。同样，高程贯通测量通过水准测量方法，从车站两侧测至贯通点处，分别求取贯通点的高程，求算高程贯通误差。

贯通测量检测方法：分别采用两车站两端底板联系测量控制点作为已知控制点成果，在贯通面处设置贯通点（GTD），计算贯通误差。贯通测量示意图如图 1-3-42 所示。

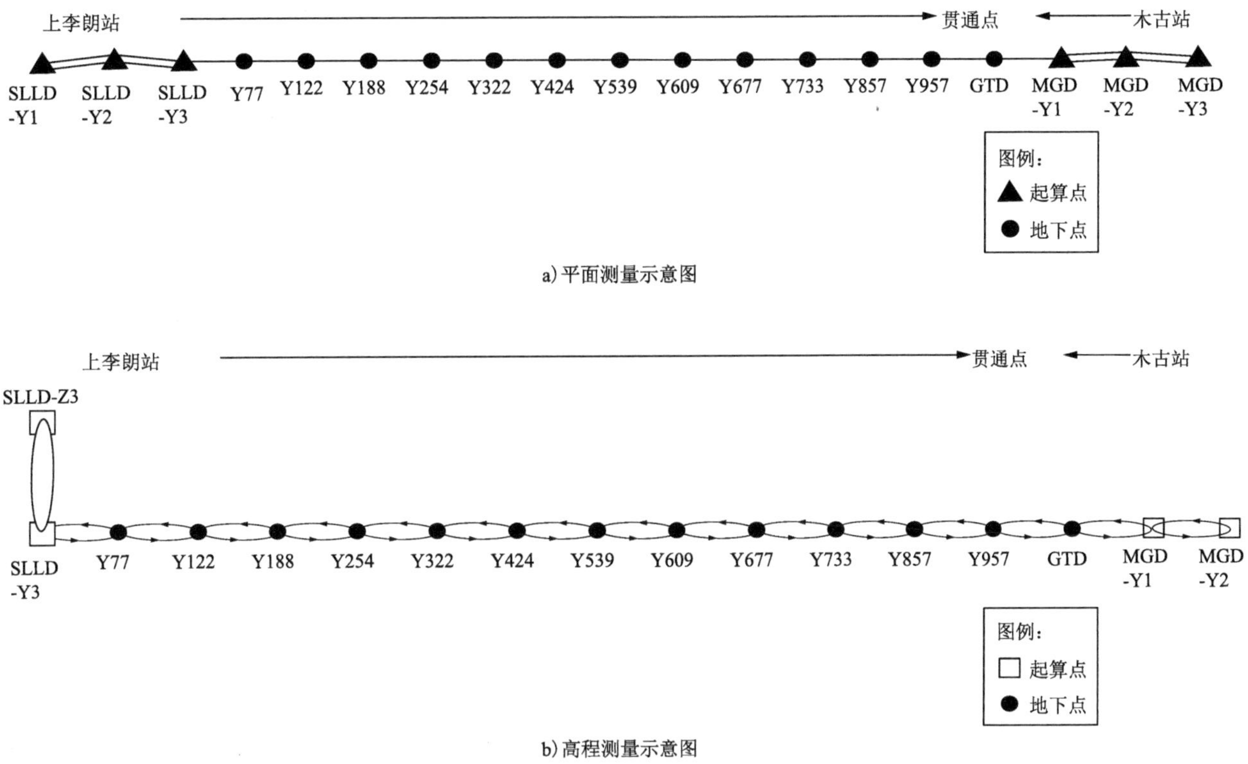

图 1-3-42　贯通测量示意图

（1）平面检测

起算点检核无误后，上李朗站以 SLLD-Y2 ～ SLLD-Y3、木古站以 MGD-Y2 ～ MGD-Y1 作为起算边，测至贯通点 GTD。外业水平角观测四测回，往返测距各两测回，并进行仪器加乘常数、气压及温度改正。采用武汉大学科傻测量控制网平差软件处理观测数据，对以上观测数据进行平差。

（2）高程检测

起算点检核无误后，上李朗站以 SLLD-Y3、木古站以 MGD-Y1 作为起算点，布设水准路线测至 GTD。水准测量均按《城市轨道交通工程测量规范》（GB/T 50308—2017）二等水准要求施测。内业采用武汉大学科傻测量控制网平差软件处理观测数据。

（3）检测成果及成果比较

分别计算由上李朗站、木古站测至贯通点（GTD）的坐标成果，见表 1-3-39。

贯通点坐标测量成果表　　　　表 1-3-39

点　名	坐　标			备　注
	X（m）	Y（m）	H（m）	
GTD	***45.9299	***66.2474	***.9077	上李朗站—贯通点
	***45.9432	***66.2371	***.9103	木古站—贯通点

将测得的两个贯通点坐标分别投影到线路中线和法线方向，经比较分别得到贯通点的纵向和横向贯通误差，测得的两个贯通点高程值之差即为竖向贯通误差（表 1-3-40）。计算得到的两贯通边的方位角之差即为方位角贯通误差（表 1-3-41）。

贯通误差成果表 表 1-3-40

点　名	贯通测量误差		
	横向(mm)	纵向(mm)	竖向(mm)
GTD	13.3	-10.3	2.6

方位角贯通误差成果表 表 1-3-41

点　号	方　位　角	
	上李朗站—贯通点	差值 ΔS
	木古站—贯通点	
Y957-GTD	0° 04′ 57.0″	-10.9″
	0° 04′ 46.1″	

(4)检测结论

根据检测成果比较表可知：横向贯通误差为13.3mm，纵向贯通误差为-10.3mm(限差为±100mm)；竖向贯通误差为2.6mm(限差为±50mm)；贯通方位角Y957-GTD互差为-10.9″(限差取$\pm 5\sqrt{N}$，即±20.62″)，以上测量成果均满足《城市轨道交通工程测量规范》(GB/T 50308—2017)的相关要求，测量成果可用于指导下阶段施工。

3.9 净空断面测量

3.9.1 断面测量概述

城市轨道交通工程的结构净空断面测量是指在土建结构施工完成后，以车站施工控制点和调整后的区间控制点(中线点、导线点)为基础，根据不同断面形式，在断面上选择与行车密切相关的位置或设计提出的指定位置，测定其与线路中线之间的关系，为线路位置检核与调整提供依据。

结构净空断面测量是线路设计中调线调坡的依据。调线调坡是线路设计的最后一道工序，经过系统地调整线路中线和坡度能使列车运行于良好的“三维空间”，充分满足设备限界和建筑限界的要求，通过调线调坡线路设计能充分解决施工误差带来的侵限问题，或提出解决问题的办法，保证将来列车安全、良好地运行。

城市轨道交通工程线路主要由隧道及高架区间、地下及地面车站、停车场(库)等设施组成，各部分对应的结构横断面形式与要求有所不同。区间隧道主要分为圆形、单洞单线马蹄形、单洞双线马蹄形、单洞单线矩形、单洞双线矩形、高架桥等形式。如果按照隧道内线路数量划分，则分为单洞单线和单洞双线两种横断面形式。车站分为矩形侧式车站、矩形岛式车站、高架侧式车站及高架岛式车站。

结构净空断面测量是检查结构竣工后剖面尺寸与设计是否相符的验证手段。结构横断面测量应以贯通平差后的施工平面和高程控制点及调整后的线路中线点为依据，按设计或工程需要进行。

结构净空断面测量应严格执行设计单位提供的《调线调坡测量技术要求》的相关规定。

3.9.2 断面测量技术要求

1)断面测量的起算点

断面测量的控制点应为经严密平差符合规范精度要求的地下控制网联测成果。

2）需要进行断面测量的位置

根据《城市轨道交通工程测量规范》（GB/T 50308—2017）规定，线路直线、曲线段每 6m 和 5m 应测设一个横断面，由于轨道设计在高等减振、特殊减振地段以及部分普通地段铺设预制板道床结构，对结构侵限要求很高，因此在上述地段内，要求普通地段预制板段落以及高等减振地段，应 2.4m 测设一个横断面；特殊减振地段应 1.2m 测设一个横断面。此外还需要加测以下断面：

（1）区间：曲线的直缓、缓圆、曲中、圆缓、缓直五大桩，区间隧道起终点、隧道结构变化处、泵房中心、隔断门、变坡点处。

（2）车站及附近：联络线、渡线地段的结构变化处及控制点，车站起终点结构变化处（与区间隧道起、终点同一里程，但不同结构形式），有效站台及设备站台的起终点，站台面高程及宽度变化处，站中心点。

（3）断链点处。

以上横断面要在测量成果表备注中注明名称。

（4）在显著的管片突出部位，必须加测断面并予以注明。

3）断面测量的基准线、测点、横距、高程

（1）各尺寸以施工图的设计线路中心线为测量基准线，以建筑限界为依据。

（2）测点距基准线的横距是指轨顶设计高程以上规定高度位置由基准线至测点的距离。

（3）横断面方向必须在设计线路中心线的法线上，误差小于 ±5′。

（4）顶部测点、底部测点分别是设计线路中心线在隧道顶部和隧道底部上的投影点，均以高程表示。

4）断面类型及各断面测点位置

矩形隧道测点位置、矩形隧道车站测点位置、单洞单线马蹄形隧道测点位置、单洞双线马蹄形隧道测点位置、圆形隧道测点位置由总体设计单位根据限界设计地铁车型提供具体的测点位置。

以深圳市城市轨道交通工程三期二阶段的调线调坡断面测量技术要求为例，隧道内横断面常用的几种断面形式测点位置要求如下：

（1）圆形隧道共测 8 个点，点位如图 1-3-43 所示。

（2）区间矩形隧道共测 8 个点，点位如图 1-3-44 所示。

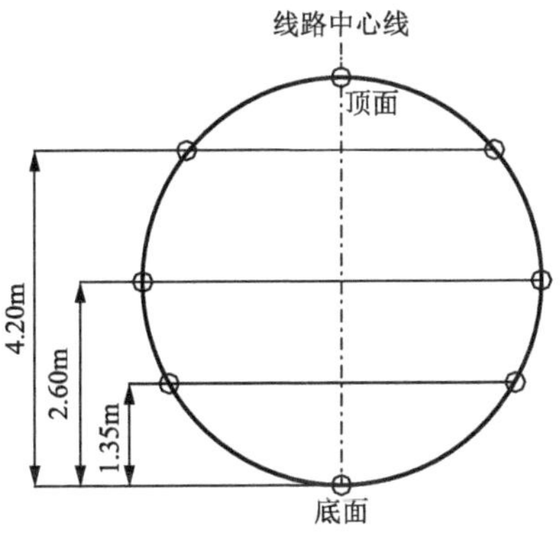

图 1-3-43　圆形隧道断面测量位置示意图

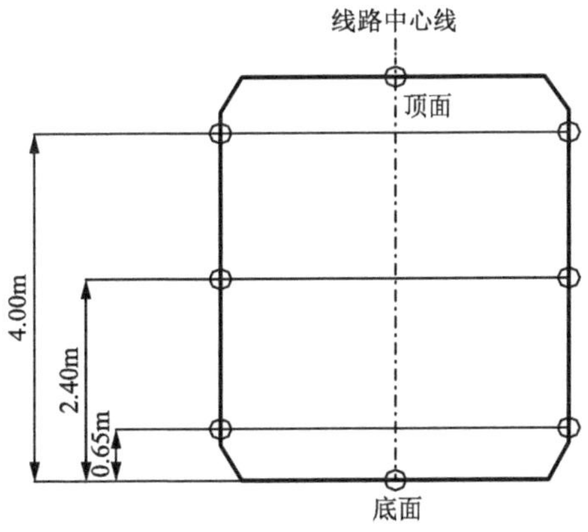

图 1-3-44　区间矩形隧道断面测量位置示意图

（3）车站左右线各测 7 个点、站台面高程测 1 个点，点位如图 1-3-45 所示。

（4）区间马蹄形共测 8 个点，点位如图 1-3-46 所示。

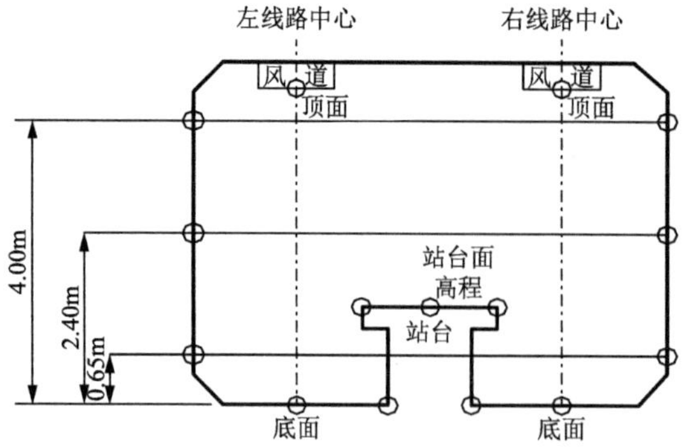

图 1-3-45　车站断面测量位置示意图

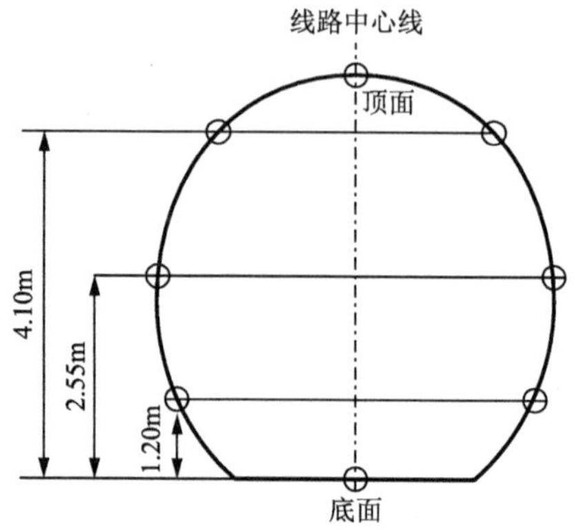

图 1-3-46　区间马蹄型隧道断面测量位置示意图

5）断面测量精度要求

根据《城市轨道交通工程测量规范》（GB/T 50308—2017）的相关要求进行结构断面测量作业，须满足如下要求：

（1）断面位置里程中误差应不大于 ±50mm；

（2）断面点与线路中线法线距离的测量中误差应小于 ±10mm；

（3）结构断面点高程的测量中误差应小于 ±20mm，底板断面点高程的测量中误差应小于 ±10mm。

3.9.3　断面测量方法

地铁工程结构横断面测量一般可采用全站仪测量法、三维激光扫描法，一般较常用的是全站仪测量法。最近几年随着三维激光扫描技术的迅猛发展，三维激光扫描仪法逐步受到重视和应用。在三期二阶段的调线调坡断面测量工作中，最主要的测量方法是全站仪测量法。其中，在深圳地铁 3 号线南延、6 号线二期及 9 号线西延三条线路中，采用了三维激光扫描法。

1）全站仪测量法

全站仪测量法，顾名思义即采用全站仪进行断面测量。操作步骤如下：

（1）断面里程、测点设计。首先根据断面测量技术要求，设计出需要进行断面测量的里程。通常，为方便现场操作，盾构区间直线段按照 4 环一个断面，曲线段按照 3 环一个断面进行测量。断面里程设计可参考本章第 3.9.2 节第 2）小节的规定。然后根据设计里程，计算设计中线坐标和轨顶面设计高程。最后根据断面测量技术要求及不同的断面类型，依次计算每个待测断面的测点设计高程。断面测点设计可参考本章第 3.9.2 条第 4）小节的规定。

（2）断面限界点位标注。依据断面里程、测点设计，将各测点利用全站仪或水准仪进行放样及标注。并对区间起始点、曲线五大桩及长短链等特征位置里程进行标注。

（3）现场测量。利用全站仪进行现场断面测量（图 1-3-47），并自动存储数据。

（4）利用断面计算软件、Office 工具进行断面成果计算及整理。

2）三维激光扫描法

三维激光扫描法，即采用三维激光扫描仪对隧道结构进行全断面扫描的方法，然后利用软件进行断面特征点提取。近年，随着地铁建设的迅速发展，其在断面测量中的应用越来越广泛。它利用激光测距原理，高密度、高精度地记录目标物体表面的三维坐标、反射率和纹理信息，对空间三维信息的实时获取。根据激光测距原理，地面激光扫描仪可以分为脉冲式激光测距和相位式激光测距两类。

图 1-3-47　全站仪断面测量

三维激光扫描仪每秒可测量数十万甚至上百万的海量点云数据，具有测量效率高、可输出任意里程的断面、一次测量完成后无须反复测量等优点。

在深圳地铁 3 号线南延、6 号线二期及 9 号线西延等调线调坡测量过程中，采用了三维激光扫描仪法进行断面测量。实践证明，采用三维激光扫描仪法进行断面测量具有精度高、效率高、可操作性强等优点，极具推广价值。

采用徕卡公司的架站式激光扫描仪（图 1-3-48）进行数据采集，数据处理使用软件 Cyclone6.0，大大提高了断面测量精度和工作效率，保证了调线调坡工作的顺利进行。三维激光扫描及内业处理流程如下：

图 1-3-48　三维激光扫描断面测量

（1）自由设站三维激光扫描

由于地铁盾构区间的观测条件限制，扫描仪的激光入射角比较大，反射光的强度相对低。利用 Leica HDS6100 进行三维激光扫描时，为保证测量精度，扫描设站间距宜控制在 30 ～ 40m 之间。标靶一般架设在距离扫描仪 3 ～ 5m 的范围内，放置于稳定的地方。这样架设标靶既能满足标靶拼接模型的要求，也能在三维激光点云上清晰观察与选择标靶的中心点。全站仪观测本站 4 个标靶中心点坐标后，即可使用扫描仪进行盾构区间的扫描。扫描时采用中密度扫描，全站仪测量标靶中心后不得移动标靶，如果移动需要重新观测被移动的标靶中心，然后重新进行扫描。扫描结束后就可以把扫描仪及标靶搬运到下一站进行扫描。

（2）高精度全站仪获取标靶坐标

全站仪架设在导线点上，后视相邻的导线点，定向误差检核限差为：高程点位误差为 5mm、平面点位误差为 3mm。全站仪测量标靶的中心点坐标时，全站仪中心到标靶的中心距离一般为 5 ～ 75m，最远不应大于 100m，测量标靶中心点坐标采用无棱镜模式。测量时使用全站仪目镜中的十字丝瞄准标靶的中心，HDS 标靶使用 LED 灯照明，并核实激光点是否在标靶的中心点。全站仪测量标靶中心点坐标时按照设定的顺序，如顺时针或者逆时针自增的顺序测量，起始点选择一个规定的点，如标靶牌上的一号点，方便标靶注记，如图 1-3-49 所示。

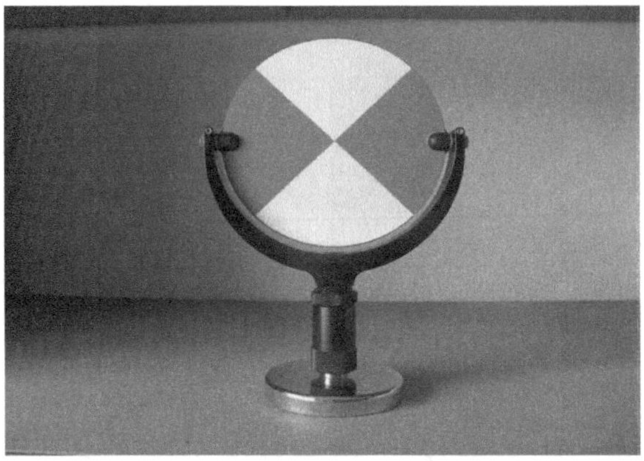

图 1-3-49　三维扫描的黑白标靶

(3)三维扫描数据预处理

三维扫描数据的预处理主要是将每个独立的扫描站数据拼接成一个完整的地铁隧道三维模型,目前主要进行预处理的软件是 Leica cyclone。在 Leica cyclone 中建立数据库后,把整条盾构区间内所有的扫描数据批量导入建立的工程文件夹里。并将标靶与全站仪测量的深圳独立坐标成果建立对应关系。标靶注记是将每一个扫描站内的标靶注记为全站仪测量时的点号,是进行扫描站拼接的基础,即把扫描数据的相对坐标系纠正为地铁施工坐标系。

(4)标靶激光点云数据拼接

拼接是把一个项目里的所有扫描站统一化到一个单独的坐标系统中,然后形成一个新的扫描空间。拼接是利用两个扫描站中已知的多对相同物体或者重叠点云数据作为控制条件,控制空间的约束对象要尽可能地与拼接后的扫描空间一致。

(5)激光点云数据均一化

三维激光点云数据的均一化是对点云按照等间隔的重采样过程。重采样可依据结构断面测量的精度要求,以及重采样后点云是否满足建立片状管道立体模型而定。打开拼接后的模型空间,展开到模型空间视图级,把所有测站数据拼接在一起就构成了一条完整地铁隧道点云模型,如图 1-3-50 所示。

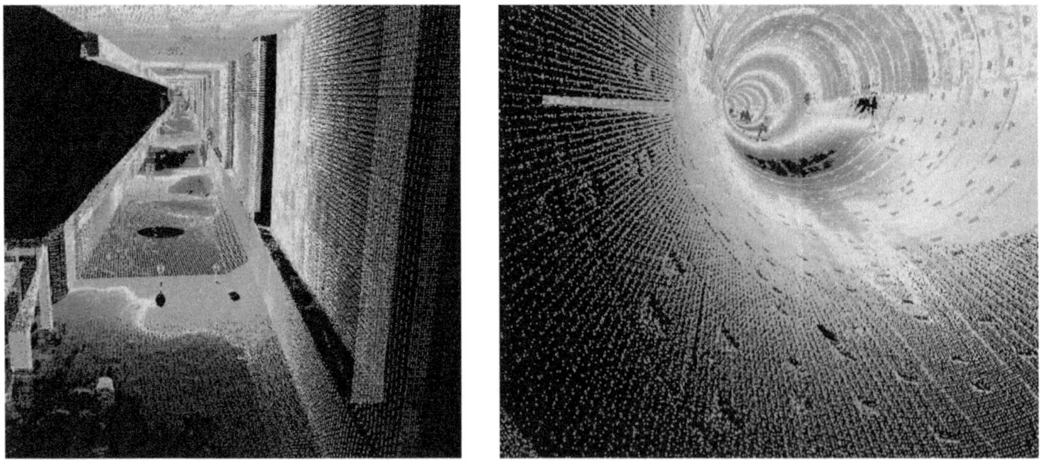

图 1-3-50　地铁车站、隧道拼接点云模型

(6)基于设计线位的点云数据分割

完整的隧道激光点云数据量较大,数据的读取和分析对计算机处理能力要求较高。隧道的断面是离散

的、等间隔的，因此对隧道断面按照断面里程坐标，在一定的范围分割截取部分点云数据，再利用分割后的点云数据进行分析计算，可以提高计算的效率。

利用断面三维点及搜索半径，实现激光点云半径的快速检索。在 *XOY* 平面上定义一个矩形，再把快速半径搜索的隧道点云数据投影至 *XOY* 平面，通过遍历此范围所有激光点数据，判断是否在矩形范围内，实现点云的分割。把矩形移动至下一个断面位置，再次进行包含计算，即可实现激光点云按照断面位置的分割。矩形的尺寸可以根据隧道的高度和断面的厚度进行定义，分段分割结果如图 1-3-51 所示。

a）系统断面

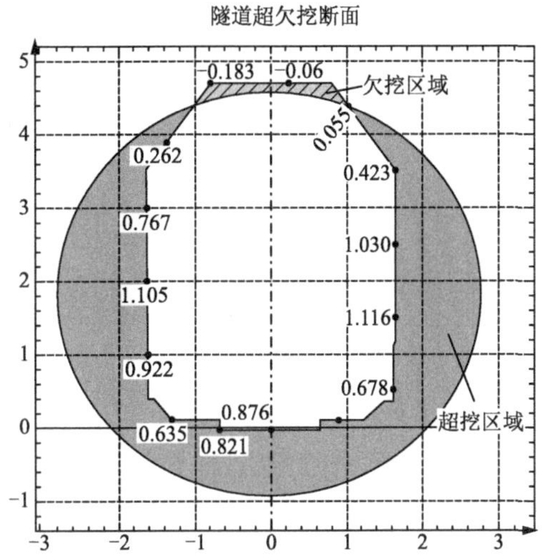

b）限界分析

图 1-3-51　激光点云处理与分析系统断面及限界分析

根据设计文件，获取线路起始、终点里程，交点坐标，曲线要素（如曲线半径、前缓和曲线长度、后缓和曲线长度）等平面要素，计算断面里程的平面坐标。获取线路起点高程、竖曲线半径、坡度、变坡点间距等纵断面要素，计算断面里程的高程值。最后再根据线路断链表将断面里程由连续里程转换至断链里程，即可获得断面里程对应的三维坐标文件。

导入地铁设计中线后，选择生成地铁横断面线工具，用户可定义按照“节点”或“步长”生成断面线。定义横断面线的长度后，即可完成地铁横断面线的生成；定义“断面宽度”“提取断面线”等参数后，即可进行地铁结构断面测量。切割后的激光点云断线如图 1-3-52 所示。

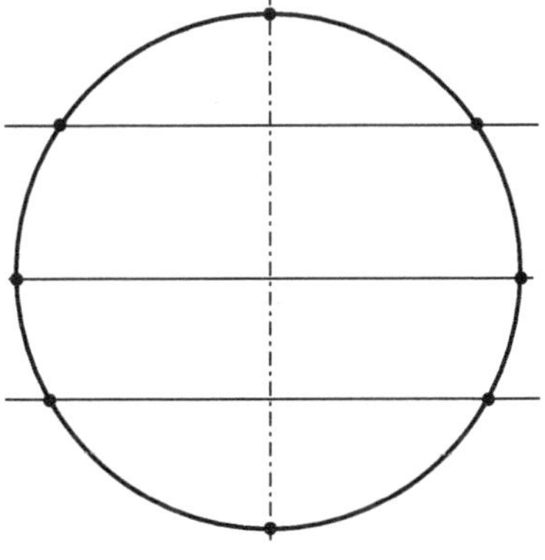

图 1-3-52　激光点云断面切割线图

深圳地铁 6 号线二期结构断面调线测量成果见表 1-3-42。

表 1-3-42

深圳地铁 6 号线二期结构断面调线测量成果

区段：通新岭 — 科学馆左线断面　　隧道类型：圆形盾构断面　　起止里程：ZDK3+707 ～ ZDK4+496

里程（m）	测点	线路中线至左边墙（m）			测点	线路中线至右墙（m）			$H_{底}$（m）			$H_{顶}$（m）			中线坐标（m）		备注
	位置	设计宽度	实测宽度	较差	位置	设计宽度	实测宽度	较差	设计值	实测值	较差	设计值	实测值	较差	X	Y	
	上	2.245	2.209	−0.036	上	2.245	2.266	0.021									
3957.156	中	2.698	2.665	−0.033	中	2.698	2.720	0.022	−15.498	−15.540	−0.042	−10.098	−10.128	−0.030	***90.178	***35.900	
	下	2.338	2.298	−0.040	下	2.338	2.349	0.011									
	上	2.245	2.173	−0.072	上	2.245	2.291	0.046									
3963.165	中	2.698	2.640	−0.058	中	2.698	2.749	0.051	−15.543	−15.574	−0.031	−10.143	−10.162	−0.019	***96.186	***35.900	
	下	2.338	2.279	−0.059	下	2.338	2.383	0.045									
	上	2.245	2.166	−0.079	上	2.245	2.302	0.057									
3969.151	中	2.698	2.635	−0.063	中	2.698	2.764	0.066	−15.600	−15.632	−0.032	−10.200	−10.224	−0.024	***02.172	***35.900	
	下	2.338	2.271	−0.067	下	2.338	2.388	0.050									
	上	2.245	2.172	−0.073	上	2.245	2.293	0.048									
3975.146	中	2.698	2.640	−0.058	中	2.698	2.753	0.055	−15.669	−15.740	−0.071	−10.269	−10.330	−0.061	***08.166	***35.900	
	下	2.338	2.276	−0.062	下	2.338	2.381	0.043									
	上	2.245	2.184	−0.061	上	2.245	2.302	0.057									
3980.001	中	2.698	2.648	−0.050	中	2.698	2.754	0.056	−15.734	−15.762	−0.028	−10.334	−10.358	−0.024	***13.021	***35.900	变坡点
	下	2.338	2.279	−0.059	下	2.338	2.380	0.042									

第 4 章　轨道工程测量

4.1　概述

安全、便捷、舒适的乘车体验是城市轨道交通建设的终极目标。为了保障地铁列车行驶的安全性和乘坐的舒适性，对轨道工程施工精度及轨道平顺性提出了更高的要求，因此必须要建立高精度的轨道施工控制网。

轨道工程测量包括铺轨控制测量和铺轨施工测量。铺轨控制测量可采用铺轨基标测量或任意设站控制网（CP Ⅲ）测量的方法，铺轨施工测量应选择测设加密基标配合轨道尺方法或使用轨道几何状态检测仪方法。

铺轨控制测量包括平面控制测量和高程控制测量，以“两站一区间”为测量单元，在隧道、高架桥、地面路基贯通后，且贯通误差和建筑限界符合要求或由于线路变更重新进行线路调整和限界检查合格后进行。

铺轨平面和高程控制测量采用的起算数据分别起算于高级控制点并应符合下列要求：

（1）地面和高架线路的铺轨控制网分别直接起算于地面卫星定位点、精密导线点和二等水准点。

（2）地下隧道和车站线路测设铺轨控制网前，从地面卫星定位点、精密导线点和二等水准点重新测设近井导线和近井水准，并采用较高精度的联系测量方法将平面坐标及高程引测到车站地下，以“两站一区间”为测量单元，对地下控制点进行联合平差，并以该成果作为铺轨控制网起算数据。

（3）隧道控制点交桩后、任意设站控制网测量前，应对地下线路控制网进行复测检核，复测成果上报监理单位审核。

铺轨施工前，应由评估单位对任意设站控制网平面和高程成果进行评估，合格后方可进入下一道工序。

铺轨施工测量时，应对相邻已铺设完成的轨道铺设控制点和已安装的人防门的控制点进行检测，其相互几何关系满足限差要求时原测量成果应作为已知数据参与铺轨控制网平差计算。

铺轨施工测量应包括轨道安装测量、道岔安装测量和轨道精调测量等。铺轨施工测量应以铺轨基标或任意设站控制网为基准，施工前应对其进行复测。

4.2　铺轨基标测量

铺轨基标是地铁轨道施工较常用的方法。铺轨控制基标是地铁竣工后需要永久保留的地下控制点位，因此对其点位埋设及测量精度都有较高的要求。铺轨基标作为铺轨工程施工、养护的测量基准，分为控制基标和加密基标。

4.2.1　控制基标的埋设

铺轨控制基标应根据铺轨综合设计图，利用调整好的线路中线点或贯通平差后的控制点进行测设。控制基标在线路直线段宜每 120m 设置一个，曲线段除在曲线要素点上设置控制基标外，曲线要素点间距较大时还宜每 60m 设置一个，曲线的起止点、缓圆点、圆缓点及道岔起止点等，均应设置控制基标。控制基标应设置成等高等距并埋设永久标志（图 1-4-1、图 1-4-2）。

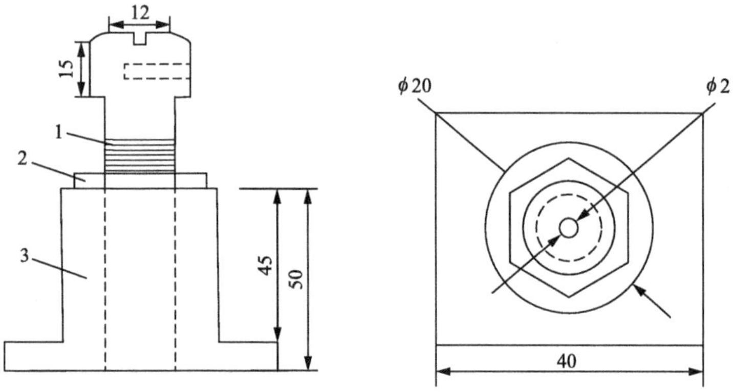

图 1-4-1 矩形(车站)隧道铺轨基标标志(尺寸单位:mm)
1- 铜质螺栓;2- 螺母;3- 混凝土底座

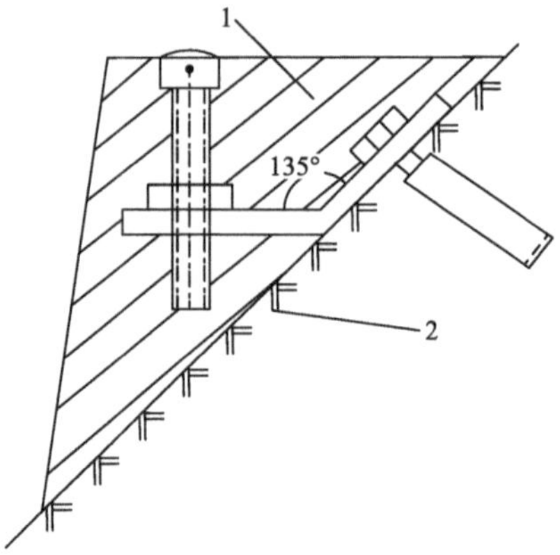

图 1-4-2 马蹄形或圆形隧道铺轨基标标志
1- 混凝土;2- 隧道结构

控制基标的埋设应满足下列要求:

(1)在埋设基标点的结构底板上,开凿出尺寸为 0.3m×0.3m 的毛面;

(2)用简易活动模板灌注 C30 混凝土,并埋设基标标志底座;

(3)以 ±2mm 的精度调整基标标志螺栓到设计位置,并初步固定。

基标标桩应埋设牢固,桩帽中线和高程调整符合要求后应及时固定,并使标志清晰(图 1-4-3)。

图 1-4-3 控制基标埋设

4.2.2 控制基标的测设

测设时以两个车站间的控制点作为起算点,并与区间隧道内的原有施工中线控制点布设成附合导线,如果左、右隧道之间有联络线,则应布设结点网。

1)控制基标测设的方法

直线上平面可采用偏角法、极坐标法、截距法测设,曲线上平面可根据曲线五大桩采用偏角法、极坐标法测设。高程可采用水准仪直接放样的方法测设。放样完后,控制基标点要用附合导线、附合水准路线测量方法进行平差,然后再改正至正确的位置。

2)控制基标的测设

控制基标三维设计坐标由铺轨综合设计图计算得出。

(1)初测

根据设计三维坐标将控制基标放样到实地,依据事先计算的控制基标测设数据,放样到地面,并精确测定其位置。

(2)调线测量

按照附合导线测量方法对控制基标进行联测,并检测相邻控制基标间的夹角与距离是否满足规范要求,即检测控制基标间角度、边长等几何条件是否满足设计精度要求。当控制基标之间构成的几何条件超限且与线路存在较大偏差时,应进行调线测量。

调线测量前,首先在室内计算控制基标间夹角理论值与实测值的较差 $\Delta\beta$,当 $\Delta\beta > 6''$ 时,可根据 $\Delta\beta$ 和控制基标间距计算出控制基标在垂直于线路方向的改正值 δ,然后在现场对超限的控制基标进行归化改正。归化改正时,要考虑相邻基标改正值的相互影响,通常仅改正一个点就可使相邻点组成的几何条件满足精度要求。

控制基标的高程是根据车站的水准点用附合水准路线测量方法施测的，观测方法和限差要求与精密水准测量相同。

如果控制基标之间的角度、边长及高程达不到限差要求，则应重新进行调整测量，直至满足精度要求为止。因此，控制基标的测设往往需要进行多次。

（3）归化改正

根据调线测量成果计算控制基标间所有夹角与理论值的较差，如有超限，则需要对部分或全部控制基标点位进行归化改正，以使各个控制基标间组成的几何条件满足限差要求。

3）归化改正的一般方法及存在的问题

（1）归化改正的一般方法

①坐标法。根据调线测量的平差结果计算各个控制基标的坐标改正数，并进行改正。

②角度距离法。根据控制基标串测导线的角度和距离偏差，沿线路垂直方向调整控制基标点位，使相邻控制基标的夹角满足限差要求。

坐标法能严格将点位改正到理论位置，但计算烦琐，实地操作较困难，一般不被采用。而角度距离法在满足施工需要的前提下，合理忽略距离偏差，重点考虑角度偏差，计算、操作相对简单，是目前工程中常用的归化改正方法。

（2）存在的问题

利用角度距离法进行归化改正时，通常凭借经验判断和选择需要改正的点位，并试探该点的横向改正值。在串测导线上，由于某点的横向改正会引起相邻两点间夹角的变化，因此必须反复试探、调整各点的改正值，才能满足调线和归化改正要求。

4.2.3　控制基标平面位置检测

1）检测方法

控制基标设置在线路中线上时，在直线上采用截距法，在曲线上采用偏角法进行测设。控制基标设置在线路一侧时，可根据曲线要素点和控制基标与线路中线的关系，计算出其坐标后，直接按坐标测设。也可先在线路中线上，测定出设置控制基标位置的线路法线方向，然后在此方向上按控制基标与线路中线的距离确定控制基标位置。

2）主要技术要求

（1）使用等级不低于Ⅱ级的全站仪进行检测作业。检测控制基标间及控制基标与地下导线控制点间的角度及边长，并平差求算各控制基标的实际坐标。

（2）检测控制基标间夹角时，其左、右角各测 2 测回，左、右角平均值之和与 360° 较差应小于 6″，距离往返观测各 2 测回，测回较差及往返较差应小于 5mm。

（3）直线段控制基标间的夹角与 180° 较差应小于 8″，实测距离与设计距离较差应小于 10mm；曲线段及道岔段控制基标间夹角与设计值较差计算出的线路横向偏差应小于 2mm，弦长测量值与设计值较差应小于 5mm。

4.2.4　控制基标高程检测

控制基标高程测量应起算于施工高程控制点，按二等水准测量技术要求施测；控制基标高程实测值与设计值较差应小于 2mm，相邻控制基标间高差与设计值的高差较差应小于 2mm。

4.2.5　控制基标检测成果

提交的成果资料主要包括铺轨控制基标检测原始数据、成果表（表 1-4-1）、检测成果与施工方测量对比表、技术总结等。技术总结中应对施工测量成果给予评定。

控制基标成果表　　表 1-4-1

线名：　　时间：　年　月　日

里　程	折角（°　′　″）		X 坐标（m）		Y 坐标（m）		高程（m）	
	设计值 / 实测值	差值（″）	设计值 / 检测值	差值（mm）	设计值 / 检测值	差值（mm）	轨面高 / 基标高	差值（mm）

图 1-4-4　强制对中基座

铺轨控制测量可采用高速铁路项目中铺轨控制测量时使用的强制对中基座，如图 1-4-4 所示。它既消除了对中误差，又减少了测量时间，可将对中时间缩短到 1min 以内，大大提高铺轨控制基标的检测精度及效率。

4.2.6　加密基标的埋设

加密基标宜设置在线路中线上，也可设置在线路中线的一侧。加密基标直线上每 6m、曲线上每 5m 各设置一个点。加密基标埋设示意图如图 1-4-5 所示。

加密基标是轨道铺设的临时测量依据，不需要长期保留。因此，为方便测设，可适当放宽距离常数 D 与 K，也可等距不等高；距离 D 的测设要求与控制基标相同，为方便埋设可根据实际埋设高度精确测定，但必须提交实测高程值及与轨顶面设计高程的差值，供架设轨道调整使用。加密基标可采用与控制基标相同的标志，也可根据埋设地的条件自行设计。

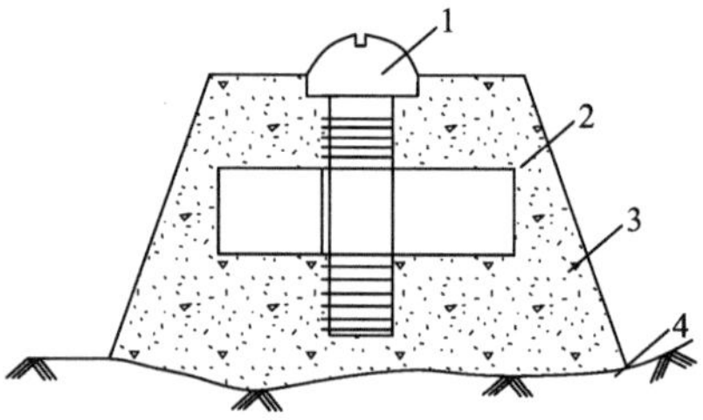

图 1-4-5　加密基标埋设示意图

1- 带孔螺栓；2- 螺母；3- 混凝土；4- 结构底板

铺轨基标的埋设位置需要根据道床的设计类型、排水沟的设计位置来确定，一般埋设在线路中线上（轨道中心线上）以及线路一侧的排水沟内，或道床、结构边墙及路肩上。

在道岔段，岔区道岔分为单开道岔、交叉渡线道岔和复式交分道岔三种。岔区道岔基标一般设置在轨道两侧，道岔形式不同，基标设置数量与位置也不尽相同，所以道岔处的加密基标间距应根据设计要求进行设置。具体步骤如下：

（1）单开道岔。控制基标应测设在岔头、岔尾、岔心和曲股位置或一侧，加密基标按设计给出的间距埋设在道岔控制基标之间。单开道岔铺轨基标埋设位置示意图如图 1-4-6 所示。

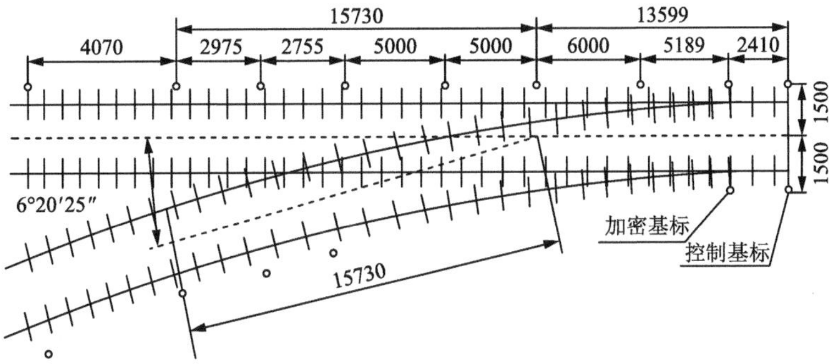

图 1-4-6 单开道岔铺轨基标埋设位置示意图(尺寸单位:m)

(2)复式交分道岔。控制基标应测设在长轴和短轴的两端及岔头、岔尾位置或一侧,加密基标按设计给出的间距埋设在道岔控制基标之间。复式交分道岔铺轨基标埋设位置示意图如图 1-4-7 所示。

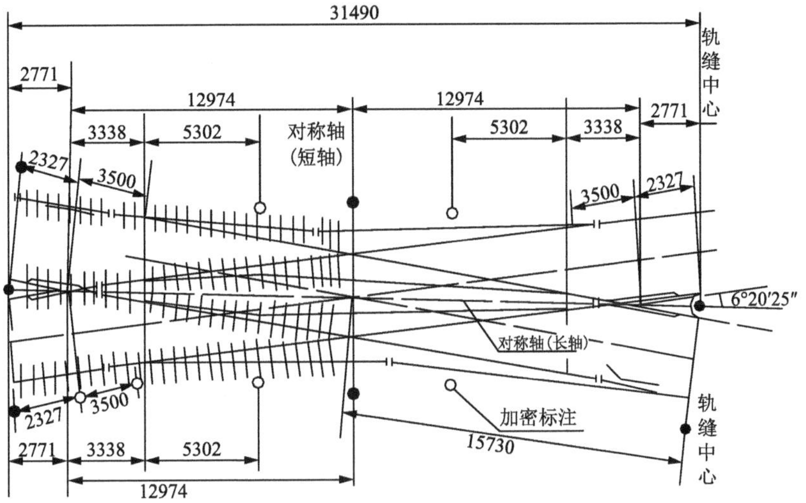

图 1-4-7 复式交分道岔铺轨基标埋设位置示意图(尺寸单位:m)

(3)交叉渡线道岔。控制基标需测设在长轴和短轴的两端、岔头、岔尾以及与正线相交的岔心位置或一侧。加密基标按设计给出的间距埋设在道岔控制基标之间。

对于碎石道床(有渣轨道),控制基标应测设在线路前进方向的右侧路肩上。碎石道床控制基标按照每间隔 100m 进行设置,加密基标则按每 20m 进行设置。碎石道床单开道岔和复式交分道岔基标设置示意图分别如图 1-4-8 和图 1-4-9 所示 。

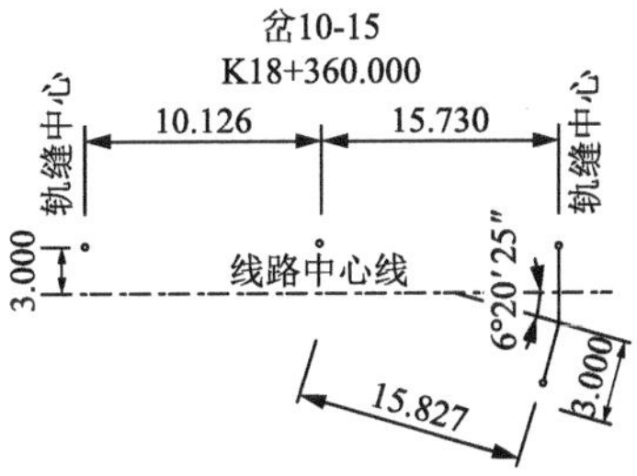

图 1-4-8 碎石道床单开道岔基标设置示意图(尺寸单位:m)

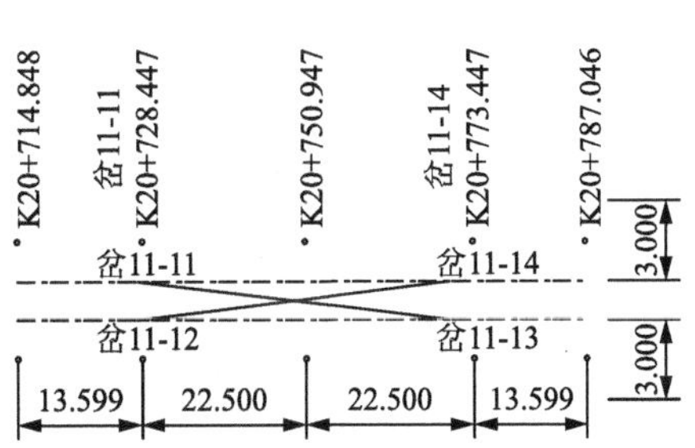

图 1-4-9 碎石道床复式交分道岔基标设置示意图(尺寸单位:m)

4.2.7 加密基标的测设

(1)加密基标的测设方法

直线上平面可采用基标间截距法测设,曲线上平面可采用偏角法或极坐标法测设。高程可采用水准法测设。

(2)加密基标的测设

加密基标测设是以其两侧的控制基标作为起始点。

直线段依据控制基标间的方向,按加密基标的间距在控制基标间埋设加密基标。埋设时,利用全站仪定向或钢尺量距等方法确定各加密基标的位置。

因加密基标之间的距离测量误差需控制在 ±5mm 以内,故实际工作中,为控制里程上的误差累积,通常采取由两个控制基标分别向中间埋设加密基标的方法。为减小方向观测误差,测量中要经常对后视进行方向校正。两控制基标间的加密基标全部埋设完成后,重新对仪器和觇标进行对中和整平,并对加密基标进行检核。

曲线段应将仪器安置在控制基标或曲线元素点上,用偏角或极坐标方法设置加密基标。放样时,将仪器安置在控制基标上,根据计算控制基标至各加密基标的偏角或方位角及距离,逐一测设曲线路段上的加密基标。

4.2.8 加密基标的检测

1)直线段加密基标的测设精度指标

(1)纵向:相邻基标间的纵向误差应≤ ±5mm。

(2)横向:加密基标偏离两控制基标间的方向线应≤ ±2mm。

(3)高程:相邻加密基标实测高差与设计高差的较差应< ±1mm,每个加密基标的实测高程与设计高程的较差应≤ ±2mm。

2)曲线段加密基标测设精度指标

(1)纵向:相邻基标间的纵向误差应≤ ±5mm。

(2)横向:加密基标相对于控制基标的横向偏差应≤ ±2mm。

(3)高程:相邻加密基标实测高差与设计高差的较差应< ±1mm,每个加密基标的实测高程与设计高程的较差应< ±2mm。

4.3 任意设站控制网(CP Ⅲ)测量

任意设站控制网(以下简称 CP Ⅲ)是沿线路布设的三维控制网,平面起闭于经竖井联系测量的地下控制点,中间约束隧道区间贯通联测控制点,高程起闭于经竖井联系测量的高程控制点,在隧道贯通测量及调线调坡完成后施测。CP Ⅲ控制网测量及审批流程如图 1-4-10 所示。

4.3.1 CP Ⅲ点布设

1)布设要求

(1)直线段按 60m 间距成对布设轨道基础控制点。因地铁隧道净空及曲线半径均较小,为了保证测量时能够自由设站控制网形，需对曲线半径较小的地段缩短轨道控制点布设间距，具体布设间距原则见表 1-4-2。

CP Ⅲ点布设间距表　　表 1-4-2

编　　号	曲线半径 R（m）	轨道基础控制点间距(m)
1	$R \geqslant 3000$	60
2	$3000 > R \geqslant 2000$	50
3	$2000 > R \geqslant 1200$	45
4	$1200 > R \geqslant 700$	36
5	$R < 700$	30

(2)在地下岛式或侧式车站，站台一侧控制点应埋设在站台廊檐侧面，且应避开屏蔽门及塞拉门位置，点位埋设位置距离站台顶面不宜小于 10cm，确保后续橡胶条安装不破坏轨道控制网点，另一侧轨道控制点应埋设在隧道侧墙上并高于电缆支架 5cm 左右，且须低于广告牌的位置，如图 1-4-11 所示。

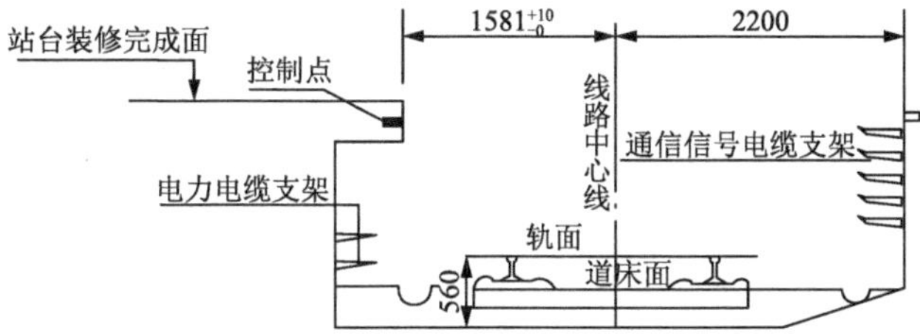

图 1-4-11　地下岛式或侧式车站 CP Ⅲ点布设示意图(尺寸单位：mm)

(3)在地下隧道区间段，任意设站轨道控制网点应埋设在隧道侧墙上。控制点布设时，根据限界图中应急平台、消防水管、电缆支架的设计位置进行综合比选，选择结构稳定、高度合适、便于控制网测量的位置进行布点。控制点成对布设在隧道侧墙上，疏散平台侧高于轨道面 1.2 ～ 1.3m，非疏散平台侧高于轨道面 1.2m，布设时注意避开消防水管、信号机等设备且应高于消防水管。地下隧道段任意设站轨道控制网点布设如图 1-4-12、图 1-4-13 所示。

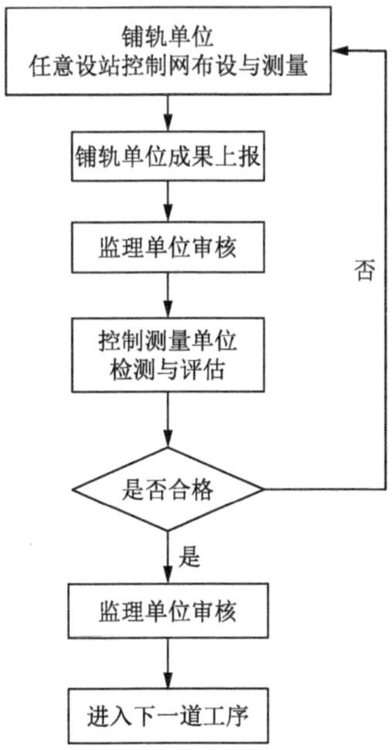

图 1-4-10　CP Ⅲ控制网测量及审批流程图

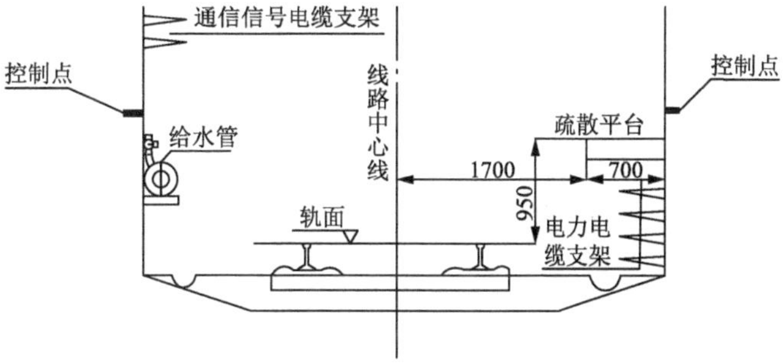

图 1-4-12　地下矩形隧道段 CP Ⅲ点布设示意图(尺寸单位：mm)

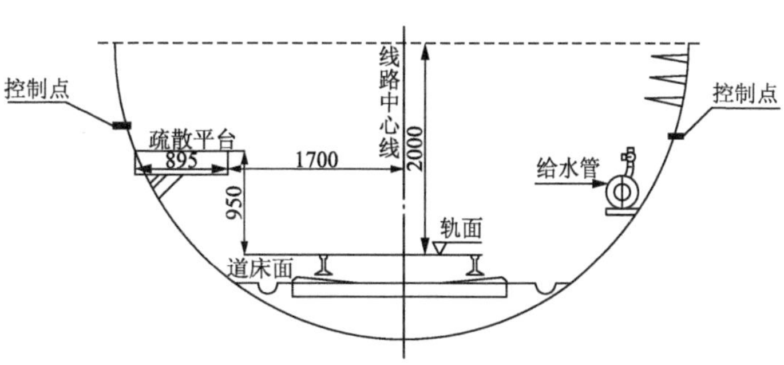

图 1-4-13　地下圆形隧道段 CP Ⅲ点布设示意图(尺寸单位：mm)

2）CP Ⅲ点编号

CP Ⅲ点一般按照公里数递增进行编号，其编号反映里程数。位于线路里程增大方向左侧的控制点编号为奇数，位于线路里程增大方向右侧的控制点编号为偶数（在有长、短链地段，应注意编号不能重复）。

控制点编号统一为六位数，具体规则为：

×（上下行标识 S 或 X）+××（里程整公里数）+G（表示轨道基础控制点）+××（该公里段序号）

例如 X26G01，其中“X”代表下行线即左线，“26”代表里程整公里数，“G”代表轨道基础控制点，“01”代表 1 号点。

图 1-4-14　CP Ⅲ点编号标注示意图（尺寸单位：mm）

CP Ⅲ点编号应明显、清晰地标在轨道基础控制点下方（若空间不允许，则可以根据现场情况进行调整），同一路段点号标志高度应统一。点号标志字号应采用统一规格字模，字大小为 100mm×150mm 的正楷字体，用红色油漆喷写点号，如图 1-4-14 所示，为保证统一美观，严禁采用手写标识。

3）CP Ⅲ标志

深圳市城市轨道交通工程三期二阶段项目采用的 CP Ⅲ点标志，由不锈钢材料经过精密加工元器件制作而成。CP Ⅲ点标志重复安置精度和互换安装精度 X、Y、Z 三方向分别小于 0.4mm、0.4mm、0.2mm。

控制点测量组件由预埋件、平面测量杆、专用平面测量棱镜、高程测量杆四部分组成。

（1）预埋件

预埋件在轨道基础控制网测量前进行埋设，用于连接平面测量杆或高程测量杆，进行后续平面或高程测量工作，如图 1-4-15 所示。

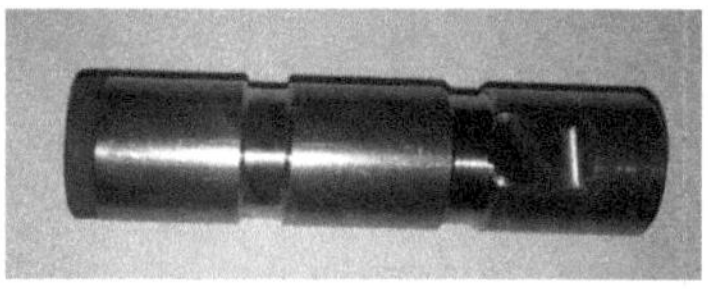
图 1-4-15　CP Ⅲ预埋件

（2）平面测量杆

在轨道基础控制网平面测量时，需采用平面测量杆并将其安装在预埋件中，用于连接专用平面测量棱镜，如图 1-4-16 所示。

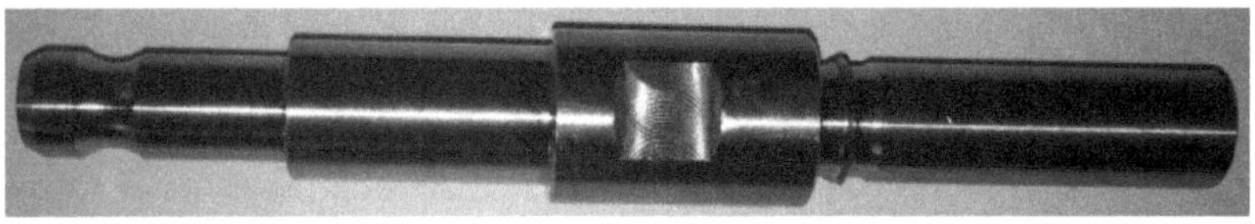
图 1-4-16　CP Ⅲ平面测量杆

图 1-4-17　专用平面测量棱镜

（3）专用平面测量棱镜

轨道基础控制网平面测量采用反射面大、精度高的 Leica GPR121 原装精密棱镜，该测量杆可以方便插入预埋件中，如图 1-4-17 所示。

（4）高程测量杆

高程联测时采用高程测量杆安装在预埋件中，如图 1-4-18 所示。

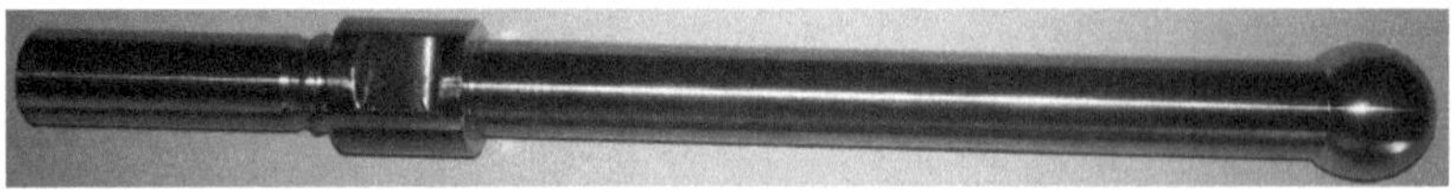
图 1-4-18　高程测量杆

CP Ⅲ点应设置在稳固、可靠、不易破坏和便于测量的地方，并应防冻、防沉降、防振动和抗移动。

CP Ⅲ点标志采用预留埋标法，埋设之前逐个检查平面（高程）测量连接杆和预埋件之间的间隙，平面（水准）测量杆全部插入预埋件后，预埋件沿口应和平面（水准）测量杆凸出横截面密接，有异常情况的预埋件不能使用。预埋件埋设时，首先在选定位置钻孔，采用直径为 25mm 左右的钻头，钻深 60mm。埋设时应注意清孔干净，采用速凝水泥或锚固剂填充孔位，然后安放预埋件，使速凝水泥或锚固剂沿预埋件外壁四周被挤出。速凝水泥或锚固剂凝固后进行检查，预埋件须稳固，标志内及标志顶面须无任何异物，并检查保护盖是否正常。

在车站段埋设预埋件时，其外边缘应与车站廊檐侧面齐平，以免影响限界，严禁侵入限界。

4.3.2　观测仪器设备

1）平面观测仪器

CP Ⅲ测量采用的全站仪必须满足以下要求：应具有马达驱动、自动目标搜索、自动照准、自动观测、自动记录功能，其标称精度应满足方向测量中误差不大于 1″、测距中误差不大于 $1\text{mm}+2\times10^{-6}\times D$。如徕卡系列 TS30、TM30、TCA2003、TCA1201+ 等，天宝系列 S8 等高精度智能型全站仪，并配置稳定、结实的专用木质三脚架。

观测前须按要求对全站仪及其棱镜进行检校，作业期间仪器须在有效检定期内。平面观测前，应对全站仪进行以下检验和校正，检定材料宜包含以下内容：

①望远镜光学性能的检验。

②调焦镜运行正确性的检验。

③照准部旋转是否正确的检验。照准部旋转轴正确，各位置气泡读数较差不应超过 1 格。

④垂直微动螺旋使用正确性的检验。垂直微动螺旋在使用时，视准轴在水平方向上不产生偏移。

⑤照准部旋转时仪器底座稳定性的检验。照准部旋转时，0.5″和 1″级仪器基座位移不应超过 0.3″。

⑥水平轴倾斜误差（水平轴不垂直于垂直轴之差）的检验，0.5″和 1″级仪器不应超过 10″。

⑦视准轴误差（$2C$，视准轴不与水平轴正交所产生的误差）的检验，0.5″和 1″级仪器不应超过 20″。

⑧光学（或激光）对点器的检验。对点器的对中误差不应大于 1mm。

⑨仪器测距加常数、乘常数及棱镜常数的检验。

边长观测应进行温度、气压等气象元素改正，温度读数精确至 0.2℃，气压读数精确至 0.5hPa。温度计建议采用干湿球温度计，气压计建议采用空盒气压计。温度计、气压计均应经过专业检定机构的检定认证。

CP Ⅲ棱镜建议采用高精度、相位中心稳定的棱镜，全线应统一。棱镜出厂应具有相应的合格证书，且棱镜常数必须经过专业检定机构的检定认证。在项目开始前，应对所用棱镜进行必要的重复性和互换性检核，保证每个棱镜都是满足要求的。在进行 CP Ⅲ测量时还应注意正确输入对应棱镜的棱镜常数。

2）　高程观测仪器设备

（1）水准仪不低于 DS1 级，使用天宝 DINI03 或徕卡 DNA03 系列电子水准仪及其配套铟瓦尺，并配置稳定、结实的专用木质三脚架；

（2）尺垫必须使用质量为 5kg 的标准尺垫；

（3）水准测量扶尺必须使用配套的专用尺撑。

4.3.3 CP Ⅲ数据采集及处理软件

为保证轨道基础控制网的测量精度和成果处理质量，数据采集和数据处理软件采用通过相关部门评审或鉴定合格的软件，段落划分处注意做好外业观测及内业处理衔接工作，保证 CP Ⅲ成果的一致性、唯一性和正确性。

4.3.4 CP Ⅲ网观测

1）平面控制网观测

（1）构网形式

CP Ⅲ平面控制网采用自由测站边角交会法施测，附合到贯通联测后的导线网控制点上，自由测站至联测起算控制点的观测边长不大于 300m。

由于城市轨道交通场地的局限性，隧道直径较小，且曲线段转弯半径较小，因此 CP Ⅲ平面控制网采用图 1-4-19 示构网形式，平面观测测站间距宜为 30 ～ 60m，每个 CP Ⅲ控制点应有不少于 3 个方向的边角交会。

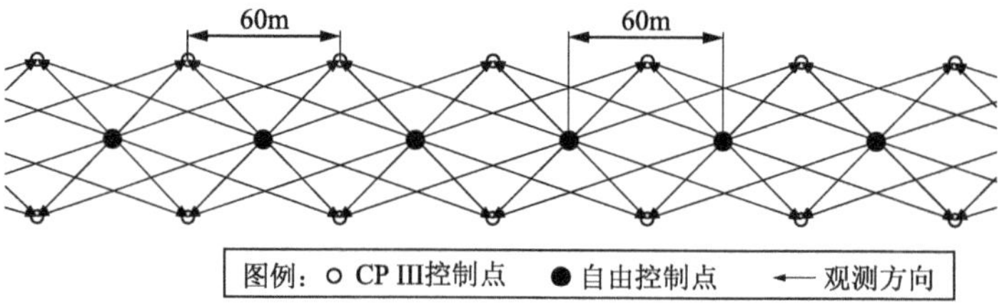

图 1-4-19　测站间距为不超过 60m 时 CP Ⅲ平面控制网构网形式

（2）与贯通后导线网控制点的联测

CP Ⅲ平面控制网应附合于贯通联测后导线网控制点上，每 300m 左右应联测一个导线控制点。当起算点位密度和位置不满足 CP Ⅲ联测要求时，应按同精度内插方式增设起算点。

与高等级起算点联测时，统一采用自由测站法。在导线点上架设棱镜时，必须检查光学对中器精度并采用精密支架。应在 3 个或 3 个以上自由测站上观测导线网控制点，其观测图形如图 1-4-20 所示。

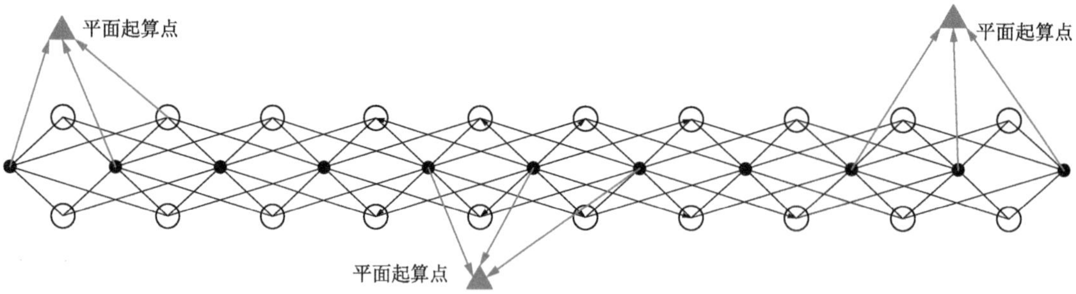

图 1-4-20　联测高等级控制点的观测网图

（3）外业观测技术要求

水平方向采用全圆方向观测法进行观测，观测时必须满足表 1-4-3 的规定。

CP Ⅲ平面控制网水平方向观测技术要求　　表 1-4-3

控制网	仪器等级	测回数	半测回归零差	不同测回同一方向 2C 互差	同一方向归零后方向值较差
CP Ⅲ平面控制网	0.5″	2	6″	9″	6″
	1″	3	6″	9″	6″

CP Ⅲ平面控制网距离测量应满足表 1-4-4 的规定。

CP Ⅲ平面控制网距离观测技术要求　　表 1-4-4

控制网	测回数	半测回间距离较差	测回间距离较差
CP Ⅲ平面控制网	2	±1.0 mm	±1.0 mm

注：距离测量一测回是全站仪盘左、盘右各测量一次的过程。

当 CP Ⅲ平面控制网外业观测的水平方向和距离的观测误差不满足以上技术要求时，相应测站外业观测值应全部重测。

CP Ⅲ平面控制网可根据施工需要分段测量，对于城市轨道交通工程，站与站之间的间距相对较小，宜采用按区间分段测量。区段之间应进行衔接重复测量，区段间重复观测不少于 4 对 CP Ⅲ点，每一独立测段首尾必须封闭。区段接头不应位于连续梁、车站及道岔区范围内。CP Ⅲ平面控制网测段及衔接网形如图 1-4-21 所示。

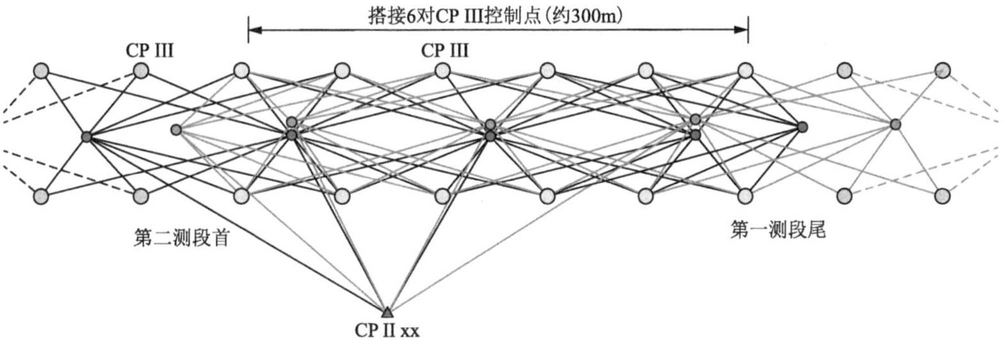

图 1-4-21　CP Ⅲ平面控制网重叠测段衔接网形示意图

（4）注意事项

测量开始后，应在现场认真填写 CP Ⅲ平面控制网自由测站的外业测量记录，不允许事后补填。外业记录应按附件的格式填写，内容包括天气状况、温度、湿度、气压、CP Ⅲ点号与观测顺序、示意图上的 CP Ⅲ点的相互关系以及点号输错问题与其他异常情况。在每段 CP Ⅲ测量结束后装订存档。气温、气压等测站信息必须在外业期间正确输入，使得测量数据为经过气象改正后的数据。

2）高程控制网观测

（1）构网形式

任意设站控制网控制点高程精度应符合《城市轨道交通工程测量规范》（GB/T 50308—2017）二等水准点的技术要求。在高架段和敞开段，应采用二等水准测量技术要求的矩形环单程水准网进行观测，并构成矩形环单程水准测量闭合环，环闭合差应小于 1mm。在地下隧道段，宜采用自由测站三角高程测量方法，利用平面测量的边角观测值，采用自由测站三角高程测量方法与平面测量合并进行。采用自由测站三角高程测量方法进行高程测量时，采用不同测站所测得的相邻点的高差，按图 1-4-22 进行构网。

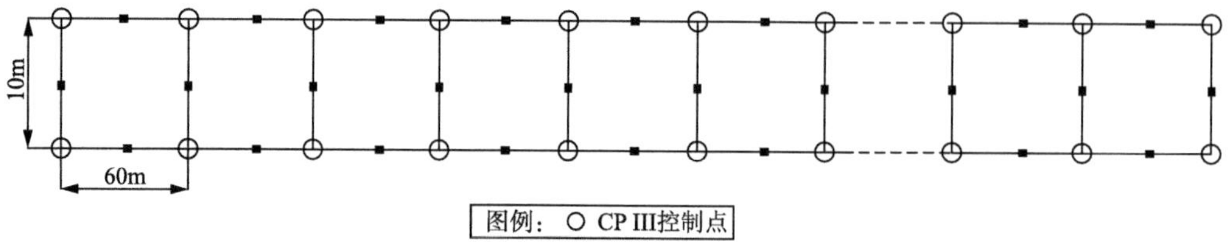

图 1-4-22　多个测站 CP Ⅲ控制网自由测站三角高程控制网示意图

CP Ⅲ高程测量以经竖井联系测量的水准控制点及贯通联测控制点为高程起算点，将其高程利用水准杆就近联测到 1 对轨道基础控制点上，得到所联测轨道基础控制点的棱镜中心高程。与水准控制点联测轨道基础控制点时，须采用独立往返水准测量的方法进行，且满足精密水准测量精度要求。

（2）技术要求

采用自由测站三角高程测量方法进行高程测量时，相邻点需有不少于 3 个高差值，且互差应小于 3mm。CP Ⅲ自由测站三角高程测量主要技术要求见表 1-4-5。

CP Ⅲ自由测站三角高程外业观测的主要技术要求　　表 1-4-5

全站仪标称精度	测　回　数	测回间距离较差	测回间竖盘指标差互差	测回间竖直角互差
1″，$1mm+1\times10^{-6}\times D$	3	1mm	10″	6″

4.3.5　CP Ⅲ网数据评估计算

1）平面控制网数据评估计算

CP Ⅲ评估处理，是对铺轨单位所测数据及成果进行独立核算，采用相应评估软件进行计算，评定其质量是否满足规范及相应技术要求，并给出评估结论。

（1）CP Ⅲ平面控制网平差应采用认定的精密工程测量平差软件，并进行 CP Ⅲ平面控制网的外业观测数据精度检核与网平差计算的精度评定。

（2）CP Ⅲ平面控制网平差计算后，其精度指标应满足表 1-4-6 ～表 1-4-8 的要求。

CP Ⅲ平面控制网测量的主要技术要求　　表 1-4-6

控　制　网	测　量　方　法	点　间　距	方向观测中误差	距离观测中误差	相邻点的相对点位中误差
CP Ⅲ平面控制网	自由测站边角交会	30 ～ 60m（1 对点）	1.8″	1mm	1mm

CP Ⅲ平面自由网平差后的精度要求　　表 1-4-7

控　制　网	方向改正数	距离改正数
CP Ⅲ平面控制网	±3″	±2mm

CP Ⅲ平面控制网约束平差后的精度要求　　表 1-4-8

控　制　网	与起算点联测		与 CP Ⅲ联测		点位中误差
	方向改正数	距离改正数	方向改正数	距离改正数	
CP Ⅲ平面控制网	±4.0″	±4mm	±3.0″	±2mm	±3mm

（3）CP Ⅲ网可根据施工需要分段测量，测段间应重复观测不少于 4 对 CP Ⅲ点作为分段重叠观测区域，以便进行测段衔接，区段接头不应位于连续梁、车站及道岔区范围内。区段之间衔接时，前后区段独立平差重叠点坐标差值不应大于 3mm。满足条件后，后一区段 CP Ⅲ网平差，应采用本区段联测的上级控制点及重叠段前一区段的 1 ～ 3 对 CP Ⅲ点作为约束点进行平差计算。

2)高程控制网数据评估计算

CP Ⅲ高程控制网外业观测成果的质量评定与检核的内容，应该包括测站数据检核、水准路线数据检核，并计算每千米水准测量的高差偶然中误差，当 CP Ⅲ水准网的附合（闭合环）数超过 20 个时，还要进行每千米水准测量的高差全中误差的计算。

CP Ⅲ高程控制网内业平差计算和基础控制资料的选用，应满足下列原则：

（1）CP Ⅲ高程控制网水准测量的外业观测数据全部合格后，方可进行内业平差计算。

（2）区间较短地段，可在车站端采用联系测量传递水准基点的高程作为起算数据进行固定数据平差计算；区间较长地段，可采用稳定的贯通联测高程基点进行固定数据平差计算。CP Ⅲ高程控制网与水准基点联测时，应按精密水准测量要求进行往返观测。

（3）CP Ⅲ自由测站三角高程构网平差时，由不同测站测量的同名高差应采用距离加权平均值。

（4）CP Ⅲ自由测站三角高程控制网应进行环闭合差和附合路线闭合差统计，并计算每千米高差偶然中误差和每千米高差全中误差，各项指标应符合规范中精密水准测量的要求，具体见表 1-4-9。

精密水准测量主要限差要求　　表 1-4-9

每千米高差偶然中误差 M_{Δ}(mm)	每千米高差全中误差 M_{W}(mm)	测段、路线往返测高差不符值(mm)	附合路线或环线闭合差(mm)	附合路线长(km)
≤2	≤4	$\pm 8\sqrt{K}$	$\pm 8\sqrt{L}$	≤3

注：K 为测段水准路线长度(km)；L 为水准路线长度(km)。

（5）CP Ⅲ自由测站三角高程控制网应采用线路水准基点进行固定数据严密平差，平差后各项指标应满足表 1-4-10 的规定。

CP Ⅲ自由测站三角高程控制网平差后的精度指标　　表 1-4-10

高差改正数	高差观测值的中误差	高程中误差	平差后相邻点高差中误差
±1mm	±1mm	±2mm	±1mm

（6）CP Ⅲ自由测站三角高程控制网与平面控制网一样，采用分区段构网平差，区段与区段之间重叠点不应少于 4 对，重叠点的高程较差应小于或等于 ±3mm。满足要求后，后一区段的平差，应采用本区段联测的线路水准基点及重叠段前一区段的 1 ～ 2 对 CP Ⅲ点作为约束点进行平差计算。

（7）平差计算取位按表 1-4-11 中精密水准测量的规定执行。

精密水准测量计算取位　　表 1-4-11

往(返)测距离总和(km)	往(返)测距离中数(km)	各测站高差(mm)	往(返)测高差总和(mm)	往(返)测高差中数(mm)	高程(mm)
0.01	0.1	0.01	0.01	0.1	0.1

4.3.6 CP Ⅲ网复测

1)平面控制网复测

CP Ⅲ平面控制网复测采用的仪器设备、观测方法、网形、精度指标、计算软件及联测上一级控制点的方法和数量均应与原测相同。当起算点破坏或不满足联测精度要求时，需采用稳定的 CP Ⅲ点原测成果进行约束平差。CP Ⅲ点复测与原测成果的 X、Y 坐标较差应小于或等于 ±3mm，且相邻点的复测与原测坐标增量 ΔX、ΔY 较差应小于或等于 ±2mm。较差超限时应分析判断超限原因，确认复测成果无误后，应对超限的 CP Ⅲ点采用同精度内插方式更新成果，最终选用合格的复测成果和更新成果进行后续作业。平面坐标

增量较差按式(1-4-1)计算:

$$\begin{cases}\Delta X_{ij}=(X_j-X_i)_{复}-(X_j-X_i)_{原}\\ \Delta Y_{ij}=(Y_j-Y_i)_{复}-(Y_j-Y_i)_{原}\end{cases} \tag{1-4-1}$$

2)高程控制网复测

CP Ⅲ高程控制网复测采用的网形、精度指标、计算软件及联测上一级线路水准基点的方法和数量均应与原测相同。CP Ⅲ点复测与原测成果的高程较差小于或等于 ±3mm,且相邻点的复测成果高差与原测成果高差较差小于或等于 ±2mm 时,采用原测成果。较差超限时应结合现场地层环境分析判断超限原因,确认复测成果无误后,应对超限的 CP Ⅲ点采用同精度内插方式更新成果,最终选用合格的复测成果和更新成果进行后续作业。高程增量较差按式(1-4-2)计算:

$$\Delta H_{ij}=(H_j-H_i)_{复}-(H_j-H_i)_{原} \tag{1-4-2}$$

4.3.7 CP Ⅲ标志的保护

CP Ⅲ成果作为轨道铺设及后期运营、维护的基准,各标段必须根据自身情况制订 CP Ⅲ、加密 CPII 等控制点的保护措施,在施工过程中加强 CP Ⅲ标志的保护和维护工作。

车站及隧道安装装修过程中,应做好对 CP Ⅲ标志的防护工作,严禁破坏 CP Ⅲ标志。

4.3.8 CP Ⅲ网维护

由于 CP Ⅲ网布设于车站、隧道边墙和辅助立柱上,会受线下工程的稳定性等因素的影响,为确保 CP Ⅲ点的准确、可靠,在使用 CP Ⅲ点进行后续轨道安装测量时,每次都要与周围其他点进行校核,以便及时发现和处理问题。另外,还要加强对永久 CP Ⅲ点的维护。

(1)补设 CP Ⅲ标志:在施工或运营过程中应检查标志的完好性,对丢失和破损较严重的标志应按原测标准,并在原标志附近重新埋设,并按初次测量要求做点位记录。

(2)外业测量及数据处理:当有 CP Ⅲ点丢失时,应补测此 CP Ⅲ点前后各 2 对 CP Ⅲ点以及该点的对点,并保证每个 CP Ⅲ点被不同的测站观测 3 次。当观测限差满足要求后应至少约束此点周围稳定的 9 个 CP Ⅲ点进行平差计算,当各项技术指标满足规范要求后,以本次平差结果为该点的最后成果。如果不能满足上述要求,则应结合具体情况分析。

4.3.9 CP Ⅲ评估成果报告

评估数据处理完成后,出具相应的 CP Ⅲ评估报告,评估成果报告应包括以下内容:

(1)任务依据、技术标准。

(2)铺轨单位作业方法、人员、设备情况。

(3)铺轨单位内业数据处理及精度统计分析。

①平面观测的距离和方向残差的统计;

②水准测量测段间往返测较差、附合水准路线高差闭合差、水准路线每千米高差偶然中误差统计。

(4)评估核算及精度统计。

①评估计算方法;

②评估计算精度统计;

③评估成果对比分析。

(5)评估结论。

(6)需说明的问题及建议。

4.3.10　工程案例

1)项目概况

深圳地铁 6 号线二期工程轨道工程某区间左线已完成了贯通联测,贯通联测成果复测满足规范限差要求,可开展 CP Ⅲ平面和高程测量,CP Ⅲ平面测量采用自由测站边角交会的方法进行施测,CP Ⅲ高程测量利用平面测量的边角观测值,采用自由测站三角高程测量方法与平面测量合并进行施测。

本次检测评估有效里程范围为:深圳地铁 6 号线二期工程某区间左线 ZDK9+330.0970 ~ ZDK12+214.3543,长度约为 2.88km,在小里程端与相邻区域进行搭接。本次共完成 CP Ⅲ平面点 104 个,CP Ⅲ高程点 104 个。

2)仪器设备

CP Ⅲ网测量精度高、要求严,对仪器设备要求严格,本次测量所用仪器均经测绘仪器计量检定单位检定合格,并在有效期内,用于相应等级精度要求的测量工作,现将本标段投入仪器设备列表,见表 1-4-12。

主要仪器和设备　　表 1-4-12

序　号	规格型号	生产厂家	精度指标	备　注
1	Leica TS60	徕卡	0.5″, $0.6+1\times10^{-6}\times D$	1 台
2	Trimble DiNi03	天宝	±0.3mm/km	1 台
3	Leica GPRI 棱镜	徕卡	—	12 个
4	Trimble 铟瓦尺	天宝	—	2 把
5	气压、温度、湿度计	祥瑞德	0.1℃, 0.1hPa	1 个

3)外业测量

CP Ⅲ平面测量时,平面测量水平方向采用全圆方向观测法进行观测,每个自由测站观测 4 对控制点,测站间重复观测 3 对控制点。测量过程中实时地在全站仪中输入温度和气压进行气象元素改正,温度读数精确至 0.2℃,气压读数精确至 0.5hPa。每隔 600m 左右与贯通调整后的导线点进行联测,且与每个导线点应有不少于 3 个自由测站进行联测。

CP Ⅲ高程测量利用平面测量的边角观测值,采用自由测站三角高程测量方法与平面测量合并进行,并附合于贯通联测后的高程控制点上。约 1km 联测一个线路水准控制点,与既有线路水准控制点或地下高程起算点的联测采用独立往返水准测量方法。高程测量等级应符合《城市轨道交通工程测量规范》(GB/T 50308—2017)二等水准测量要求。

4)平差计算

(1)平面平差计算

①数据检核

本段 CP Ⅲ数据处理采用 CP Ⅲ平差软件 TSDI_HRSADJ 6.5.0。平差计算前先对观测数据进行半测回归零差、2C值、测回内不同方向2C互差、竖盘指标差i值、测回内不同方向i互差、正倒镜距离较差、测回间同方向2C互差、测回间同方向i互差、测回间水平方向值L互差、测回间竖直角V互差、测回间距离较差的检核，经检核所有测站数据都满足限差要求，将距离进行两化改正后生成平差文件。

② CP Ⅲ平面独立平差

自由网平差后，统计各段观测边的方向、距离改正数最大值情况，见表1-4-13。

平面测量自由网平差精度统计 表1-4-13

项　目	方向观测值改正数最大值（″）	距离观测值改正数最大值（mm）
测量精度	-2.56	-1.5
限差	±3	±2

由表1-4-13可知，该段CP Ⅲ自由网平差距离和方向改正数均满足规范要求，内符合精度良好，可进行约束平差计算。平面测量约束平差精度统计见表1-4-14。

平面测量约束平差精度统计 表1-4-14

项　目	与起算点联测		任意设站控制网联测		方向观测中误差（″）	距离观测中误差（mm）	相邻点相对点位中误差最大值（mm）
	方向观测值改正数最大值（″）	距离观测值改正数最大值（mm）	方向观测值改正数最大值（″）	距离观测值改正数最大值（mm）			
测量精度	-1.11	-1.09	-2.56	-1.5	0.9	0.39	0.97
限差	±4	±4	±3	±2	±1.8	±1	±1

本段平面控制网小里程方向搭接相邻区间左线，搭接区段平面较差满足不大于3mm，搭接处重叠点坐标较差统计见表1-4-15。

独立平差平面控制网预留点坐标较差统计 表1-4-15

搭　接　点	上区段平面平差结果		本区段平面独立平差结果		较差（mm）	
	X（m）	Y（m）	X（m）	Y（m）	X	Y
x09c13	***32.8720	***919.3474	***32.8704	***919.3472	-1.6	-0.2
x09c14	***36.7720	***920.7895	***36.7705	***920.7900	-1.5	0.5
x09c15	***56.6235	***855.2786	***56.6234	***855.2784	-0.1	-0.2
x09c16	***60.6074	***856.4449	***60.6071	***856.4454	-0.3	0.5
x09c17	***78.8441	***794.6247	***78.8457	***794.6249	1.6	0.2
x09c18	***83.2427	***796.2582	***83.2437	***796.2587	1.0	0.5
x09c19	***94.0403	***756.7513	***94.0409	***756.7516	0.6	0.3
x09c20	***98.3318	***758.5675	***98.3328	***758.5671	1.0	-0.4

通过上述精度分析可知，区段之间衔接时，前后区段独立平差重叠点坐标差值满足限差3mm要求，本段独立平差结果合格，可进行下一步搭接平差。

③ CP Ⅲ平面搭接平差

为了做好轨道控制网施测段落间衔接，保证CP Ⅲ平面控制网精度的平稳过渡，应采用本区段联测的贯通测量控制点及重叠段前一区段的1对CP Ⅲ平面点作为约束点进行平差计算，搭接约束点平面坐标采用x09c14、x09c13作为搭接约束点，搭接平差平面测量精度统计见表1-4-16。

平面测量约束平差精度统计　　表 1-4-16

项　目	与起算点联测		任意设站控制网联测		方向观测中误差(″)	距离观测中误差(mm)	相邻点相对点位中误差最大值(mm)
	方向观测值改正数最大值(″)	距离观测值改正数最大值(mm)	方向观测值改正数最大值(″)	距离观测值改正数最大值(mm)			
测量精度	-1.66	-1.11	-2.48	-1.5	0.92	0.41	1.0
限差	±4	±4	±3	±2	±1.8	±1	±1

通过表 1-4-16 可知，该段 CP Ⅲ搭接约束网平差后的精度指标满足规范要求，搭接后坐标较差见表 1-4-17。

搭接平差后搭接点较差统计　　表 1-4-17

搭 接 点	上区段平面平差结果		本区段平面搭接平差结果		较差(mm)	
	X(m)	Y(m)	X(m)	Y(m)	X	Y
x09c13	***32.8720	***919.3474	***32.8720	***919.3474	0.0	0.0
x09c14	***36.7720	***920.7895	***36.7720	***920.7895	0.0	0.0
x09c15	***56.6235	***855.2786	***56.6227	***855.2776	-0.8	-1.0
x09c16	***60.6074	***856.4449	***60.6064	***856.4446	-1.0	-0.3
x09c17	***78.8441	***794.6247	***78.8437	***794.6236	-0.4	-1.1
x09c18	***83.2427	***796.2582	***83.2418	***796.2574	-0.9	-0.8
x09c19	***94.0403	***756.7513	***94.0408	***756.7518	0.5	0.5
x09c20	***98.3318	***758.5675	***98.3331	***758.5673	1.3	-0.2

由表 1-4-17 可以看出，本段约束小里程端 1 对 CP Ⅲ平面点平差后，CP Ⅲ平面控制网搭接平差各项精度指标满足要求。未约束的公共点在两个区段分别平差后的坐标差值存在大于 1mm 的精度要求，为了更好地保证点间的相对精度，搭接段未约束的重叠点采用本次 CP Ⅲ平面控制网的平差成果。

(2)高程平差计算

①三角高程控制网独立平差

CP Ⅲ高程起算点采用贯通联测后的高程点作为起算点，平差前附合线路精度统计见表 1-4-18。

三角高程控制网平差前的高程控制网精度统计　　表 1-4-18

项　目	每千米高差偶然中误差(mm)	每千米高差全中误差(mm)	水准线路最大闭合差(mm)	闭合环最大闭合差(mm)
观测精度	0.67	2.56	7.38	-4.01
限差	2	4	±13.10	±4.07

由表 1-4-18 可以看出，CP Ⅲ高程测量水准线路精度指标符合任意设站控制网自由测站三角高程控制网平差前的限差要求。约束平差后，任意设站控制网高程测量精度统计见表 1-4-19。通过表 1-4-19 可以看出，各项指标均符合任意设站控制网自由测站三角高程控制网平差后的限差要求，可进行搭接平差。

三角高程控制网独立平差后的高程控制网精度统计　　表 1-4-19

项　目	高差最大改正数(mm)	高差观测值的中误差(mm)	平差后相邻点中误差(mm)	平差后高差中误差(mm)
观测精度	0.99	0.24	0.40	0.33
限差	1	1	1	1

②三角高程控制网搭接平差

本段高程控制网在小里程方向搭接相邻区间左线高程点，搭接前搭接区段高程较差见表 1-4-20。

独立平差高程控制网预留点搭接较差统计　　表 1-4-20

搭　接　点	上区段高程平差结果(m)	本区段高程独立平差结果(m)	较差(mm)
x09c13	36.6588	36.6599	1.1
x09c14	36.2453	36.2462	0.9
x09c15	36.8244	36.8252	0.8
x09c16	36.248	36.2485	0.5
x09c17	36.7074	36.7085	1.1
x09c18	36.1641	36.1646	0.5
x09c19	36.4417	36.4425	0.8
x09c20	36.4694	36.4699	0.5

为了做好轨道控制网施测段落间衔接，保证 CP Ⅲ平面控制网精度的平稳过渡，应采用本区段联测的高程控制点及重叠段前一区段的 1 对 CP Ⅲ高程点作为约束点进行平差计算，搭接约束点采用的高程点为 x09c13、x09c14，统计表见表 1-4-21。

搭接平差高程控制网预留点搭接较差统计　　表 1-4-21

搭　接　点	上区段左线高程平差结果(m)	本区段高程搭接平差结果(m)	较差(mm)
x09c13	36.6588	36.6588	0.0
x09c14	36.2453	36.2453	0.0
x09c15	36.8244	36.8250	0.6
x09c16	36.2480	36.2483	0.3
x09c17	36.7074	36.7082	0.8
x09c18	36.1641	36.1643	0.2
x09c19	36.4417	36.4425	0.8
x09c20	36.4694	36.4699	0.5

搭接后三角高程控制网平差计算精度指标见表 1-4-22。

三角高程控制网搭接平差后的高程控制网精度统计　　表 1-4-22

项　　目	高差最大改正数(mm)	高差观测值的中误差(mm)	平差后相邻点中误差(mm)	平差后高差中误差(mm)
观测精度	0.97	0.24	0.4	0.33
限差	1	1	1	1

由以上各表可以看出：本段约束搭接段各 1 对 CP Ⅲ高程点平差，CP Ⅲ高程控制网搭接平差各项精度指标满足要求。未约束的公共点在两个区段分别平差后的高程差值存在大于 1mm 的精度要求，为了更好地保证点间的相对精度，搭接段未约束重叠点采用本次 CP Ⅲ高程控制网的平差成果。

4.4　轨道施工测量

铺轨施工测量应包括轨道安装测量、道岔安装测量和轨道精调测量等。深圳市城市轨道交通工程三期二阶段轨道施工测量是以任意设站控制网为基准，以调线调坡后的线路平、纵断面设计图为依据，在钢轨焊接、应力放散和轨温锁定后的条件下进行。

4.4.1 初铺边界桩测设

（1）初铺边界桩布设

整体道床施工前，先依据任意设站控制网进行初铺边界桩的放样，为轨道安放提供基准。初铺边界桩的间距根据轨道类型和施工工艺要求进行设置；长轨枕段落初铺边界桩宜设于线路外侧，短轨枕段落初铺边界桩宜设于线路中线位置，预制轨道板段落初铺边界桩宜设置预制轨道板四角点。

（2）初铺边界桩测量技术要求

初铺边界桩的放样测量依据任意设站控制网，采用全站仪边角交会观测法测设；高程测量可采用任意设站控制网测量方法进行三角高程测量或采用几何水准施测。初铺边界桩放样测量使用的全站仪精度不应低于（1″，$1mm+2\times10^{-6}\times D$），放样距离应不大于 150m，与上一放样段重叠距离应不小于 20m。

边角交会观测的任意设站控制点不宜少于 3 对。更换测站后，相邻测站重叠观测的任意设站控制点不宜少于 1 对。任意设站点的精度应符合表 1-4-23 的规定。

任意设站点精度要求　　表 1-4-23

项　目	X	Y	H	方　向
中误差	≤ ±2mm	≤ ±2mm	≤ ±2mm	≤ 3″

完成任意设站后，任意设站控制点的坐标不符值应符合表 1-4-24 的规定。

任意设站控制点坐标不符值限差要求　　表 1-4-24

项　目	X	Y	H
控制点不符值限差	≤ ±2mm	≤ ±2mm	≤ ±2mm

轨排法铺设道床时，初铺边界桩放样允许偏差：平面 ±3mm，高程 ±3mm；模板安装允许偏差：平面 ±5mm，高程 ±5mm。

轨排初铺边界桩测设：直线段约 10m 一个，曲线段约 8m 一个。

预制轨道板初铺边界桩测设：应在每块预制轨道板四角位置测设边界桩。允许偏差：平面 ±3mm，高程 ±3mm、纵向 ±3mm。

4.4.2 扣件、调整工装安放要求

（1）轨排扣件及调整工装安放

轨排组装好后应对轨排的轨距、轨距变化率、离缝等进行检查，精度应满足表 1-4-25 的要求。两根短钢轨接头处应顺滑相接，接头处横向、竖向相对偏差小于 0.5mm，并用夹板锁紧。

扣件组装精度指标表　　表 1-4-25

序　号	项　目	平顺度允许偏差	检 测 方 法
1	轨距	±1mm	相对于轨距 1435mm，0 级轨道尺
2	轨距变化率	1/1000	0 级轨道尺
3	离缝	0.5mm	塞尺量测
4	弹条安装	满足设计要求的扭力矩	扭矩扳手
5	轨枕间距允许偏差	±10mm	钢尺量测

轨排框架或轨排调节器螺栓，间距不宜大于 2m，安装密度及调整精度应充分满足轨排精调的需求。轨排框架或轨排调节器螺栓应涂油均匀，螺纹无损坏。

(2)预制轨道板调整工装安放

每块预制轨道板需安装四套调整用工装。安装位置为预制轨道板长边一侧，每一侧各安放两套。调整工装应涂油均匀，螺纹无损坏。

4.4.3 轨排铺设调整测量

轨排现场安放应采用以初铺边界桩为调整基准点，借助于直角道尺和万能道尺进行安放，也可采用全站仪任意设站配合水准仪进行安放，或通过轨排框架或轨排调节器螺栓对轨排进行安放。轨排初调定位允许偏差应符合表 1-4-26 的规定。

轨排初调定位允许偏差 表 1-4-26

序　　号	项　　目	允许偏差(mm)	备　　注
1	轨道实测中线与设计中线比较	±5	
2	轨面实测高程与设计比较	-5 ～ 0	
3	水平	±3	相对设计值

轨排精调应在钢筋绑扎和模板安装及轨排初调结束后进行。轨排精调测量前对轨道几何状态测量仪进行检校，采用轨道几何状态测量仪自带的软件进行轨距标定、几何参数校正、超高传感器校准。

图 1-4-23　轨排精调现场测量

轨排调整测量采用全站仪任意设站配合轨道几何状态测量仪进行施测(图 1-4-23)。使用轨道几何状态测量仪之前，对道床施工图纸进行检查，采用最新的任意设站控制网测量成果，并将线路平面、纵断面设计参数和曲线超高值等录入轨道几何状态测量仪，并复核无误，同时应检校轨道几何状态测量仪。注意超高的设置方式是否正确。

任意设站观测的任意设站控制点不应少于 4 对，全站仪宜设在线路中线附近，位于所观测的任意设站控制点的中间。更换测站后，相邻测站重叠观测的任意设站控制点不应少于 2 对。任意设站点精度应符合表 1-4-27 的要求。

任意设站点精度要求 表 1-4-27

项　　目	X	Y	H	方　　向
中误差	≤ 1mm	≤ 1mm	≤ 1mm	≤ 2″

完成任意设站后，任意设站控制点的坐标不符值应满足表 1-4-28 的要求。当任意设站控制点坐标 X、Y、H 不符值大于表 1-4-28 的规定时，该任意设站控制点不应参与平差计算。每一测站参与平差计算的任意设站控制点不应少于 6 个。每一设站测量的距离不宜大于 70m。

任意设站控制点坐标不符值限差要求 表 1-4-28

项　　目	X	Y	H
控制点不符值限差	≤ 2mm	≤ 2mm	≤ 2mm

轨排调整测量测点应设在轨排支撑架位置，其步长应为每个轨排框架或轨排调节器螺栓的间距。

进行下一测站轨排调整测量作业时，应重测上一测站不少于 8 根轨枕的距离，同一点位的平面和高程的搭接误差均不应超过 ±2mm。如果复测超限，应重新设站后再次复测。如果依然超限，应对换站前的所有钢轨支撑点重新进行调整，直至满足要求后方能换站。

下一区段铺轨时，测量范围应伸到相邻已铺轨区段，延伸长度不少于一个 25m 轨排长度，确保钢轨的平顺搭接。

轨排精调后，各轨道平顺度作业标准应满足表 1-4-29 的规定。

轨排铺设精调平顺度作业标准　　表 1-4-29

序　号	项　目	平顺度允许偏差	检 测 方 法
1	轨距	−1 ～ +2mm	相对于轨距 1435mm，0 级轨道尺
		1/1000	0 级轨道尺
2	水平	±1mm	相对设计值
3	扭曲（3m 基长）	2mm	轨道几何状态测量仪
4	轨向	2mm	10m 弦
5	高低	2mm	10m 弦
6	轨向（8*a*/48*a*）	2mm	轨道几何状态测量仪
7	高低（8*a*/48*a*）	2mm	轨道几何状态测量仪
8	与设计高程偏差	−2 ～ 0mm	轨道几何状态测量仪
9	与设计中线偏差	±2mm	轨道几何状态测量仪

注：表中 *a* 代表轨枕 / 扣件间距，下同。

在轨排精调后，对精调好的轨排进行数据采集。采集后的数据交监理单位审核，监理单位审核通过后提交建设单位代表，建设单位代表、监理单位签署轨排精调测量验收单后，才可进行下一步施工。在完成道床浇筑，混凝土达到初凝状态后，应对浇筑后的轨道进行数据采集。

4.4.4　预制轨道板铺设调整测量

（1）预制轨道板初调

根据初铺边桩及铺设边线初铺预制轨道板，利用铺轨起重机调整预制轨道板的纵向和横向位置，曲线地段应考虑曲线外移量。预制轨道板铺设的精度见表 1-4-30。

预制轨道板初调后定位最大允许偏差　　表 1-4-30

序　号	项　目	允许偏差（mm）
1	轨道实测中线与设计中线比较	±5
2	轨面实测高程与设计比较	−5 ～ 0
3	纵向位置允许偏差	±5

（2）预制轨道板精调

预制轨道板安装测量宜采用轨道板精调标架和全站仪开展工作，全站仪设站精度应满足本章第 4.4.3 节相关内容的要求。

预制轨道板精调后，平面、高程、纵向精度应满足表 1-4-31 的要求。

预制轨道板精调后定位最大允许偏差 表 1-4-31

序号	项目	允许偏差(mm)
1	轨道实测中线与设计中线比较	±2
2	轨面实测高程与设计比较	-2 ～ 0
3	纵向位置允许偏差	±3

4.4.5 道岔铺设调整测量

(1)道岔铺设测量技术要求

站场内的各组道岔一般一次测设完成,并复核道岔间相互位置。车站内整体道床轨道的测量宜与道岔同时进行,误差的调整应在站线测量中消除。道岔两端应预留不小于 100m 的长度作为道岔与区间整体轨道衔接测量的调整距离。

道岔铺设前,应以任意设站控制网为依据,在基底上测设岔前、岔心、岔后等道岔控制基桩,直股应布置不少于 5 个道岔控制基桩,侧股不少于 2 个道岔控制基桩,点位限差应满足平面 ±2mm、高程 ±2mm。

道岔控制基桩测设可采用全站仪任意设站方法进行施测。全站仪任意设站应满足本章第 4.4.3 节的规定。道岔初调测量应以道岔控制基桩为准,也可采用全站仪任意设站配合轨道几何状态测量仪进行施测。道岔平面位置及高程初调偏差均不应大于 ±5mm。

采用全站仪任意设站配合轨道几何状态测量仪进行道岔精调时,全站仪任意设站应满足本章第 4.4.3 节的规定。每测站最大测量距离不应大于 70m。

(2)道岔铺设后精度要求

道岔精调后,道岔(直股)定位中线允许偏差为 ±2mm,轨面高程(直股)允许偏差为 -5 ～ 0mm,且与前后相连线路一致。道岔的调整应在满足道岔内部几何尺寸的前提下,测量定位其线形状态。道岔精调后,应采用轨道几何状态测量仪对道岔平顺性进行检测,道岔静态平顺度应符合表 1-4-32 的规定。

道岔铺设静态平顺度允许偏差 表 1-4-32

序号	项目	平顺度允许偏差	检测方法
1	轨距	-1 ～ +2mm	相对于设计轨距,0 级轨道尺
		1/1000	0 级轨道尺
2	水平	±1mm	相对设计值
3	扭曲(三角坑)	2mm	3m 基长
4	轨向(10m)	2mm	弦绳或轨道几何状态测量仪
5	高低(10m)	2mm	弦绳或轨道几何状态测量仪

道床混凝土模板轴线放样可采用全站仪任意设站或通过道岔加密基桩进行,道床模板安装定位限差:高度 ±5mm,中线 ±5mm。

4.4.6 长轨精调测量

(1)长轨精调测量技术要求

长轨精调测量前对任意设站控制网进行复测,采用复测成果开展精调测量工作。长轨精调测量前,将线路平面、纵断面设计参数和曲线超高值等数据录入轨道几何状态测量仪,并复核无误后开展常规外业测量。

全站仪任意设站点应符合本章第 4.4.3 节的相关规定。每一测站最大测量距离不应大于 70m。轨道几何状态测量仪测量步长:无砟轨道宜为 1 个扣件间距,有砟轨道不宜大于 2m。更换测站后,应重复测量上一测站测量的最后 6 ～ 10 根轨枕（承轨台）。

轨道平顺性报表的内容包括线路中线位置、轨面高程、测点里程、轨距、水平、高低、扭曲。

（2）长轨精调后精度指标

长轨精调后，轨道静态平顺性允许偏差等应符合表 1-4-33 ～表 1-4-36 的要求。

轨道相对平顺性允许偏差　　表 1-4-33

序　号	项　目	平顺度允许偏差	检 测 方 法
1	轨距	-1 ～ +2mm	相对于轨距 1435mm，0 级轨道尺
		1/1000	0 级轨道尺
2	水平（超高）	±1mm	相对设计值
3	扭曲（三角坑）	2mm	3m 基长
4	轨向（10m）	2mm	弦绳或轨道几何状态测量仪
5	高低（10m）	2mm	弦绳或轨道几何状态测量仪
6	轨向（8*a*/48*a*）	2mm	轨道几何状态测量仪
7	高低（8*a*/48*a*）	2mm	轨道几何状态测量仪

轨道轨面高程、轨道中线允许偏差　　表 1-4-34

序　号	项　目	允许偏差（mm）
1	轨道实测中线与设计中线比较	±5
2	轨面实测高程与设计比较	±5

道岔铺设静态平顺度允许偏差　　表 1-4-35

序　号	项　目	平顺度允许偏差	检 测 方 法
1	轨距	-1 ～ +2mm	相对于轨距 1435mm，0 级轨道尺
		1/1000	0 级轨道尺
2	水平	±1mm	相对设计值
3	扭曲（三角坑）	2mm	3m 基长
4	轨向（10m）	2mm	弦绳或轨道几何状态测量仪
5	高低（10m）	2mm	弦绳或轨道几何状态测量仪

道岔定位最大允许偏差　　表 1-4-36

序　号	检 查 项 目	允许偏差（mm）
1	轨道实测中线与设计中线比较（直股）	±5
2	轨面实测高程与设计比较（直股）	±5

第 5 章　设备安装及装修测量

5.1　概述

城市轨道交通线路车站和区间主体工程完工后期，即在车站和区间开展设备安装和装修工作，同时开展相关测量工作。设备安装工程和装修工程与主体结构、牵引供电、通信、信号、接触网、自动售检票、扶梯、屏蔽门、公共区装修等系统和专业都有接口，存在接口的衔接和交叉施工问题。除了作业工序间的协调工作之外，各专业接口位置的准确定位及本专业设备位置的准确定位亦非常重要。尤其是相对位置关系需保证，且在建筑限界的基础上必须保证设备限界。因此，做好该阶段的测量工作是确保设备准确安装的基础。

设备安装及装修测量主要工作内容如下：

（1）屏蔽门（安全门）基准线测量；

（2）车站、区间设备安装测量；

（3）车站（含各房间内外）装修 1m 线测量；

（4）车站（含各房间内外）装修吊顶线、龙骨线测量；

（5）站台板平面和高程。

（6）区间人防门测量等。

设备安装及装修测量以控制测量单位评估通过的任意设站控制网（CP Ⅲ）点为起算数据，进行各项设备安装测量。编制安装测量方案应依据设备安装设计图，其限差应符合《地铁设计规范》（GB 50157—2013）设备限界要求，并经审批后实施。设备安装测量的内外业及成果精度，按《城市轨道交通工程测量规范》（GB/T 50308—2017）有关要求执行。

5.2　屏蔽门基准线测量

屏蔽门普遍应用于地铁站台，将站台和列车运行区域隔开，通过系统控制其自动开启。地铁屏蔽门分为封闭式、开式和半高式。其中，开式和半高式通常被叫作“安全门”，起到保障安全和美观的作用。封闭式通常被叫作“屏蔽门”，也是目前地铁车站最常用的一种。地铁站台安装屏蔽门能有效地减少空气对流造成的站台冷热气的流失，保障列车、乘客进出站时的安全，降低列车运行产生的噪声对车站的影响。

屏蔽门设置在地下车站有效站台长度范围内，以有效站台中心线为中心，向站台两端对称布置。屏蔽门在站台边布置，其滑动门与列车每节车厢的乘客门相对应；列车驾驶室门在正常停车情况下处于屏蔽门端门以外，并保证在列车停车精度为 ±300mm 的情况下，列车驾驶室门的全开不会受到阻碍。

屏蔽门安装施工测量的目的，是保证屏蔽门安装相对位置准确，确保安装位置不侵入车辆限界，为屏蔽门专业提供可靠的工程设计现场数据，同时也为屏蔽门的非标结构设计提供基础数据。

5.2.1　控制基准线数据计算

屏蔽门控制基准线根据轨道专业提供的轨道铺设综合设计图、线路资料及任意设站控制网（CP Ⅲ）成果，确定测量控制基准线控制基标及轨排的几何关系，并按照基准线与基标或者轨排的相对几何关系计算各点相对坐标。

计算资料应包括基准线与设计线路中心线的几何关系、设置基准点的坐标及对应线路里程，并绘基准线打孔示意图以方便现场放样测量使用。

5.2.2　控制基准点的测设

在测量工作实施前，应采用全站仪后方交会对 CP Ⅲ控制点间相对精度进行复核，轨道铺设已完成地段应核实轨道参数。

对应站台中心线里程处各侧站台垂直于线路固定距离各埋设一个控制基准点；在各侧站台上，平行于线路固定距离的基准线两端各埋设一个控制基准点；必要时，可根据现场施工要求在中间加测基线桩。

测量的控制基准点均应埋设永久性标志，并在对应车站侧壁明确标识。

5.2.3　测量方法及精度要求

以评估通过后的 CP Ⅲ控制点为依据，根据已计算控制基准点的相对几何关系，使用不低于 2″级全站仪进行控制基准点的测量。

平面控制基线位置测量采用全站仪极坐标法进行放样测量，以屏蔽门一端确定的轨道中心线为置镜点，以另一端端头门区域侧的轨道中心点为方位控制基准，使用全站仪按照偏角、偏距数值映射出与站台中心线相交的轨道中线点。放样后，要求基线与线路中线距离允许偏差为 0 ～ +3mm。

平面放样点位置确定后，按要求埋设点位。采用高程点和平面点共用的方式，在已埋设点的基础上按精度要求采用精密水准仪及配套水准尺进行高程测量。其高程允许偏差为 ±3mm。

利用屏蔽门放样的控制基线及高程确定屏蔽门在底、顶板的位置，其实测位置与设计较差不应大于 10mm。

（1）控制基准点埋设完成后，应对其进行检测，检测控制基准点夹角左、右角各测 2 测回，左、右角之和与 360° 之差不大于 6″，边长往返各测 2 测回，测回差不大于 5mm。平差调线后，控制基准点之间折角与设计值比较一般不应大于 8″（或横向偏差不大于 5mm）。

（2）两控制基准点间距离测量相对误差，直线段不大于 1/5000。

（3）高程测量按照《城市轨道交通工程测量规范》（GB/T 50308—2017）二等水准测量技术要求作业，其闭合差应小于 $8\sqrt{L}$ mm（L 为水准路线长度，以 km 为单位）。

5.2.4　工程案例

【案例 1-5-1】车站屏蔽门检测

根据测量检测相关要求，对深圳地铁 9 号线西延线某车站的屏蔽门进行检测。

本次测量以轨道 CP Ⅲ控制点 11G34、X11G35、X11G36、X11G37、X11G38、S11G29、S11G30、S11G31、S11G32、S11G33 为已知点，做后方交汇，测量屏蔽门预留孔的坐标和高程，计算其与线路中心的偏差，将实测偏差与设计值进行对比，见表 1-5-1。

CP Ⅲ控制点实测与设计值较差对比　　表 1-5-1

站台板预留孔至轨道中心线的距离				站台预留孔表面至轨顶面的距离			
编号	设计值（mm）	实测值（mm）	较差（mm）	编号	设计值（mm）	实测值（mm）	较差（mm）
右 1	1735	1726	−9	右 1	930	936	6
右 2	1735	1737	2	右 2	930	934	4

续上表

站台板预留孔至轨道中心线的距离				站台预留孔表面至轨顶面的距离			
编号	设计值(mm)	实测值(mm)	较差(mm)	编号	设计值(mm)	实测值(mm)	较差(mm)
右 3	1735	1726	−9	右 3	930	937	7
右 4	1735	1729	−6	右 4	930	938	8
右 5	1735	1735	0	右 5	930	936	6
右 6	1735	1730	−5	右 6	930	934	4
右 7	1735	1743	8	右 7	930	935	5
右 8	1735	1727	−8	右 8	930	939	9
右 9	1735	1730	−5	右 9	930	933	3
左 10	1735	1726	−9	左 10	930	927	−3
左 1	1735	1738	3	左 1	930	937	7
左 2	1735	1742	7	左 2	930	935	5
左 3	1735	1731	−4	左 3	930	933	3
左 4	1735	1743	8	左 4	930	933	3
左 5	1735	1744	9	左 5	930	935	5
左 6	1735	1732	−3	左 6	930	938	8
左 7	1735	1726	−9	左 7	930	938	8
左 8	1735	1729	−6	左 8	930	935	5
左 9	1735	1727	−8	左 9	930	936	6
左 10	1735	1731	−4	左 10	930	936	6

5.3 车站、区间设备安装测量

车站及区间设备安装主要包括接触轨、接触网、人防门（防淹门）、行车信号标志、线路标志等的安装，因此测量工作主要针对这些安装工作进行。车站及区间设备安装依据设备安装设计图进行测量。测量起算数据根据评估通过的任意设站控制网（CP III）成果或铺轨基标进行测设。

5.3.1 测量方法及工作内容

（1）接触轨、接触网采用极坐标法放样的方法确定接触轨（网）的平面位置，采用水准测量或者三角高程测量的方法确定接触轨（网）的支架高程。

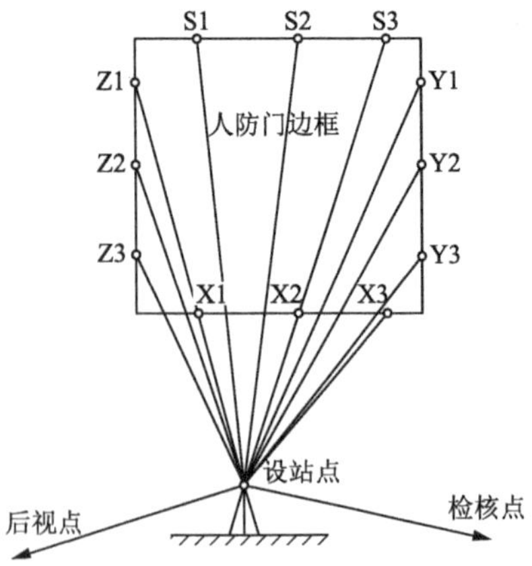

图 1-5-1　人防门（防淹门）测量示意图

（2）人防门安装采用极坐标法放样方法确定人防门中心位置及轴线，采用水准测量或者三角高程测量方法放样人防门中心高程。

人防门安装之前，放样其安装点，在人防门边框安放完成后、混凝土浇筑之前，进行人防门边框安装检测，检测是否满足设计安装要求（图 1-5-1）。通过边框点坐标计算左右、上下净空与设计值的差值，从而判断是否满足设计安装要求。

（3）线路标志位置安装（如千米标、百米标、坡度标、竖曲线标、曲线元素标志、曲线要素标志和岔道警冲标等），根据设计提供的线路平面图、线路控制线，在车站、区间隧道内壁侧按照设计的线路坡度测设水平控制线，车站各侧壁测设站台中心线垂直控制线。

控制线需线条清晰、位置准确无误，并在里程百米桩等位置标明里程号、控制线高程等。

（4）行车信号（主要是指自动闭塞的信号灯支架和停车线标志）的安装位置测量，采用极坐标放样方法确定其位置。

5.3.2　精度要求

设备安装测量精度及限差应按相关设备安装技术要求确定。各设备安装完成后，必须测量设备位置与轨道或已铺轨道线路中线的关系，防止因设备施工误差等因素使设备侵入行车限界。

（1）接触轨（网）安装测量精度

接触轨（网）安装后，其安装允许误差应满足《地下铁道工程施工质量验收标准》（GB/T 50299—2018）的相关要求。

接触轨安装包括底座和轨条安装，轨条与相邻走行轨道的平面距离测量允许偏差为 ±6mm，高程测量允许偏差为 ±6mm。

隧道外接触网安装应包括支柱、硬横跨钢梁、软横跨钢梁的定位安装；隧道内接触网安装应包括支撑结构的底座、定位臂、弹性支撑以及接触悬挂等的定位安装，安装定位测量误差应为安装允许偏差的 1/2。

（2）人防门（防淹门）安装测量精度

人防门（防淹门）门框中心与线路的横向偏差为 ±2mm，门框高程与设计值较差应不大于 3mm，平面放样测量中误差为 ±1mm，高程放样测量中误差为 ±1.5mm。

人防门（防淹门）导轨支撑基础的高程应采用水准测量方法测定，其与设计高程的较差应不大于 2mm，高程放样测量中误差为 ±1mm。

（3）行车信号与线路标志安装测量精度

行车信号（主要是指自动闭塞的信号灯支架和停车线标志）的放样测量，其里程位置允许误差为 ±100mm，放样测量中误差为 ±50mm。

线路标志应测定在隧道右侧轨面 1.2m 高处边墙上或标定在钢轨的轨腰上，其里程允许误差为 ±100mm，轨腰上标志里程误差允许误差为 ±5mm，线路标志放样里程测量中误差分别为 ±50mm、±2.5mm。

5.3.3　工程案例

【案例 1-5-2】人防门门框安装位置检测

为了满足深圳地铁 3 号线三期某车站人防门的安装需要，按照规范技术要求，对浇筑前的人防门门框安装位置进行检测。

本次检测采用贯通联测后的控制点作为起算点，平面位置采用一台 Leica TS60（0.5″，$0.6\text{mm}\pm1\times10^{-6}\times D$）全站仪进行测量。仪器经测绘仪器计量单位检定合格，并在有效期内。测量时在人防门门框上方、左、右各测 3 个点，共 9 个点。

本次测量成果完成后，根据测量成果计算其与中线的偏差值，并与设计值进行比对，比较其位置较差，检测完成后，提交检测成果表，见表 1-5-2 和表 1-5-3。

人防门门框安装横向偏差对比 表 1-5-2

点　号	X（m）	Y（m）	高程（m）	距线路中线横距（mm）	设计横距（mm）	差值（mm）
Z1	***00.1575	****09.9417	-8.0273	2097	2100	3
Z2	***00.1548	****09.9375	-9.7221	2099	2100	1
Z3	***00.1579	****09.9363	-11.4854	2101	2100	-1
Y1	***98.8394	****13.9361	-8.3593	2102	2100	-2
Y2	***98.8424	****13.9370	-9.7117	2101	2100	-1
Y3	***98.8348	****13.9317	-10.8597	2099	2100	1

人防门门框安装竖向偏差对比 表 1-5-3

点　号	X（m）	Y（m）	高程（m）	设计标高（mm）	差值（mm）
S1	***00.0814	****10.5503	-7.7365	-7.7366	-0.1
S2	***99.5464	****12.0650	-7.7369	-7.7366	0.3
S3	***98.9837	****13.6179	-7.7383	-7.7366	1.7
X1	***00.0855	****10.5533	-12.2354	-12.2366	-1.2
X2	***99.5345	****12.0210	-12.2359	-12.2366	-0.7
X3	***98.9811	****13.6123	-12.2373	-12.2366	0.7

通过表 1-5-2 和表 1-5-3 可以看出，人防门门框测量成果与设计值对比结果满足限差要求，可以进行后续浇筑及人防门安装等后续施工作业。

5.4　车站建筑装修测量

车站建筑装修测量包括站台沿、大厅地面和楼梯、电扶梯、顶板吊顶、照明灯和墙、柱面等的装修、装饰测量。上述各项测量工作均应按照施工设计图和有关施工规范要求进行。

车站建筑装修测量以施工平面、高程控制点或控制基标为依据，站台板、站台指向牌测量基准是轨面和轨道中线，其他测量按照《城市轨道交通工程测量规范》（GB/T 50308—2017）、《地下铁道工程施工质量验收标准》（GB/T 50299—2018）和《建筑装饰装修工程质量验收标准》（GB 50210—2018）的相关规定进行。

5.4.1　测量方法及精度要求

（1）站台沿测量

根据车站站台两侧的线路中心线控制点或者铺轨控制基标测设两侧站台沿，其测量允许误差应在 ±3mm 以内。站台沿外侧与线路中线间距与设计值的较差应在 ±10mm 以内。

（2）站台大厅高程测量

应根据施工控制水准点或控制基标，采用水准测量方法测定，其施工方格网交点的高程测量允许误差应在 ±5mm 以内。

（3）吊顶线、龙骨线测量

根据路轨中心高程确定龙骨线高程和设备限界线。

弹顶棚设备限界线：根据楼层高程，用尺竖向量至顶棚设计高程，沿墙、柱四周弹顶棚设备限界线，以限界线为准，弹出龙骨水平线。

划龙骨分档线：按设计要求的主、次龙骨间距布置，在已弹好的顶棚高程水平线上划龙骨分挡线。

弹好顶棚高程水平线及龙骨分挡位置线后，确定吊杆下端头的高程，按主龙骨位置及吊挂间距，将吊杆无螺栓丝扣的一端与楼板预埋钢筋连接固定。未预埋钢筋时可用膨胀螺栓。

（4）车站装修 1m 或 +50cm 水平线测量

在装修施工之前，按照车站装修设计图，根据装修 ±0 绝对高程，在墙面四周测设装修 ±0 以上 1m 或 50cm 高程，然后用墨线在车站内四周墙上及柱上弹好 1m 或 +50cm 水平线。

多个 1m 或 +50cm 高程点的测设可以单独逐个测设，也可以先测设一个高程点，其他高程点利用连通器原理标注相同高程。其高程允许偏差为 ±5mm。

（5）装修基线测量

装修基线测量的目的是控制站台层或站厅层站台装修地板砖或大理石或花岗石板块的位置。装修基线一般为十字控制线的形式，十字控制线的一边平行于线路中心线（装修十字控制线的测设方法与屏蔽门控制基线测设方法相同）。然后在十字控制线的基础上“弹线”方格网，先“弹线”控制方格网，再在控制方格网的基础上“弹线”加密方格网。

弹线之前将弹线区域清理干净，弹在混凝土垫层上，并引至墙面底部，然后依据墙面 1m 或 +50cm 高程线找出面层高程，在墙上弹出水平高程线，弹水平线时要注意室内与楼道面层高程要一致。

5.4.2　工程案例

【案例 1-5-3】车站装修 1m 线检测

车站装修 1m 线的测量按照对应车站装修设计图，根据装修 ±0 绝对高程，在墙面四周测设装修 ±0 以上 1m 高程，然后用墨线在车站内四周墙上及柱上弹好 1m 水平线。为了保证车站装修基准的准确性，对深圳地铁 9 号线西延线某车站的装修 1m 线采用 Leica DNA03 电子水准仪和水准尺进行检测。将水准尺底部对准弹在车站结构上的墨线，读取水准尺读数，测量高程与施工单位测量高程对比结果见表 1-5-4。

车站装修 1m 线点高程检测对比　　表 1-5-4

点　号	工程局高程(m)	检测高程(m)	差值(mm)
YLY1	9.5380	9.5370	-1.0
YLY2	9.5390	9.5401	1.1
YLY3	9.5390	9.5389	-0.1
YLY4	9.5390	9.5388	-0.2
YLZ1	9.5380	9.5401	2.1
YLZ2	9.5400	9.5394	-0.6
YLZ3	9.5380	9.5355	-2.5
YLZ4	9.5390	9.5377	-1.3

第6章 竣工测量

6.1 概述

在工程完成后，一般由施工单位对其完成的工程进行竣工测量，并提供工程的竣工测量成果，作为编绘竣工图的依据。其目的是使设计、施工和生产管理人员掌握工程内部现有全部建（构）筑物的平面及高程位置关系、设计要素的现状以及场地地形地物的情况，形成详细的竣工现状图和有关数据资料。竣工测量成果不但要表示出新建（构）筑物的相对关系，而且还要表示出地下和地上（包括架空）各种建（构）筑物的相关位置。竣工测量成果既是工程的技术档案资料，又是将来改建、扩建以及投产后进行生产管理的重要依据。

轨道交通工程的竣工测量是在工程竣工后，对建筑物主体及竣工线路、轨道、机电设备等进行施测，以检核这些建（构）筑物等是否满足规范设计要求。其主要包含下列内容：车站竣工测量、高架段桥梁竣工测量、隧道竣工测量、轨道竣工测量、机电设备竣工测量、地下管线等竣工测量工作。

6.2 控制网恢复和移交

深圳市城市轨道交通工程三期二阶段的铺轨控制网均采用CP Ⅲ的形式布设，相比传统的基标铺轨控制网，有着点位数量多、易保存、精度高等优势。为保证三期二阶段后续测量作业的顺利开展，铺轨控制网需在验收后完整地移交相关单位使用。

为确保铺轨控制网移交时的完整性，其布网、使用及点位恢复等应符合下列要求：

（1）在布设CP Ⅲ控制网前需及时与设计单位沟通确定各车站隧道相关机电设备的位置，并在CP Ⅲ点位的布设过程中避开对应的设备位置，以防后续点位的破坏、遮挡。

（2）移交前，需对CP Ⅲ点位破坏、遮挡的情况进行全面的排查，并对破坏、遮挡的点位进行及时恢复，以便后续移交运营使用。在对已经毁坏、丢失的控制点进行恢复时，应在检测控制网的同时以不低于原测精度进行控制点恢复。

（3）在三期线路相关土建及铺轨单位撤场前，需对各线路CP Ⅲ点位的保存、恢复情况进行抽查，若仍存在CP Ⅲ点位大面积破坏、遮挡的情况，需及时进行反馈，以便相关部门、单位跟进处理有关事宜。

（4）为保证三期线路运营后运营监测的顺利开展，三期线路的各个车站均在移交运营前由各铺轨单位恢复6个导线水准控制点。

（5）在移交时需会同各相关单位召开正式的移交会议，并形成移交清单，以防部分资料未按要求交付运营留档、使用。

6.3 竣工（限界）测量

6.3.1 车站竣工测量

车站竣工测量主要分为两种形式，一种是在施工过程中，在对隐蔽工程的施工过程中，边施工边进行竣工测量；另一种是在车站竣工后，对车站的中线、墩柱、出入口等结构进行竣工测量。

收集车站的控制点（含平面点及高程点）、施工总平面图、各种施工图纸、变更文件、施工检测资料及隐蔽工程中的竣工资料等相关资料，利用收集到的资料现场进行实地对照，与现场不符时，应实测其位置、高程及相关尺寸，变化不超过 1/3 时，可以直接在原图上进行编绘。

对于车站的地面部分，如风亭、出入口，对其实际位置及形状进行实测。对于车站地下部分，应根据回填前的实际坐标和高程记录进行编绘。

6.3.2　桥梁施工测量

轨道交通高架桥竣工后，须进行竣工测量。通过竣工测量，一方面可以检查施工是否满足设计要求，起到检查施工质量的作用；另一方面在桥梁投入运营后，为保证桥梁的行车安全和使用寿命，需要定期进行变形监测，由于变形观测的资料是通过与竣工资料的对比来分析变形的，因此，对变形观测而言，竣工资料是必不可少的。

1)墩、台的竣工测量

墩、台竣工测量的主要内容有测定各墩、台间的跨度，丈量墩、台各细部尺寸，测定支撑垫石顶面高程。

由于桥梁竣工后，各墩、台上已有工作线交点、墩中心点等标志，所以各墩、台间的跨度可以根据墩中心点或工作线的交点测定。如果跨距较小，可以用钢尺直接丈量；当跨距较大不便直接丈量时，可以用全站仪或三角测量的方法施测。在测出各跨的距离后，可以计算出桥长，与设计桥长比较以估算其精度。

墩、台各细部尺寸的检查内容主要是墩顶的尺寸、支撑垫石的尺寸和位置等。这些检查均可以墩顶标有的纵、横方向线或工作线为依据进行。

墩、台顶面高程的测定可自桥梁一端的一个水准点开始，逐墩测量，最后闭合于另一端的一个水准点上，测量时前、后视距应大致相等。

2)桥梁架设竣工测量

桥梁架设竣工测量的主要内容有测定主梁弦线杆的直线性、梁的拱度，立柱的竖直性以及各个墩上梁的支点与墩、台中心的相对位置关系。

主梁弦线杆的直线性测量方法主要是将全站仪架设在墩、台中心点上，瞄准相邻的墩、台中心点，并将水平制动螺旋固定，然后上下转动望远镜，观测横梁中心点上的标志是否在同一条视线上。

对桥梁拱度进行测定时，可在桥梁墩、台上安置水准仪，而在各个节点处竖立水准尺，测出各节点处的高程，从而得到桥梁的拱度。

立柱垂直性的测定可采用两种方法，一种是在无风的情况下悬吊锤球，另一种是采用全站仪直接测定立柱的垂直度。

全站仪器投点法采用测角精度为 1″ 的全站仪器，在两个基本垂直的方向上进行投点作业，分别测出两个方向上的偏移量，然后用矢量相加的方法即可得到立柱的垂直度。

进行测量前应检校全站仪，尤其是对照准部水准管的检验与校正。观测时全站仪器要在固定的测站上仔细对中，并应在严格对中、整平之后检查竖轴的垂直情况。其方法是：旋转照准部，使长水准管与任意两个脚螺旋的连线平行，此时水准气泡应精确居中，然后将照准部旋转 180°，此时的水准气泡偏移量不得大于 0.5 格。

6.3.3　隧道竣工测量

隧道竣工后，为了检查主要结构物及线路位置是否符合设计要求并提供竣工资料，为将来运营中的检修工程和设备安装、轨道铺设提供测量控制点，必须进行竣工测量。竣工测量一般包括贯通联测和断面测量。

6.3.4 轨道竣工测量

轨道铺设完成后，需要对轨道进行竣工测量。一般以控制基标（或任意设站控制点）作为起始数据。施测前应对控制基标（或任意设站控制点）进行检测，检测合格后方可作为竣工测量的测量依据，若发现有控制基标点位发生变动，应选用其他稳定可靠的控制基标（或任意设站控制点）作为起算依据。

轨道竣工测量应在道床铺设完成后进行，主要检测控制基标（或任意设站控制点）间的夹角、距离及高程，要求使用的全站仪精度不低于II级、水准仪精度为DS1级。具体施测方法与控制基标（或任意设站控制点）的测量方法一致，并提交控制基标（或任意设站控制点）竣工测量成果。

1）利用铺轨基标进行竣工测量

轨道竣工测量应在轨道锁定后，利用轨道尺对轨道与铺轨基标组成的几何关系、轨距进行量测。对于直线段，测量右股钢轨至铺轨基标间的距离和高程以及两股钢轨之间的轨距和水平，而对于曲线段，还应加测轨距加宽量和外轨的超高量。测量水平距离（超高）时使用内置倾角仪测倾角，然后进行基准长度换算。轨道平面位置和高程使用全站仪实测，并得到轨检小车上棱镜的三维坐标，然后结合规定的轨检小车几何参数与定向参数、水平传感器所测横向倾角及实测轨距，即可换算出对应里程处的实测平面位置和轨面高程，然后与该里程处的设计平面位置和轨面高程进行比较，对比得到的偏差值用于指导轨道的调整。轨道距铺轨基标或线路中心线的允许偏差为 ±2mm，轨道高程允许偏差为 ±1mm，轨距允许偏差范围为 -1 ～ 2mm，左、右轨的水平允许偏差为 ±1mm，测量中误差是允许偏差的 1/2。

道岔区的线路轨道竣工测量以道岔铺轨基标作为参考依据，分别测量基标与对应道岔轨道的位置、距离、高程及轨距。道岔岔心里程位置允许偏差为 ±15mm，轨顶全长范围内高低差应小于 2mm，道岔轨道的高程、水平轨距以及距铺轨基标距离的允许偏差应满足上述要求。

2）利用任意设站精密导线网进行竣工测量

在进行轨道竣工测量作业前，将设计数据（平曲线、竖曲线、超高）输入测量控制软件中，将检测控制网数据输入全站仪中。在测控软件中进行正确的测量设置，高程以内轨为基准，平面位置以外轨为基准。

检查轨道几何状态测量仪（能够自动检测线路中线坐标、轨顶高程和轨距、水平、高低和方向等轨道静态参数，并自动进行记录整理的轻型轨道检测设备）等仪器设备是否工作正常，检查检测控制网点是否受到破坏。对轨道几何状态测量仪进行重复性和结构性测试。重复性测试为同一个测量系统相同测量方向两次测量结果的比较，结构性测试为同一个测量系统不同测量方向（调转 180°，即正方向和负方向）两次测量结果的比较。

将全站仪在靠近线路中心位置处设站，后视轨道控制点，由机载软件解算出测站三维坐标。全站仪自由设站时，平差后东坐标、北坐标和高程的中误差应在 1mm 以内，方向的中误差应在 2″ 以内，否则应重新设站。

全站仪自由设站时，剔除不合格控制点时要谨慎，优先剔除背离轨道几何状态测量仪所在一侧的控制点，最后要确保选用的控制点覆盖本测站的测量范围。高程不能只使用近处的 4 个控制点来控制，这容易导致目标距离较远点的高程数据不可靠。

每个测量区间全站仪自由设站时需要 8 个控制点，下一区间设站时要包括 6 个（困难地区不少于 4 个）

上一区间用到的控制点，以保证轨道线形的检测精度。

设站完成后，轨道几何状态测量仪由人推着在轨道上缓慢移动，由远及近地靠向全站仪。轨道几何状态测量仪和全站仪的距离应控制在 70m 以内。

全站仪搬站后前后两个测站需至少搭接 3 个检测点，搭接点限差为 2mm。轨道测量数据采集完毕后，使用与轨道几何状态测量仪配套的软件系统，计算各轨道点的三维坐标，输出轨道位置、轨面高程、轨距、水平、轨向（长波和短波）、高低（长波和短波）等几何参数。

以线路设计文件为分析基准，计算每个检测点处实测值与设计值较差，输出轨道精密验收检测成果表。根据轨道精密验收检测成果表，按照《地下铁道工程施工质量验收标准》（GB/T 50299—2018）中轨道竣工验收测量的限差要求，统计各项目的优秀、良好及合格率，输出轨道精密验收检测综合评价表。

依据轨道竣工测量数据进行统计，对检测区段轨道几何形位状态进行综合评价，分析轨道的平顺性。

6.3.5　限界测量

城市轨道交通限界是指列车沿固定的轨道安全运行时，所需要的空间尺寸。城市轨道交通车辆在隧道内或高架上运行，一方面，隧道或高架要有足够的空间，以供车辆通行，配置线路结构、通信、信号、供电、给排水等设备；另一方面，为了确保列车安全运行，凡接近城市轨道交通线路的各种建筑物及设备，必须与线路保持一定的距离。因此，限界主要分为车辆限界、设备限界、建筑限界、受电弓限界等，起控制作用的主要是设备限界和建筑限界。限界越大，安全度越高，但工程量和工程投资也随之增加。因此，合理限界的确定，既要保证列车运行的安全，又要考虑系统建设成本。

（1）车辆限界。施工时需要确定列车不同部位的尺寸，包括觉度、高度，以及底部零配件与轨面的最短距离，从而计算出车辆横断面的最大极限值。车辆的限界与桥梁限界、隧道限界等可能存在制约关系，因此其限界施工是在装载货物的状态下进行的，否则会由于晃动，与路面的其他设备触碰，影响列车的安全运行。

（2）设备限界。在列车运行过程中，移动设备的限界需要结合车辆的限界，分析轨道在不良状态下可能出现的车辆偏移或者倾斜现象，另外还要有足够的安全预留量。安全预留量可在施工时，根据设备限界图设置具体坐标点，并根据系统设备的运行要求，利用科学分析计算方法确定。

（3）区间直线地段限界，以隧道建筑限界为例，根据列车的类型、受电方式、结构形式等确定建筑限界，通常有矩形、圆形、马蹄形几种隧道建筑限界类型。另外在高架桥也有相应的限界，如果遇到曲线区域或者道岔区域，需要考虑施工的加宽或高。

（4）车站限界。通常指车站站台的边缘和车厢外侧之间的孔隙，一般最佳的设置距离为 100mn，而且站台面与车厢地板面的高度差不能大于 100mm，因为该数值与车辆的运行质量有关，同时也关系到车站工程的施工质量。

（5）线路限界。为了提高地铁列车在线路上行车的安全性，同时防止列车在运行过程中碰撞到附近的建筑物或者设备，要求路线与建筑物和设备保持安全距离，即设置轮廓尺寸线，施工时不能超过该尺寸线的距离。

（6）超限货物限界。在货物装车时，一般停留于平直线路上，而货物的允许高度和宽度是在车辆的限界之内，否则会出现超限货物的状况，根据货物的超限程度可以分为一级、二级、超级三个超限级别。

系统限界施工方法如下：

（1）交通线。交通线的线网是城市总体规划的重要组成部分，具有不可逆性的特征，线路的规划需要结合城市的背景、线网结构等实施规划研究，其常见的结构类型有放射形、条带形、棋盘形、三角形、复合形等。交通线的施工通常需要在可行性研究之后，进行总体设计、初步设计、施工设计等，并通过选线、线路平面施工、线路纵断面施工几个步骤方可完成。

（2）车站站位选择。①跨路口站位，这种站位必须保证在路口每个角都有出入口，以便乘客能够从各个方向进入交通系统当中，减少路口人交叉和车交叉现象，确保乘客安全，而且能够与地面的公交路线衔接，便于乘客换车。②偏路口站位，这种车站位于路口，地下管线不会互相干扰，而且不需要埋深，能够减少施工对交通的干扰，因而工程造价成本比较低。在北方高寒地区，采用高架线形式，其桥体阴影对路口的交通安全影响可以得到控制，但容易降低车站的使用效能。③两路口之间的站位，距离大约为400n，可以兼顾两个路口的客流量。④铁道路红线外侧站位，一般在具有有利地形条件的情况下才使用，譬如红线外侧有空地或者危旧房改造，可以将其与改造工程结合，减少对路面和地下管线的破坏，同时不会干扰交通。

（3）主干线。①折返线，鉴于城市轨道交通路线比较长，可能会出现布线客流不均匀的情况，可以采取区段组织运行的方式，结合列车的调度条件，在近端站、中间站等设置列车折返线，同时也可以作为夜间序车所用。②渡线，这种线路是上下平行于其他线路的连接线，可以采用联动道岔的方式，满足专线的要求，渡线分为单渡线和交叉渡线两种，分别具有提高列车调度的灵活性和丰富其他辅助线的功能。③停车线，设置于端点站，专门用于停车和检修作业，因此在施工时需要沿着线路设置3～5个站端，以便故障列车的掉头。④车辆段出入线，同样为了方便列车的停放和检修，既可以设计为单线也可以设计为双线，并均可采用平交或者立交的方法，具体线路可以根据列车的运行能力确定。

限界测量作业要求如下：

将现场测量建（构）筑物最外点或最高点距线路中心的水平距离以及从轨面算起的垂直高度，与限界图或限界表进行对照，计算是否侵限。按线路指定面向站方向依次测量，每个站台至少测量6个点，测量点位置采用红色油漆在站台墙上用阿拉伯数字标示。

测量点1为斜坡站台与平面站台的交接处，测量点2为平面站台的中间，测量点3为另一端斜坡站台与平面站台的交接处，测量点1、2、3必须测量线间距。测量点4、5、6为其他测量点（如站台最高点、最大侵限点等），可不测线间距。处于曲线的站台必须注明曲线半径，曲线半径、外轨超高详见线路上的工务石碑。线别指正线或到发线，判别正线、到发线可咨询各车站相关部门。

测量要求做到数据准确、记录完整、判断无误。

6.3.6 工程案例

【案例1-6-1】某地铁站验收竣工测量

深圳地铁某车站全长217.6m，宽度23.8～28.9m（结构外皮），为地下三层岛式车站，现要对地铁车站进行1∶500规划验收竣工测量。

1）验收依据

（1）《城市轨道交通工程测量规范》（GB/T 50308—2017）。

（2）《城市测量规范》（CJJ/T 8—2011）。

（3）《建构筑物竣工测置作业指导书》。

（4）《房产测量规范　第1单元：房产测量规定》（GB/T 17986.1—2000）。

（5）《国家基本比例尺地图图式　第1部分：1∶500　1∶1 000　1∶2000地形图图式》（GB/T 20257.1—2017）。

(6)《卫星定位城市测量技术规范》(GJJ/T 73—2019)。

(7)《测绘成果质量检查与验收》(GB/T 24356—2019)。

2)提交的资料

1：500 竣工地形图、建筑物各层平面图和各层尺寸校核图、建筑物的平幅位校核图、建筑物的剖面图、竣工测量成果汇总表、各种计算资料以及相关说明等资料。

3)分析要点

(1)竣工测量的任务

竣工测量主要是实测建设工程的现状地形图,建筑物的长度、宽度、高度、建筑面积,在现状地形图上标注建筑物与规划控制条件地物的距离,标注建筑物与道路红线、规划红线、用地界线等的关系。

(2)竣工测量的内容

①实测 1：500 地形图。详细测绘出与竣工建筑物相关的地物、地貌,竣工建筑物的相对位置关系及与周边建筑物"四至"关系,建筑物层数、材质,竣工建筑物的出入口、风亭、楼梯准确位置,以及一层地坪高和地下车站的地坪高,并应在 1：500 地形图上将以上内容表示出来。

②根据规划许可证规定的内容完成公建配套设施测量、公建配套设施的面积测量。

③校核建筑物的平面位置、平面尺寸,测量建筑物之间的间距与设计的差值,以及建筑物与道路红线、用地界线等的距离与审批图纸相关尺寸的差值。

④测量建筑物的占地面积、建筑面积、层数、室内外高程、层高、总高度,核实车站的面积及相关尺寸、层高等信息。

⑤核实建筑立面造型、外墙材料、色彩信息,主要以拍照为主。

4)精度要求

综合考虑各方面因素,将地物根据其重要性进行分类,可分成主要建(构)筑物、次要建(构)筑物、其他地形与地物三类。因竣工测量的主体是竣工建筑物,其碎部点的测量精度应提高到图根点的精度 ±5cm(即 1：500 地形图的图上 ±0.1mm)。其他地形、地物不作为竣工验收的主体,其测量精度满足 1：500 数字化地形图测量精度即可。次要建(构)筑物的重要性介于竣工建筑物和配套设施之间,其测量精度定于两者之间较为合适。如果次要建筑物中涉及与验收建(物)筑物有退缩尺寸要求的,其测量精度应与验收建筑相同。

5)成果整理与提交

资料包括绘制地形图、建筑物各层平面图和各层尺寸校核图、建筑物平面位置校核图、建筑物的剖面图,整理竣工测量成果汇总表、各种计算资料以及相关说明等。

(1)主要仪器包括 GNSS 接收机、全站仪。主要资料包括测区及周围平面和水准控制点成果资料、测区已有的 1：500 地形图,建筑红线定位图等。

(2)竣工地形图除了地理要素外,还要标注建筑物各条边的尺寸,建筑外围与邻近建筑物的平面位置关系,竣工建筑物与用地红线、道路规划红线、电力规划线等规划控制线的尺寸,建筑物一层地坪高程,地面高程(位置、数量等信息应与建筑总平面图一致)等;标明所有地物的性质、用途,当不同层有不同用途时,应加记说明;同时,将规划路、界划点展绘于图上,并标注建筑物与其相距尺寸,标注位置应与总平面图一致,并进行来源说明,名称也应与总平面图上注记一致。

【案例 1-6-2】深圳地铁 10 号线竣工测量

深圳地铁 10 号线工程，也称“深圳地铁坂田线”，南起福田口岸站、北至平湖中心站，直接连通福田、龙华和龙岗，是深圳地铁网络的主干线，全长约 29.3km，设 25 个车站及 24 个区间段及凉帽山出入线和益田停车场。受建设单位委托，测量内容共涉及 25 个车站和 24 个区间隧道，按规划验收要求测量车站主体、区间隧道以及附属设施的平面位置与立面形态，形成深圳市轨道交通竣工验收测量成果，作为建设单位规划方案的审批依据。

测量成果采用深圳市平面坐标和高程系统。

1）作业区情况

根据地铁公司提供的资料及现场踏勘，10 号线工程 23 个车站主体和 21 个区间段已完成土建施工分别是福田口岸站、福民站、岗厦站、岗厦北站、莲花村站、冬瓜岭站、孖岭站、木古站、华南城站、禾花站等车站以及其区间段。其中个别区间已完成铁轨铺设。上述地段已形成验收测量的最佳时期，必须尽快投入测量工作；其他车站与区间应根据地铁公司的施工计划及实际进度跟踪测量。

2）精度指标

根据规划验收测量要求，各级平面控制点最弱点点位中误差相对于起算点不得超过 ±5cm，各级高程控制点最弱点的高程中误差相对于起算点不得超过 ±2cm；采集地铁各要素细部点坐标精度及高程精度按上述指标控制。

3）规划验收测量

（1）图根控制测量

在一、二级导线的基础上加密图根控制点，对地铁车站出入口、区间隧道中的车辆段、折返段、风道等地区进行细部测量。由于地下工程的特殊性，地下部分的图根导线在层与层之间允许交叉，图根导线测量按要求施测。

（2）地下建（构）筑物的规划验收测量

根据规划管理需要，地铁工程规划验收必须测量车站主体、区间隧道以及附属设施的平面位置与立面形态。

①细部点采集：采用解析法进行地下建（构）筑物细部点测量，细部测量可与控制测量同步进行，也可独立进行。采用全站仪和电子手簿直接采集各通道、站台和站厅的起点、终点、转折点、交叉点、变坡点等特征点内壁的三维坐标；地铁主体工程完工后及开通运营前，内部主活区、工作区等功能设施未能及时分隔，自动扶梯等配套设备未安装，实际意义上的规划验收测量是施测地下车站主体、附属设施、区间隧道等土建部分内壁的平面位置、中心线、纵横断面，描述的是地下总体空间，对内部建筑物不进行细分。

为保证地铁轨道测量精度，参照地铁一、二、三导线验收测量经验，数据采集时只测铁轨中线桩。在区间隧道中，施工单位已经用油漆把各曲线要素点标注在隧道两壁，以此为依据确定中线桩的采集密度：直线段的点间距不应大于 50m；缓和曲线与圆曲线段的点间距不宜大于 10m。对各特征点，测量时应记录相应代码与编号。

②平面图与断面图绘制：根据所采集的建（构）筑物特征点、轨道中心线三维坐标及净空数据，采用电子平板软件编辑绘制站台和站厅层、区间隧道、出入口通道的平面图及相应的纵断面图。平面图采用 1：500 比例尺；断面图原则上采用 1：200 比例尺，具体可根据车站及隧道的复杂情况而定。10 号线隧道纵断面以

轨道中心线坐标、净空高为依据绘制，不标注里程，只标注测点位置及坐标。

③根据上述测量数据和图形，现场检校建设工程竣工图，并对应放线资料分案整理竣工验收测量记录册，其内容包括建（构）筑物平面位置关系图、立面图、竣工验收测量成果表（竣工坐标必须与放线坐标进行比较）。

深圳地铁 10 号线的竣工测量工作，经历了技术设计、资料收集、企业施测与内业成果绘制、设计单位的交流与沟通、成果检查与审定、规划等相关问题的解决与验收等阶段，10 号线于 2020 年 8 月 18 日顺利通车。

第7章 测量项目管理

7.1 测量管理办法

7.1.1 建设单位

通过招标选择具有资质的承包人、监理单位、地面控制测量单位、第三方测量单位，明确各方职责，建立健全测量工作管理体系。

制定相应的测量管理办法，根据工程进展的需要，及时调整测量内容，完善测量管理工作。

在工程开工前及时组织地面控制网的交接和督促相关单位定期复测。

组织对重大工程、特殊工程施工测量方案的专家论证。

对各单位的测量人员、仪器和测量成果进行检查和抽查，并提出整改意见。

组织对测量事故的调查和处理，追究相关单位和人员的责任。

7.1.2 第三方测量单位

1）资质

第三方测量单位应具有国家住房和城乡建设部颁发的工程勘察综合类甲级资质和国家测绘总局颁发的甲级测绘资质，且应具有省级以上计量监督局颁发的计量认证证书。

第三方测量单位应具有城市轨道交通工程第三方控制测量业绩，且既往测量工作3年内无不良行为记录。

不得转包测量业务，不得与所测量工程的施工单位、施工测量单位有隶属关系或者其他利害关系。

2）组织机构及人员

第三方测量单位根据其委托合同要求，针对所测量的轨道交通工程建立完善的测量项目管理组织机构；项目管理机构配置应符合招标合同条件规定要求的测量项目负责人、技术负责人和测量技术人员、作业人员。

测量技术负责人应具有中级（含中级）以上技术职称和城市轨道交通工程5年以上测量工作经验，测量技术人员应具备相应的专业技术职称和3年以上测量工作经验，作业人员应经过技术培训合格后上岗，现场巡查人员应当具有现场实际工作经验。

应根据第三方测量合同及相关法律法规的要求，建立健全完善的轨道交通工程测量管理制度和安全生产岗位责任制，组织实施合同范围内轨道交通工程第三方测量工作。

第三方测量单位应根据规范、设计和合同要求，针对所测量的轨道交通工程配备相应的测量仪器设备，仪器设备的种类、性能、精度、数量等应满足城市轨道交通工程测量的基本要求；并提供所用仪器设备表及有效证书各一份；所用测量仪器设备必须计量检定合格，并在合格证的有效期内，其他仪器及量测系统必须依据规范及仪器出厂说明定期校准。

3）测量工作管理

代表建设单位交接桩，直接接管设计院或其他部门移交给建设单位的地面控制网、桩点及测量资料，在地铁施工阶段前后工序交接桩；协助建设单位编制地铁测量技术要求、作业细则、管理办法等技术管理工作。

编制完成合同范围内项目总体方案、各工点专项测量方案，报建设单位组织审查和专家评审。

接受建设单位管理，并对各承包人、监理单位的工作进行管理和监督，协调监理单位、承包人的测量工作。对全线各标段承包人测量技术方案进行审核，组织对承包人、监理单位进行测量检测技术交底。

测量作业开始前，按照计量认证规定要求，完成测量仪器设备的检定、校验工作；根据有关部门安全生产监督管理要求，对测量人员进行安全教育和技术培训；认真履行职责和义务，严格按照审批后的测量方案进行测量。

协助建设单位做好与全线测量有关的工作，检查监理单位、承包人测量人员的配置情况，技术水平、仪器设备情况和测量规范、标准的执行情况。

检查、监督、指导承包人测量工作，帮助承包人对施工测量中发生的问题进行分析和处理。

督促承包人根据施工需要、规范、管理办法等要求及时进行施工测量工作。

按照规范和合同中对测量资料归档管理的规定，认真做好测量技术资料的整理、编制及归档工作（包括电子文件）。

建立畅通的信息反馈渠道，编制全线测量检测月报并定期上报建设单位。

协助建设单位对测量事故的调查，分析测量事故发生的原因。

参加施工测量方案评审会，参加分部工程、单位工程方验收会议。

参加全线各标段的关节节点子分部、子单位、单位工程等验收会议，根据测量检测情况做出评定，并出具书面测量检测验收总结。

4）第三方测量工作流程

地面网复测：首次测量应在施工前完成，第二次测量应在施工过程中进行，根据施工需要可增加复测次数。

控制点检测：每个车站、区间、停车场、车辆段、联络线不少于 3 次，在特殊地段根据施工需要，宜增加控制点检测频率。

矿山法施工：在隧道掘进（含联络通道）至 50m 处、100 ～ 150m 处、至距离贯通面 150 ～ 200m 处分别进行一次联系测量，与地下平面高程控制点同步进行。

盾构法施工：始发井或吊出井（含中间风井）洞门环中心检测；始发前进行包括联系测量在内的基线测量及地下水准点检测；在隧道掘进至 150m 处、300 ～ 400m 处、至距离贯通面 150 ～ 200m 处时分别进行一次联系测量，与地下平面高程控制点同步进行。掘进至 1500m 后应加测陀螺定向以及校核坐标方位角；如果盾构区间有中间风井，在与中间风井贯通后，必须与始发井进行“两井定向”予以修正地下控制点坐标成果；在隧道掘进 150m 及以后每次检测工作时须检测洞内管片姿态。

对车站进行围护结构、各层施工放样主控制点、主要轴线、线路中线及高程的抽测。

对高架段进行施工控制桩、桥梁纵横轴线（或中心线）、墩台（成形）中心坐标、轴线及高程的检测以及梁板支座的安装等检测。

根据施工需要，进行工程重要部位（车站轴线）测量工作的检测。

7.1.3　监理单位

按照有关规范督促承包人认真做好测量工作。

应独立配备测量仪器和设备，并做好维护、保养、校正、定期检查、检定工作。

应配备测量专业工程师，负责测量管理工作和抽检工作。

认真复核施工图设计中的坐标高程几何尺寸及承包人的各种放样数据。

按有关规范及时复测承包人的测量成果，应复测第三方测量单位移交的控制点及承包人布设的施工加密控制点，复测时不得使用承包人的测量仪器。

督促承包人做好控制点的保护工作，控制点遭破坏时应立即通知第三方测量单位完成控制点恢复。

审核承包人的单位工程测量方案，并报第三方测量单位复审，经建设单位批准后实施。

编写本工程的施工测量检测细则，并于开工前10天报第三方测量单位审批。

配合建设单位、第三方测量单位加强对承包人测量工作的管理，定期参加测量工作会议。

完成建设单位要求的其他相关测量工作。

7.1.4 承包人

1）建立完善的测量管理制度

承包人应建立测量工作质量保障体系，完善施工测量管理制度。

承包人应指定至少一名主要领导人负责管理测量工作。

承包人应根据标段规模复杂程度和性质的不同组建测量队，测量队应由测量工程师或有测量经验的工程师、技术人员、技工等相关人员组成。

承包人必须建立测量台账制度，完整准确地记录测量部位、项目、数量、结果及参与的相关测量人员。

承包人应建立仪器设备管理制度，明确管理人员职责，制定设备和仪器维护校正和检验细则。

2）施工测量主要工作

承包人应对所承包的项目测量工作质量负全责，必须完成所承包工程项目需要的一切控制测量的性质和细部放样性质的测量工作。

承包人必须认真复核施工图设计的坐标、高程、几何尺寸，必须建立健全的复核制度。

承包人必须遵守“先检查后使用”的原则，确保所使用的控制点准确无误，方可进行下一步测量工作。

承包人应根据工程特点编制测量方案，经监理单位审核后，报第三方测量单位复审。

按建设单位的统一格式填写测量成果，测量成果必须完整、真实、清楚。应保存好所有纸质或电子板原始记录，所测量成果签字手续应齐全且必须用手写。

承包人应独立复测由第三方测量单位移交的控制点，为保证工程顺利开展，可根据工程的特点进行加密控制测量。

承包人应按规范要求埋设控制点，并做好控制点的保护工作，控制点遭破坏时应通知监理单位和测量单位，及时做好控制点的恢复工作。

承包人应独立完成3次以上的联系测量工作，优化地下平面和高程控制网，区间贯通后承包人应及时进行地下控制点的联测，并在此基础上进行中线测量和断面测量。

承包人的所有测量工作必须按照要求进行，每道关键工序必须经监理单位和第三方测量单位检查合格后，方可进行下一道工序的施工。

承包人施工放样应保证行车隧道（含车站区间）的空间位置，以确保不修改线路设计，满足限界净空要求，保证第三方测量单位、监理单位的一次检测合格率达到95%以上。

承包人测量队应接受和配合监理单位、第三方测量单位、建设单位的测量检查和检测工作。

承包人应测量队应接受监理单位、第三方测量单位、建设单位的监督和指导，参加测量工作会议，编写测量月报。

承包人标段工程完工后，承包人测量队必须按建设单位要求移交足够数量的经第三方测量单位检测合格的控制点，以便后续工序使用。

承包人测量队应与自己的结构、建筑、设备安装工程师一起做好竣工资料的整理、归档工作。

承包人装饰装修和设备安装阶段，1m 线和基线放样、装饰装修工程站台层距轨面的高度、距轨道中心线距离的放样点或灰线、与设备安装相关的轴线、高程、垂直度、坡度等，在得到监理工程师复核认可，并经第三方测量单位检测确认合格后方可施工。

7.2　测量考核办法

测量项目管理考核是进行管理控制，评价阶段性工作完成与总体管理目标的实现情况的有效手段，包括制定专门的考核标准，明确考核时间和考核内容，对于考核过程中发现的问题及时提出整改意见，做到持续改进。测量项目管理考核基础工作管理和日常工作管理主要内容见表 1-7-1、表 1-7-2。

测量项目基础工作考核表　　表 1-7-1

项　目	考 核 内 容	存在的问题
组织管理	测量组织机构是否建立，测量管理制度是否健全	
	施工测量人员、仪器设备是否报请监理及第三方测量单位审核通过	
方案管理	测量方案在施工前，是否经监理单位和第三方测量单位审核、批准通过	
	测量方案审核意见是否形成正式审查意见	
仪器设备台帐	仪器设备台账是否建立、及时更新	
	测量仪器设备精度是否能满足实际测量工程要求	
	常用仪器设备日常检校记录是否齐全	
测量技术交底	对标段测量技术交底，明确交底内容	
测量管理实施	加密控制点经监理、第三方测量单位验收，控制网是否定期复核	
	重大节点验收前，必要的施工测量复核是否上报，并经监理单位、第三方测量单位的复核（盾构钢环中心位置、始发定向复核、出洞联系测量复核）	
	第三方测量单位对盾构区间施工过程中的 3 次停检点进行联系测量时是否按要求停工待检	
	区间贯通后，是否按要求及时进行贯通控制测量，是否经过监理、第三方测量单位复核	
资料归档	资料是否完整（测量报告、控制网复测、施工控制和放样测量、盾构及管片姿态测量等）	
	建立测量档案管理制度，是否分类归档，是否统一编号	
安全教育	对每一位施工测量人员及时开展有针对性的安全教育培训，培训记录齐全或考核合格	

测量项目日常工作考核表　　表 1-7-2

项　目	考 核 内 容	存在的问题
人员管理	测量主要人员与上报人员相符，施工测量主管在岗	
仪器设备	现场使用的仪器与上报的型号相符、在检定有效期内	
	对仪器定期自检，各项参数满足规范要求	

续上表

项　　目	考 核 内 容	存在的问题
方案的执行	施工测量程序符合管理要求，过程控制满足规范精度指标	
施工测量控制	地铁控制测网包括精密导线网、二等水准网，施工单位定期对控制网复测，保证完整性、正确性	
	每个车站附近是否布设不少于3个平面控制点和2个高程点	
	测量控制点埋设应符合规范要求，设立明显标志，采取有效保护措施	
	按照施工进度进行不少于3次联系测量，地下定向边不少于2条，地下近井点高程不少于2个	
	车站底板完成后埋设不少于6个底板控制点，埋设规格应符合规范要求	
	隧道贯通后，进行平面高程的贯通误差测量	
成果资料	原始记录数据是否齐全，记录表格是否符合要求，是否清晰无涂改，署名是否完整	
	成果报告编制完整，精度满足要求	
信息反馈	信息反馈是否及时，签收记录是否齐全	

第 8 章　相关建议

8.1　控制网复测

为了保证控制点成果的准确性，需定期对控制点进行复测，并对成果发生变化的控制点进行复测。《城市轨道交通工程测规范》（GB/T 50308—2017）中对于控制点更新的原则如下：平面控制网复测时，同一控制点的复测与原测量成果坐标分量较差的极限误差应小于 $2m$，其中 m 为复测控制点的点位中误差。高程控制网复测时，同一控制点的复测与原测成果高程较差极限误差应小于 $2\sqrt{2}m$。

在实际项目执行过程中，存在一些争议。对于相同测量数据，采用不同的平差计算软件进行计算时，算得结果的点位中误差不一致，有时差别较大，导致更新的限差大小不一致。对于卫星定位控制网，由于商用平差计算时，将所有基线当作独立基线进行处理，这就导致了平差计算时其点位精度虚高，从而造成了平面坐标变化很小也要更新的情况。由于点位中误差受起算点兼容性的影响较大，其不同期次测量的点位中误差存在不确定性。建议在后续项目及测量管理办法中，将控制网复测的更新限差确定一个固定的指标，以更好地指导后续的控制网复测工作。

8.2　盾构计划线复核

目前深圳地铁控制测量检测工作对在地铁施工过程中的大部分关键环节都进行了控制测量与检测把关，但是未对输入盾构的计划线坐标进行复核，建议在后期的工作中，增加此项盾构计划线坐标计算复核工作，避免盾构掘进方向出现偏差。

8.3　隧道控制测量

为了保证隧道贯通控制点的测量精度，隧道定向控制点建议采用强制对中标志，对于长度大于 1km 的隧道，采用双导线进行布设；对于长度大于 1.5km 的隧道，应及时加测陀螺定向边，及时纠正方向传递误差。

8.4　断面测量

随着三维激光扫描技术的快速发展，三维激光扫描仪的价格也正在逐渐降低，其应用也越来越广泛。在隧道贯通后，采用三维激光扫描方法进行测量，不仅可以得到调线调坡需求的断面数据，还可以建立隧道的实测模型，对于后期隧道变形对比、分析等具有长远的意义。

在后续地铁项目中，积极采用新技术进行检测工作，建议采用自移动式三维激光扫描小车进行限界测量。

8.5　铺轨测量

目前地铁工程的铺轨测量大多采用高速铁路 CP Ⅲ测量模式，由于目前的管理办法中未对铺轨工作的流程作明确约定，导致铺轨单位在未将 CP Ⅲ测量成果评估检测前就用于轨道施工，这给轨道平顺性带来了极大的隐患。建议在后续工作中明确，在轨道 CP Ⅲ控制点成果未经过评估检测前，不得用于道床及无砟轨道施工。

附表　测量报审表

测量报审表见附表 1 ～附表 5。

××××报审表轨道监 -24- □□　　附表 1

<table>
<tr><td>单位(子单位)工程名称</td><td>深圳市城市轨道交通 ××× 号线工程</td></tr>
<tr><td colspan="2">致:××× 建设监理咨询有限公司
深圳市城市轨道交通 XX 号线二期工程监理×××标监理部(项目监理机构)
我方已根据本公司有关规定完成了____×××____并经我公司项目经理部 / 技术负责人审查批准,请予以审查。
附件:(×××)　_4_ 份

项目经理部(项目章)
项目经理:
日期:____年____月____日</td></tr>
<tr><td colspan="2">审查意见:

专业监理工程师:
日期:____年____月____日</td></tr>
<tr><td colspan="2">审查意见:

项目监理机构(项目章)
总监理工程师(签字、加盖执业印章):
日期:____年____月____日</td></tr>
<tr><td colspan="2">第三方测量单位审查意见:

第三方测量单位(项目章)
测量负责人:
日期:____年____月____日</td></tr>
</table>

注:本表适用于地面控制点加密、联系测量、管片姿态测量、贯通测量、断面测量等报验。

深圳市轨道交通 ×× 号线二期工程　　附表 2

承包单位：　　合同号：

监理单位：　　编号：

施工测量 / 放样(复核)记录

<table>
<tr><td colspan="2">工程名称</td><td colspan="3"></td><td colspan="2">桩号或部位</td><td colspan="4"></td></tr>
<tr><td colspan="2">测量依据</td><td colspan="9"></td></tr>
<tr><td rowspan="4">已知点成果</td><td>点号</td><td></td><td colspan="2">X=　　(m)</td><td colspan="3">Y=　　(m)</td><td colspan="3">H=　　(m)</td></tr>
<tr><td>点号</td><td></td><td colspan="2">X=　　(m)</td><td colspan="3">Y=　　(m)</td><td colspan="3">H=　　(m)</td></tr>
<tr><td>点号</td><td></td><td colspan="2">X=　　(m)</td><td colspan="3">Y=　　(m)</td><td colspan="3">H=　　(m)</td></tr>
<tr><td>点号</td><td></td><td colspan="2">X=　　(m)</td><td colspan="3">Y=　　(m)</td><td colspan="3">H=　　(m)</td></tr>
<tr><td colspan="11">已知点检测情况：</td></tr>
<tr><td rowspan="8">施工放样成果</td><td rowspan="2">点号</td><td colspan="3">设计值(m)</td><td colspan="3">测量放样值(m)</td><td colspan="3">较差(mm)</td></tr>
<tr><td>X</td><td>Y</td><td>H</td><td>X</td><td>Y</td><td>H</td><td>ΔX</td><td>ΔY</td><td>ΔH</td></tr>
<tr><td></td><td></td><td></td><td></td><td></td><td></td><td></td><td></td><td></td><td></td></tr>
<tr><td></td><td></td><td></td><td></td><td></td><td></td><td></td><td></td><td></td><td></td></tr>
<tr><td></td><td></td><td></td><td></td><td></td><td></td><td></td><td></td><td></td><td></td></tr>
<tr><td></td><td></td><td></td><td></td><td></td><td></td><td></td><td></td><td></td><td></td></tr>
<tr><td></td><td></td><td></td><td></td><td></td><td></td><td></td><td></td><td></td><td></td></tr>
<tr><td></td><td></td><td></td><td></td><td></td><td></td><td></td><td></td><td></td><td></td></tr>
<tr><td colspan="11">图示及说明：</td></tr>
<tr><td colspan="5">施工单位结论：

测量负责人：　　日期：</td><td colspan="6">监理单位结论：

测量监理工程师：　　日期：</td></tr>
</table>

附表 3

深圳市轨道交通 ×× 号线工程

承包单位：　　　　　　　　　　　　　　　合同号：

监理单位：　　　　　　　　　　　　　　　编号：

平面控制点测量复核记录

工程名称		桩号或部位	

已知点成果				
已知点成果	点号		X=　　　（m）	Y=　　　（m）
	点号		X=　　　（m）	Y=　　　（m）
	点号		X=　　　（m）	Y=　　　（m）
	点号		X=　　　（m）	Y=　　　（m）

已知点检测情况	点号	理论夹角（°　′　″）	实测夹角（°　′　″）	较差（″）	理论边长（m）	实测边长（m）	较差（mm）

加密平面控制点测量记录（m）			加密平面控制点复核记录（m）		较差（mm）		
点号	X	Y	X	Y	ΔX	ΔY	ΔH

图示及说明	

施工单位结论： 测量负责人：　　　　　日期：	监理单位结论： 测量监理工程师：　　　　　日期：

深圳市轨道交通××号线工程 附表4

承包单位： 合同号：

监理单位： 编号：

高程控制点监理复核成果表

<table>
<tr><td colspan="2">工程名称</td><td colspan="2"></td><td colspan="2">桩号或部位</td><td></td></tr>
<tr><td colspan="2">复核内容</td><td colspan="2"></td><td colspan="2">复核依据</td><td></td></tr>
<tr><td rowspan="2">已知点
成果</td><td>点号</td><td></td><td>H= （m）</td><td>点号</td><td></td><td>H= （m）</td></tr>
<tr><td>点号</td><td></td><td>H= （m）</td><td>点号</td><td></td><td>H= （m）</td></tr>
<tr><td rowspan="4">已知点
检测情况</td><td colspan="2">水准区间</td><td>理论高差(m)</td><td colspan="2">实测高差(m)</td><td>差值(mm)</td></tr>
<tr><td colspan="2"></td><td></td><td colspan="2"></td><td></td></tr>
<tr><td colspan="2"></td><td></td><td colspan="2"></td><td></td></tr>
<tr><td colspan="2"></td><td></td><td colspan="2"></td><td></td></tr>
</table>

<table>
<tr><td>点号</td><td>施工单位测量成果(m)</td><td>监理单位复核成果(m)</td><td>较差(mm)</td></tr>
<tr><td></td><td></td><td></td><td></td></tr>
<tr><td></td><td></td><td></td><td></td></tr>
<tr><td></td><td></td><td></td><td></td></tr>
<tr><td colspan="4">图示及说明：</td></tr>
<tr><td colspan="4">监理单位结论：

项目监理机构(章)：

专业监理工程师： 日期：

总监理工程师： 日期：</td></tr>
</table>

注：1. 本表用于监理单位对施工高程控制测量复测工作。

2. 在做出结论后监理单位留档一份，随施工单位测量资料返还施工单位一份，需报第三方测量复核的，第三方测量报建设单位一份、留档一份。

深圳市轨道交通 ×× 号线工程 附表 5

承包单位： 合同号：

监理单位： 编号：

测量控制点交接桩表

工程名称： 日期： 年 月 日

点 号	坐标(m)		高程(m)	标石类型	备 注
	北坐标 X	东坐标 Y			

建设单位	交桩单位	接桩单位	监理单位
（盖章） 建设单位代表： 年 月 日	（盖章） 交桩单位代表： 年 月 日	（盖章） 接桩单位代表： 年 月 日	（盖章） 监理单位代表： 年 月 日

注：1. 本表适用于控制网测量、第三方测量、监理、施工单位之间交接桩，同时也适用于工程竣工时各单位向建设单位移交控制点。

2. 本表一式 4 份，由各单位盖章后各留一份。

3. 接桩单位接桩后，对所接桩点必须进行复测并妥善保护，复测合格后方可安排后续测量工作。

第 2 篇　监测篇

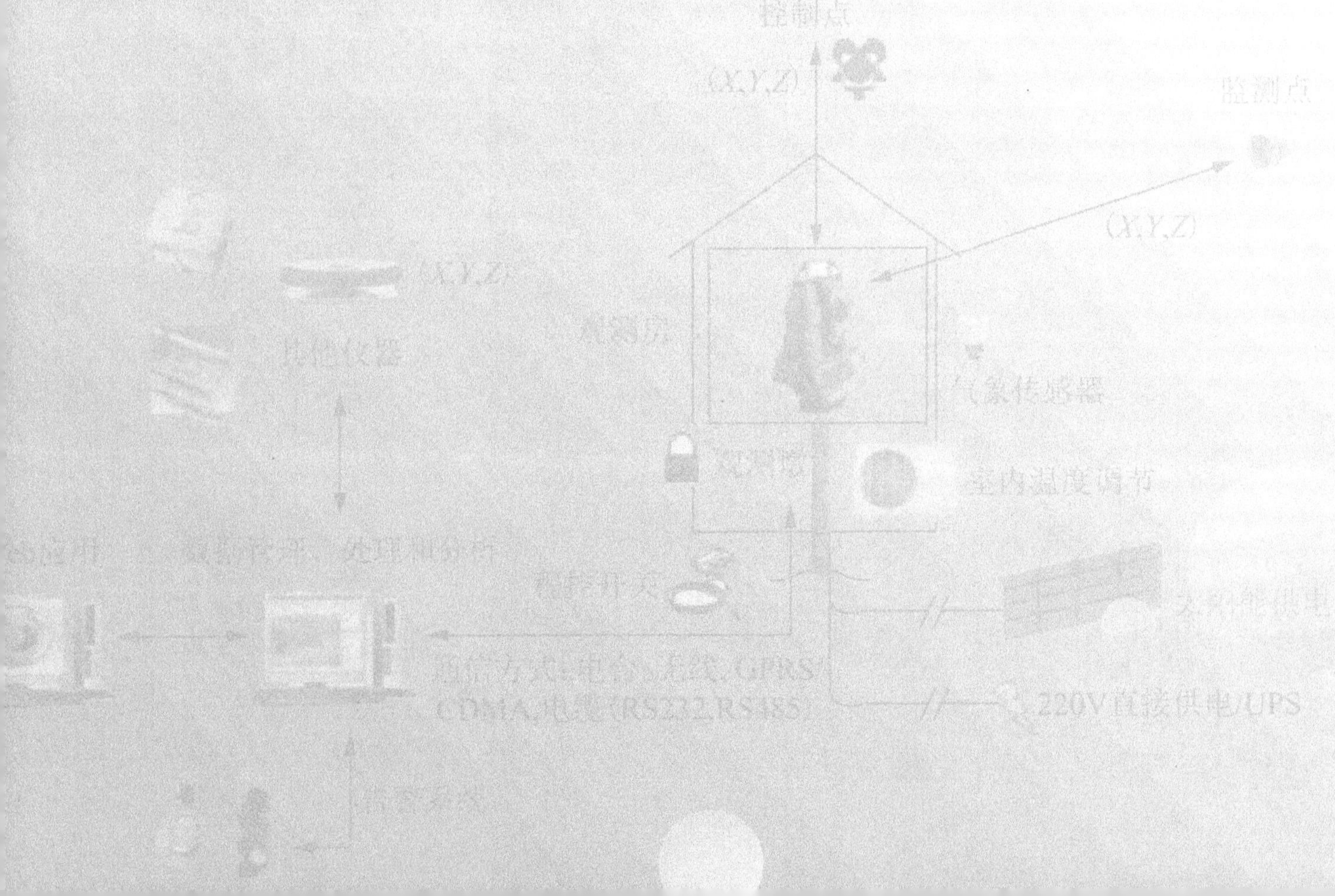

第1章　概述

城市轨道交通工程建设具有工程规模大、建设周期长、对周边环境影响大、施工技术条件复杂等特点，为确保工程自身风险及周边环境安全可控、实时反映施工过程中的工程自身以及周边环境条件变化、变形情况，进一步减少事故发生的概率，城市轨道交通工程建设全过程中均需实施监测工作。

深圳市城市轨道交通工程建设主管部门十分重视监测工作，根据相关的法律法规、规章制度及规范性文件，并结合本地实际情况制定了城市轨道交通工程监测安全质量管理制度，建立了“建设单位组织、施工单位和第三方监测单位自查、监理单位检查、政府程序监督”的城市轨道交通工程安全生产监督管理机制。各监测责任单位高度重视监测任务，严格按照建设单位的技术要求、合同要求及相关的标准规范开展监测工作。深圳市建立了工程监测管理信息化平台，通过信息平台实现了监测数据、巡视信息及时、准确、快速上传和预警预报，整个安全风险管理工作及时、高效、有序。

深圳市城市轨道交通工程监测技术日新月异，三期二阶段已全面实现监测的自动化、网格化、可视化和智能化（AI），包括数据采集与无线传输、近景摄影测量、光纤光栅、三维激光扫描、InSAR等技术。

本监测篇以成熟的深圳特色城市轨道交通工程建设监测技术和管理经验为基础，加入大量的实践案例，可供同类工程借鉴。

第 2 章　监测控制网系统

2.1　监测平面控制网

2.1.1　监测平面控制网的组成

监测平面控制网是水平位移变形监测的基准网。平面位移监测主要是以测定监测对象的变形量为目的，宜采用独立坐标系统。监测平面控制网的基准点应与城市轨道交通工程坐标系统进行联测。

监测平面控制网一般由基准点和工作基点组成。

平面位移监测基准点应布设在监测变形区域以外的稳定位置，尽量引用城市轨道交通工程坐标系中的首级控制点或加密控制点，且每个监测工程的平面位移监测基准点不应少于 4 个。

当平面位移监测基准点距离所监测工程较远，不方便直接观测时，应设置平面位移监测工作基点若干。工作基点应布设在相对稳定并可以长期使用的区域。

平面位移监测基准点应定期进行检核；当使用工作基点时，每次监测时均应联测基准点。

2.1.2　监测平面控制网的埋设

水平位移监测控制网采用深圳市独立坐标系，可根据基坑走向引入施工坐标系，观测值更为直观地体现相对基坑的垂直方向变量。每个车站在距离基坑边 60m 外设至少 4 个水平位移基准点，宜埋设具有强制对中标志的观测墩，或参照精密导线点的样式埋设标石。

工作基点可根据现场情况，在相对变形较小的地方布点，如基坑拐角等位置，工作基点距离基坑边不应小于 15m。

水平位移监测控制网系统布设基本要求见表 2-2-1。

水平位移监测控制网系统布设基本要求　　表 2-2-1

类　别	布设位置	起算点	测量方法	备　注
基准点	基坑变形影响区外	GNSS 控制点、精密导线点	边角网或导线网	一般每个基坑不少于 4 个，且通视良好
工作基点	在施工影响区外且便于观测	基准点	边角网或导线网或多点交会法	采用强制对中，至少与 2 个基准点通视

水平位移监测控制网基准点的埋设应符合《城市轨道交通工程监测技术规范》（GB 50911—2013）的有关规定，一级变形监测项目的基准点、工作基点宜埋设观测墩和强制归心盘。平面基准点及工作基点尽量使用强制对中观测墩（图 2-2-1）以便于保护和减少对中误差，并设立明显标志和防护栏杆（图 2-2-2）。

2.1.3　监测平面控制网观测的技术要求

平面控制网测量采用《城市轨道交通工程测量规范》（GB/T 50308—2017）精密导线测量主要技术要求进行，其各项技术指标见表 2-2-2、表 2-2-3。

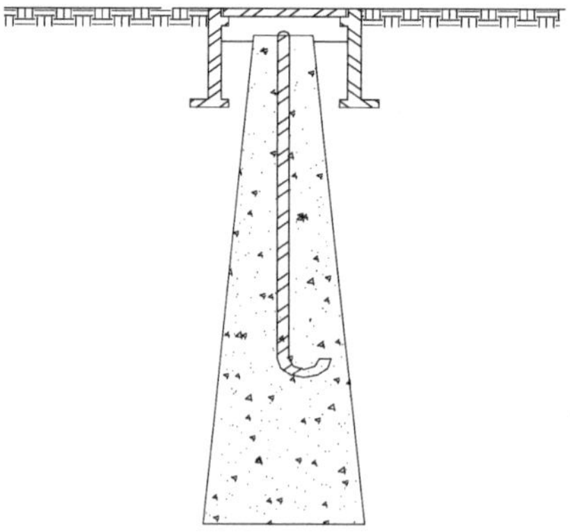

图 2-2-1　平面基准点标石

图 2-2-2　平面基准点强制对中观测台

水平位移监测控制网观测的主要技术要求　　表 2-2-2

平均边长（m）	闭合环或附合导线总长度(km)	每边测距中误差(mm)	测角中误差(″)	水平测回数		边长测回数	方位角闭合差(″)	全长相对闭合差	相邻点相对点位中误差(mm)
				Ⅰ级全站仪	Ⅱ级全站仪				
350	3	±3	±2.5	4	6	往返测距各 2 测回	$\pm5\sqrt{n}$	1/35000	±8

注：1. n 为导线的角度数。

2. 控制网采用导线网或三角网，监测期间基准点每 1 个月进行 1 次联测、校核。

水平位移监测控制网距离测量限差技术要求　　表 2-2-3

项目仪器类型	观 测 次 数		总 测 回 数	测回读数较差(mm)	单程测回较差(mm)	往返较差或不同时段较差(mm)
	往	返				
1 级	2 测回	2 测回	4	≤5	≤7	≤2（$a+b\cdot d$）

注：1. $a+b\cdot d$ 为仪器标称精度，a 为固定误差，b 为比例误差系数，d 为距离测量值（以 km 计）；一测回指照准目标一次读数 4 次。

2. 往返 2 测回由正倒镜各一测回构成。

2.1.4　监测平面控制网的建立和初始值的观测

监测平面控制网以建设单位提供的坐标平面首级控制网系统为基准建立，监测平面基准网由基准点、工作基点组成。当现场条件受限，不能以精密导线点为起算点时，也可建立平面独立基准网，按边角网或精密导线网的方式测定各基准点的坐标，如图 2-2-3 所示。

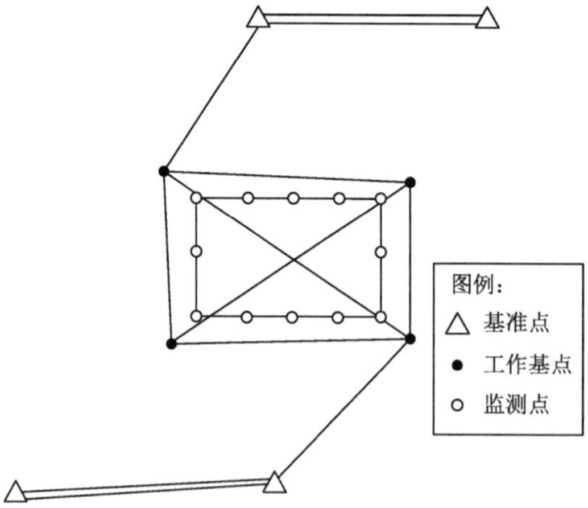

图 2-2-3　水平位移监测控制网示意图

监测点埋设稳定后，应在基坑开挖前进行初始值观测，初始值一般应独立观测 3 次，3 次观测时间间隔尽可能短些，3 次观测值较差满足有关限差值要求后，取 3 次观测值的平均值作为初始值，水平位移监测则以初始值为观测值比较基准。水平位移变形监测应视基坑开挖情况实施。在监测过程中，为保障基准点的稳定性，建议每个月对监测平面控制网进行一次检测。

2.2　监测高程控制网

2.2.1　监测高程控制网的组成

监测高程控制网是沉降类变形测量的依据，沉降监测应布设专用控制网，并采用城市轨道交通工程高程系统。

监测高程控制网一般由基准点和工作基点组成。沉降监测基准点应尽量引用城市轨道交通工程高程基准的首级控制点或加密控制点，一般布设在施工影响的变形区域以外稳固、便于保存和引测的地方，且基准点不应少于 3 个，有特殊要求的监测工程，基准点数不应少于 4 点。

当基准点距离所监测工程较远时，可根据需要布设工作基点，工作基点应埋设在相对稳定、便于使用的区域，与基准点应构成闭合路线、附合路线或水准网，以方便联测和检核。

2.2.2　监测高程控制网的埋设

竖向位移监测控制网基准点的埋设应符合《城市轨道交通工程监测技术规范》(GB 50911—2013)的有关规定，水平和竖向位移监测基准点也可共用标石。有条件的地方，基准点宜布设为基岩水准点或布设在稳固建筑的墙基上，受条件限制时，在变形区内也可埋设深层金属管基准点(图 2-2-4)，金属管底部应在变形影响深度以下。

工作基点应布设在靠近监测目标且便于联测的较稳定位置(图 2-2-5)。采用人工挖孔或大钻孔埋设方法设置的地表工作基点，其钢筋长度不应小于 3m、直径不应小于 20mm，并应采取保护措施；设置在建筑物上的工作基点，应选择在轨道交通工程施工影响区以外、建成时间较长且稳定的建筑物承重结构上。

图 2-2-4　深埋型高程基准点

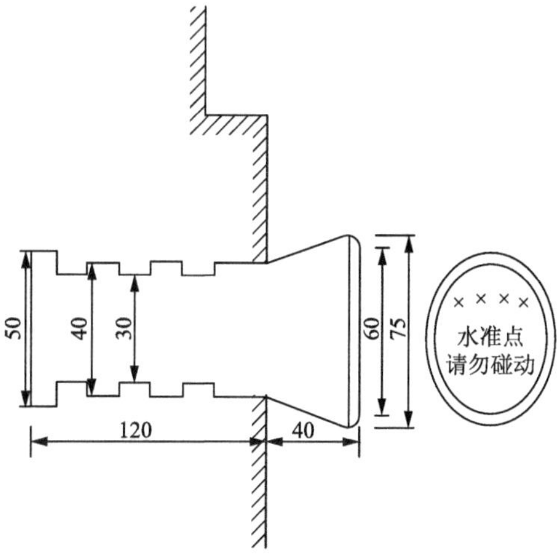

图 2-2-5　墙角型高程基准点(尺寸单位:mm)

设置在隧道中的工作基点的数量不应少于 3 个，宜布设在易于长期保存且稳定的位置。当隧道长度大于 1500m 时，宜加密工作基点。

高程基准点应避开交通干道、地下管线、河岸、松软填土、机器振动区及其他可能使基准点不稳定和破坏的地方。

对基准点及工作基点，须加盖保护，并设立明显标志。

2.2.3 监测高程控制网观测的技术要求

监测高程控制网测量应采用水准测量方法施测，其技术要求应依照《城市轨道交通工程测量规范》(GB/T 50308—2017)，按照一等水准测量技术要求施测。水准观测主要技术要求应符合表 2-2-4 ～表 2-2-6 的规定。

水准测量技术要求 表 2-2-4

水准测量等级	每千米高差中数中误差(mm)		附合水准路线平均长度(km)	水准仪等级	水准尺	观测次数		往返较差、附合或环线闭合差(mm)
	偶然中误差	全中误差				与已知点联测	附合或环线	
一等	±1	±2	35 ～ 45	DS1	铟瓦尺或条码尺	往返测各一次	往返测各一次	$\pm 4\sqrt{L}$

注：1. L 为往返测段、附合或环线的路线长度，单位为 km。
2. 采用电子水准仪测量的技术要求应与同等级的光学水准仪测量的技术要求相同。

水准测量外业观测要求(单位：m) 表 2-2-5

等级	视线长度		前后视距差	前后视距累计差	视线高度	
	仪器类型	视距			视线长度 20m 以上	视线长度 20m 以下
一等	DS1	≤ 50	≤ 1.0	≤ 3.0	≥ 0.5	≥ 0.3

水准测量测站观测限差(单位：mm) 表 2-2-6

等级	上下丝读数平均值与中丝读数之差	基、辅分划读数之差	基、辅分划所测高差之差	检测间歇点高差之差
一等	3	0.4	0.6	1

2.2.4 监测高程控制网的建立和初始值的观测

监测高程控制网应以建设单位提供的高程控制网系统为基准建立，按两级布设，由控制点(基准点、工作基点)组成首级网，由监测点及所联测的控制点组成闭合水准或附合水准(网)形式组成监测网。

监测点埋设稳定后，应在基坑开挖前进行初始值观测，初始值一般应独立观测 3 次，3 次观测时间间隔尽可能短些，3 次观测值较差满足有关限差值要求后，取 3 次观测值的平均值作为初始值。沉降监测则以初始值为观测值比较基准，变形监测工作应视基坑开挖情况实施。

监测高程控制网测量数据处理前应对基准点的稳定性进行检验和分析，应确保基准点的稳定性。如发现基准点发生变形，则应及时进行联测和修正。

在监测过程中，为保障基准点的稳定性，建议每个月对监测高程控制网进行一次检测。

第 3 章　监测技术方法

3.1　支护结构顶部水平位移监测

支护结构顶部水平位移就是支护结构顶部的监测点垂直于基坑边界向基坑内测移动的距离。深圳市城市轨道交通工程三期二阶段项目的第三方监测工作中，支护结构顶部水平位移监测采用的主要方法有极坐标法、视准线法、前方交会法和后方交会法。

3.1.1　极坐标法

极坐标法是目前支护结构顶部水平位移监测的最主要方法。以往受仪器精度的影响，在极坐标法监测水平位移时，只能用较多的测回数来提高测角精度，但仍会出现数据不稳定的情况，不能满足高精度的需要。随着仪器设备精度的提高，极坐标法得到了广泛的使用。

值得注意的是，采用全站仪极坐标法测量有诸多的条件限制：

（1）坐标系统要采用独立坐标系，坐标轴要与基坑主轴线平行或垂直；

（2）基准点不可布设太远，设站点要与基准点通视，实现一站观测，尽量避免转点情况；

（3）仪器设站对中要求高，对中误差不超过 0.5mm，这就要求通常采用固定观测站、强制对中的方法实现；

（4）观测点标志要固定，观测点与测站间的距离不能太长；

（5）需要温度、气压改正。

1 ）仪器设备

选用标称精度为测角 1.0″ 以上、测距 1mm+2×10^{-6}×D 以上的全站仪（图 2-3-1）。

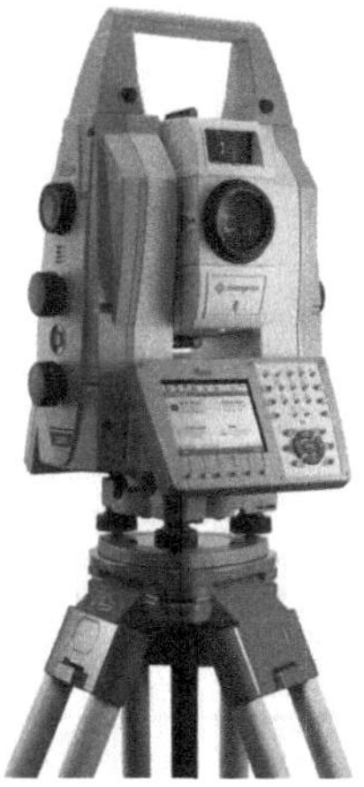

图 2-3-1　全站仪

2 ）测点布设

（1）测点布设要求

①监测点应沿基坑周边布设，且监测等级为一级、二级时，布设间距宜为 10 ～ 20m；监测等级为三级时，布设间距宜为 20 ～ 30m。

②基坑各边中间部位、阳角部位、深度变化部位、邻近建（构）筑物及地下管线等重要环境部位、地质条件复杂部位等，应布设监测点。

③对于出入口、风井等附属工程的基坑，每侧的监测点不应少于 1 个。

④水平和竖向位移监测点宜为共用点，监测点应布设在支护桩（墙）顶或基坑坡顶上。

（2）测点布设方式

支护结构顶部水平位移监测点有预埋和后埋两种方式。

预埋即在支护结构施工过程中，将棱镜转接头预先在测点设计位置竖直、牢固地绑扎（或焊接）在钢筋笼上，预埋标杆顶部高出设计圈梁顶部 1 ～ 2cm，混凝土浇筑完毕后，棱镜转接头标杆即牢固在冠梁中；亦可在冠梁混凝土浇筑后12h内，将棱镜转接头插入测点设计位置，待混凝土完全凝固后，标杆亦牢固在冠梁中。

后埋即支护结构顶部结构施工完成后，用冲击钻在测点设计位置钻出深约10cm的孔，用膨胀螺栓或植筋胶将棱镜转接头标杆固定到孔内，监测时放置棱镜即可。

支护结构顶部水平位移监测点如图2-3-2所示。

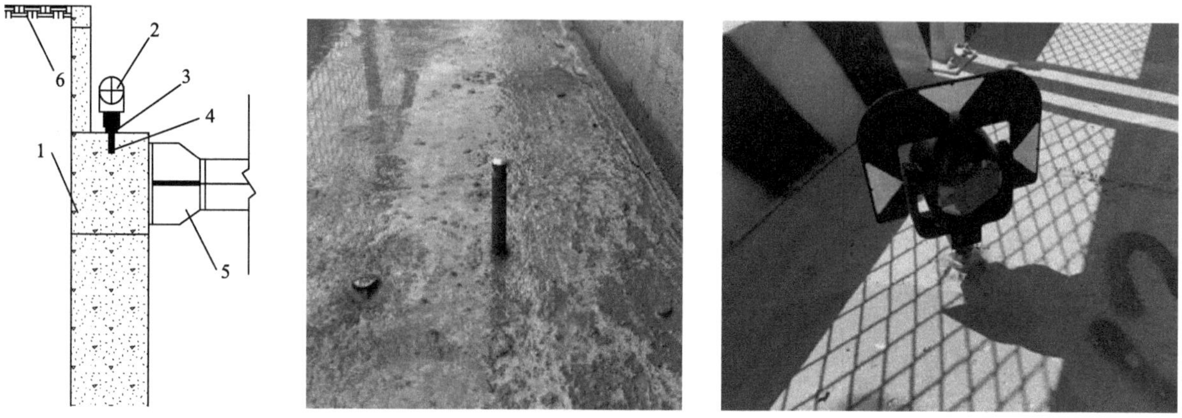

图2-3-2　支护结构顶部水平位移监测点

1-冠梁；2-测量装置；3-连接杆件；4-固定螺栓；5-支撑；6-地面

3)观测方法

极坐标法是通过一个已知点和一个已知方位角，观测出监测点到已知点的平面距离和到已知方位角的水平夹角，从而计算出监测点的坐标；通过监测点多次坐标值的变化，进而计算出监测点垂直于基坑边的水平位移。

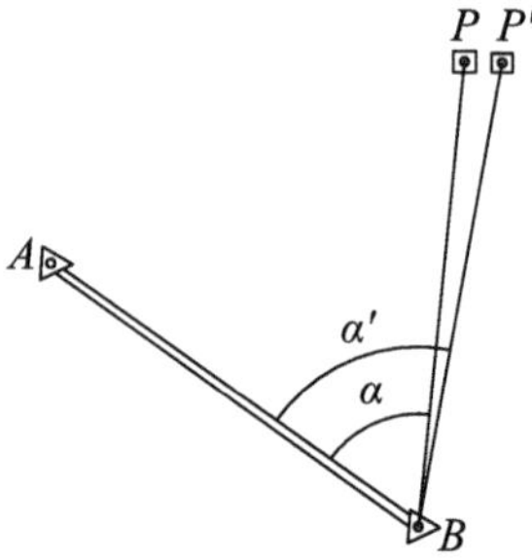

图2-3-3　极坐标法示意图

如图2-3-3所示，以两个已知点A、B为参照，通过测定已知点B到监测点P的距离和已知点B与监测点P的连线与两已知点A、B连线的夹角来求得监测点P的坐标。

当采用全站仪极坐标法进行水平位移监测时，应符合下列规定：

（1）全站仪标称精度应符合表2-3-1的规定。

全站仪标称精度要求　　表2-3-1

监测点坐标中误差(mm)	一测回水平方向标准差(″)	测距中误差
1.0	≤0.5	≤($1mm+1\times10^{-6}\times D$)
1.5	≤1.0	≤($1mm+1\times10^{-6}\times D$)
2.0	≤1.0	≤($1mm+2\times10^{-6}\times D$)
3.0	≤2.0	≤($2mm+2\times10^{-6}\times D$)

（2）测站至监测点的距离不宜大于300m。

（3）监测点的测回数应根据观测精度要求、全站仪标称精度、测站至监测点的距离等因素综合确定；一般情况下按表2-3-2执行，当观测数据波动较大时，要改选精度较高的仪器或适当增加测回数以提高观测精度。

全站仪测回数要求 表 2-3-2

全站仪标称精度	监测点坐标中误差(mm)			
	1.0	1.5	2.0	3.0
0.5″，1mm+1×10^{-6}×D	2	1	1	1
1.0″，1mm+1×10^{-6}×D	—	1	1	1
1.0″，1mm+2×10^{-6}×D	—	1	1	1
2.0″，2mm+2×10^{-6}×D	—	—	2	1

(4)水平位移监测点的技术要求应符合表 2-3-3 的要求。

水平位移监测点的技术要求 表 2-3-3

等 级	变形监测点的点位中误差(mm)	坐标较差或两次测量较差(mm)
Ⅰ	±1.5	2
Ⅱ	±3.0	4
Ⅲ	±6.0	8

(5)数据处理。

计算监测点 P 点的坐标 (X_P, Y_P) 时，先计算已知点 $A\ (X_A, Y_A)$、$B\ (X_B, Y_B)$ 的方位角：

$$\alpha_{BA} = \arctan\left(\frac{Y_A - Y_B}{X_A - X_B}\right) \tag{2-3-1}$$

测定角度 α 和 B 点到 P 点的边长 S，则 B 点到 P 点的方位角为 $\alpha_{BP} = \alpha_{BA} + \alpha$；已知点 B 点坐标为 (X_B, Y_B)，则 P 点坐标为：

$$X_P = X_B + S \cdot \cos\alpha_{BP} \tag{2-3-2}$$

$$Y_P = Y_B + S \cdot \sin\alpha_{BP} \tag{2-3-3}$$

监测点 P 点两次监测的位移量为：

$$\Delta S = \sqrt{(X_P - X_{P'})^2 + (Y_P - Y_{P'})^2} \tag{2-3-4}$$

通过位移量 ΔS 和坐标系与基坑边的关系，将位移量投影至垂直于基坑的方向，可以计算出监测点垂直于基坑边的水平位移变化量。极坐标法用于水平位移监测是比较简便且易实现的方法，其原理为数学中的极坐标原理，需要建立坐标系统，在进行支护结构顶部水平位移监测时，建立的坐标系统的坐标轴尽量平行于基坑边线。

3.1.2 视准线法

常见的视准线法包括激光准直法、活动砧板法、小角法等，而视准线小角法是深圳市城市轨道交通工程三期二阶段项目中支护结构顶部水平位移监测常用的方法。

视准线法主要用于垂直于基准线的单向位移测量，具有测量方法简单、数据直观、精度高、对仪器标称精度要求较低的优点。变形监测点至基准线的垂距较小，对架设仪器的工作基点至监测点的距离测量精度要求不高，复测期间通常只观测角度，距离采用首次观测时的距离。

工作基点一般处于变形影响范围内，应在变形区以外设置基准点，对工作基点定期复测检查。

（1）仪器设备

选用标称精度为测角 1.0″ 以上、测距 $1mm+2\times10^{-6}\times D$ 以上的全站仪。

（2）测点布设

监测点的布设要求及埋设方法同本章第 3.1.1 节。

（3）观测方法

视准线小角法是沿垂直于变形监测方向建立一条工作基准线，在工作基准线的一端设置工作基点，架设全站仪，通过测量基准线至变形监测点的小角变化量，测得测站至变形监测点的距离，从而计算出变形监测点偏移基准线的距离，两期或多期进行比较，得到变形监测点的变形量。

当采用视准线小角法进行水平位移监测时，应符合下列规定：

①全站仪标称精度应符合表 2-3-1 的规定。

②应垂直于所测位移方向布设视准线，并应以工作基点作为测站点，且应采用有强制对中装置的观测墩。

③测站至监测点的距离不宜大于 300m。

④采用视准线小角法时，小角角度不应超过 30′，观测不应少于 1 测回。

（4）数据处理

如图 2-3-4 所示，监测点偏离视准线的垂直距离 d 应按下式计算：

$$d=\alpha/\rho\times D \tag{2-3-5}$$

式中：α——偏角（″）；

D——监测点至测站点之间的距离（mm）；

ρ——常数，其值为 206265′。

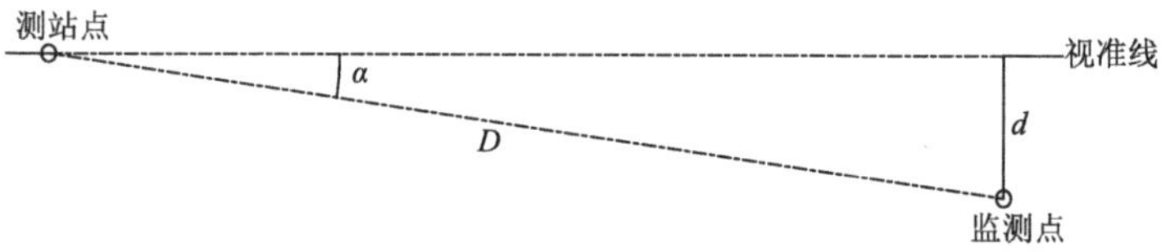

图 2-3-4　视准线小角法示意图

通过监测点本次偏离视准线的垂直距离和首次偏离视准线的垂直距离，即可得到监测点垂直于基坑边的水平位移变化量。

视准线法只能测定预计方向的变形量，对变形监测点其他方向的变形不敏感。这种方法适合于基坑边坡监测，有明确的监测变形方向。视准线的建立要有足够的检核条件，一般在视准线上要有至少两个照准点，保证视准线在监测方向上不发生偏离。

3.1.3　前方交会法

前方交会法是在两个已知坐标的控制点或工作基点上架设全站仪，通过测定两个控制点与监测点之间的角度、距离来计算监测点的坐标，从而推算出支护结构水平位移的方法。前方交会法主要包括测角前方交会、测边前方交会和边角前方交会，本节主要介绍测角前方交会法。

（1）仪器设备

选用标称精度为测角 1.0″ 以上、测距 $1mm+2\times10^{-6}\times D$ 以上的全站仪。

（2）测点布设

监测点的布设要求及埋设方法同本章第 3.1.1 节。

（3）观测方法

如图 2-3-5 所示，在已知点 A、B 上设站观测水平角 α、β，根据已知点坐标和观测值，即可求出监测点 P 的坐标。通过监测点多次坐标值的变化，进而计算出监测点垂直于基坑边的水平位移。

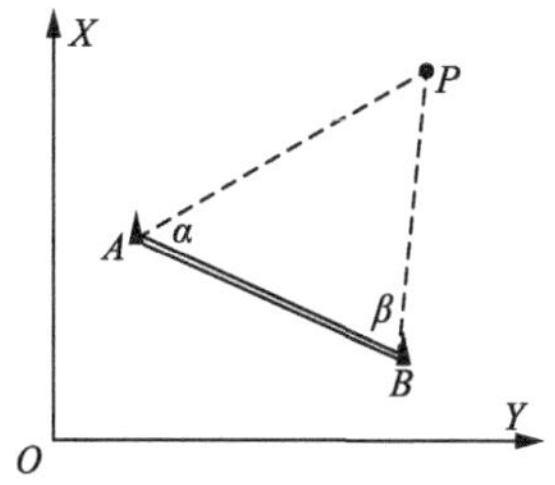

图 2-3-5　测角前方交会示意图

外业观测时，其技术规定要求同本章第 3.1.1 节极坐标法。

（4）数据处理

设定 $\triangle ABP$ 的点号 A［已知点，坐标为（X_A、Y_A）］、B［已知点，坐标为（X_B、Y_B）］、P（监测点）按逆时针编号，则监测点 P 的坐标计算如下：

$$X_P = \frac{X_A \cot\beta + X_B \cot\alpha + (Y_B - Y_A)}{\cot\alpha + \cot\beta} \tag{2-3-6}$$

$$Y_P = \frac{Y_A \cot\beta + Y_B \cot\alpha - (X_B - X_A)}{\cot\alpha + \cot\beta} \tag{2-3-7}$$

监测点 P 点两次监测的位移量为：

$$\Delta S = \sqrt{(X_P - X_{P'})^2 + (Y_P - Y_{P'})^2} \tag{2-3-8}$$

通过位移量 ΔS 和坐标系与基坑边的关系，将位移量投影至垂直于基坑的方向，可以计算出监测点垂直于基坑边的水平位移变化量。

3.1.4　后方交会法

在待定点上架设仪器，观测两个或两个以上已知点，从而计算出待定点的坐标，称为后方交会法。在城市轨道交通工程支护结构水平位移监测工作中，所称的后方交会法实际上是多点后方交会设站的极坐标法，也可称为自由设站法。

自由设站法的优点是设站灵活，无需对中仪器，能够快速完成测量外业任务。作业时可以将仪器设置在与基准点和监测点通视的位置，避免施工遮挡监测点影响观测。

（1）仪器设备

选用标称精度为测角 1.0″ 以上、测距 $1\text{mm}+2\times10^{-6}\times D$ 以上的全站仪。

（2）测点布设

监测点的布设要求及埋设方法同本章第 3.1.1 节。

（3）观测方法

如图 2-3-6 所示，全站仪可以自由架设在便于监测的位置 P 点，通过测定位于变形区影响范围之外的至少两个控制点 A、B，即测站点 P 到两个已知点 A（X_A、Y_A）、B（X_B、Y_B）之间的方向值 γ 和距离值 a、b，即可计算出测站点 P 的坐标，进而根据极坐标法可测算出各监测点 1、2、3、4 的坐标。

外业观测时，其技术规定要求同本章第 3.1.1 节极坐标法。

（4）数据处理

在 ΔABP 中，边长 c 可以根据 A、B 两点的坐标反算，边长 a、b 为观测值，根据三角形三边的长度，用余弦定律可计算水平角 α 和 β 为：

$$\alpha = \arccos\left(\frac{b^2 + c^2 - a^2}{2bc}\right) \tag{2-3-9}$$

$$\beta = \arccos\left(\frac{a^2 + c^2 - b^2}{2ac}\right) \tag{2-3-10}$$

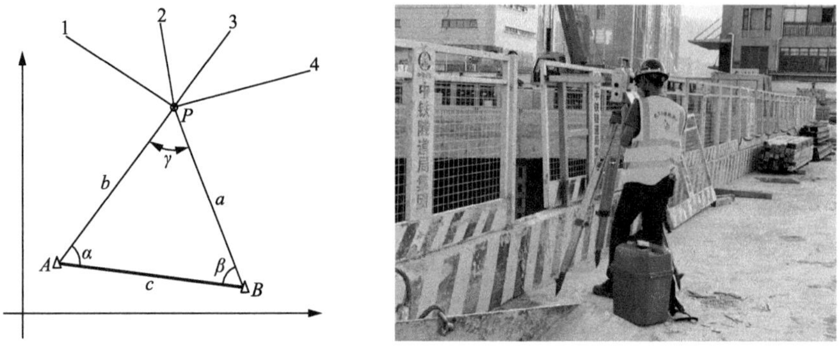

图 2-3-6　自由设站极坐标法示意图及现场作业

设定 △*ABP* 的点号 *A*（已知点）、*B*（已知点）、*P*（测站点）按逆时针编号，则测站点 *P* 的坐标计算如下：

$$X_{\mathrm{P}} = \frac{X_{\mathrm{A}}\cot\beta + X_{\mathrm{B}}\cot\alpha + (Y_{\mathrm{B}} - Y_{\mathrm{A}})}{\cot\alpha + \cot\beta} \tag{2-3-11}$$

$$Y_{\mathrm{P}} = \frac{Y_{\mathrm{A}}\cot\beta + Y_{\mathrm{B}}\cot\alpha - (X_{\mathrm{B}} - X_{\mathrm{A}})}{\cot\alpha + \cot\beta} \tag{2-3-12}$$

然后根据本章第 3.1.1 节极坐标法对各监测点进行观测，得到监测点的坐标值，进而计算出监测点垂直于基坑边的水平位移变化量。

3.2　支护结构顶部竖向位移监测

城市轨道交通工程支护结构顶部竖向位移监测常用的方法有水准测量法和三角高程测量法。

3.2.1　水准测量法

水准测量法是利用一条水平视线，并借助水准尺来测定两点间的高差，由已知点的高程推算出监测点的高程；通过监测点的两次高程值，即可计算出监测点的沉降变化量（图 2-3-7、图 2-3-8）。

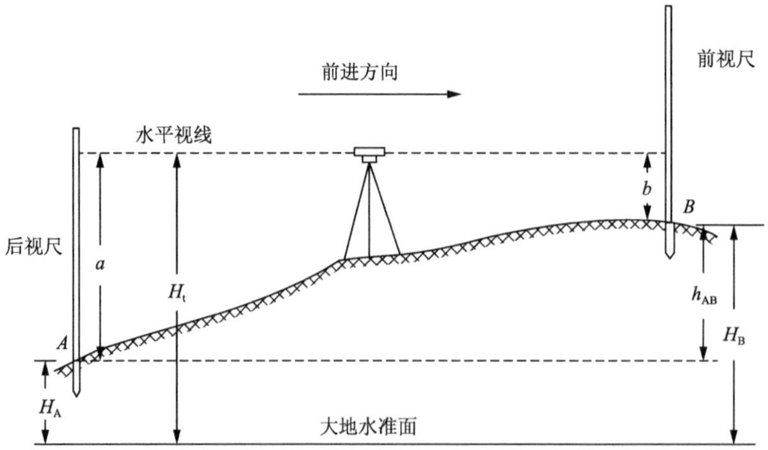

图 2-3-7　水准测量示意图

图 2-3-8　水准测量作业现场

1)仪器设备

水准测量法竖向位移监测主要使用电子水准仪(图 2-3-9)。

图 2-3-9　电子水准仪

2)测点布设

支护结构顶部竖向位移监测点一般与支护结构顶部水平位移监测点共点,监测点的布设要求及埋设方法见本章第 3.1.1 节,在观测时将水准尺竖立在监测标杆(棱镜转接头标杆)顶部。支护结构顶部竖向位移监测点也可以单独布点,布设方法同支护结构顶部水平位移监测点,布设形式如图 2-3-10 所示。

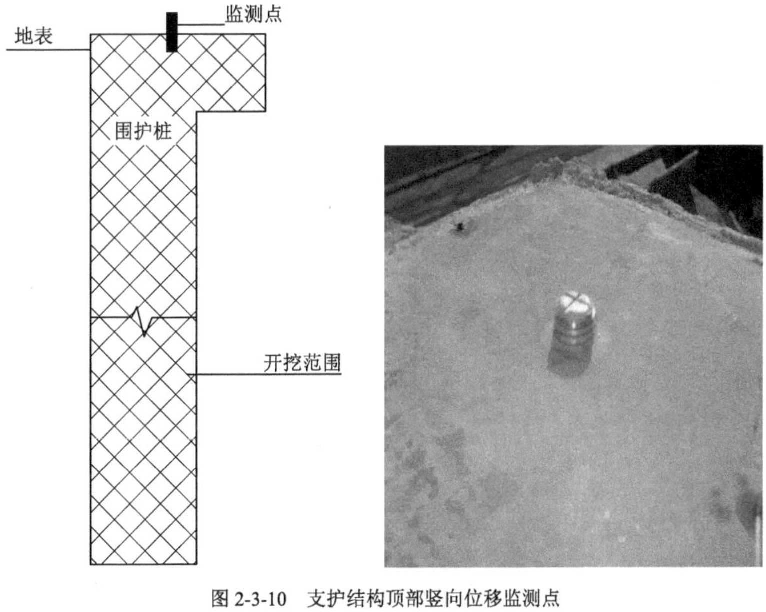

图 2-3-10　支护结构顶部竖向位移监测点

3）观测方法

竖向位移监测主线应构成附合路线、闭合路线或结点网。当监测对象上布设的监测点密集时，在观测路线中宜采用间视法进行观测，但应在不同测站各观测一次。

支护结构顶部竖向位移观测按《城市轨道交通工程测量规范》（GB/T 50308—2017）和《建筑变形测量规范》（JGJ 8—2016）中变形监测的技术要求施测，采用电子水准仪和配套的条码铟钢水准尺进行作业，监测点测量的各项技术依据表 2-3-4 和表 2-3-5 的规定执行，沉降观测作业方式按表 2-3-6 的规定执行。

垂直位移监测点技术要求和监测方法 表 2-3-4

等　级	变形监测点高程中误差（mm）	相邻点高差中误差（mm）	往返较差，附合或环线闭合差（mm）	主要监测方法
Ⅰ	±0.3	±0.1	$\pm 0.15\sqrt{n}$	一等水准测量
Ⅱ	±0.5	±0.3	$\pm 0.30\sqrt{n}$	二等水准测量
Ⅲ	±1.0	±0.5	$\pm 0.60\sqrt{n}$	二等水准测量

注：n 为测站数。

水准观测主要技术要求 表 2-3-5

等　级	仪器型号	水准尺	视线长度（m）	前后视距差（m）	前后视距累计差（m）	视线离地面最低高度（m）	基、辅分划读数较差（mm）	基、辅分划读数所测高差较差（mm）
Ⅰ	DS05	铟瓦	≤ 15	≤ 0.3	≤ 1.0	0.5	≤ 0.3	≤ 0.4
Ⅱ	DS05	铟瓦	≤ 30	≤ 0.5	≤ 1.5	0.3	≤ 0.3	≤ 0.4
Ⅲ	DS1	铟瓦	≤ 50	≤ 1.0	≤ 3.0	0.3	≤ 0.5	≤ 0.7

沉降观测作业方法 表 2-3-6

等　级	首期沉降观测		其他各期沉降观测		观 测 顺 序
	DS05 型仪器	DS1 型仪器	DS05 型仪器	DS1 型仪器	
Ⅰ	往返测	—	往返测或单程双测站	—	奇数站：后—前—前—后 偶数站：前—后—后—前
Ⅱ	往返测	往返测或单程双测站	单程观测	单程双测站	奇数站：后—前—前—后 偶数站：前—后—后—前
Ⅲ	单程双测站	单程双测站	单程观测	单程观测	后—前—前—后

竖向位移监测应符合下列规定：

（1）监测精度应与相应等级的竖向位移监测网观测一致。

（2）主要监测点应与水准基准点或工作基点组成闭合线路或附合水准线路。

（3）对于采用的水准仪视准轴与水准管轴的夹角（i 角），监测等级为一级时，不应大于 10″；监测等级为二级时，不应大于 15″；监测等级为三级时，不应大于 20″。

（4）铟瓦水准标尺分划线的分米分划线误差和米分划间隔真长与名义长度之差不应大于 0.1mm。

水准观测作业应符合下列要求：

（1）应在标尺分划线成像清晰和稳定的条件下进行观测，不得在日出后或日落前约半小时、太阳中天前后、风力大于四级、气温突变时以及标尺分划线的成像跳动而难以照准时进行观测，阴天可全天候观测。

（2）观测前半小时，应将仪器置于露天阴影下，使仪器与外界气温趋于一致。观测前，应进行不少于 20 次单次测量的预热。晴天观测时，应使用测伞遮蔽阳光。

（3）应避免望远镜直接对着太阳，且应避免观测视线被遮挡。仪器应在厂家规定的温度范围内工作。当遇临时振动影响时，应暂停作业。当长时间受振动影响时，应增加重复测量次数。

（4）每测段往测与返测的测站数均应为偶数，否则应加入标尺零点差改正。由往测转向返测时，两标尺应互换位置，并应重新整置仪器。在同一测站上观测时，不得两次调焦。转动仪器的倾斜螺旋和测微鼓时，其最后旋转方向均应为旋进。

（5）对各周期观测过程中发现的相邻观测点高差变动迹象、地质地貌异常、附近建筑基础和墙体裂缝等情况，应做好记录，并画出草图。

（6）为了减弱系统误差影响，提高观测精度，有条件时变形监测应做到五固定，即固定仪器、固定观测者、固定观测线路、固定观测方法、固定观测时间。

（7）当测站观测限差超限时，应立即重测；当迁站后发现超限时，应从水准点或稳固可靠的固定点开始重测。

（8）线路观测完成应现场计算附合路线或环线闭合差，超限时，应先就路线上可靠程度较小的某些测段进行重测，当重测后仍不符合限差时，则应重测该路线上的其余有关测段。

支护结构顶部竖向位移监测现场如图 2-3-11 所示。

图 2-3-11　支护结构顶部竖向位移监测现场

4）数据处理

（1）数据计算整理

观测记录采用电子水准仪自带记录程序进行，观测完成后形成原始电子观测文件，通过数据传输处理软件传输至计算机，检查合格后使用专用水准网平差软件进行严密平差，得出各点高程值。

平差计算要求如下：

①应使用稳定的基准点为起算点，并检核独立闭合差及与 2 个以上的基准点的相互附合差是否满足精度要求，确保起算数据的准确。

②使用测量平差软件进行平差，平差前应检核观测数据，观测数据准确可靠，检核合格后按严密平差的方法进行计算。

③平差后数据取位应精确到 0.1mm。

通过变形观测点各期高程值计算各期阶段沉降量、阶段变形速率、累计沉降量等数据，统计预警点信息，填入监测数据报表，绘制时间—沉降量曲线图，为下一步数据分析提供依据。

（2）数据统计及分析

变形测量几何分析应对基准点的稳定性进行检验和分析，并判断观测点是否变动。每期变形观测后，应根据本期相关观测数据与上期观测数据之间的差值，通过组合比较的方式对基准点的稳定性进行分析判断。

观测点的变形分析应符合以下原则：

①观测点的变动分析应基于以稳定的基准点作为起始点而进行的平差计算成果。

②相邻两期观测点的变动分析可通过比较观测点相邻两期的变形量与最大测量误差（取 2 倍中误差）来进行。当变形量小于最大误差时，可认为该观测点在这两个周期间没有变动或变动不显著。

③对多期变形观测成果，当相邻周期变形量很小，但多期呈现出较明显的变化趋势时，应视为有变动。

④当观测结果出现异常、接近（或达到）报警值时，应及时补充现场巡视，综合施工状况和变形区现场状况进行综合判断。确认有异常情况时，应立即通知建设单位及相关单位各方采取措施。

3.2.2 三角高程测量法

用水准测量的方法测定点与点之间的高差，即可由已知高程点求得另一点的高程，应用这种方法观测的监测点垂直位移变化精度较高。但在地面高低起伏较大的地区，或监测点位置难以到达的地方，用这种方法测定监测点的高程进程缓慢，有的甚至非常困难。这时可利用高精度全站仪进行三角高程测量作业。三角高程测量的基本思想是根据由测站向照准点所观测的竖角（或天顶距）和它们之间的水平距离，计算测站点与照准点之间的高差。这种方法简便灵活，受地形条件的限制较少。

基于全站仪的三角高程测量可用于三等、四等沉降观测，温度、气压改正是不可忽略的因素。

1）仪器设备

三角高程法支护结构墙顶竖向位移监测使用的仪器为全站仪，宜采用 0.5″ ～ 1″ 级仪器，且仪器精度应符合表 2-3-7 的要求。

三角高程测量所用全站仪标称精度要求 表 2-3-7

沉降观测等级	一测回水平方向标准差（″）	测距中误差（mm）
三等	≤ 1.0	≤（$1mm+1\times10^{-6}\times D$）
四等	≤ 2.0	≤（$2mm+2\times10^{-6}\times D$）

2）测点布设

使用三角高程测量法进行支护结构顶部竖向位移监测时，监测点可以埋设成棱镜形式，埋设方法同本章第 3.1.1 节。

3）观测方法

三角高程测量常采用中间设站观测方式，其类似于常规的水准测量作业方式，即在已知点和监测点中间适当位置架设全站仪，通过测定两个观测点间的高差，由已知点的高程推算出监测点的高程。

如图 2-3-12 所示，假设设站点为 A，监测点为 B，已知点为 C（已知高程 H_C），在设站点 A 上安置全站仪，观测已知点 C 和监测点 B。

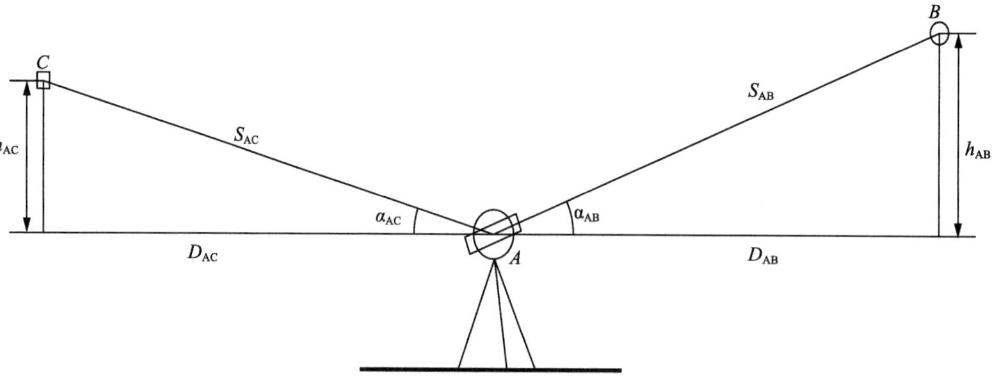

图 2-3-12 三角高程测量示意图

（1）作业要求

①应在后视点、前视点上设置棱镜，在其中间设置全站仪。观测视线长度不宜大于 300m，最长不宜超过 500m，视线垂直角不应超过 20°。每站的前后视线长度之差，三等观测不宜超过 30m，四等观测不宜

超过 50m。

②视线高度及离开障碍物的间距宜大于 1.3m。

③当采用单棱镜观测时，每站应变动 1 次仪器高进行两次独立测量。当两次独立测量所计算高差的较差符合表 2-3-8 的规定时，取其算术平均值作为最终高差值。

两次测量高差较差限差　　表 2-3-8

沉降观测等级	两次测量高差较差限差(mm)
三等	$10\sqrt{D}$
四等	$20\sqrt{D}$

（2）距离和垂直角观测要求

①每次距离观测时，前后视应各测两个测回。每测回应照准目标 1 次、读数 4 次。距离观测应符合表 2-3-9 的规定。

距 离 观 测 要 求　　表 2-3-9

全站仪测距标称精度	一测回读数间较差限差（mm）	测回间较差限差（mm）	气象数据测定最小读数	
			温度(℃)	气压(mmHg)
$1\text{mm}+1\times10^{-6}\times D$	3	4.0	0.2	0.5
$2\text{mm}+2\times10^{-6}\times D$	5	7.0	0.2	0.5

注：1ppm 表示每千米 1mm，2ppm 表示每千米 2mm。

②每次垂直角观测时，观测测回数及限差应符合表 2-3-10 规定。

垂直角观测要求　　表 2-3-10

全站仪测角标称精度	测　回　数		垂直角测回差限差(″)	指标差较差限差(″)
	三等	四等		
0.5″	2	1	3	3
1″	4	2	5	5
2″		4	7	7

③观测宜在日出后 2h 至日落前 2h 期间内目标成像清晰稳定时进行，阴天和多云天气可全天观测。

4）数据处理

根据三角高程的原理，计算仪器横轴中心 A 与监测点 B、已知点 C 的高差：

$$h_{\text{AC}}=D_{\text{AC}}\cdot\tan\alpha_{\text{AC}} \tag{2-3-13}$$

$$h_{\text{AB}}=D_{\text{AB}}\cdot\tan\alpha_{\text{AB}} \tag{2-3-14}$$

监测点 B 与已知点 C 之间的高差 h_{CB} 为：

$$h_{\text{CB}}=(D_{\text{AB}}\cdot\tan\alpha_{\text{AB}}-D_{\text{AC}}\cdot\tan\alpha_{\text{AC}})+\left(\frac{D_{\text{AB}}^2-D_{\text{AC}}^2}{2R}\right)-\left(\frac{D_{\text{AB}}^2}{2R}K_{\text{AB}}-\frac{D_{\text{AC}}^2}{2R}K_{\text{AC}}\right)-(v_{\text{B}}-v_{\text{C}}) \tag{2-3-15}$$

监测点 B 的高程 H_B 为：

$$H_B = H_C + H_{CB} \tag{2-3-16}$$

上述式中： R——地球平均曲率半径（m）；

K_{AB}、K_{AC}——前视、后视大气垂直折光系数；

v_B、v_C——前视、后视棱镜高（m）。

使用三角高程方法测量高差，可仿照水准测量方法形成闭合路线或符合路线，计算闭合差，进行平差计算，消除偶然误差，提高测量精度。

通过计算监测点两次高程值的差值即可确定监测点的沉降变化。

3.3 深层水平位移监测

深层水平位移监测是在岩土体中钻孔埋设或在支护结构中预埋测斜管，通过使用测斜仪观测监测孔中各深度处水平位移的方法。城市轨道交通工程施工监测中，根据监测孔的不同埋设方法，将深层水平位移监测分为岩土体深层水平位移监测和支护结构深层水平位移监测。

1）仪器设备

深层水平位移监测使用的仪器为测斜仪。测斜仪仪器设备主要由测斜探头、电缆线和读数仪组成，按测斜探头中传感元件的性质分为滑动电阻式、电阻应变片式、振弦式及伺服加速度计式等几种，伺服加速度计式测斜仪灵敏度和精度相对较高，稳定性也较好。深层水平位移监测数据控制值要求选用测斜仪的系统精度不宜低于 0.25mm/m，分辨率不宜低于 0.02mm/500mm，电缆长度应大于测斜孔深度。

2）测点布设

（1）布设要求

①监测点应沿基坑周边的桩（墙）体布设，且监测等级为一级、二级时，布设间距宜为 20 ～ 40m；监测等级为三级时，布设间距宜为 40 ～ 50m。

②基坑各边中间部位、阳角部位及其他代表性部位的桩（墙）体应布设监测点。

③监测点的布设位置宜与支护桩（墙）顶部水平位移和竖向位移监测点处于同一监测断面。

（2）岩土体深层水平位移监测点布设

岩土体深层水平位移测斜管应在基坑或隧道支护结构施工前埋设，埋设深度应依据当地的地质条件、工程经验等因素综合确定。软土地区的土体测斜管埋设深度宜超过支护墙体一定深度，有利于及时发现支护结构底部的位移状态。

测斜管采用钻机成孔吊装埋入的方式。首先在地层中钻孔，孔径略大于所选用的测斜管外径，然后将测斜管封好底盖逐节放入孔内，并同时在测斜管内灌满清水，直至放到预定的高程。随后在测斜管与钻孔之间的孔隙内回填细砂或水泥与黏土拌合料以固定测斜管，其配合比应与地层的物理力学性质相匹配。在埋设过程中应避免测斜管发生纵向旋转。测斜管管节之间的滑槽应相互对准，防止导槽堵塞。埋设就位时必须使测斜管的一对导槽与测量位移的方向一致。测斜管埋设完毕且稳固后应测量斜管导槽的方向、管口位置及高程，并做好保护工作。在测斜管上部设置金属保护套，在管口处浇筑混凝土窨井，并加保护盖（图 2-3-13）。

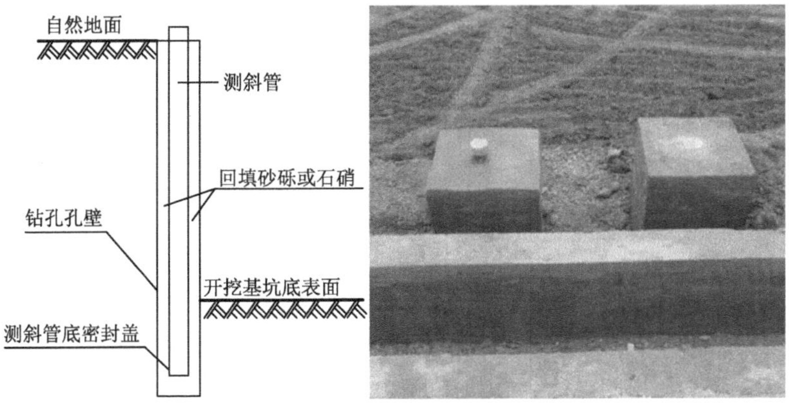

图 2-3-13　岩土体深层水平位移测斜管埋设

(3)支护结构深层水平位移监测点布设

支护结构深层水平位移监测点应随支护结构施工时同步进行布设。测斜管通过直接绑扎或设置抱箍将其固定在支护结构钢筋笼上,钢筋笼入槽(孔)后,浇筑混凝土。测斜管与支护结构的钢筋笼绑扎埋设,绑扎间距不宜大于 1.5m,测斜管与钢筋笼的固定必须十分稳定,以防浇筑混凝土时,测斜管与钢筋笼相脱落。同时必须注意测斜管的纵向扭转,很小的扭转角度就可能使测斜仪探头被导槽卡住,埋设就位的测斜管必须保证有一对凹槽与基坑边缘垂直。

具体安装步骤如下:

①测管连接:将 4m(或 2m)一节的测斜管用束节逐节连接在一起,接管时注意对齐内外槽口。管与管连接时先在测斜管外侧涂上聚氯乙烯(PVC)胶水,然后将测斜管插入束节,在束节四个方向用自攻螺钉或铝铆钉紧固束节与测斜管。注意胶水不要涂得过多,以免挤入内槽口结硬后影响以后测试。自攻螺钉或铝铆钉位置要避开内槽口且不宜过长。

②接头防水:在每个束节接头两端用防水胶布包扎,防止水泥浆从接头中渗入测斜管内。

③内槽检验:在测斜管接长过程中,不断将测斜管穿入制作好的地下连续墙钢筋笼内,待接管结束,测斜管就位放置后,必须检查测斜管一对内槽是否垂直于钢筋笼面,测斜管上下槽口是否扭转。在测斜管内槽位置满足要求后方可封住测斜管下口。

④测管固定:把测斜管绑扎在钢筋笼上,一般每 1m 绑扎一次。由于泥浆的浮力作用,测斜管的绑扎定位必须牢固可靠,以免浇筑混凝土时,发生上浮或侧向移动。

⑤端口保护:在测斜管上端口,外套钢管或硬质 PVC 管,外套管长度应满足浮浆混凝土凿除后管子仍稳固插入在混凝土中。

⑥吊装下笼:一般一幅地下连续墙钢筋笼可全笼起吊,绑扎在钢筋笼上的测斜管也可随钢筋笼一起放入地槽内,待钢筋笼就位后,在测斜管内注满清水,然后封上测斜管的上口。在钢筋笼起吊放入地槽的过程中要有专人看护,以防测斜管意外受损。如遇钢筋笼入槽失败,则应及时检查测斜管是否破损,必要时须重新安装。

⑦圈梁施工:圈梁施工阶段是测斜管最容易受到损坏的阶段,因此在地下连续墙凿除上部混凝土以及绑扎圈梁钢筋时,必须派专人看护好测斜管,以防被破坏。同时,应根据圈梁高度重新调整测斜管管口位置。

⑧最后检验:在圈梁混凝土浇筑筑前,应对测斜管进行一次检验,检验测斜管是否有滑槽、串槽和堵管现象,管长是否满足要求。如有堵管现象,则要做好记录,待圈梁混凝土浇好后及时进行疏通。如有滑槽现象,则要判断是否在最后一次接管位置。如果是,要在圈梁混凝土浇筑前及时进行整改。

测斜管埋设形式及保护措施如图 2-3-14、图 2-3-15 所示。

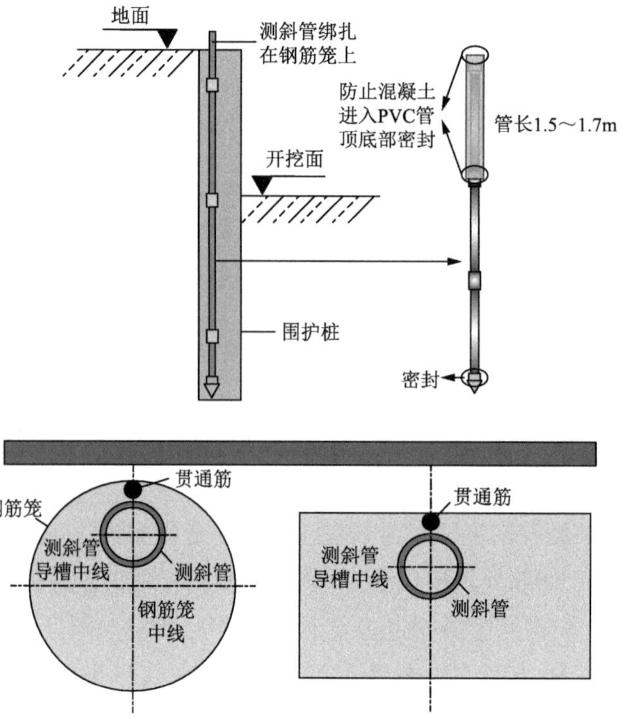

图 2-3-14　测斜管埋设示意图

图 2-3-15　测斜管绑扎及埋设

3)观测方法

(1)用模拟测头检查测斜管导槽。

(2)将测斜探头插入测斜管,使滚轮卡在导槽上,缓慢地下放至管底等候 5min,以便探头适应管内水温,然后由管底自下而上沿导槽全长每隔 0.5m 读一次数据,记录测点深度和读数。监测时一律从孔底开始自下而上逐点完成。每次测量时,应将测头稳定在某一位置上。

图 2-3-16　深层水平位移观测现场

(3)测量完毕后,将测头旋转 180° 插入同一对导槽内,按以上方法重复测量。两次测量的各测点应在同一位置上,此时各测点的两个读数应数值接近、符号相反。如果测量数据有疑问,应及时复测。

(4)基坑工程中通常只需监测垂直于基坑边线方向的水平位移。但对于基坑阳角的部位,则应测量两个方向的深层水平位移(图 2-3-16),此时,可用同样的方法测另一对导槽的水平位移。

(5)测斜管孔口需布设地表水平位移测点，以便必要时根据孔口水平位移量对深层水平位移量进行校正。

4)数据处理

(1)初始值测定

测斜管应在测试前 5d 装设完毕，在 3 ～ 5d 内用测斜仪对同一测斜管进行 3 次重复测量，判明处于稳定状态后，以 3 次测量的算术平均值作为侧向位移计算的基准值。

(2)数据计算整理

测斜仪工作原理示意图如图 2-3-17 所示。

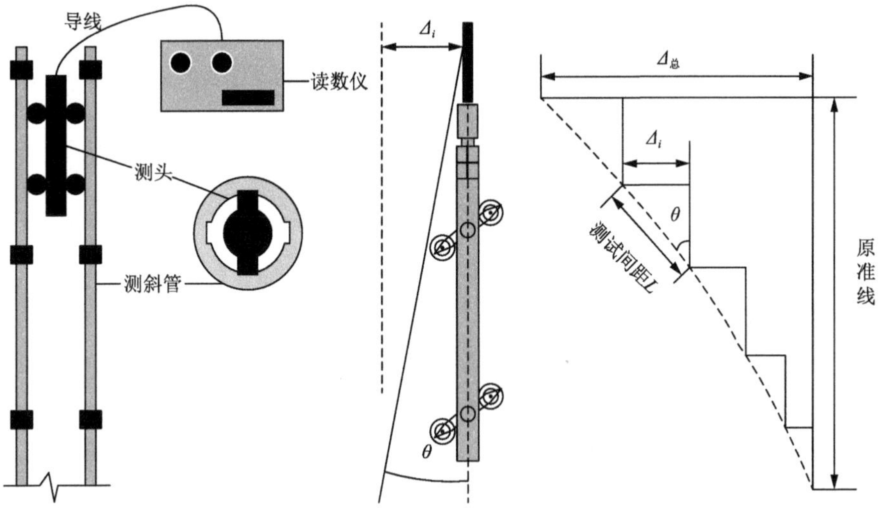

图 2-3-17　测斜仪工作原理示意图

首先，深层水平位移计算时，应确定固定起算点，固定起算点可设在测斜管的顶部或底部；当测斜管底部未进入稳定岩土体或已发生位移时，应以管顶为起算点，并应测量管顶的平面坐标进行水平位移修正。当被测墙体产生变形时，测斜管轴线产生挠度，用测斜仪确定测斜管轴线各段的倾角，便可计算出墙体的水平位移。

可按下式计算各量测段水平位移值：

$$\Delta X_n = \Delta X_0 + L\sum_{i=0}^{n}(\sin\alpha_i - \sin\alpha_{i0}) \tag{2-3-17}$$

式中：ΔX_n——从管口下第 n 个量测段处水平位移值(mm)；

L——量测段长度(mm)；

α_i——从管口下第 i 个量测段处本次测试倾角值(°)；

α_{i0}——从管口下第 i 个量测段处初次测试倾角值(°)；

ΔX_0——实测管口水平位移(mm)，当采用底部作为起算点时，$\Delta X_0 = 0$。

由上式可计算出测斜管轴线各测点水平位置，比较不同测次各测点水平坐标，便可得出墙体的水平位移量。

3.4　裂缝监测

基坑或隧道施工过程中，可能会对周边的建(构)筑物造成影响而产生裂缝。工程施工前应对周边环境对象的裂缝情况进行检查，在施工过程中应对已有裂缝进行监测。建(构)筑物裂缝监测应监测裂缝的位置、走向、长度、宽度，必要时应监测裂缝深度。在深圳市城市轨道交通工程三期二阶段项目中，裂缝监测主要使用钢直尺、游标卡尺或裂缝测宽仪。

3.4.1 钢直尺法

裂缝的长度监测宜采用钢尺直接进行量测，对于数量少、方便量测的裂缝，也可使用钢尺直接量测裂缝宽度。

1)仪器设备

钢直尺。

2)测点布设

(1)布设要求

①裂缝宽度监测应根据裂缝的分布位置、走向、长度、宽度、错台等参数，分析裂缝的性质、产生的原因及发展趋势，选取应力或应力变化较大部位的裂缝或宽度较大的裂缝进行监测。

②裂缝宽度监测宜在裂缝的最宽处及裂缝首、末端按组布设，每组应布设2个监测点，并应分别布设在裂缝两侧，且其连线应垂直于裂缝走向。

(2)布设方式

裂缝观测标志应具有可供量测的明晰的端面或中心，以便于量测。长期观测时，可采用镶嵌或埋入墙面的金属标志、金属杆标志或楔形板标志；短期观测时，可采用油漆平行线标志或用建筑胶粘贴的金属片标志。当需要测出裂缝纵、横向变化值时，可采用坐标方格网板标志。

具体埋设示意图如图2-3-18所示。

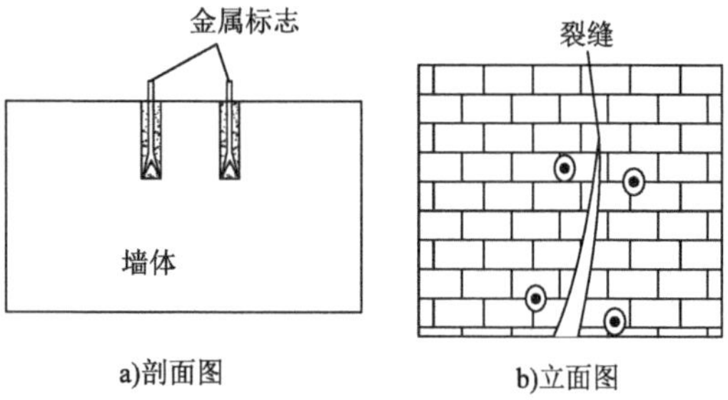

图2-3-18　裂缝观测金属杆标志埋设示意图

3)观测方法

对于数量少、方便量测的裂缝，使用钢直尺直接量测裂缝长度、宽度。如有粘贴标志，可用钢直尺量测标识宽度。

4)数据处理

裂缝宽度(长度)单次变化量计算公式如下：

$$\Delta L_{ij} = L_{ij} - L_{i(j-1)} \tag{2-3-18}$$

式中：ΔL_{ij}——第i条裂缝第j次测量时裂缝宽度(长度)单次变化量(mm)；

L_{ij}——第i条裂缝第j次测量时裂缝对应的宽度(长度)(mm)；

$L_{i(j-1)}$——第i条裂缝第$j-1$次测量时裂缝对应的宽度(长度)(mm)。

裂缝的累计宽度(长度)计算公式如下：

$$\Delta L = L_i - L_0 \tag{2-3-19}$$

式中：ΔL——裂缝的累计宽度(长度)(mm)；

L_0——裂缝初始宽度(长度)(mm)。

3.4.2 游标卡尺法

裂缝的宽度亦可采用游标卡尺进行量测。

（1）仪器设备

游标卡尺（图 2-3-19）是一种测量长度、内外径、深度的量具，由主尺和附在主尺上能滑动的游标两部分构成。

（2）测点布设

测点的埋设同本章第 3.4.1 节中的布设方法，亦可布设成图 2-3-20 中的标志形式，方便游标卡尺进行定位。

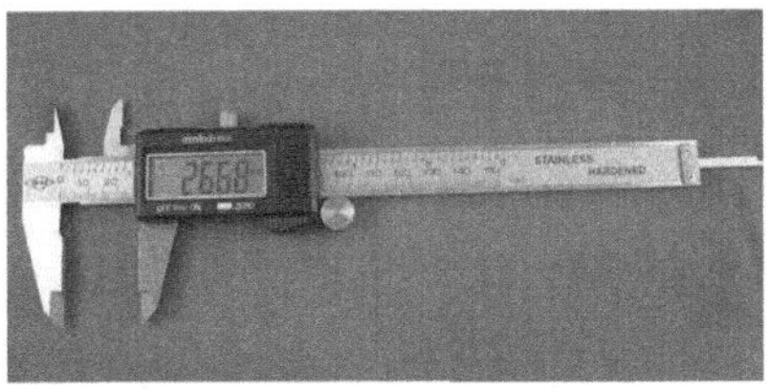

图 2-3-19　游标卡尺

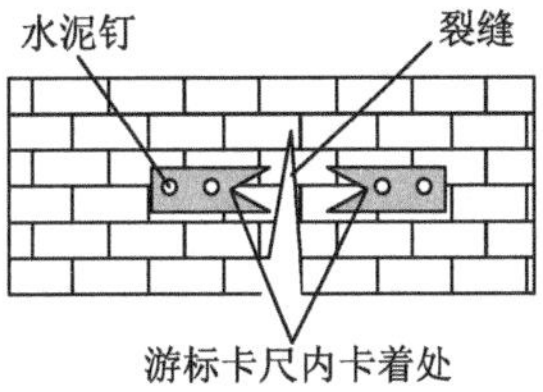

图 2-3-20　游标卡尺法裂缝观测标志埋设示意图

（3）观测方法

在使用游标卡尺进行裂缝观测前，应先将测量爪擦干净，使其并拢，查看游标和主尺身的零刻度线是否对齐。如果对齐就可以进行测量，如没有对齐则要记取零误差。测量时，使游标卡尺测量爪卡住裂缝两侧的监测标志，当两侧监测标志与量爪紧紧相贴时，即可读数。

（4）数据处理

数据处理同本章第 3.4.1 节。

3.4.3　裂缝测宽仪法

裂缝测宽仪可用于桥梁、隧道、墙体、混凝土路面、金属表面等裂缝宽度的量测，尤其可用于量测混凝土结构中裂缝宽度和表面微观缺陷。

（1）仪器设备

裂缝测宽仪（图 2-3-21）可对于裂缝宽度直接进行智能判读，即将彩色图像采集探头对准裂缝，测量程序自动扫描捕获裂缝并在显示屏上实时显示裂缝的宽度数值，同时还可以对需要的裂缝进行拍照。

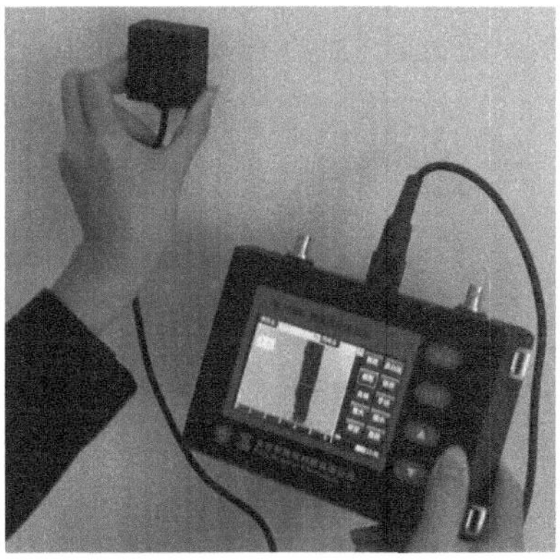

图 2-3-21　裂缝测宽仪

（2）测点布设

记录已有裂缝的分布位置和数量，并对监测裂缝进行统一编号，对裂缝测宽位置做好标记，记录各裂缝的位置、走向、长度、宽度以及初测日期。

（3）观测方法

采用裂缝测宽仪进行监测时，用电缆连接显示屏和测量探头，打开电源开关，将测量探头的两只脚放置在裂缝上，在显示屏上可看到被放大的裂缝图像，稍微转动摄像头使裂缝图像与刻度尺垂直，根据裂缝图像所占刻度线长度，读取裂缝宽度值。

（4）数据处理

数据处理同本章第 3.4.1 节。

3.5　隧道结构净空收敛监测

矿山法初期支护结构和盾构法管片结构的净空收敛是隧道施工中一项必不可少的监测内容，通过对围岩周边的水平净空收敛量及其速度进行观察，掌握围岩内部随时间变形的规律，从而判断围岩的稳定性。

净空收敛监测可采用收敛计、全站仪或红外激光测距仪进行。

3.5.1 收敛计法

收敛计（图 2-3-22）是利用机械传递位移的方法，将两个监测点间的相对位移转变为数字显示（简称数显）位移计的两次读数差。当用挂钩连接两监测点预埋件时，通过调整调节螺母，改变收敛计机体长度可产生对钢尺的恒定张力，从而保证量测的准确性及可比性，机体长度的改变量，由数显电路测出。当两点间随时间发生相对位移时，在不同时间内所测读数的不同，其差值就是两点间的相对位移值。

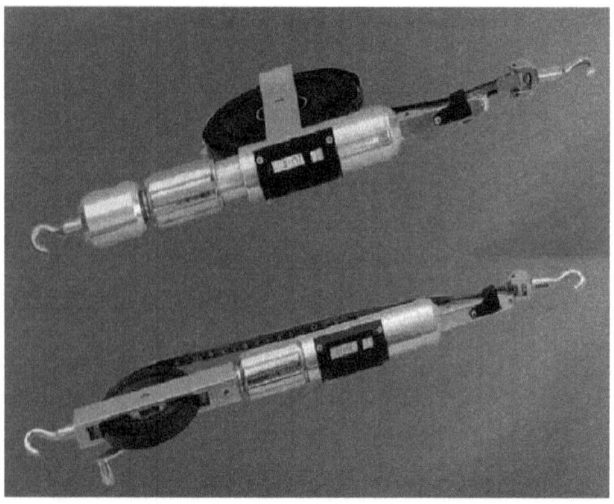

图 2-3-22 收敛计

1）仪器设备

采用收敛计法进行收敛监测时，常使用数显钢尺收敛计。数显收敛计适用于量测隧道、巷道、硐室及其他工程围岩周边任意方向两点间的距离微小变化，达到评定工程稳定性，研究工程围岩及支护的变形发展规律，确定合理支护参数的目的。

钢尺收敛计在使用过程中需产生恒定张力，因此应定期标定检校。

2）测点布设

（1）布设要求

①初期支护结构拱顶沉降、净空收敛监测应布设垂直于隧道轴线的横向监测断面，车站监测断面间距宜为 5 ～ 10m，区间监测断面间距宜为 10 ～ 15m。

②监测点宜在隧道拱顶、两侧拱脚处（全断面开挖时）或拱腰处（半断面开挖时）布设，拱顶的沉降监测点可兼作净空收监测点，净空收敛测线宜为 1 ～ 3 条。

③分部开挖施工的每个导洞均应布设横向监测断面。

④监测点应在初期支护结构完成后及时布设。

（2）布设方式

应在收敛测线两端安装监测点，监测点与隧道侧壁应固定牢固；监测点安装后应进行监测点与收敛尺接触点的符合性检查。

净空收敛监测点可用工厂加工的测头焊接在型钢拱架上，喷射混凝土前，将塑料袋或废旧的水泥袋缠绕在测头上，待喷射混凝土喷射完毕后，解开塑料袋或水泥袋，及时清理其表面混凝土形成凹槽并用锚固剂对测点尾端进一步加固，以防止爆破和出渣时对测点的破坏。随后，做好标记，方便测试时寻找，并警示施工单位注意，以达到保护作用。对于矿山法隧道，除采用焊接方式外，还可以采用钻孔埋设的方法。

3）观测方法

使用收敛计进行收敛监测的一般步骤如下：

（1）检查预埋监测点有无损坏、松动等情况，并将监测点上灰尘擦净。

（2）打开收敛计钢尺摇把，拉出尺头挂钩放入测点孔内，将收敛计拉至另一端测点，并把尺架挂钩挂入测点孔内，选择合适的尺孔，将尺孔销插入，用尺卡将尺与联尺架固定。

（3）调整调节螺母，仔细观察，使塑料窗口上的刻线对在张力窗口内标尺上的两条白线之间。

（4）记下钢尺在联尺架端时的基线长度与数显读数。为提高量测精度，每条基线应进行三次独立观测，且三次独立观测较差应小于标称精度的 2 倍，然后取平均值。当三次读数极差大于限差时，应重新观测。

（5）一条基线测完后，应及时逆时针转动调节螺母，摘下收敛计，打开尺卡收拢钢带尺，为下一次使用做好准备。

4）数据处理

收敛变形观测成果应进行尺长改正和温度改正。一等和二等观测的温度测量最小读数为 0.2℃，三等和四等观测时温度测量最小读数为 1℃，并应按下式进行温度改正：

$$\delta_L = k \times L \times \delta_T \tag{2-3-20}$$

式中：δ_L——温度变化改正数（mm）；

k——收敛尺的温度线膨胀系数；

L——固定测线的长度读数（mm）；

δ_T——温度变化量（℃）。

采用收敛计进行净空收敛监测相对简单，通过监测布设于隧道周边上的两个监测点之间的距离，求出与上次量测值之间的变化量即为此处两监测点方向的净空变化值。

净空相对位移计算公式：

$$u_n = R_n - R_0 \tag{2-3-21}$$

式中：u_n——第 n 次量测时的净空相对位移值（mm）；

R_n——第 n 次量测时的观测值（mm）；

R_0——初始观测值（mm）。

3.5.2　全站仪法

全站仪可用于固定测线收敛监测，常使用自由设站的方法进行。

1）仪器设备

全站仪。

2）测点布设

固定测线的监测点的布设要求同本章第 3.5.1 节，测点埋设方式可采用棱镜或反射片作为测点靶标。在隧道侧壁用电钻钻一个深约 10cm 的孔，再把带强制照准标志的监测点放入孔内，缝隙用锚固剂填充，照准标志朝向测站点。布设反射片时，直接将反光贴贴在指定位置即可（图 2-3-23）。对于一条固定测线两端的监测点，应尽量保证在同一里程和同一高度。

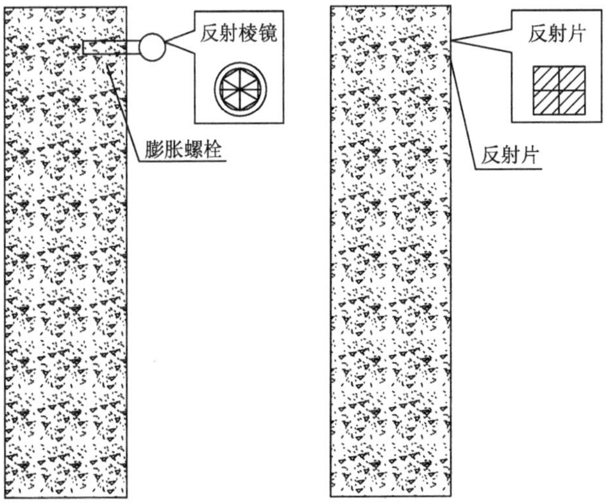

图 2-3-23　棱镜和反射片布设示意图

3）观测方法

如图 2-3-24 所示，全站仪自由安置在可同时看到固定测线两端监测点的任意位置，一般安置在距离测线 20 ～ 60m 的隧道中部，测量出两监测点到设站点的距离和夹角，根据测量结果可计算出监测点间的水平距离，并由此计算出此测线的收敛值。也可采用仪器自备程序对边测量法，直接测量两个监测点间的距离。

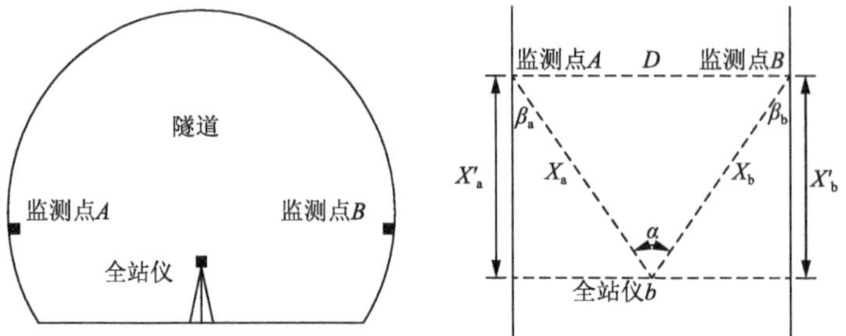

a）剖面视图　　b）水平面视图

图 2-3-24　全站仪法净空收敛监测示意图

当采用全站仪对边测量法进行固定测线的收敛变形观测时，应符合下列规定：

（1）固定测线两端宜布设棱镜或反射片等观测标志。二等及以下固定测线采用免棱镜观测时，可布设简易定位标志。

（2）一等观测的全站仪标称精度不应低于 1″ 和 $1\text{mm}+1\times10^{-6}\times D$；二等及以下观测，当采用基于无合作目标激光测距功能的全站仪观测时，标称精度不应低于 2″ 和 $2\text{mm}+2\times10^{-6}\times D$。观测前应测定无合作目标测距加常数，并应对观测边长进行加常数改正。

（3）对边测量时，应依次照准固定测线的两个端点，通过分别测定其三维坐标，计算固定测线的长度。观测技术要求应符合表 2-3-11 的规定。

全站仪固定测线的收敛变形观测技术要求　　表 2-3-11

等　级	测　回　数	较差及测回差（mm）
一等	2	1
二等及以下		2

4）数据处理

计算公式如下：

$$D_i=\sqrt{X_{ai}^2+Y_{bi}^2-2X_{ai}Y_{bi}\cos\alpha_i} \tag{2-3-22}$$

$$\Delta D=D_i-D_0 \tag{2-3-23}$$

上述式中：ΔD——第 i 次量测时净空相对位移值（mm）；

D_0——固定测线初始水平长度（mm）；

D_i——第 i 次量测时固定测线的水平长度（mm）；

X_{ai}、Y_{bi}——第 i 次量测时监测点 A、B 至仪器的水平距离（mm）；

α_i——第 i 次量测时两监测点与仪器连线的水平夹角（°）。

3.5.3　手持激光测距仪法

手持激光测距仪法是利用激光对两个监测点间的距离进行准确测定，从而计算出两个监测点间收敛值的方法。

（1）仪器设备

手持激光测距仪（图 2-3-25）在工作时由固定点向目标点射出一束很细的激光束，由光电元件接收目标反射的激光束，计时器测定激光束从发射到接收的时间，计算出从发射到接收两点间的距离。

手持激光测距仪的标称精度应优于 ±2mm。

图 2-3-25　手持激光测距仪

（2）测点布设

手持激光测距仪法的监测点的布设要求同本章第 3.5.1 节，测点埋设时在固定测线的一侧设置对中点，以便安置激光测距仪，在另一侧设置瞄准点（红漆标志），监测时在对中点上设置手持测距仪，量测隧道水平直径距离。

对中点设置一般采用直径 8mm、长度为 30mm 的不锈钢膨胀螺栓作为标志，标志的顶部有圆形凹槽。用相应钻头的电锤在腰线处钻深约 30mm，将标志夯入。瞄准点设置常采用预制镀锌模板在选定位置进行喷漆标记，模板内刻“方形”标志和“收敛监测点”字样，喷漆之后留有“方形”和“收敛监测点”标记。

（3）观测方法

现场收敛测量时，首先将测距仪安置在一侧的对中点上，然后以仪器末端为固定支点调整测距仪姿态，使测距仪导向光斑落在另外一侧的瞄准点标记中心，最后测量两侧腰线点间的距离，监测数据可以人工记录，也可采用带蓝牙手机连接后自动记录。

对中和瞄准标志设置后，应进行实测精度符合性检查，并应进行 3 次独立观测，且 3 次独立观测较差应小于测距标称精度的 2 倍。观测结果应为 3 次独立观测读数的平均值。

（4）数据处理

数据处理方法同本章第 3.5.1 节。

3.6　隧道结构拱顶沉降监测

隧道施工过程中，开挖对地层的扰动或对地层的注浆都会对周围岩土体产生影响，隧道自身受力条件改变也会产生沉降，严重时会引起结构病害从而出现结构安全问题。所以在隧道施工过程中，必须对隧道本身的沉降进行监测。

隧道结构拱顶沉降监测点的布设要求见本章第 3.5.1 节，隧道结构拱顶的沉降观测一般采用水准测量法和三角高程法。

3.6.1　水准仪法

水准仪法，即使用水准仪，通过水准测量的方法对隧道结构拱顶进行沉降监测。使用水准测量法进行隧道结构拱顶沉降观测时，隧道拱顶的沉降监测点采用带有测钩的膨胀螺栓，使用冲击钻在拱顶中部钻孔，将膨胀螺栓埋入钻孔内并拧紧确保测钩牢固。

外业观测时的观测方法、技术要求及观测注意事项与本章第 3.2.1 节一致。不同的是，隧道结构拱顶沉降主要采用悬挂钢尺法测量，即拱顶沉降监测点的高程由悬挂钢尺法引测得到。

隧道结构拱顶沉降观测数据整理同本章第 3.2.1 节，隧道结构拱顶竖向位移计算公式如下：

$$H = H_0 + h_1 - h_2 \tag{2-3-24}$$

式中：H——监测点高程；

H_0——已知点高程；

h_1——后视尺读数；

h_2——前视尺读数。

其中，后视、前视尺读数均带符号，点在视线以下为正，点在视线以上为负。

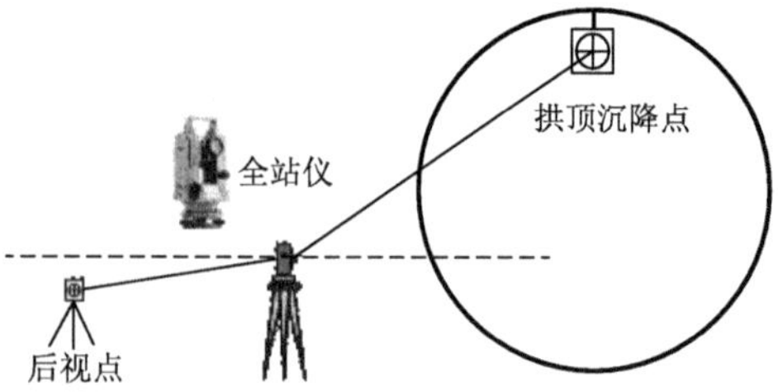

图 2-3-26　全站仪三角高程法测量拱顶沉降示意图

3.6.2　全站仪法

隧道结构拱顶沉降监测也可使用全站仪，通过三角高程测量法来测得监测点的沉降变化（图 2-3-26）。使用这种方法进行隧道结构拱顶沉降监测时，应将拱顶的沉降监测点换成棱镜，监测方法、数据处理等同本章第 3.2.2 节。

3.7　结构应力监测

结构应力可通过安装在结构内部或表面的应变计或应力计进行量测。混凝土构件可采用钢筋应力计、混凝土应变计、光纤传感器等进行监测，钢构件可采用轴力计或应变计等进行监测。

在深圳市城市轨道交通工程三期二阶段项目中，对于设置内支撑的基坑工程，一般是选择部分典型支撑进行轴力变化观测，以掌握支撑系统的正常受力状况。对于钢支撑，其轴力采用端头轴力计进行测试；对于钢筋混凝土支撑和钢筋混凝土围护结构，一般通过在构件受力钢筋上串联钢筋应力传感器测定构件受力钢筋的应力，然后根据钢筋与混凝土共同工作、变形协调条件推算其轴力。

3.7.1　钢支撑轴力监测

1）仪器设备

深圳市城市轨道交通工程三期二阶段项目常用轴力计和手持式数显频率仪（图 2-3-27）现场测试传感器频率。

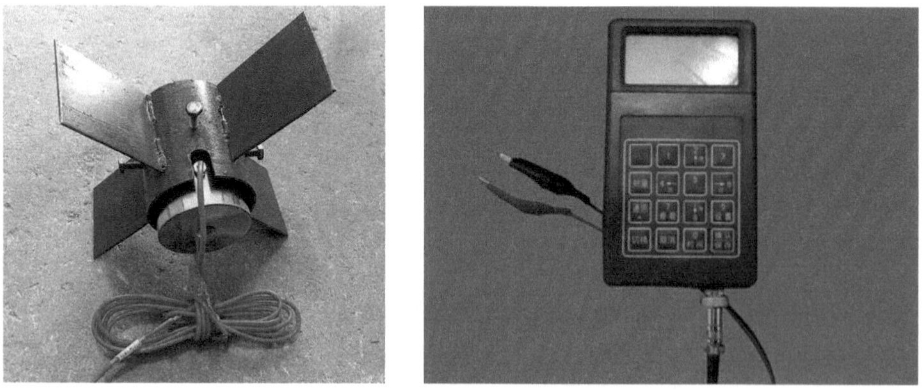

图 2-3-27　轴力计及手持式数显频率读数仪

2)测点布设

(1)布设要求

①支撑轴力监测宜选择基坑中部、阳角部位、深度变化部位、支护结构受力条件复杂部位及在支撑系统中起控制作用的支撑。

②支撑轴力监测应沿竖向布设监测断面,每层支撑均应布设监测点。

③每层支撑的监测数量不宜少于每层支撑数量的 10%,且不应少于 3 根。

④监测断面的布设位置与相近的支护桩(墙)体水平位移监测点宜共同组成监测断面。

⑤采用轴力计监测时,监测点应布设在支撑的端部;采用钢筋计或应变计监测时,可布设在支撑中部或两支点间 1/3 部位,当支撑长度较大时也可布设在 1/4 点处,并应避开节点位置。

(2)布设方式

①钢支撑轴力计安装时宜采用专用的轴力计安装架。在钢支撑吊装前,将安装架圆形钢筒上设有开槽的一端与钢支撑固定端的钢板电焊焊接。焊接时安装架中心点应与钢支撑中心轴线对齐,保持各接触面平整,使钢支撑能通过轴力计正常传力(图 2-3-28)。

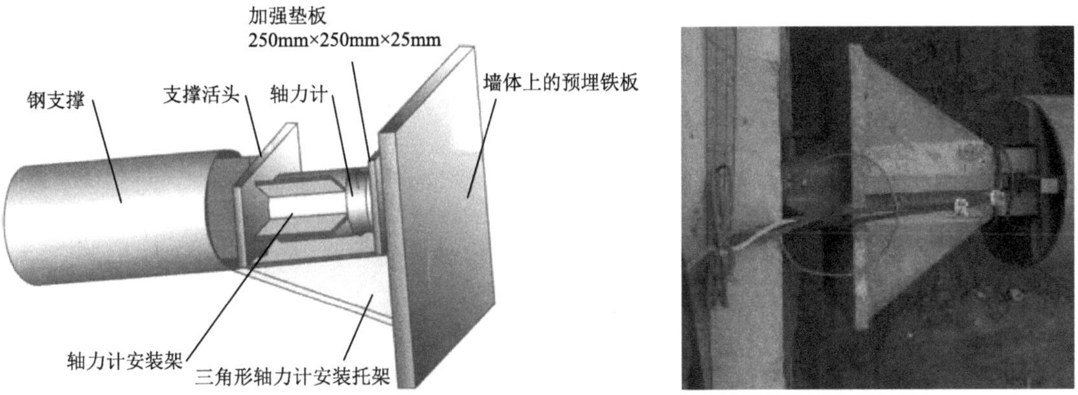

图 2-3-28 轴力计安装示意图及现场实景图

②焊接部位冷却后,将轴力计推入安装架圆形钢筒内,用螺钉把轴力计固定在安装架上,并将轴力计的电缆绑在安装架的两翼内侧,防止在吊装过程中损伤电缆。

③钢支撑吊装、对准、就位后,在安装架的另一端(空缺端)与支护墙体上的钢板中间加一块加强钢垫板。

④轴力计受力后即松开固定螺钉。

3)观测方法

测试前应调试仪器,测得各测点初始频率值和环境温度,待读数稳定后方可投入正常运行。具体操作方法为:接通频率仪电源,将频率仪两根测试导线分别接在传感器的导线上,按频率仪测试按钮,频率仪数显窗口会出现数据(传感器频率),反复测试几次,观测数据是否稳定,如果几次测试的数据变化量在 1Hz 以内,则可以认为测试数据稳定,取平均值作为测试值。由于频率仪在测试时会发出很高的脉冲电流,所以在测试时操作者必须使测试接头保持干燥,并使接头处的两根导线相互分开,不要有任何接触,否则会影响测试结果。支撑轴力量测时必须考虑尽量减少温度对应力的影响,避免在阳光直接照射支撑结构时进行量测作业,同一批支撑尽量在相同的时间或温度下量测,每次读数均应记录温度测量结果。每次测量均进行两次观测，取其平均值作为当次测试值。应力监测现场如图 2-3-29 所示。

图 2-3-29　应力监测现场

4)**数据处理**

观测后根据率定常数，按下式计算钢支撑轴力：

$$F_S = K \times (f_i^2 - f_0^2) \tag{2-3-25}$$

式中：F_S——钢支撑轴力（kN）；

K——轴力计标定系数（kN/Hz²）；

f_0——轴力计零压力下的检定频率值（Hz）；

f_i——轴力计受力后的频率值（Hz）。

3.7.2　钢筋混凝土支撑轴力监测

1)**仪器设备**

钢筋混凝土支撑轴力监测一般使用钢筋计和手持式数显频率仪现场测试。

2)**测点布设**

(1)布设要求

钢筋混凝土支持轴力监测点的布设要求同本章第 3.7.1 节。

(2)布设方式

①钢筋应力计应焊接在同一直径的受力钢筋上并宜保持在同一轴线上，焊接时尽可能使其处于不受力状态，特别不应处于受弯状态(图 2-3-30)。

②钢筋应力计的焊接可采用对焊、坡口焊或熔槽焊；对直径大于 28mm 的钢筋，不宜采用对焊焊接。

③焊接过程中，仪器测出的温度应低于 60℃，为防止应力计温度过高，可采用间歇焊接法，也可在钢筋应力计部位包上湿棉纱浇水冷却，但不得在焊缝处浇水，以免焊层变脆硬。

④为了能真实反映出钢筋混凝土支撑杆件的受力情况，测试断面内一般应配置 4 个钢筋应力计，位置分别选择在四侧的中间。

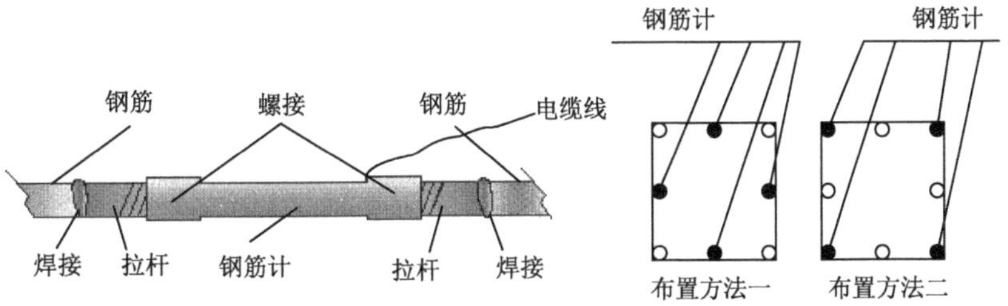

图 2-3-30　焊接法钢筋计安装示意图

3)观测方法

钢筋混凝土支撑轴力的测试方法同钢支撑轴力;钢筋混凝土支撑浇筑完成后,应在基坑土方开挖前读取初始值。

4)数据处理

基坑开挖后,采用频率仪测得钢筋测力计的频率,从而换算出钢筋混凝土支撑内力,计算公式如下:

$$N_q = \sigma_S\left(\frac{E_C}{E_S}A_C + A_S\right) = \overline{\sigma}_{js}\left(\frac{E_C}{E_S}A_C + A_S\right) \tag{2-3-26}$$

$$\overline{\sigma}_{js} = \frac{1}{n}\sum_{j=1}^{n}\left[k_j\left(f_{ji}^2 - f_{j0}^2\right)/A_{js}\right] \tag{2-3-27}$$

上述式中:N_q——钢筋混凝土支撑内力(kN);

σ_S——钢筋应力(kN/mm^2);

$\overline{\sigma}_{js}$——钢筋计监测平均应力(kN/mm^2);

k_j——第 j 个钢筋计标定系数(kN/Hz^2);

f_{ji}——第 j 个钢筋计监测频率(Hz);

f_{j0}——第 j 个钢筋计安装后的初始频率(Hz);

A_{js}——第 j 个钢筋计截面面积(mm^2);

E_C——混凝土弹性模量(kN/mm^2);

E_S——钢筋弹性模量(kN/mm^2);

A_C——混凝土截面面积(mm^2);

A_S——钢筋总截面面积(mm^2)。

3.7.3　围护桩(墙)结构应力监测

1)仪器设备

围护桩(墙)结构应力监测一般使用钢筋计和手持式数显频率仪现场测试。

2)测点布设

(1)布设要求

围护结构应力监测可随时掌握围护结构在施工过程中的受力情况,以便必要时能够及时采取措施。监测点应选在围护结构中出现弯矩极值、相对危险等有代表性的部位;并应与围护结构水平位移点共同组成监测断面，便于对比分析。监测点应沿竖向布设监测断面，监测断面上监测点的竖向间距应根据围护结构桩（墙）体的弯矩大小及土层分布情况并结合设计单位意见确定，监测点竖向间距宜为 2 ～ 4m，竖向间距不应大于 5m，在弯矩最大处应布设监测点。

（2）布设方式

围护桩（墙）结构应力监测点的布设方法同本章第 3.7.2 节，安装如图 2-3-31 所示。

图 2-3-31 围护桩钢筋计安装

3 ）观测方法

围护桩（墙）结构应力监测的测试方法同本章第 3.7.2 节。

4 ）数据处理

围护桩（墙）结构应力监测的数据处理同本章第 3.7.2 节。

3.8 岩土压力监测

基坑开挖、隧道施工及支护桩施工都会引起周围地层岩土压力的变化，施工期间对周围岩土压力进行监测，对于确保工程的安全至关重要。基坑支护桩（墙）侧向土压力、盾构法及矿山法隧道围岩压力宜采用界面土压力计进行监测。

1 ）仪器设备

目前，岩土压力的监测常用仪器设备为振弦式土压力计（图 2-3-32）和数显频率读数仪。土压力计的测试量程可根据预测的压力变化幅度确定，上限可取设计压力的 2 倍，精度不宜低于 0.5% F.S，分辨率不宜低于 0.2% F.S。

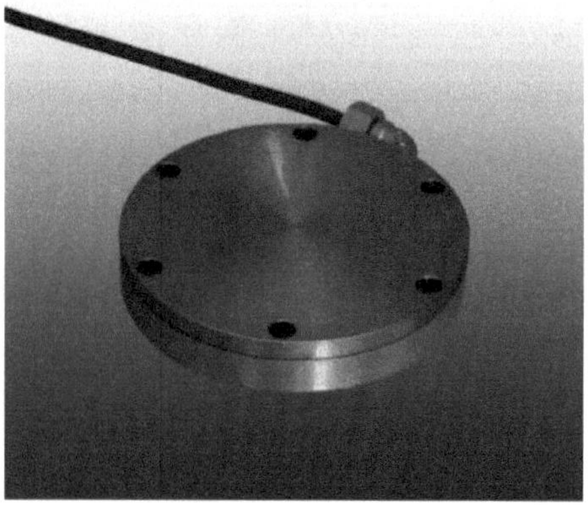

图 2-3-32 振弦式土压力计

2 ）测点布设

（1）布设要求

①在地质条件复杂或应力变化较大的部位布设监测断面时，应力监测断面与净空收敛监测断面宜处于同一位置；

②监测断面上不宜少于 5 个监测点；

③需拆除竖向初期支护结构的部位应根据需要布设监测点。

（2）布设方式

土压力计的埋设可采用钻孔埋入的方法。埋设步骤如下：

①将土压力盒固定在特制的安装架上；

②在围护结构外侧钻孔至设计深度以上 0.5 ～ 1.0m；

③放入带土压力盒的安装架，逐段连接安装架压杆，土压力盒导线通过压杆引到地面；

④通过压杆将土压力盒压到设计高程；

⑤回填细砂封孔；

⑥做好标识标记和导线保护。

埋设前应对土压力计进行稳定性、密封性检验和压力、温度标定，且检验记录、标定资料应齐全；土压力盒放入钻孔时受力面与所监测的压力方向应垂直，并紧贴被监测对象；钻孔回填应均匀密实，且回填材料宜与周围岩土体一致；土压力计导线长度可根据工程监测需要确定，导线中间不应有接头，导线应按一定线路集中于导线箱内。

3）观测方法

观测时用频率读数仪的测量夹子分别夹住土压力计对应的电缆，然后按下测量键进行测量，读取测试频率并记录，连续读取 3 次数据，取均值作为最终测值。

4）数据处理

基坑工程开挖前，应至少经过 1 周的监测并取得稳定初始值；隧道工程土压力计埋设后应立即进行检查测试，并读取初始值。

岩土压力计算公式如下：

$$P=k(F_i-F_0)+b(T_i-T_0)+B \tag{2-3-28}$$

式中：P——岩土压力值（kPa）；

k——标定系数（kPa/kHz^2）；

b——土压力计温度修正系数（kPa/℃）；

F_i——土压力计本次量测频率模量（kHz^2）；

F_0——土压力计基准频率模量（kHz^2）；

T_i——本次量测时温度（℃）；

T_0——初始量测时温度（℃）；

B——土压力计的计算修正值（kPa）。

3.9　锚索（锚杆）拉力监测

为掌握锚索（锚杆）支护方式在边坡、深基坑等工程施工中的实际工作状态，并为工程安全评价、验证及优化设计提供依据，需对锚索（锚杆）拉力进行监测。

1)仪器设备

锚索拉力监测采用锚索测力计(图2-3-33),锚杆拉力监测采用钢筋应力计或锚杆测力计;监测数据采集常用仪器设备为数显频率读数仪。

图2-3-33　锚索测力计

2)测点布设

(1)布设要求

①锚杆拉力监测宜选择基坑各边中间部位、阳角部位、深度变化部位、地质条件复杂部位及周边存在高大建(构)筑物部位的锚杆。

②锚杆拉力监测应沿竖向布设监测断面,每层锚杆均应布设监测点。

③每层锚杆的监测数量不应少于3根。

④每根锚杆上的监测点宜设置在锚头附近或受力有代表性的位置。

⑤监测点的布设位置与支护桩(墙)体水平位移监测点宜共同组成监测断面。

(2)布设方式

对于锚索测力计,布设方式为:

①施工锚索钻孔并注浆,等待水泥浆凝固。

②将测力计套在锚索外,放在钢垫板和工程锚具之间,将读数电缆接到观测站。

③在墙体受力面之间增设钢垫板,保证测力计与墙体受力面之间有足够的刚度,使锚索(杆)受力后,受力面位置不致下陷。

④安装过程中,随时进行测力计监测,观测是否有异常情况出现,如有应立即采取措施进行处理。锚索安装时必须从中间开始向周围锚索逐步对称加载,以免锚索测力计偏心受力。

⑤在测力计安装好及锚杆施工完成后,进行锚杆预应力张拉,这时要记录锚杆轴力计上的初始荷载,同时要根据张拉千斤顶的读数对轴力计的结果进行校核。

对于钢筋应力计,布设方式为:

①将拟监测的钢筋截断。

②在钢筋计的两端拧上连接杆。

③将连接杆和已断开的钢筋分别焊在一起,使钢筋计和钢筋成为一个整体。

④将钢筋计上的电缆线接出来,以便读数。

⑤焊接时注意避免温度过高损坏仪器。

⑥接后在钢筋计上涂上沥青,包上麻布,以便与水泥浆或混凝土脱开。

⑦钢筋计传感器部分和信号线应做好防水处理;信号线应采用金属屏蔽式,以减少外界因素对信号的干扰;安装好后,在浇筑混凝土前测一次初值,基坑开挖前再测一次初期值(图2-3-34)。

3)观测方法

观测时用频率读数仪的测量夹子分别夹住测力计的电缆,然后按下测量键进行测量,读取测试频率并记录,连续读取3次数据,取均值作为最终测值。

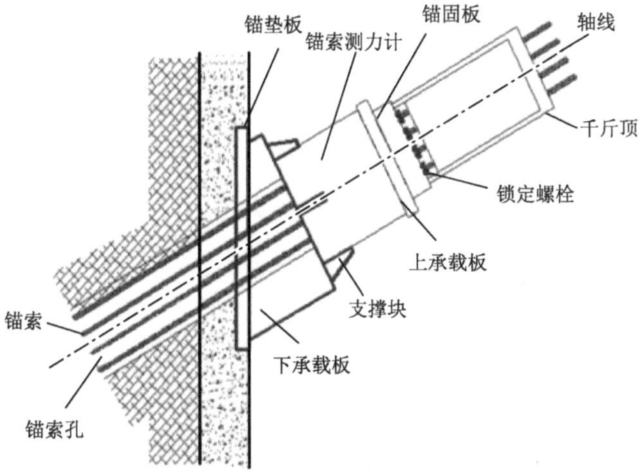

图 2-3-34 锚索测力计安装

4)数据处理

当采用锚索测力计进行监测时，可直接按下列公式计算锚索拉力：

$$F_S = K \times (f_i^2 - f_0^2) \tag{2-3-29}$$

式中：F_S——轴力计的受力(kN)；

K——轴力计标定常数(kPa/kHz^2)；

f_0——轴力计零压力下的频率(Hz)；

f_i——轴力计本次监测时的频率(Hz)。

当采用钢筋计进行锚杆拉力监测时，数据处理方法同本章第 3.7.2 节钢筋混凝土支撑轴力监测的方法一致。

3.10 地下水位监测

地下水对基坑工程的影响至关重要，通过监测地下水位可以检验降水方案的实际效果，如降水速率和降水深度，可以控制基坑工程施工降水对周围地下水位下降的影响范围和程度，防止基坑工程施工中的水土流失。

1)仪器设备

地下水位的监测通常采用埋设地下水位管，采用水位计观测管口至水位面的距离，采用水准法测量管口高程。

2)测点布设

(1)布设要求

①当采用深井降水时，基坑内地下水位监测点宜布置在基坑中央和两相邻降水井的中间部位；当采用轻型井点、喷射井点降水时，水位监测点宜布置在基坑中央和周边拐角处，监测点数量应视具体情况确定。

②基坑外地下水位监测点应沿基坑、被保护对象的周边或在基坑与被保护对象之间布置，监测点间距

宜为 20 ~ 50m，相邻建筑、重要的管线或管线密集处应布置水位监测点，当有止水帷幕时，宜布置在截水帷幕的外侧约 2m 处。

③水位观测管的管底埋置深度应在最低设计水位或最低允许地下水位以下 3 ~ 5m，承压水水位监测管的滤管应埋置在所测的承压含水层中。

④在降水深度内存在 2 个以上（含 2 个）含水层时，宜分层布设地下水位观测孔。

⑤岩体基坑地下水监测点宜布置在出水点和可能产生滑面的部位。

⑥回灌井点观测井应设置在回灌井点与被保护对象之间。

（2）布设方式

①成孔：采用工程钻机 ϕ108mm 钻头清水钻进成孔。开钻前在钻探设备就位后用铅锤调整钻机位置，保证钻杆在两个铅垂方向上垂直，钻进过程保持平稳，每钻进 3m 进行一次垂直度的校正，保证钻孔垂直。为了使水位管顺利地安装到位，钻孔一般都需比设计安装深度深一些，钻孔深度宜大于设计深度 0.5 ~ 1.0m。

②水位管加工：水位管选用直径为 50mm 左右的钢管或硬质塑料管，管底加盖密封，防止泥沙进入管中。下部留出 0.5 ~ 1m 的沉淀段（不打孔），用来沉积滤水段带入的少量泥沙。中部管壁周围钻 6 ~ 8 列直径为 6mm 左右的滤水孔，纵向孔距为 50 ~ 100mm。相邻两列的孔交错排列，呈梅花状布置。管壁外部包扎过滤层，过滤层可选用土工织物或网纱。上部管口段不打孔，以保证封口质量。

③水位管放置：成孔后，用钢尺丈量孔深确认已达到设计深度，然后用钻机吊起裹有滤网的水位管，慢慢放入孔内。水位管管口应高出地面 0.5 ~ 1.0m，在孔口设置稳固的测点标志，并采用套管进行保护。

④回填：水位管放置稳定后，在水位管与孔壁之间利用细砂进行填充，砂粒直径不得大于 5mm。

⑤洗井：回填结束后，立即用清水进行洗井，并做好记录。

⑥保护井砌筑：在地面上水位管周围用红砖或混凝土砌筑保护井，具体规格如图 2-3-35 所示，并设立警示标志，避免施工过程中遭到损坏和雨水进入。

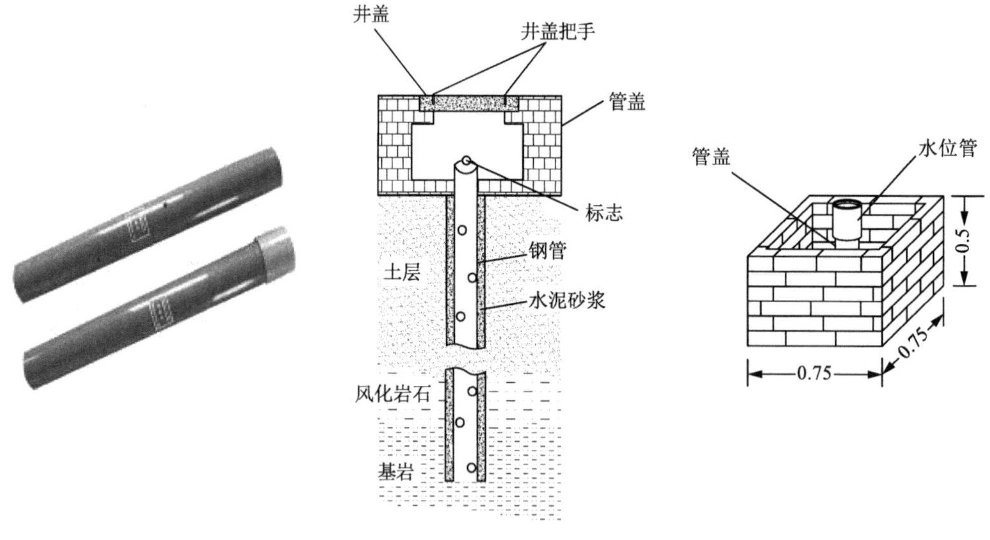

图 2-3-35　水位管埋设及保护井样式规格（尺寸单位：m）

3）观测方法

地下水位观测采用水位计进行数据采集，水位计及探头如图 2-3-36 所示。

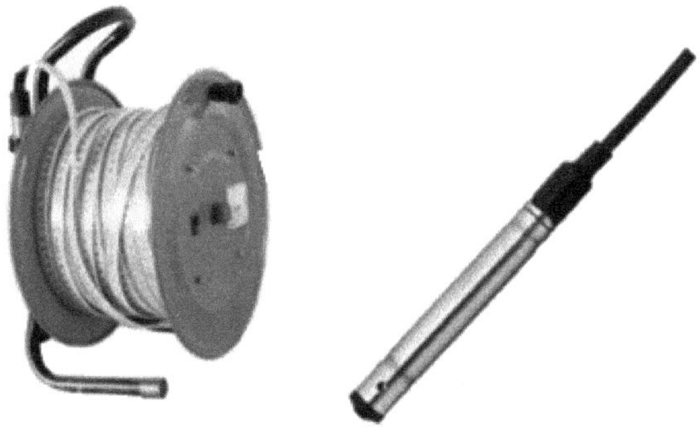

图 2-3-36　水位计及探头

观测方法如下：

（1）孔口高程的测量：采用水准测量方法测量管口高程 H_1，精度满足图根水准测量技术要求即可。

（2）水位深度测量：测量时，首先使电测水位计的绕线盘自由转动后，按下电源按钮，然后把测头放入水位管内，手拿钢尺电缆，让测头缓慢地向下移动，当测头的接触点接触到水面时，接收系统的音响器会发出连续不断的蜂鸣声。此时，读出钢尺电缆在管口处的深度尺寸，即为地下水位离管口的距离 Δh。若在噪声比较大的环境中测量，听不见蜂鸣器发出的声音，则可观测指示灯和电压表。

4）数据处理

水位管宜在基坑预降水前至少 1 周埋设，并逐日连续观测水位取得稳定初始值。

水位观测孔内水位高程的计算：

$$D_S = H_S - h_S \tag{2-3-30}$$

$$\Delta h_S = D_{Si} - D_{S0} \tag{2-3-31}$$

上述式中：D_S——水位管内水面绝对高程（m）；

H_S——水位管管口绝对高程（m）；

h_S——水位管内水面距管口的距离（m）；

D_{Si}——第 i 次水位绝对高程（m）；

D_{S0}——水位初始绝对高程（m）；

Δh_S——累计水位变化值（m）。

3.11　地表沉降监测

地表沉降可以直接反映基坑开挖、隧道施工等工程对周围岩土体、周围环境的影响，是城市轨道交通工程施工监测中一项重要的监测项目。

1）仪器设备

地表沉降监测主要采用几何水准测量的方法，使用水准仪进行观测。

2）测点布设

地表沉降监测点采用开孔后直埋法布设（图 2-3-37），埋设过程如下：

（1）首先用抽芯钻在地面成孔，钻孔直径不宜小于 110mm，打穿路面硬化层。

（2）接着打入直径为 18 ～ 22mm 的螺纹钢筋，钢筋应穿透道路表面结构，且最小深度不小于 1m；钢筋上端距离地面大约 5cm，然后在标志钢筋顶部焊接球形螺母。

（3）在周围填入细砂或土夯实，防止由于路面沉降带动测点沉降影响监测成果数据。

（4）在监测点上部设置保护盖加以保护，保护盖低于地面 1 ～ 2cm。

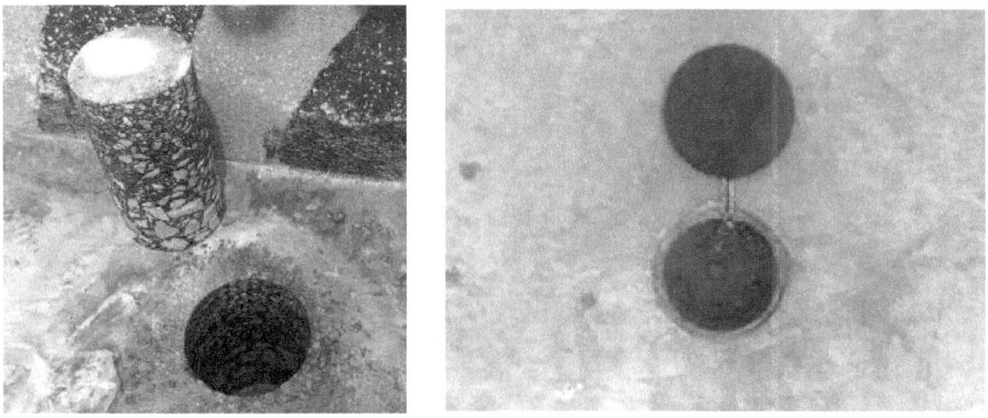

图 2-3-37　地表沉降观测点

3)**观测方法**

地表沉降监测的观测方法（图 2-3-38）同本章第 3.2.1 节。

图 2-3-38　地表沉降监测现场作业

4)**数据处理**

地表沉降监测的数据处理同本章第 3.2.1 节。

3.12　管线沉降监测

地下管线是城市的生命线，在城市轨道交通工程施工过程中，不可避免地要对地层岩土体产生扰动，从而影响埋设在地层中的地下管线。地下管线一旦遭到破坏，将会给城市居民生产、生活带来严重影响。地下管线沉降监测的目的是掌握施工过程中地下管线的变形情况，及时调整施工方案，以便有效地保护地下管线的使用安全。

1）仪器设备

地下管线沉降监测主要采用几何水准测量方法，使用水准仪进行观测。

2）测点布设

地下管线监测点的埋设方法主要有抱箍法、直接埋设法、模拟法。

（1）抱箍法

由扁铁做成直径稍大于管线的抱箍固定在管线上，抱箍上焊一测杆，测杆顶端不应高出地表，路面处布置检查井（图 2-3-39），既用于测点保护，又便于地面交通通行。抱箍法测点具有监测精度高的特点，能如实反映管线的变形情况，但埋设时必须进行开挖，且要挖至管底，对交通繁忙的路段影响甚大。抱箍法测点主要用于一些次干道和十分重要的地下管线，如高压煤气管、压力水管等（图 2-3-40）。

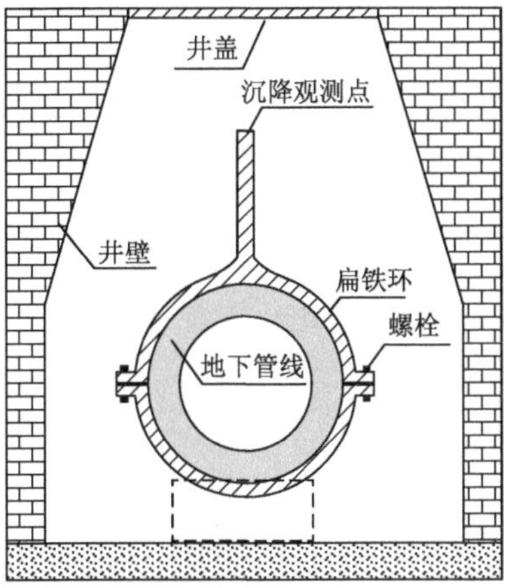

图 2-3-39　抱箍法检查井

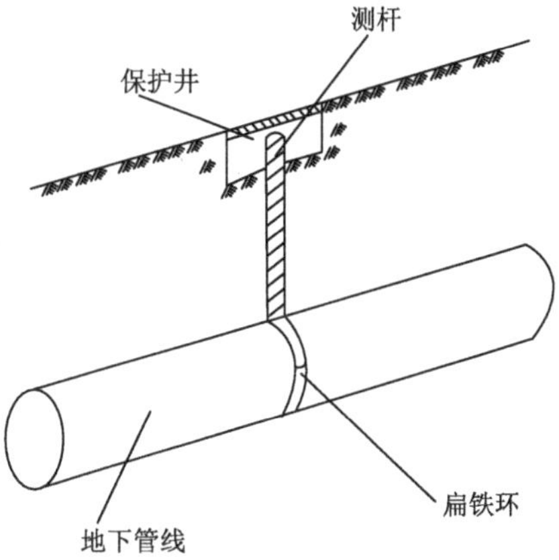

图 2-3-40　抱箍法测点

（2）直接埋设法

用敞开式开挖和钻孔取土的方法挖至管线顶面，露出管线接头或闸门开关，利用凸出部位涂上红漆或粘贴金属物（如螺母）等作为测点。直接埋设法测点主要用于沉降监测，其特点是开挖量小，施工便捷。但管线埋深较大时容易受地下水或地表积水的影响，立尺困难，影响测量精度。直接式测点适用于埋深浅、管径较大的地下管线。

（3）模拟法

对于地下管线排列密集且管底高程相差不大或因种种原因无法开挖的情况，可采用模拟式测点。监测点的埋设同地表沉降监测点，监测点的深度应至监测管线的管底高程。模拟式测点的特点是简便易行，避免道路开挖对交通的影响，但因测得的是管底地层的沉降，因此模拟性差，精度较低。

直接式监测点和模拟式监测点如图 2-3-41 所示。

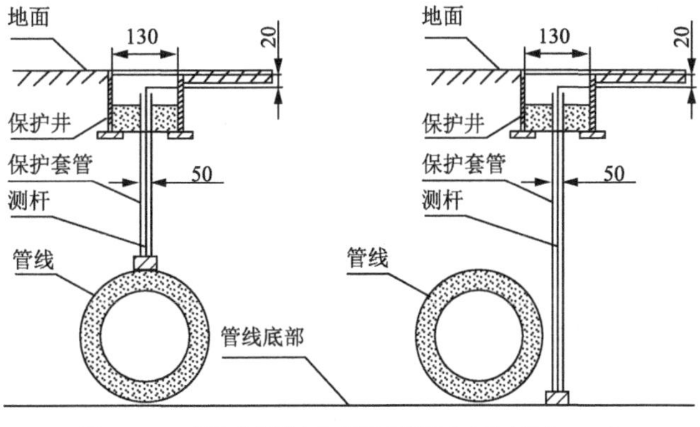

图 2-3-41　直接式监测点和模拟式监测点（尺寸单位：mm）

3）观测方法

地下管线沉降监测的观测方法同本章第 3.2.1 节。

4）数据处理

地下管线沉降监测的数据处理同本章第 3.2.1 节。

3.13 建（构）筑物沉降和倾斜监测

建（构）筑物变形监测的主要目的是掌握建（构）筑物的实际形状，科学、正确、及时地分析和反映施工扰动对建（构）筑物的影响，为工程建（构）筑物的结构变形提供依据，在发生结构破坏事故时提供鉴定数据。

建（构）筑物变形监测的意义主要表现在两个方面：首先是掌握工程建（构）筑物的稳定性，为安全运行诊断提供必要的信息，以便及时发现问题并采取措施；其次是科学上的意义，对变形机理进行分析研究，完善工程设计理论，反馈设计以便改进设计模型。

建（构）筑物变形监测的内容主要有建（构）筑物的沉降监测和倾斜监测。

3.13.1 建（构）筑物沉降监测

1）仪器设备

建（构）筑物沉降监测主要采用几何水准测量的方法，使用水准仪进行观测。

2）测点布设

（1）布设要求

建（构）筑物沉降点按施工监测设计图纸要求布设，应能反映建（构）筑物的不均匀沉降，并应符合下列规定：

①建（构）筑物竖向位移监测点应布设在外墙或承重柱上，且位于主要影响区时，监测点沿外墙间距宜为 10 ～ 15m，或每隔 2 根承重柱布设 1 个监测点；位于次要影响区时，监测点沿外墙间距宜为 15 ～ 30m，或每隔 2 ～ 3 根承重柱布设 1 个监测点；在外墙转角处应有监测点控制。

②在高低悬殊或新旧建（构）筑物连接、建（构）筑物变形缝、不同结构分界、不同基础形式和不同基础埋深等部位的两侧应布设监测点。

③对烟囱、水塔、高压电塔等高耸构筑物，应在其基础轴线上对称布设监测点，且每栋构筑物监测点不应少于 3 个。

④风险等级较高的建（构）筑物应适当增加监测点数量。

（2）布设方式

建构筑物沉降观测点的标志，可根据不同的建构筑物结构类型和建筑材料采用不同的埋点形式，框架、砖混结构采用钻孔埋入标志测点（图 2-3-42），钢结构对象采用焊接式测点，特殊装修较好的对象采用隐蔽式测点形式（图 2-3-43），或粘贴条码尺贴纸（图 2-3-44）。除条码尺贴纸外，其余各类标志的立尺部位应加工成半球形或有明显的凸出点，并涂上防腐剂；标志的埋设位置应避开如雨水管、窗台线、暖气片、暖水管、电气开关等有碍设标与观测的障碍物，并应视立尺需要离开墙（柱）面和地面一定距离，一般应高于室内地坪 0.2 ～ 0.5m。

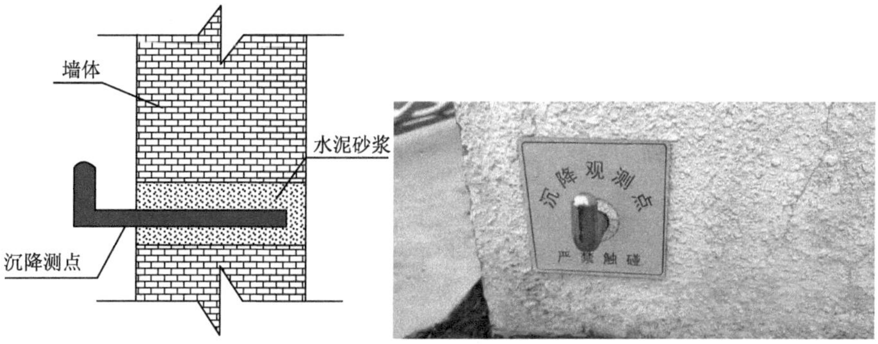

图 2-3-42 钻孔埋入式沉降观测标志

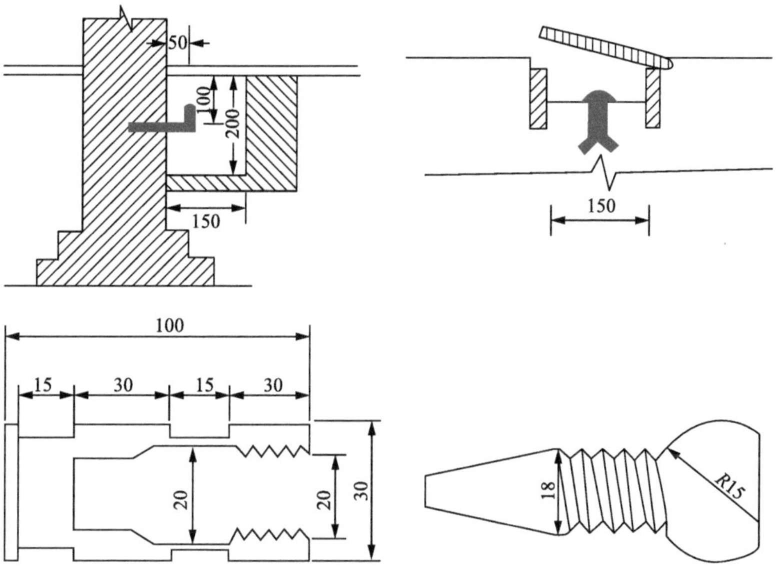

图 2-3-43 隐蔽式沉降观测标志示意图(尺寸单位：mm)

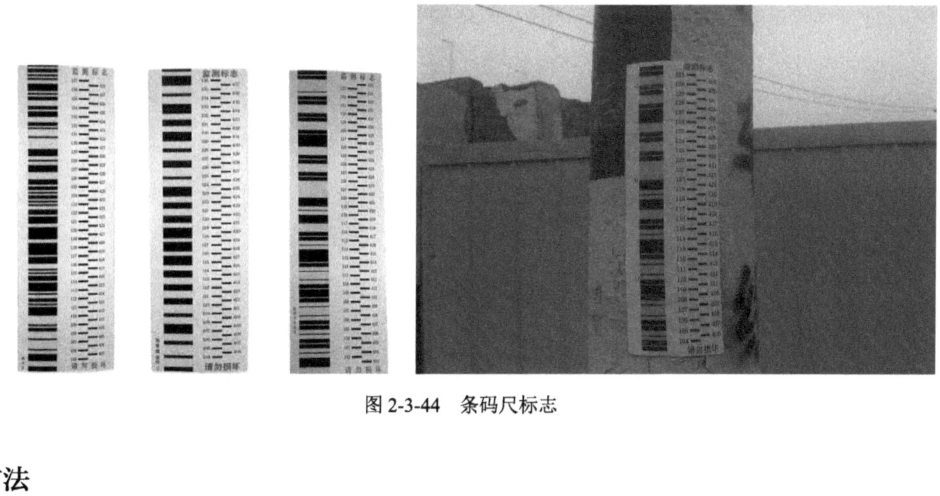

图 2-3-44 条码尺标志

3)观测方法

建(构)筑物沉降监测的观测方法同本章第 3.2.1 节。

4)数据处理

建(构)筑物沉降监测的数据处理同本章第 3.2.1 节。

3.13.2 建（构）筑物倾斜监测

建（构）筑物倾斜监测方法主要有投点法、差异沉降法和倾斜仪法。

1）投点法

（1）仪器设备

投点法建（构）筑物倾斜监测使用的主要仪器设备为全站仪及棱镜或反射片标志。

（2）测点布设

建（构）筑物倾斜监测点应沿主体结构顶部、底部上下对应按组布设，且中部可增加监测点；每栋建（构）筑物倾斜监测数量不宜少于2组，每组的监测点不应少于2个；测点标志埋设时应注意避开有碍设标与观测的障碍物，棱镜或反射片标志应面向基准点，并应埋设或粘贴牢固、做明显标记（图2-3-45）。

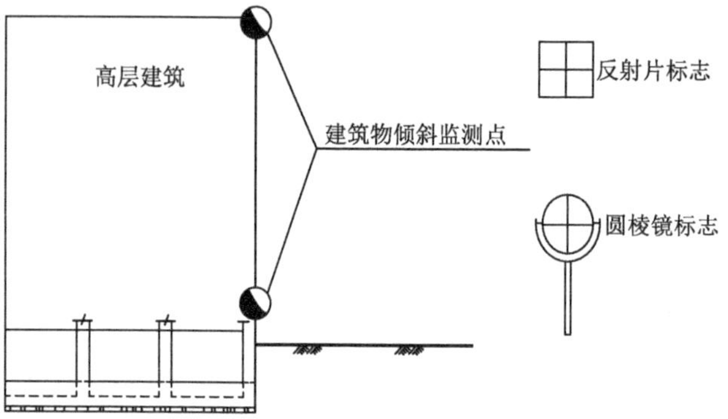

图2-3-45　全站仪投点法倾斜监测点标志埋设

（3）观测方法

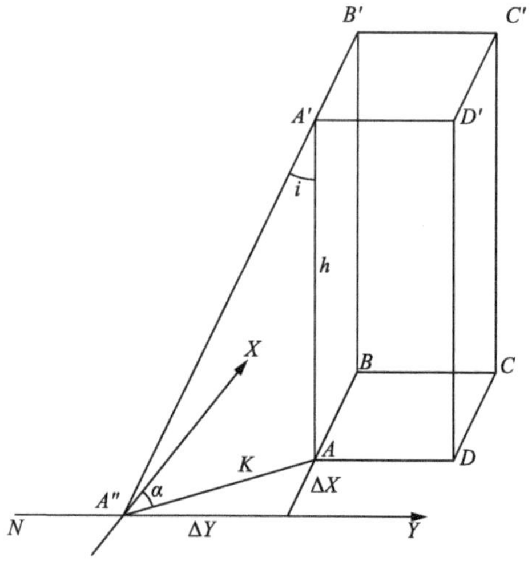

图2-3-46　全站仪投点法示意图

使用测角精度1″及以上的全站仪，分别测定建筑物顶部监测点与底部监测点在两个坐标轴方向的偏移，将偏移值除以顶部监测点与底部监测点高差即得建筑物的倾斜值。

（4）数据处理

建（构）筑物沉降监测的数据处理同本章第3.2.1节。

如图2-3-46所示，在建筑物底部监测点A处安放水平读数尺，在建筑物轴线BA、DA的延长线上设置架站，架站点至建筑物的距离要大于1.5倍上部监测点至底部监测点间的高度。调整水平读数尺使尺面与全站仪视线垂直，然后用正倒镜法取中法将上部监测点A'投影到水平尺上，量出投影位置相对于底部监测点的偏移量Δx、Δy和倾斜量K。

建筑物倾斜方向为：

$$\alpha = \arctan\frac{\Delta y}{\Delta x} \tag{2-3-32}$$

倾斜值大小为：

$$i = \frac{k}{h} \tag{2-3-33}$$

2)差异沉降法

差异沉降法是采集建筑物基础的沉降量和监测点间的水平距离,根据基础的沉降差求取建筑物主体的倾斜率。

监测点的布设、观测及数据处理同本章第3.13.1节。

建筑物倾斜率的计算公式如下:

$$\Delta S=\frac{S_{A}-S_{B}}{L}\cdot H \tag{2-3-34}$$

$$i=\frac{\Delta S}{H} \tag{2-3-35}$$

上述式中:ΔS——建筑物顶部倾斜位移量;

i——建筑物主体的倾斜度;

S_A、S_B——基础两端沉降监测点的沉降量;

L——基础两端沉降监测点A、B间的水平距离;

H——建筑物主体的高度。

3)倾斜仪法

固定式倾斜仪通过内置倾斜传感器测量地球的重力加速度在X、Y轴上的分量来测量倾角。

图2-3-47 固定式倾斜仪

(1)仪器设备

倾斜仪法建(构)筑物倾斜监测主要使用固定式倾斜仪(图2-3-47)和读数仪。

(2)测点布设

①在建筑物倾斜监测点布设区域位置选取安装点,并利用角磨机对安装点表面进行打磨,以保证测斜仪安装面平滑。

②把固定式倾斜仪安装支架置于测点安装面上,利用水平尺保证安装支架左右方向基本处于水平状态(在尺上横向玻璃管内气泡基本处于中心位置),然后使用记号笔标记出测斜仪安装支架上安装孔在混凝土安装面上的映射位置。

③利用铁锤和钢钉在支架安装孔标记处中心钻出一小凹槽,防止后续电锤钻孔时打滑偏位。

④在电锤钻头上用记号笔或胶带标记出钻孔深度,钻孔深度应为膨胀螺栓底部至顶部螺母下边沿长度,然后在标记的位置处钻出安装孔。

⑤用气吹把安装孔内杂质及灰尘吹出,在膨胀螺栓外部均匀涂抹结构胶,然后塞入安装孔内,接着把螺母拧紧2~3圈感觉膨胀螺栓比较紧而不松动后拧下螺母,再把支架上安装孔位对准膨胀螺栓嵌入,最后逐个安装每个膨胀螺栓垫片、弹簧片及螺母,并拧紧。

⑥测斜仪支架安装完毕后,把盒式倾斜仪X、Y轴正方向指向规定要求的方向,然后利用不锈钢螺母把测斜仪紧固于安装支架上。

(3)观测方法

在基坑或隧道结构开挖前测定初始值,读取10组数据,10组数据波动小于0.01°时,取其平均值作为初始读值。

(4)数据处理

通过读数仪直接测定倾斜仪的倾斜值，当次读数与初始读数的差值即为建筑物的倾斜变化值。

3.14 爆破振动监测

爆破法是基坑开挖或隧道施工遇到硬岩层时最常用的施工方法。爆破所产生的地震波对地表各种不同的建筑结构将产生不同程度的振动影响，甚至引起结构破坏。通过爆破振动监测，可了解爆破振动的速度分布与变化规律，掌握爆破对既有建(构)筑物的影响程度，用以及时调整爆破参数，从而保护建(构)筑物的安全使用。

1)仪器设备

爆破振动监测使用的仪器为爆破测震仪(图2-3-48)。

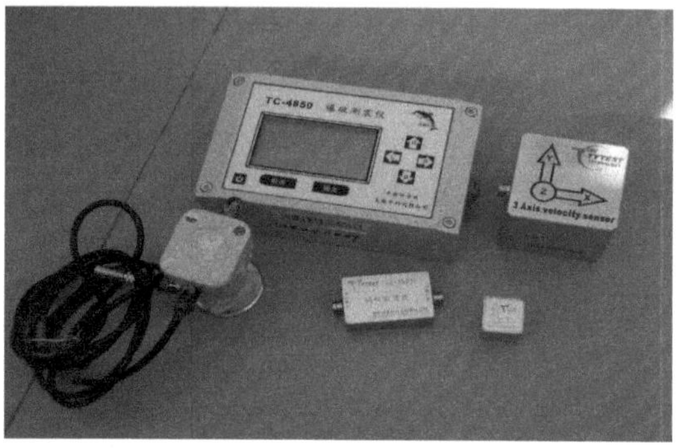

图2-3-48 爆破测震仪

2)测点布设

爆破振动监测是实时监测，因此在爆破前应根据实地调查结果进行细致的准备工作，并严格按照工作流程进行工作。为确保监测的准确可靠，首先对爆破点附近的监测对象进行详细、准确的调查后，确定监测对象，然后在爆破前对监测系统进行检查、检测和标定，同时根据监测对象与爆破点相对位置关系，确定测点位置及布置方法，提前进入现场进行安置，根据爆破时间进行监测。

爆破振动监测传感器的安装应与被测对象之间刚性黏结，并应使传感器的定位方向与所测量的振动方向一致。监测工作中可采用以下方法固定传感器：

(1)被测对象为混凝土或坚硬岩石时，宜采用石膏或其他高强度黏合剂将传感器固定在混凝土或坚硬岩石表面，也可预埋固定螺栓，将传感器底面与预埋螺栓紧固相连。

(2)被测对象为土体时，可先将表面松土夯实，再将传感器直接埋入夯实土体中，并使传感器与土体紧密接触。

安装传感器时，传感器应与被测点的表面牢固地结合在一起(图2-3-49)，否则在爆破振动时会导致传感器松动、滑落，使得信号失真。传感器安装时，还应注意定位方向，应使传感器与所测量的振动方向一致，否则，会带来测量误差。若测量竖向分量，则使传感器的测振方向垂直于地面；若测量径向水平分量，则使传感器的测振方向垂直于由测点至爆破点的连线方向。

3)数据采集

为获得准确和可靠的监测数据，现场监测工作除遵照有关规程进行操作外，还要重点做好以下工作：

(1)测试前一天和施工单位或监理单位联系，了解爆破时间，提前到达爆破现场，收集有关爆破参数。根据现场条件估计振动速度范围，合理设置观测仪器的量程、采样速率、触发电平、记录时间。

(2)监测前，将传感器编号固定在规定的测振仪中，并配合固定的振子，然后在标定振子台上进行标定，作出振子跳高和速度的标定曲线。传感器、放大器槽路和振子在监测中不得互换，以提高量测精度。做好现场记录，包括测点位置、记录仪编号、记录仪通道号和与之连接的传感器的编号、通道量程和触发电平、爆破时间、操作人员以及天气情况等。

(3)为保证观测工作的正常进行,至少提前 15min 安装好观测仪器。

(4)传感器必须安装稳固,以防发生相对运动。

(5)仪器安装和连接好以后,进行监测系统的测试工作,必须使整个观测系统处于良好的工作状态。

(6)设置自动记录模式,当信号到来时仪器自动记录数据,当信号停止时自动停止记录数据。

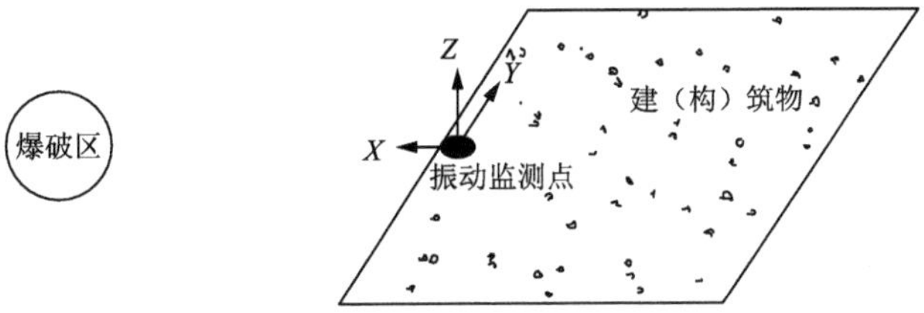

图 2-3-49　爆破振速监测点布设

4)数据处理

采用自动记录仪将速度传感器测得的测点水平径向、水平切向和垂直方向上的振动速度进行记录。所记录的振动波形应有时间标尺,并标出最大振幅值和所处时刻。

除提供监测数据外,对现场监测得到的数据用爆破振动分析软件进行时域频域的处理与分析,得到峰值质点振动速度、主振频率、振动持续时间三个评价爆破振动效应的重要参数。通过分析峰值质点振动速度与比例药量的关系,可以控制每次爆破的最大一段装药量,从而达到控制爆破振动的目的。

3.15　现场巡查

土建施工容易发生的工程事故多为围护结构坍塌、土体滑坡、支撑体系变形、周邻倾斜、裂缝等。很多工程事故都是在监测正常进行的情况下发生的,通常是因为监测点的数量有限,且多分布于监测对象的主要位置,有时仅凭监测数据并不能预测到监测对象个别部位的变化情况。通过现场安全巡查往往更能及时发现事故的前兆,特别是暴雨天气后,巡查能及时发现基坑周围土体的细微变化(如局部沉降)、地面与建筑物的裂缝等。直接导致工程事故发生或前兆现象发生的量值具有很大的范围,有时会远远高于常规警戒值,有时甚至会低于常规警戒值。巡查有时更能及时发现质变的前兆,得出定性结论。

1)巡查目的

现场安全巡查的主要目的如下:

(1)掌握周边环境、围护结构体系和围岩的实时动态,较全面地掌握各工点的施工安全控制程度,为建设管理单位建设风险管理提供支持。

（2）坚持现场安全巡视日常化，最大程度避免人员伤亡和环境损害，降低工程经济和工期损失，为轨道交通工程建设提供安全保障服务。

（3）作为现场监测的有益补充，现场安全巡视能够及时发现事故前兆，结合监测数据，可以对监测对象的安全性得出定性结论。

2）巡查内容

（1）明挖法和盖挖法基坑现场巡查

施工工况：开挖长度、分层高度及坡度，开挖面暴露时间；开挖面岩土体的类型、特征、自稳性，渗漏水量大小及发展情况；降水或回灌等地下水控制效果及设施运转情况；基坑侧壁及周边地表截、排水措施及效果，坑边或基底有无积水；支护桩（墙）后土体裂缝（量取）、明显沉陷，基坑侧壁或基底的涌土、流砂、管涌；基坑周边有无超载；放坡开挖的基坑边坡位移、坡面有无开裂（量取）等。

支护结构：支护桩（墙）有无裂缝（量取）、侵限情况；冠梁、围檩的连续性，围檩与桩（墙）之间的密贴性，围檩与支撑的防坠落措施；冠梁、围檩、支撑有无过大变形或裂缝（量取）；支撑是否及时架设；盖挖法顶板的变形和开裂，顶板与立柱、墙体的连接情况；锚杆、土钉垫板有无明显变形、松动；止水帷幕有无开裂（量取）、较严重渗漏水等。

（2）盾构法隧道施工现场巡查

主要内容：盾构始发端、接收端土体加固情况，盾构掘进位置（环号），盾构停机、开仓等的时间和位置，联络通道开洞口情况，管片破损、开裂（量取）、错台情况，管片渗漏水情况等。

（3）矿山法隧道施工现场巡查

施工工况：开挖步序、步长、核心土尺寸等情况；开挖面岩土体的类型、特征、自稳性，地下水渗漏及发展情况；开挖面岩土体有无坍塌及坍塌位置、规模；降水或止水等地下水控制效果及降水设施运转情况等。

支护结构：超前支护施作情况及效果，钢拱架架设、挂网及喷射混凝土的及时性，连接板的连接及锁脚锚杆的打设情况，初期支护结构渗漏水情况，初期支护结构开裂、剥离、掉块情况，临时支撑结构有无明显变位，二次衬砌结构施作时临时支撑结构分段拆除情况，初期支护结构背后回填注浆的及时性等。

（4）既有线隧道结构现场巡查

主要内容：结构开裂、剥落，包括裂缝宽度、深度、数量、走向、剥落体大小、发生位置、发展趋势等；结构渗水，包括渗水量、发生位置、发展趋势等；道床结构开裂，包括裂缝宽度、深度、数量、走向、发生位置、发展趋势等；变形缝开合及错台，包括变形缝的扩展和闭合大小、变形缝结构有无错开等。

（5）周边环境现场巡查

主要内容：建（构）筑物、桥梁墩台或梁体、既有轨道交通结构等的裂缝位置、数量和宽度，混凝土剥落位置、大小和数量，设施的使用状况；地下构筑物积水及渗水情况，地下管线的漏水、漏气情况；周边路面或地表的裂缝、沉陷、隆起、冒浆的位置、范围等情况；河流湖泊的水位变化情况，水面出现漩涡、气泡及其位置、范围，堤坡裂缝宽度、深度、数量及发展趋势等；工程周边开挖、堆载、打桩等可能影响工程安全的生产活动等。

（6）监测设施、设备巡查

主要内容：基准点、监测点、监测元器件的完好状况、保护情况，观测条件是否满足要求，现场是否存在影响数据传输的电磁干扰源等，监测设备供电情况等。

3)巡查方法及频次

在工程施工前,应对施工工点及周边环境进行现场踏勘和巡查,同周边环境风险工程产权单位取得联系。监测单位、产权单位、建设单位、施工单位、监理单位等共同在首次巡查情况记录表上签字确认。

现场巡查可采用人工目测的方法,并辅助以量尺、锤、放大镜、照相机、摄像机等器具;施工过程中要根据施工进度和巡查计划及时进行现场巡查,现场填写巡查记录表,记录影像资料,如发现异常或危险情况,应及时通知各相关单位。

一般情况下,每次进行监测时均需进行安全巡查,及时发现问题;特殊情况下,如暴雨天气、监测对象变形较大或变形速率较大时应加密巡视频率,并保证每天一次;既有地铁隧道结构应至少每月巡查一次,特殊情况时应加密巡查频率。

第4章 监测工程案例

4.1 明（盖）挖法工程监测

4.1.1 工程概况

深圳地铁某车站为地下三层岛式车站，共设3个出入口，2组风亭。车站有效站台中心里程DK21+624.5，车站起点里程DK21+525，车站终点里程DK21+725，全长200m。本车站主体围护标准段采用ϕ1200mm@1400mm钻孔灌注桩加内支撑的围护方案，标准段内支撑采用1道混凝土支撑加3道钢支撑，桩间采用ϕ600mm双重管旋喷桩止水，车站顶板覆土厚4.2～7.6m，基坑深25～29m。

1）工程地质概况

（1）第四系全新统人工堆积层（Q_4^{ml}）

素填土①$_1$：呈灰、灰黑、黄褐、褐红等杂色，可塑，主要成分为黏性土，混砂砾，大部分为回填岩残积土。位于现在道路范围内的填土经过压实处理，稍密状态，表层为混凝土垫层和路面。银湖山及黄竹坜范围内的填土呈松散状态，局部夹碎石。标准贯入值为4～18击，平均8.1击。平均压缩系数$a_{0.1\text{-}0.2}$=0.48MPa^{-1}，平均压缩模量E_s=4.25MPa，属中～高压缩性土层。本层沿线大部分区域有分布，揭露层厚0.3～29.6m，平均厚度6.26m。层底高程16.45～184.18m。

（2）残积层（Q^{el}）

由花岗岩及混合岩风化残积形成，按照其粒径大于2mm颗粒含量（%）定名为砂质黏性土⑦$_2$，并以肉红、褐黄、灰白色为主，呈可塑～硬塑状态，多由下伏混合岩风化残积而成，含5%～20%石英颗粒。标准贯入值为8～40击，平均23.7击。平均压缩系数$a_{0.1\text{-}0.2}$=0.44MPa^{-1}，平均压缩模量E_s=4.34MPa，属中等压缩性土层。该层连续分布于DK7+320～DK7+530、DK7+930～DK8+050段，揭露层厚2.00～12.90m，平均厚度6.54m。层顶埋深0.50～23.60m，层顶高程14.10～23.22m；层底埋深4.60～28.00m，层底高程1.55～18.85m。

（3）燕山期（γ_{53}）花岗岩

主要呈肉红、褐红、褐黄夹灰绿、灰黑等色。中粗粒结构，块状构造。主要成分为石英、长石、云母。按风化程度可分为全风化花岗岩⑧$_1$、砂土状强风化花岗岩⑧$_{2\text{-}1}$、块状强风化花岗岩⑧$_{2\text{-}2}$、中等风化花岗岩⑧$_3$、微风化花岗岩5个亚层⑧$_4$，分述如下：

全风化花岗岩⑧$_1$：呈褐黄、红褐、灰褐色等，原岩结构已基本破坏，尚可辨认，除石英外，各种矿物已风化成黏性土，偶夹强风化岩块，遇水浸泡易软化、崩解。实测标准贯入值为41～69击，平均51.7击。沿线内DK8+050往大里程大部分区域有分布，揭露层厚0.70～14.10m，平均厚度5.62m。层顶埋深1.60～27.30m，层顶高程42.03～154.10m；层底埋深5.00～35.70m，层底高程28.36～145.60m。

砂土状强风化花岗岩⑧$_{2\text{-}1}$：呈土黄、灰黄色，原岩结构已大部分被破坏，矿物除石英外大部分风化成坚硬砂土状，遇水易崩解，局部呈土夹碎块状。实测标准贯入值为71～120击，平均82.9击。沿线DK8+050往大里程大部分区域有分布，揭露层厚0.40～24.50m，平均厚度5.57m。层顶埋深0.00～35.70m，层顶高程28.36～141.08m；层底埋深3.00～42.00m，层底高程33.26～136.29m。

块状强风化花岗岩⑧$_{2-2}$：呈灰黄、黄褐色，岩石风化强烈，节理裂隙很发育，岩石锤击易碎，部分手可折断，为极软岩～软岩，岩体呈碎块状，极破碎，岩体基本质量等级为Ⅴ级。沿线 DK8+050 往大里程大部分区域有分布，揭露层厚 1.00 ～ 29.50m，平均厚度 5.87m。层顶埋深 0.00 ～ 48.30m，层顶高程 33.68 ～ 145.60m；层底埋深 2.00 ～ 53.30m，层底高程 31.18 ～ 134.99m。

中等风化花岗岩⑧$_3$：呈肉红、灰褐、灰白、浅肉红、灰绿等色，中粗粒结构，块状构造，裂隙发育，裂面多由铁锰质或绿泥石侵染，局部区域受构造带影响异常破碎。岩石实测单轴饱和抗压强度值为 15.5 ～ 44.0MPa，平均值为 26.7MPa，主要为较软岩，岩体破碎，岩体基本质量等级为Ⅴ级。沿线 DK8+050 往大里程大部分区域有分布，揭露层厚 0.30 ～ 21.90m，部分钻孔尚未钻穿，层顶埋深 0.80 ～ 49.40m，层顶高程 31.18 ～ 181.45m。

微风化花岗岩⑧$_4$：呈肉红、浅肉红、灰绿等色，原岩结构和构造基本未变，仅节理面有铁锰质渲染或矿物略有变色，有少量风化裂隙，岩体呈块状～整体状结构。岩芯多呈长柱状，少量短柱状，局部受构造带影响为碎块状。实测单轴饱和抗压强度值为 30.8 ～ 127.3MPa，平均值为 70.0MPa，主要为较硬岩～坚硬岩，实测岩体完整性指数平均值为 0.61，岩体较完整，岩体基本质量等级为Ⅲ级。沿线 DK8+050 往大里程大部分区域有分布，层顶埋深 0.80 ～ 75.00m，层顶高程 -6.86 ～ 174.45m。

2）水文地质概况

根据其赋存介质的类型，沿线地下水主要有两种类型：一种是第四系地层中的孔隙潜水，另一种为基岩（构造）裂隙水。

（1）第四系地层孔隙潜水

主要分布在第四系冲洪积中砂、砾砂层中，属松散土层的孔隙潜水。为沿线主要含水层、透水层，全线部分地段有分布。主要由大气降水补给。水量较丰富，水质易被污染。部分赋存于人工素填土、冲洪积粉质黏土、残积砾（砂）质黏性土、全风化带中，弱透水性，含水量不丰富。

（2）基岩（构造）裂隙水

岩层裂隙水广泛分布于花岗岩、混合岩、碎裂岩、糜棱岩的中～块状强风化带裂隙及断层破碎带中。富水性因基岩裂隙发育程度、贯通度、与地表水源的连通性而变化，主要由大气降水、孔隙潜水补给。因地层分布的不均一性、岩土层富水性及透水性的差异性导致基岩裂隙水局部具微承压性。

地温测试结果显示，勘察期间沿线地下水水温 22.0 ～ 24.5℃。勘察期间，除个别钻孔漏水无水位外，在大部分钻孔中测得地下水位埋深为 1.0 ～ 51.0m，高程 17.82 ～ 134.39m。根据地区经验，地下水位的年平均变化幅度为 0.5 ～ 2.0m，抗浮设计水位建议取至地表。

沿线地层自上而下为人工填筑土，冲洪积黏土、砂层，残积层，基岩全风化层、强风化层、中等风化及微风化岩层。推荐渗透系数 k 值主要参照抽水试验结果及地区既有的基坑设计经验值，富水性及透水性类别主要参照《城市轨道交通岩土工程勘察规范》（GB 50911—2013）。其中，渗透系数建议值用于施工降水计算。

3）周边环境概况

本工程站址范围内的地形较平坦，主要建筑物为工业区内厂房及住宅楼等。基坑周边建筑物统计见表 2-4-1。

基坑周边建筑物信息统计表　　表 2-4-1

序　　号	建筑物名称	层　　数	基 础 形 式	与基坑的距离（m）
1	某工业园 FI 栋	7	桩基础	31
2	某工业园 F6 栋	7	桩基础	15

续上表

序　　号	建筑物名称	层　　数	基础形式	与基坑的距离(m)
3	某工业园B8栋	5	桩基础	22
4	民房	1	天然基础	50

4.1.2　监测范围及监测等级

1）监测范围

根据《城市轨道交通工程监测技术规范》(GB 50911—2013)的规定，监测范围应根据基坑设计深度、施工工法、支护结构形式、地质条件、周边环境条件等综合确定，并应包括主要影响区和次要影响区。本车站监测范围为3倍的基坑深度。

2）监测等级

根据《城市轨道交通工程监测技术规范》(GB 50911—2013)中基坑工程自身等级的划分规定，结合甘坑站围护结构设计说明，基坑工程安全等级为一级、周边环境等级为二级、地基复杂程度为中等，综合考虑本车站基坑监测等级为一级。

4.1.3　监测项目及相关要求

《城市轨道交通工程监测技术规范》(GB 50911—2013)规定，工程监测对象的选择应在满足工程支护结构安全和周边环境保护要求的条件下，针对不同的施工方法，根据支护结构设计方案、周围岩土体及周边环境条件综合确定。工程监测项目应根据监测对象的特点、工程监测等级、工程影响分区、设计及施工的要求合理确定，并应反映监测对象的变化特征和安全状态。各监测对象和项目应相互配套，满足设计、施工方案的要求，并形成有效、完整的监测体系。

根据现有车站主体围护结构设计施工图、相关标准规范及建设单位的要求，本工程具体监测内容及相关要求见表2-4-2。

监测项目汇总表　　表2-4-2

序　　号	监测项目	位置和监测对象	测点布置	量测频率	监测精度	报警值
1	桩顶水平位移	围护结构上端部	沿车站纵向20m一个	开挖及回筑过程中2次/d	±1mm	累计30mm与0.3%h中较小值或变化速率大于3mm/d
2	桩顶沉降	围护结构上端部	沿车站纵向20m一个	开挖及回筑过程中2次/d	±1mm	累计20mm与0.2%h中较小值或变化速率大于3mm/d
3	深层水平位移	围护结构内	沿车站纵向20m一个，同1孔竖向间距0.5m	开挖及回筑过程中2次/d	±1mm	累计24mm或变化速率大于3mm/d
4	地表沉降	围护结构周围土体	沿车站基坑20m一个	施工及开挖期间1次/2d	±1mm	累计35mm或变化速率大于3mm/d
5	地下水位	基坑周围	沿车站纵向20m一个，两端头各布置一个	施工及开挖期间1次/2d	±5mm	累计下降1000mm或变化速率大于50mm/d
6	支撑轴力	支撑内部	按支撑的25%设置	开挖及回筑过程中2次/d	±0.1Hz	70%支撑轴力设计值
7	管线沉降	沿管线轴向及竖向	沿管线15m布设一个	1次/2d，直至车站完工为止	±1mm	各管线权属单位要求的允许值
8	建筑物沉降	基坑周边建筑物	布置在建筑物的四角	开挖及回筑过程中2次/d	±1mm	累计35mm或变化速率大于3mm/d

注：h指基坑开挖深度(mm)。

4.1.4 数据分析

1）桩顶沉降

如图 2-4-1 所示，桩顶沉降随基坑开挖呈下降趋势，在基坑开挖过程中累计值较小，变化速率较为稳定；桩顶沉降累计变化大部分在 -15 ～ -10mm 之间，占比为 75%。

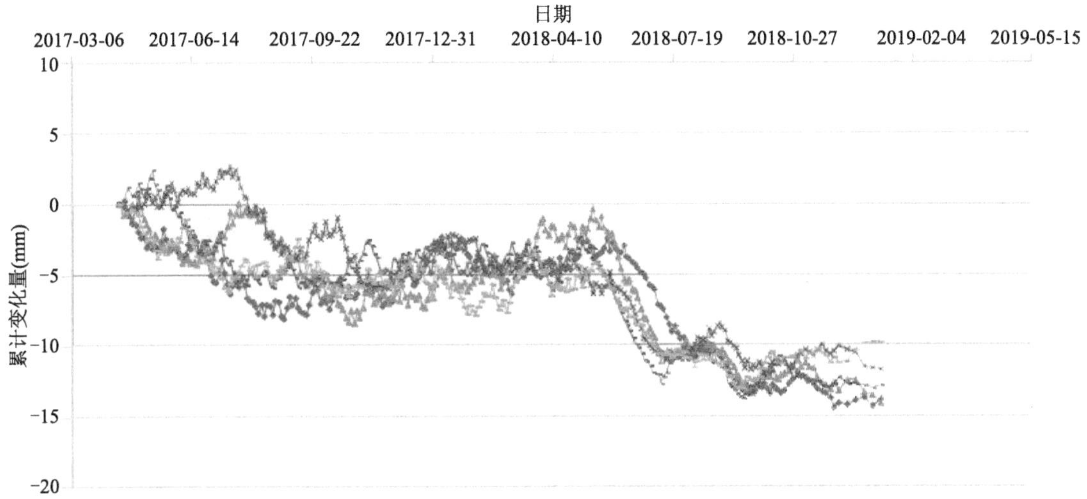

图 2-4-1 桩顶沉降趋势图

2）桩顶水平位移

如图 2-4-2 所示，桩顶水平位移在基坑开挖过程中累计值较小，变化速率较为稳定；桩顶水平位移累计变化大部分在 -2 ～ 0m 之间，占比为 30%。

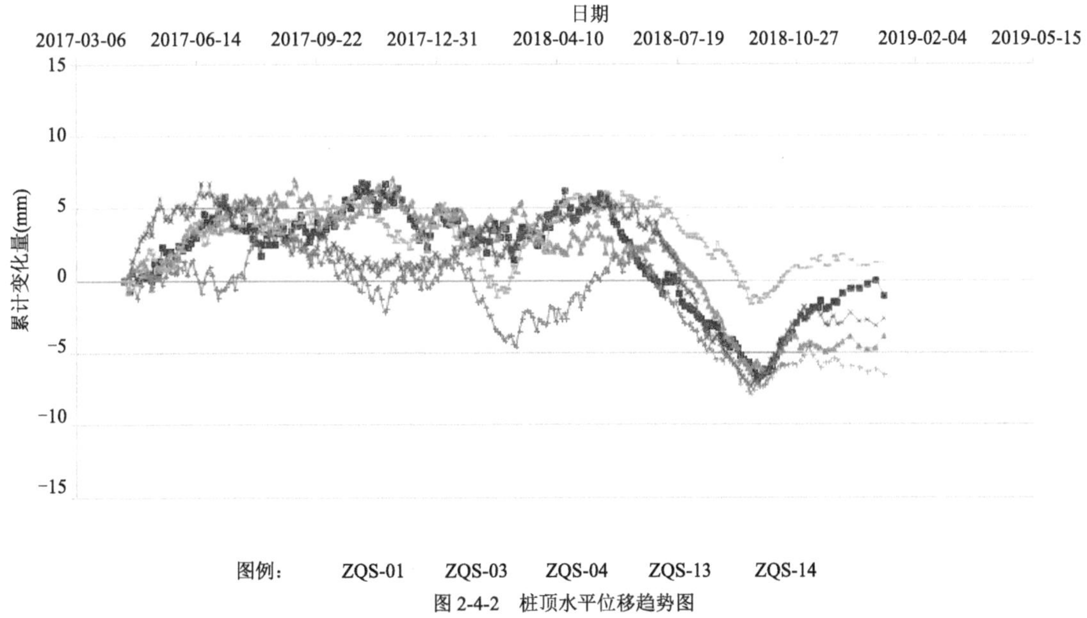

图 2-4-2 桩顶水平位移趋势图

3）支撑轴力

如图 2-4-3 所示，支撑轴力随基坑开挖深度的增加呈明显的增大趋势，随着开挖结束变化速率趋于稳定；支撑轴力分布比较均匀，拆除前变化速率稳定；支撑轴力大部分累计变化值位于 0 ～ 1000kN 之间，占比为 64%。

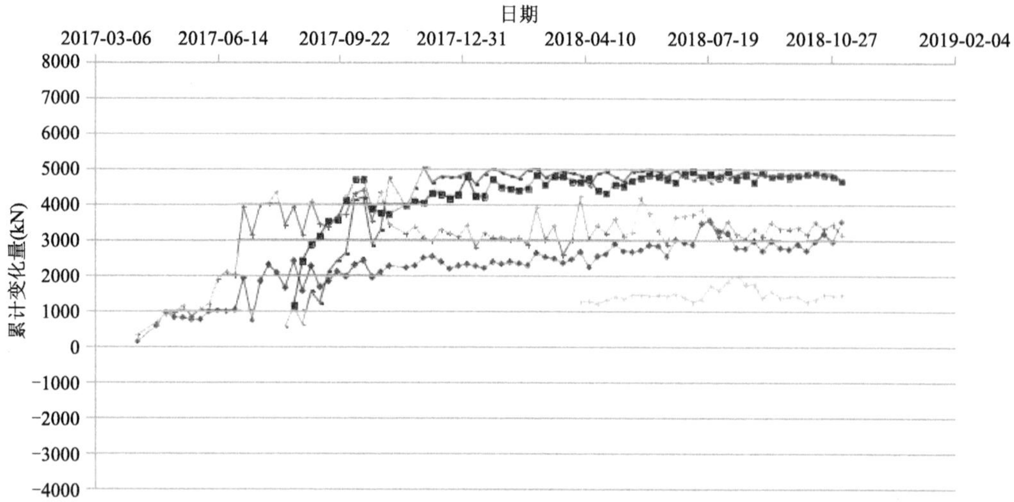

图 2-4-3　支撑轴力变化趋势图

4)桩体深层水平位移

如图 2-4-4 所示，桩体深层水平位移随着基坑开挖累计值增大趋势明显，随着开挖结束变化速率趋于稳定，部分测点累计值超控制值，经持续监测后，速率趋于稳定；累计最大值分布较为均匀，主要分布在 0 ～ 30mm 之间，占比为 69%；变化最大测点 ZQT-16，累计值为 40.31mm。深层水平位移累计最大值埋深主要分布在 10 ～ 15m 之间，占比为 41%。

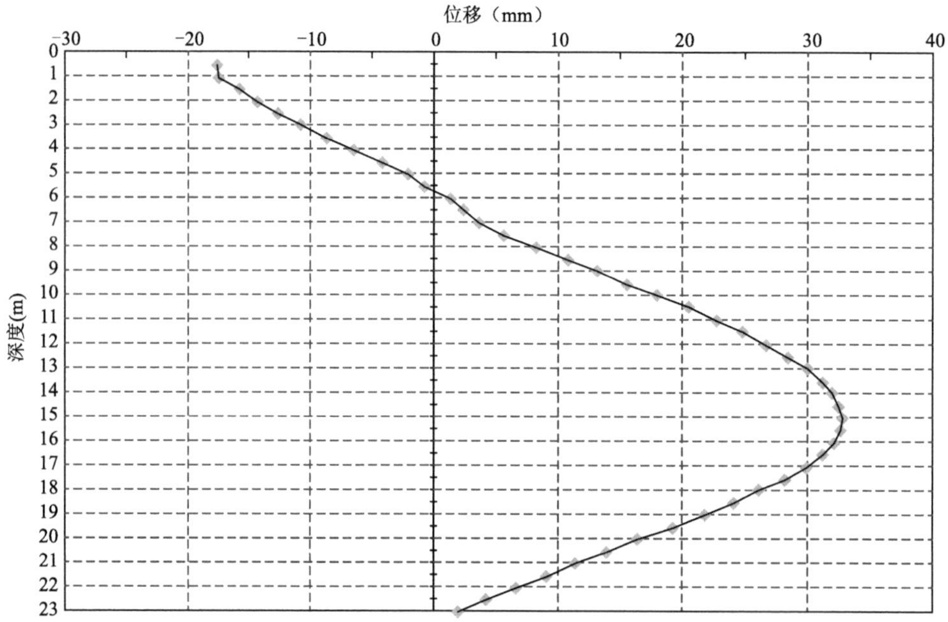

图 2-4-4　桩体深层水平位移趋势图

5)地下水位

累计变化曲线图(部分点)如图 2-4-5 所示，地下水位随基坑开挖下降趋势明显，说明该处基坑内外存在明显的水力联系；水位监测变化区间位于 −12 ～ −8m 之间，占比为 30%。

6)地表及管线沉降

如图 2-4-6 所示，地表及管线沉降随基坑开挖下沉较为明显，沉降持续约 6 个月，部分测点累计值超控制值，变化最大测点为 DB-07-05，累计值为 -48.1mm，经持续监测后，速率趋于稳定；地表沉降累计变化大部分在 -10 ～ 0mm 和 -20 ～ -10mm 之间，占比分别为 37% 和 32%。

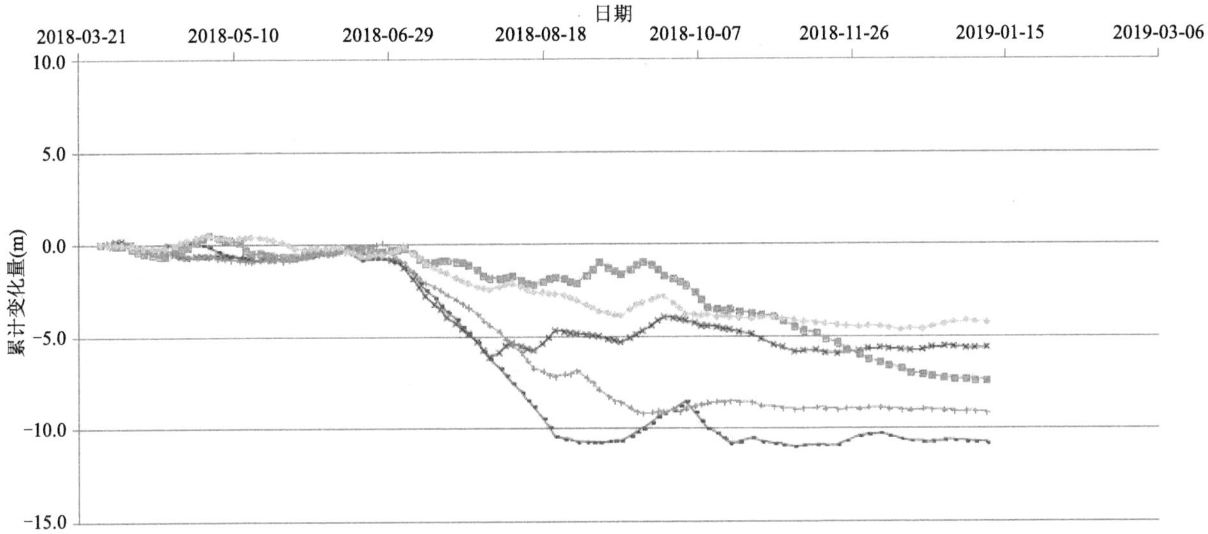

图 2-4-5 地下水位变化趋势图

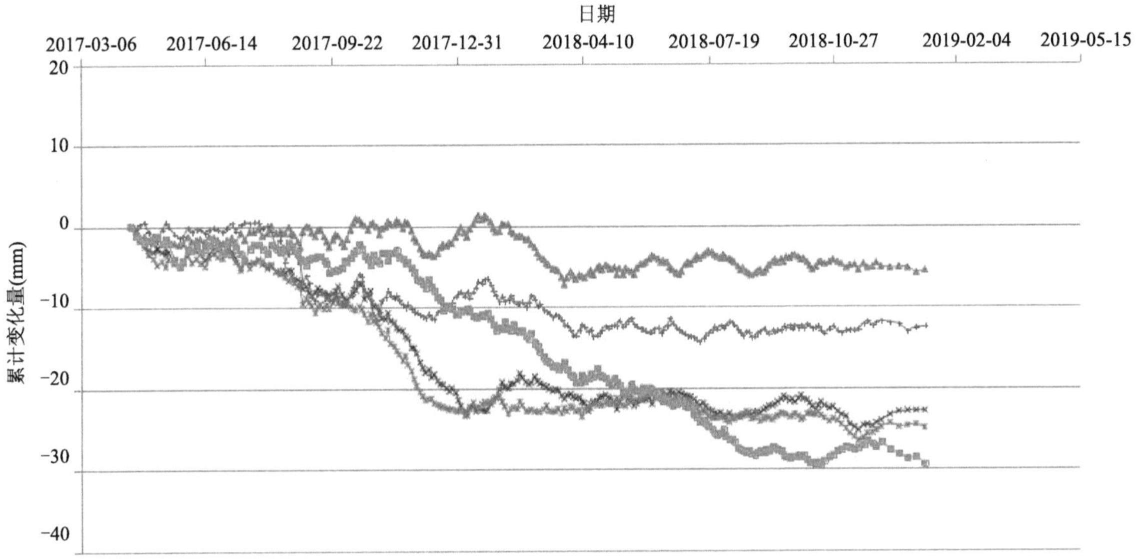

图 2-4-6 地表及管线沉降趋势图

7)周边建筑物沉降

如图 2-4-7 所示，大部分建筑物距离基坑较近，靠近基坑一侧在基坑开挖过程中持续缓慢下沉，累计变化较大，部分测点累计值超过控制值，最大建筑物沉降测点为 JCJ-01-08，累计值为 -40.4mm，经持续监测后，速率趋于稳定；建筑物沉降累计变化大部分在 -10 ～ 0mm 之间，占比为 43%。

4.1.5 监测预警

1)地表沉降

2018 年 8 月 22 日，一个地表沉降监测点超控制值。经组织专家研讨会分析，在基坑开挖过程中，地表超限位置受综合因素影响，周边存在堆载及长期重型机械碾压，周边地表发生较大沉降，累计变化量超报警值，但周边无重要管线等风险源，后续监测过程测点趋于稳定。

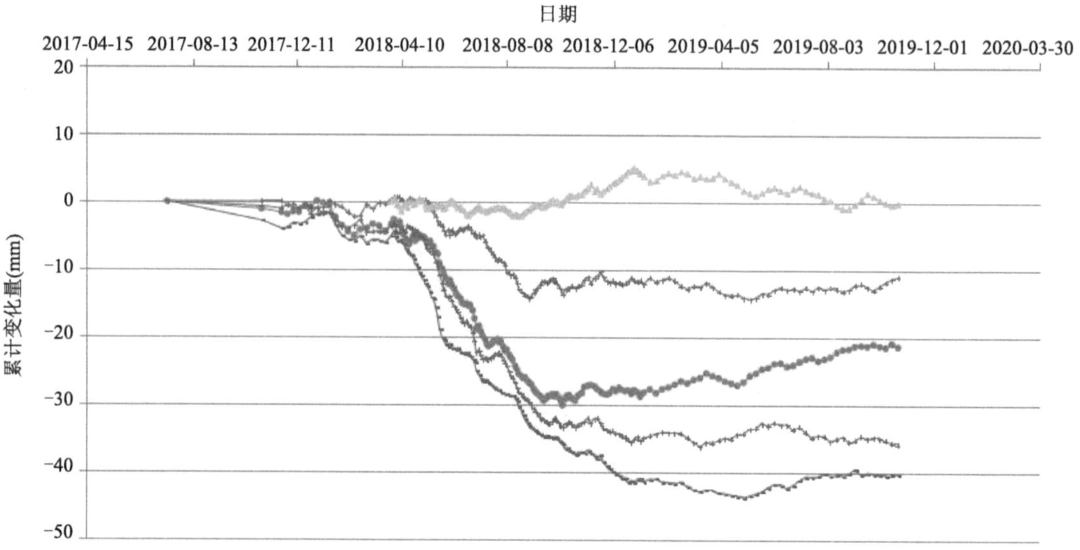

图 2-4-7　建筑物沉降趋势图

2)建筑物沉降

2018 年 8 月 22 日，一个建筑物沉降监测点超控制值。经组织专家研讨会分析，在基坑开挖过程中，受基坑外侧地下水位下降较大和地表大面积沉降的综合影响，周边建筑物发生较大均匀沉降，累计变化量超控制值，差异沉降在可控范围内。经建筑物周边地面注浆，后续监测过程测点趋于稳定。

3)地下水位

2018 年 7 月 4 日，部分地下水位监测点超预警值，经组织专家研讨会分析，会议判定根据设计图纸要求，甘坑站地下水位监测的指标超过预警标准，影响周边环境安全，建议严格控制坑内降水，对其周边建筑物进行注浆处理。后续监测过程测点趋于稳定。

4)桩体深层水平位移

2018 年 8 月 22 日，两个桩体深层水平位移监测点超控制值。经组织专家研讨会分析，得出桩体变形主要与钢支撑轴力较小（主要在第三道钢支撑）、第三道至第四道钢支撑不及时，钢支撑与围护结构墙面不垂直、轴心未对齐，以及钢围檩背后混凝土填充不密实、基坑未封底和暴露时间较长等因素有关。基坑内需加快结构封底，减少基底积水影响，提高支撑架设质量，并对轴力偏小部位支撑适当进行再次加力，以减小桩体的侧向变形，后续监测过程测点趋于稳定。

4.1.6　结论及建议

1)结论

本工程监测过程中，多数监测点变形速率较缓，累计变形处于允许范围内。结合各项监测数据和现场巡视分析，车站基坑及周边环境总体上处于安全可控状态。

2)建议

(1)对距离基坑较近的建筑物,做好施工过程中的动态地面跟踪注浆,加强建筑物及周边的监测和巡查;

(2)加强基坑围护结构施作的工艺控制,减少基坑内外的水力联系,提高支撑架设质量,并严格控制基坑开挖过程中的坑内降水;

(3)加强对测点的保护。

4.2 盾构法隧道工程监测

4.2.1 工程概况

仙湖路站—莲塘站区间位于深圳市罗湖区,线路沿国威路进行敷设,区间上部道路两侧房屋密集,交通繁忙,隧道上部管线较多,施工过程中应加强监测保护等措施。

区间设计里程范围为 DK38+800.200 ～ DK39+339.200,全长 539.000m。采用盾构法施工,盾构由仙湖路站始发,莲塘站接收。

仙湖路站—莲塘站区间盾构隧道为圆形断面,装配式钢筋混凝土单层衬砌。管片衬砌环内径为 5400mm,外径为 6000mm,宽度为 1500mm,管片厚度为 300mm;衬砌环采用错缝拼装。

1)工程地质概况

根据本次钻探揭露,结合区域收集到的沿线既有工程资料,沿线范围内上覆第四系全新统人工堆积层(Q_4^{ml})、全新统冲洪积层(Q_4^{al+pl})、第四系晚更新统冲洪积层(Q_3^{al+pl})、残积层(Q^{el}),下伏主要为侏罗系(J)凝灰岩。对本场地内岩土层特征详细描述如下。

(1)第四系全新统人工堆积层(Q_4^{ml})

素填土(①$_1$):呈灰黄、褐黄、灰褐等杂色,稍湿,松散～稍密状态,主要由黏性土或粉质黏土混少量砂砾组成,局部夹有碎块石。本层沿线场地内广泛分布,揭露层厚 0.80 ～ 4.80m,平均厚度 3.05m;层底埋深 2.40 ～ 6.40m,层底高程 18.3 ～ 25.86m。本层进行标准贯入试验 7 次,实测击数 7 ～ 16 击,平均 11.3 击,属 II 级普通土。

填砂(①$_2$):呈黄褐、灰褐等色,湿～饱和,松散状态。主要由粗砂、砾砂等组成。区间内仅钻孔 2DZ3-TXL-10 有揭露,层厚 0.50m,层底高程 20.51m。属 I 级松土。

填碎石(①$_3$):呈灰、灰褐色,稍密～中密,稍湿。主要由中等～微风化碎石夹黏性土组成,碎石直径一般为 20 ～ 100mm,间隙充填砂粒、角砾及黏性土。区间内仅钻孔 2DZ2-45 有揭露,层厚 2.00m,层底高程 28.55m。属III级硬土。

杂填土(①$_6$):呈灰、灰褐、黄褐等杂色,主要由废混凝土块、断砖块等建筑垃圾及部分生活垃圾填筑而成,松散～稍密状态,区间内仅钻孔 2DZ2-42 和 2DZ2-45 有揭露,层厚 1.50 ～ 1.80m,平均厚度 1.65m;层底埋深 1.50 ～ 5.50m,层底高程 25.05 ～ 26.76m。属 II 级普通土。

上述人工填土层的密实度由其填筑时的处理状态及处理工法决定,现状道路范围内多呈稍密状态,其他地段则以松散状态为主。

(2)第四系全新统冲洪积层(Q_4^{al+pl})

淤泥质粉质黏土③$_2$:呈灰黑、深灰等色,饱和,流塑状态,局部呈软塑状,混少量细砂,含有机质及腐朽木屑，具腥臭味。该层沿国威路地段分布，揭露层厚 0.50 ～ 2.80m，平均厚度 1.33m。层顶埋深 1.70 ～ 4.80m，层顶高程 19.83 ～ 28.34m；层底埋深 2.30 ～ 7.00m，层底高程 18.21 ～ 26.04m。有机质含量为 1.7% ～ 4.1%。本层进行标贯试验 4 次，实测击数 1 ～ 4 击，平均 3 击。属Ⅱ级普通土。

（3）第四系晚更新统冲洪积层（Q_3^{al+pl}）

粉质黏土④$_2$：呈灰黄、褐红、灰色，可塑状态，局部呈硬塑状态，不均匀含石英砾石，夹薄层状中细砂，摇振无反应，干强度较高，沿线该层不连续分布，局部呈透镜体。该层揭露厚度 0.50 ～ 5.00m，平均厚度 1.90m。层顶埋深 1.50 ～ 5.90m，层顶高程 18.44 ～ 26.76m；层底埋深 2.40 ～ 7.40m，层底高程 16.94 ～ 25.86m。本层进行标准贯入试验 7 次，实测击数 4 ～ 15 击，平均 11 击，属Ⅱ级普通土。

含有机质砂④$_5$：呈灰、灰黑色，主要成分为石英质，饱和，稍密状态，混粗砂和黏性土，级配单一，分选性差。该层仅钻孔 2DZ2-33 和 2DZ2-34 有揭露，层厚 1.70 ～ 1.80m，平均厚度 1.75m。层顶埋深 4.10 ～ 4.80m，层顶高程 19.98 ～ 20.15m；层底埋深 5.80 ～ 6.60m，层底高程 18.18 ～ 18.45m。属Ⅰ级松土。

中砂④$_{10}$：呈灰、灰白、灰黄色，主要成分为石英质，饱和，中密状态，混粗砂和黏性土，底部含小卵石，卵石直径 2 ～ 10cm，级配良好，分选性差。沿线该层不连续分布，局部呈透镜体。该层揭露厚度 0.60 ～ 2.40m，平均厚度 1.67m。层顶埋深 3.10 ～ 5.10m，层顶高程 19.59 ～ 24.48m；层底埋深 5.10 ～ 7.50m，层底高程 17.32 ～ 22.48m。本层进行标准贯入试验 1 次，实测击数 18 击，属Ⅰ级松土。

粗砂④$_{11}$：呈灰色、灰黄色，主要成分为石英质，饱和，中密状态，含较多圆砾和卵石及少量黏性土，卵石直径 2 ～ 10cm，级配良好，分选性差。沿线该层不连续分布，局部呈透镜体。该层揭露厚度 1.20 ～ 1.80m，平均厚度 1.53m。层顶埋深 4.20 ～ 5.00m，层顶高程 19.58 ～ 20.50m；层底埋深 6.00 ～ 6.40m，层底高程 18.38 ～ 18.70m。本层进行标准贯入试验 2 次，实测击数 11 ～ 25 击，属Ⅰ级松土。

圆砾④$_{13}$：呈褐黄、灰色，主要为石英质，饱和，中密状态，粒径 2 ～ 5cm，少数达 10cm 以上，分选性差，次圆和棱角状。混 10% ～ 20% 的黏性土。该层沿线局部分布，呈透镜体分布。该层揭露厚度 0.80 ～ 1.30m，平均厚度 1.02m。层顶埋深 2.40 ～ 6.60m，层顶高程 18.18 ～ 25.86m；层底埋深 3.70 ～ 7.40m，层底高程 17.38 ～ 24.56m。属Ⅲ级硬土。

卵石④$_{14}$：呈褐黄、浅灰色，主要为石英质及凝灰岩质，中密状态。呈亚圆、次圆状，粒径一般为 3 ～ 6cm 不等，个别大于 15cm，充填物以黏性土为主，含少量砂粒。该层沿线局部分布，呈透镜体分布。该层揭露厚度 0.50 ～ 2.20m，平均厚度 1.41m。层顶埋深 4.90 ～ 7.50m，层顶高程 17.32 ～ 20.21m；层底埋深 5.70 ～ 9.30m，层底高程 15.52 ～ 19.41m。属Ⅲ级硬土。

（4）第四系残积层（Q^{el}）

可塑状粉质黏土⑦$_{1\text{-}1}$：呈褐黄、灰黄夹灰白、青灰等色，可塑状态，由凝灰岩风化残积而成，局部含风化残留砾石，块径为 3 ～ 5cm，摇振无反应，干强度中等，韧性中等。该层揭露厚度 0.70 ～ 4.20m，平均厚度 2.91m。层顶埋深 2.30 ～ 5.50m，层顶高程 22.48 ～ 25.05m；层底埋深 4.80 ～ 8.40m，层底高程 19.18 ～ 24.05m。厚度变化及埋深变化不大，高程随地形起伏均较大。本层进行标准贯入试验 6 次，实测击数 12 ～ 17 击，平均 14.7 击，属Ⅱ级普通土。

硬塑状粉质黏土⑦$_{1\text{-}2}$：呈灰褐、青灰、灰黄夹灰白等色，硬塑状态，由凝灰岩风化残积而成，局部含风化残留砾石，块径为 3 ～ 5cm，摇振无反应，干强度中等，韧性中等。该层场地广泛分布，揭露厚度 2.10 ～ 7.90m，平均厚度 5.01m。层顶埋深 3.40 ～ 9.30m，层顶高程 15.52 ～ 26.04m；层底埋深 7.20 ～ 13.80m，层底高程 13.01 ～ 18.94m。本层进行标准贯入试验 28 次，实测击数 18 ～ 39 击，平均 27.6

击，属Ⅱ级普通土。

（5）侏罗系凝灰岩（J）

凝灰岩系场地内下伏基岩。主要矿物成分为石英、透长石及火山灰等，凝灰质结构，块状构造。根据钻探揭露野外鉴别及标准贯入试验可分为全、强、中等、微风化四个带。

全风化凝灰岩（W_4）⑨$_1$：呈浅灰、灰褐、灰黄色，原岩结构已基本破坏，但尚可辨认，具微弱的残余结构强度，岩芯呈坚硬土状，偶夹有强风化岩块。岩体基本质量等级为Ⅴ类。该层揭露厚度 0.80 ～ 9.90m。层顶埋深 5.50 ～ 15.40m，层顶高程 8.94 ～ 44.33m；层底埋深 1.30 ～ 15.40m，层底高程 8.94 ～ 81.97m。属Ⅲ级硬土。

土状强风化凝灰岩（W_3）⑨$_{2\text{-}1}$：呈褐、灰褐色，岩石风化剧烈，裂隙极发育。岩芯多呈坚硬土状，局部为土夹碎块状或者块状，干钻困难。岩体基本质量等级为Ⅴ类。该层揭露厚度 0.80 ～ 11.80m；层顶埋深 5.50 ～ 24.50m，层顶高程 3.43 ～ 19.30m；厚度及埋藏深度变化大，部分钻孔未揭穿该层。该地层风化不均一特征极为明显，标准贯入试验击数均大于 70 击，属Ⅲ级硬土。

块状强风化凝灰岩（W_3）⑨$_{2\text{-}2}$：呈灰、灰褐，岩石风化剧烈，裂隙极发育。岩芯多呈碎块状或者块状，干钻困难。岩体基本质量等级为Ⅴ类。该层揭露厚度 0.60 ～ 12.00m；层顶埋深 4.00 ～ 29.40m，层顶高程 -1.82 ～ 22.81m；厚度及埋藏深度变化大，部分钻孔未揭穿该层。该地层风化不均一特征极为明显，标准贯入试验击数均大于 70 击，属Ⅳ级软质岩。

中等风化凝灰岩（W_2）⑨$_3$：呈褐灰、青灰色，裂隙发育，裂隙面见铁染。岩芯多呈碎块状～块状，少量短柱状，锤击易碎，合金钻进困难，需金刚石钻进。由于差异风化，不均匀含有微风化岩块。岩石坚硬程度分类为较软岩～较硬岩，岩体完整程度为较破碎，岩体基本质量等级为Ⅳ类。该层揭露厚度 0.90 ～ 12.00m；层顶埋深 8.10 ～ 28.00m，层顶高程 -1.42 ～ 16.58m；部分钻孔未揭穿该层。该层点荷载换算天然单轴抗压强度为 30.9 ～ 34.0MPa，饱和单轴抗压强度为 31.7 ～ 41.6MPa，属Ⅴ级次坚石。

微风化凝灰岩（W_1）⑨$_4$：呈灰褐、青灰色，裂隙发育，裂隙面见铁染。岩芯多呈碎块状～块状，少量短柱状，锤击易碎，合金钻进困难，需金刚石钻进。岩石坚硬程度分类为较硬岩～坚硬岩，岩体完整程度为较完整～较破碎，岩体基本质量等级为Ⅲ～Ⅳ类。揭露层顶埋深 14.00 ～ 39.60m，层顶高程 -5.92 ～ 13.56m。该层天然单轴抗压强度为 41.20 ～ 60.50MPa，饱和单轴抗压强度为 33.30 ～ 67.2MPa，属Ⅵ级坚石。

（6）碎裂岩

碎裂岩的主要成分为变晶石英、钾长石、黑云母。在构造压应力作用下，扭裂面发生破裂，裂隙以次生绢云母填充。本次勘察仅揭露到强风化碎裂岩，呈青灰、灰白色。原岩结构清晰可见，风化剧烈，受构造影响，裂隙发育。岩芯多呈碎块状，局部坚硬土柱状夹碎块状，手搓易散，合金钻进困难。岩体基本质量等级为Ⅴ类。该层仅钻孔 2DZ3-SXH-14 和 2DZ3-TXL-01 有揭露，厚度 13.90 ～ 15.30m，层顶埋深 6.20 ～ 16.60m，层顶高程 4.58 ～ 8.26m。属Ⅳ级软质岩。

2）水文地质概况

本区间场地内无地表河流，在线路南侧约 750m 有深圳河莲塘河段通过、西北侧约 2km 有深圳水库。场地地下水自东北向西南往深圳河排泄，该河段 50 年一遇洪峰流量为 145.4 ～ 436.33m^3/s。河水位高程 8.5 ～ 10.0m。河道拟进行改造，改造后河堤外扩 15 ～ 20m，抗洪设防水位 11.0 ～ 13.0m。

沿线地下水根据其赋存介质的类型主要有两种：一种为第四系地层中的上层滞水和松散岩类孔隙潜

水，另一种为基岩裂隙水。上层滞水赋存于第四系冲洪积淤泥质粉质黏土和粉质黏土以上的人工填土层中，孔隙潜水主要赋存于冲洪积砂砾层中，因受上下相对隔水层的阻隔，略具承压性；基岩裂隙水主要赋存于强～中等风化带中，具有微承压性。淤泥（质）土及黏土层属隔水层。

本场地地下水主要受大气降水渗入补给，并在一定条件下接受深圳河、深圳水库的侧向补给，并与两者具一定的水力联系。第四系孔隙水，局部水量较丰富，水质易被污染。

地下水运动主要受地形、地貌控制，沿线场地总体地形较平坦、起伏较小，地下水水平运动较缓慢，地下水的渗流方向由较高水头处向较低水头处渗流，流速低，流量小。受地形地貌的控制，地下水径流总体上为由北西向南东往深圳河排泄，垂直方向主要为大气蒸发排泄。

3)周边环境概况

隧道范围的主要建（构）筑物为居民楼。区间隧道沿国威路地下敷设，为双向四车道，平时车流量较大，交通较为繁忙，中部与聚宝路相交，隧道施工影响范围内管线较多，主要有2根ϕ150mm燃气管，2根ϕ300/100mm进水管道，2根ϕ400/300mm雨水管道，3根ϕ400/300/200mm污水管道，以及多个电力电信管道，管道与隧道平行敷设，位于右线隧道外侧。

4.2.2 监测范围及监测等级

1)监测范围

本区间监测范围为3倍的隧道埋深。

2)监测等级

本区间隧道监测等级为二级。

4.2.3 监测项目及相关要求

根据现有深圳地铁2号线三期工程仙湖路站—莲塘站盾构区间设计施工图及相关技术规范，具体监测内容及相关要求见表2-4-3。

监测项目统计表 表2-4-3

序号	监测项目	位置和监测对象	测点布置	量测频率	监测精度	报警值
1	拱顶沉降	隧道拱顶高程	每5m设一断面	掘进前后＜20m，1～2次/d	±1mm	累计40mm或变化速率大于3mm/d
2	净空收敛	隧道两侧直线距离	每5m设一断面	掘进前后＜20m，1～2次/d	±0.06mm	累计20mm或变化速率大于3mm/d
3	地表沉降	路面高程	每30m设一断面	掘进前后＜20m，1～2次/d	±1mm	累计24mm或变化速率大于3mm/d
4	地下管线沉降	管线高程	测点沿管线轴向10～20m布置	掘进前后＜20m，1～2次/d	±1mm	累计16mm或变化速率大于3mm/d
5	建筑物沉降	建筑物高程	施工影响区域	掘进前后＜20m，1～2次/d	±1mm	累计下降10mm或变化速率大于3mm/d

4.2.4 数据分析

1)地表沉降

地表沉降趋势如图2-4-8所示。其中，负值表示下沉，正值表示向上隆起。施工期间数据整体变化较小，无异常变形。

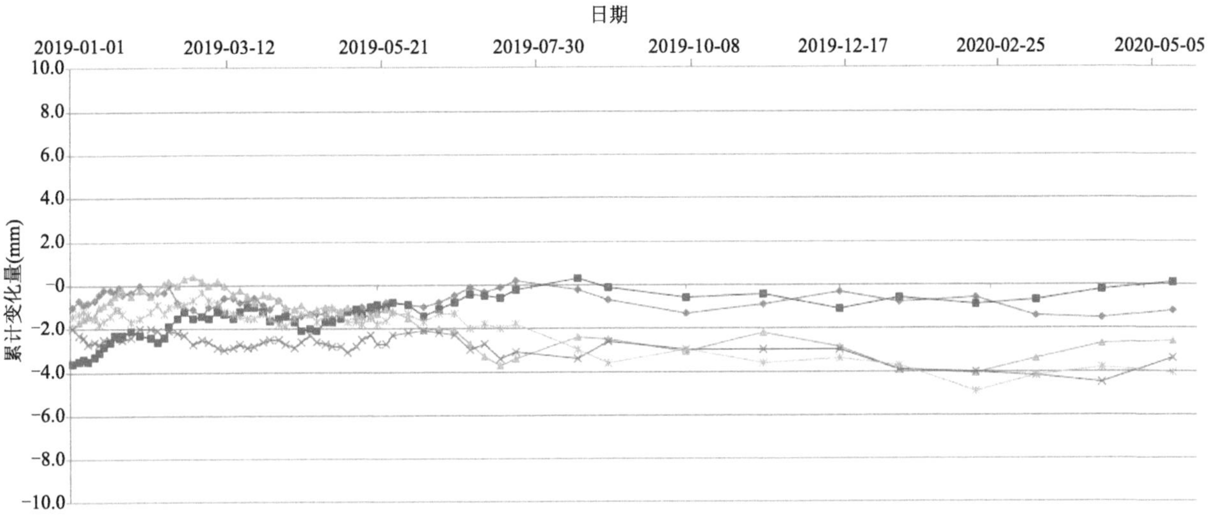

图 2-4-8　地表沉降趋势图

2）建筑物沉降

建筑物沉降趋势如图 2-4-9 所示。其中，负值表示下沉，正值表示向上隆起。施工期间数据整体变化较小，无异常变形。

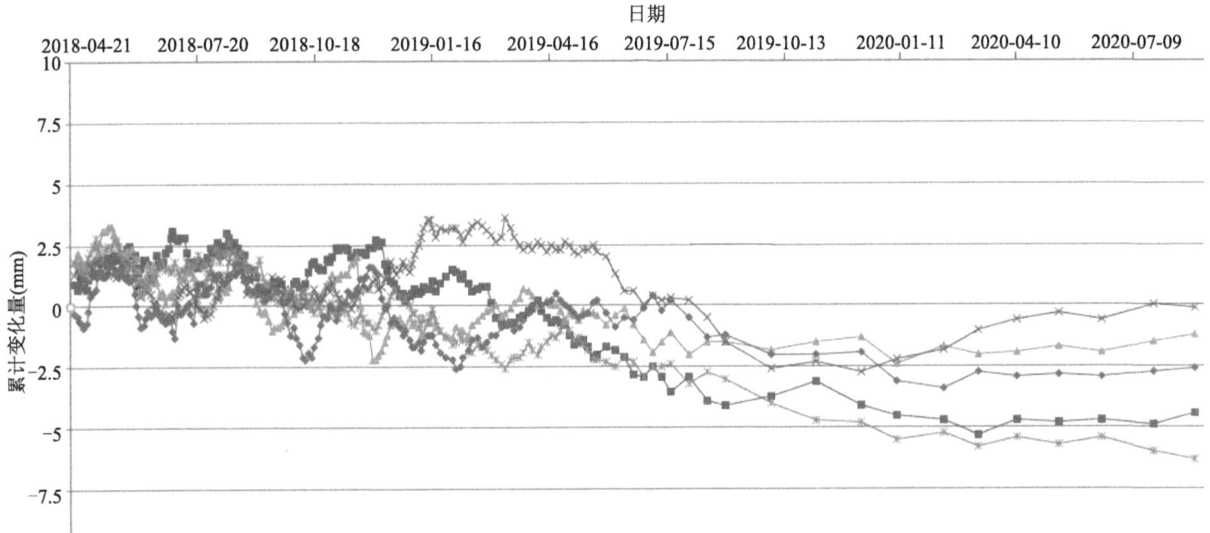

图 2-4-9　建筑物沉降趋势图

3）管线沉降

管线沉降趋势如图 2-4-10 ～图 2-4-13 所示。其中，负值表示下沉，正值表示向上隆起。2018 年 7 月 24 日有一点因盾构掘进过程中施工单位对其部位加固不及时造成数据异常，后通知施工单位对其进行加固后监测数据趋于平稳，其他点位施工期间数据整体变化较小，无异常变形。

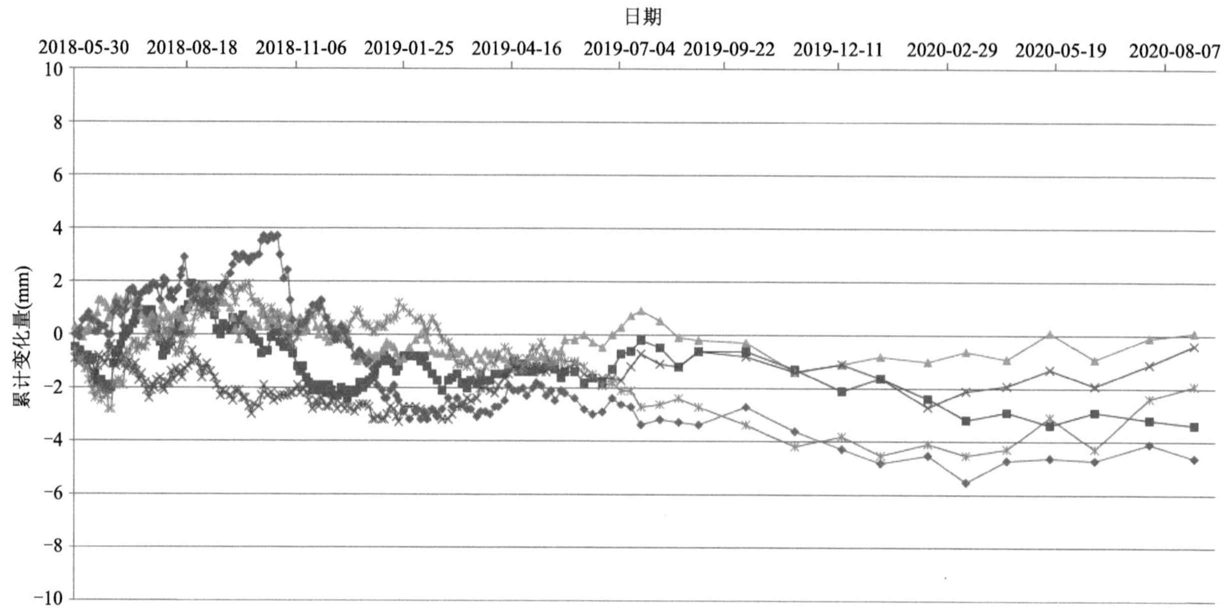

图 2-4-10　燃气管线沉降趋势图

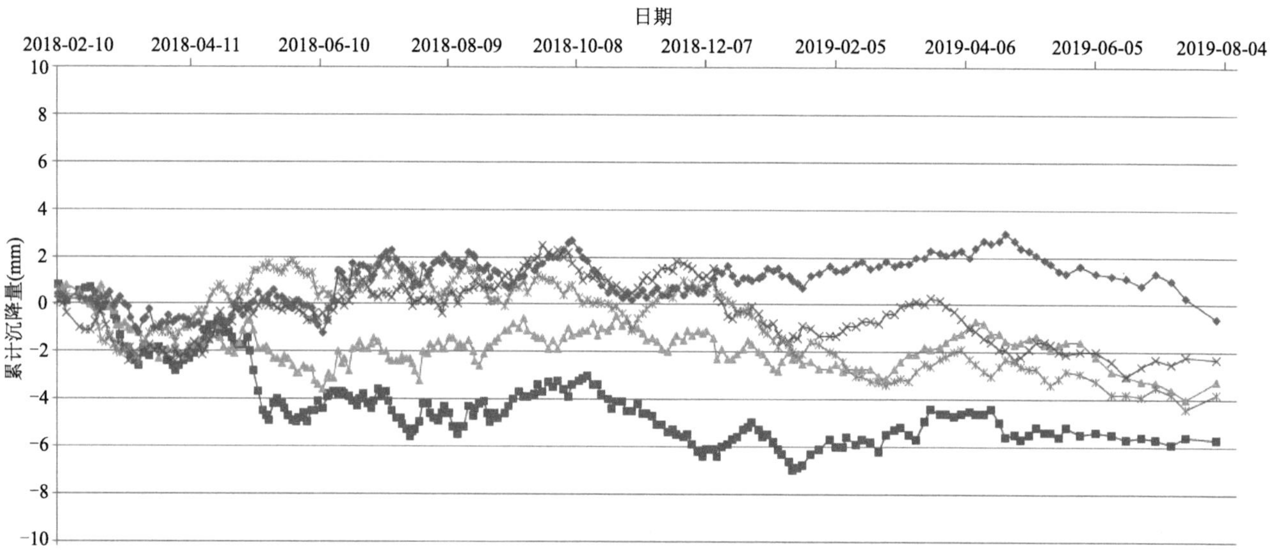

图 2-4-11　雨水管线沉降趋势图

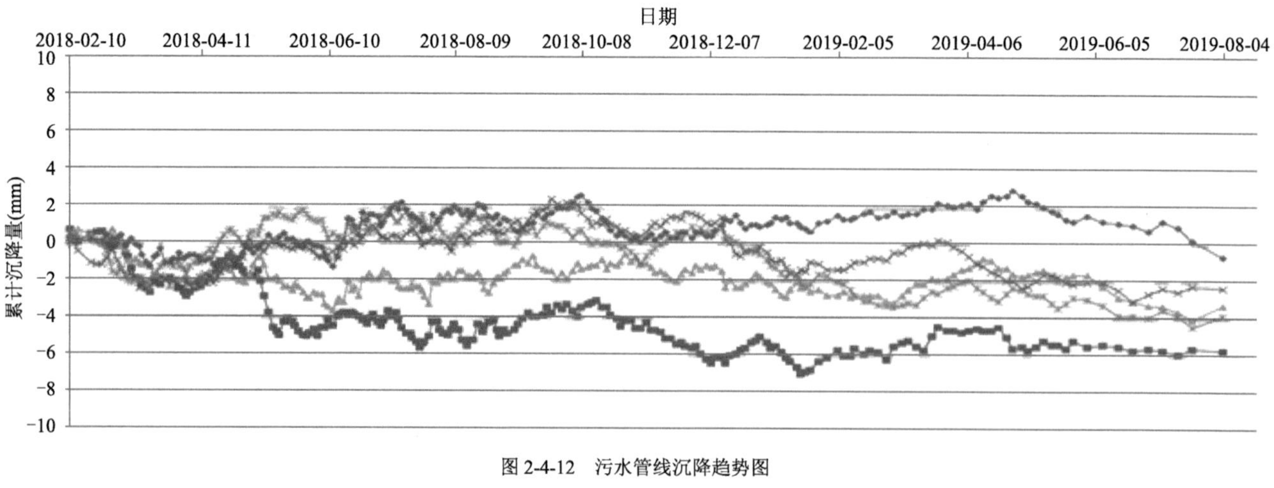

图 2-4-12　污水管线沉降趋势图

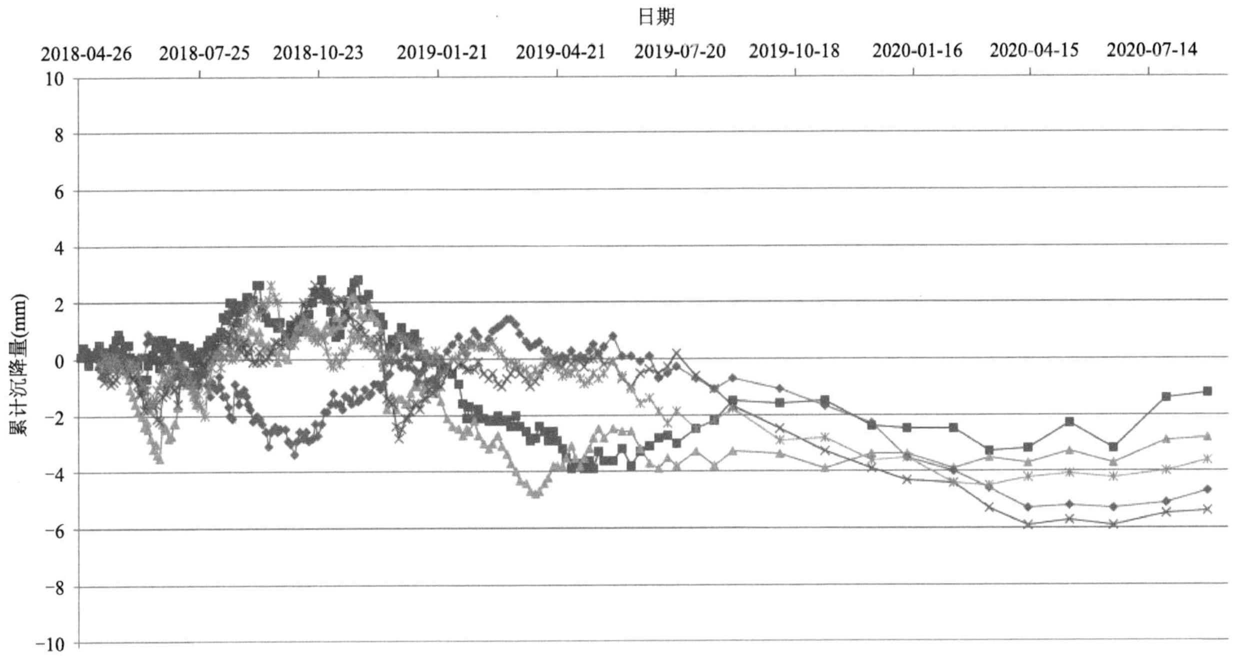

图 2-4-13　给水管线沉降趋势图

4)净空收敛

净空收敛趋势如图 2-4-14 所示。其中,负值表示往里压缩,正值表示往外扩展。施工期间数据整体变化较小,无异常变形。

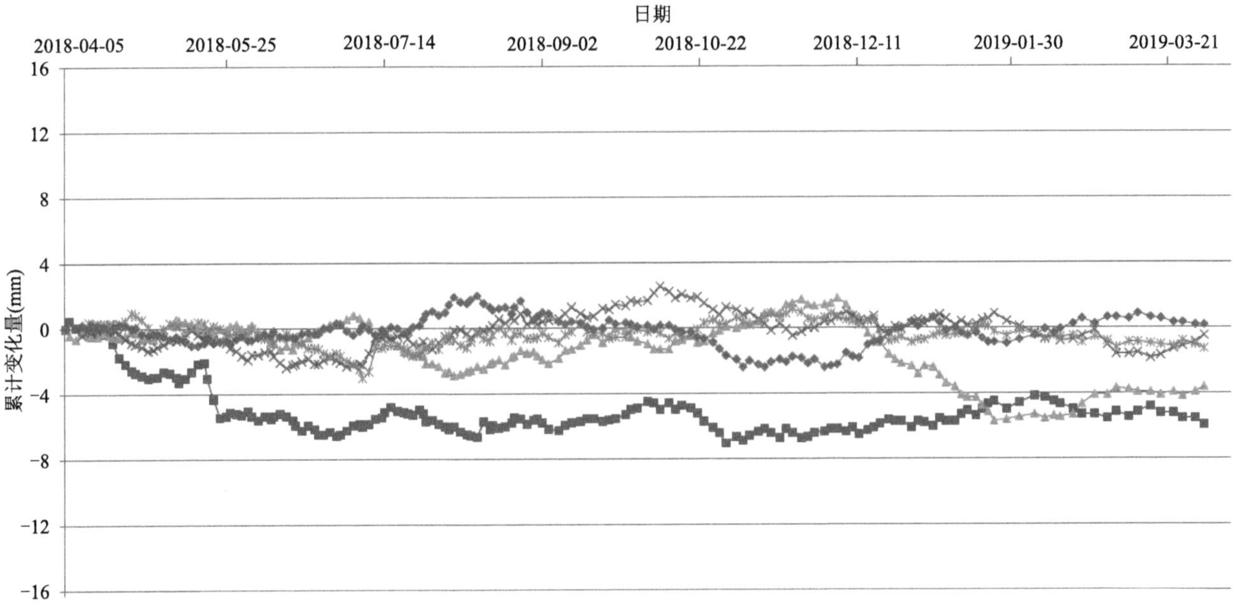

图 2-4-14　净空收敛趋势图

5)拱顶沉降

拱顶沉降趋势如图 2-4-15 所示。其中,负值表示往里压缩,正值表示往外扩展。施工期间数据整体变化较小,无异常变形。

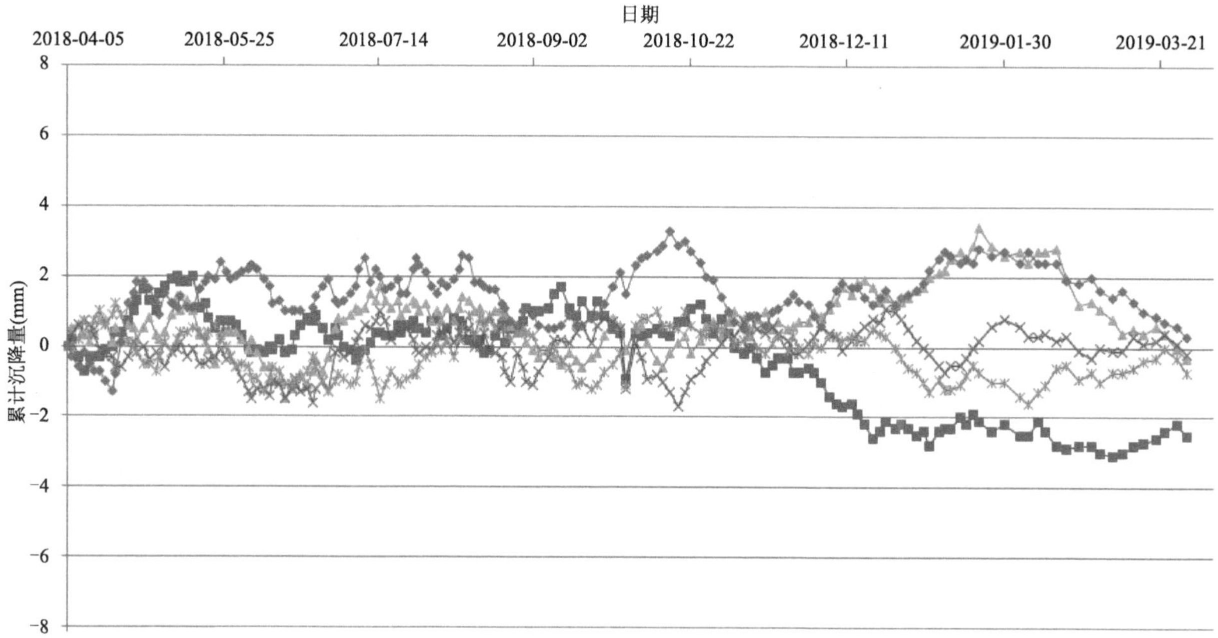

图 2-4-15　拱顶沉降趋势图

4.2.5　监测预警

2018 年 7 月 24 日，一区间管线沉降点发生突变，累计变化量超过控制值。经组织专家研讨会分析，地面沉降突然增加的原因主要由于该部位地质条件较差、管线密集分布导致水土流失。经产权单位现场检测评定管道处于安全可控状态。建议对沉降区域及周边适当范围采用物探，探明地下空洞及松散土层的分布范围，根据探测结果，采取注浆加固措施。后续施工单位采取相应措施，监测数据逐渐趋于稳定。

4.2.6　结论及建议

1)结论

结合各项监测数据和现场巡视情况分析，隧道工程本体安全可控，周边环境处于安全可控状态。

2)建议

(1)做好施工过程中的动态地面跟踪注浆，加强建筑物及周边的监测和巡查；

(2)盾构掘进时，严格控制土体的保压工作；

(3)严格控制掘进过后的注浆工作；

(4)加强对监测点的保护，监测点被破坏后应及时补设并重新采集初始值。

4.3　矿山法工程监测

4.3.1　工程概况

深圳地铁 8 号线一期工程海山站—盐田港西站区间左线设计里程范围为左 DK46+902.000～左 DK47+861.000，其中断链 3.841m，全长 955.159m。右线设计里程范围为右 DK46+902.000～

DK47+861.000，全长 959.0m。海盐区间为 V 形坡，于 DK47+343.000 位置设置一座联络通道兼泵房，施工竖井设置于联络通道主线左侧 14.5m。竖井内净空为 6m×9m，深度 26.317m。

本区间线路出海山站后，沿深盐路敷设，最后接入盐田港西站，沿线穿越三座人行天桥，上部交通路况繁忙。线路平面最小曲线半径为 400m。

本区间Ⅳ、Ⅴ级围岩段采用环形台阶预留核心土法施工，Ⅵ级围岩段采用上下台阶法施工。

1）工程地质概况

本区间原始地貌为山间盆地地貌，整个区间敷设于深盐路下方，地势较平坦，地面高程一般在 3.37 ～ 5.00m 之间。

沿线范围内上覆第四系全新统人工填堆填层（Q_4^{ml}）、全新统冲洪积层（Q_4^{al+pl}）、上更新统冲洪积层（Q_3^{al+pl}）、残积层（Q^{el}），下伏主要为侏罗系凝灰岩（J）和燕山期花岗岩（γ_{53}）。对本场地内岩土层特征详细描述如下：

（1）第四系全新统人工堆积层（Q_4^{ml}）

素填土①$_1$：呈灰黄、褐黄、灰褐等杂色，稍湿，松散～稍密状态。主要由黏性土或粉质黏土混少量砂砾组成，局部夹有碎块石。属Ⅱ级普通土。

填砂①$_2$：呈黄褐、灰褐等色，湿～饱和，松散状态。主要由粗砂、砾砂等组成，本层沿线场地内零星分布。属Ⅰ级松土。

填碎石①$_3$：呈灰色、灰褐色，稍密～中密，稍湿，主要由中等～微风化碎石夹黏性土组成，碎石直径一般为 20 ～ 100mm，间隙充填砂粒、角砾及黏性土。属Ⅲ级硬土。

填块石①$_4$：呈灰白、灰等色，主要由中～微风化凝灰岩块石组成，块石直径 0.20 ～ 0.30m，个别大于 0.30m，含量大于 50%，其余为碎石、角砾及黏性土充填，结构松散～稍密。属Ⅳ级软质岩。

上述人工填土层的密实度由其填筑时的处理状态及处理工法决定，现状道路范围内多呈稍密状态，其他地段则以松散状态为主。

（2）第四系全新统冲洪积层（Q_4^{al+pl}）

含有机质砂③$_4$：呈灰色、灰黑色，主要成分为石英质，饱和，稍密状态，混粗砂和黏性土，级配单一，分选性差。属Ⅰ级松土。

（3）第四系上更新统冲洪积层（Q_3^{al+pl}）

卵石④$_{14}$：呈褐黄、浅灰、灰褐等色，主要为石英质及凝灰岩质，中密状态。呈亚圆、次圆状，粒径一般为 3 ～ 6cm 不等，个别大于 15cm，充填物以黏性土为主，含少量砂粒。属Ⅲ级硬土。

（4）第四系残积层（Q^{el}）

可塑状粉质黏土⑦$_{1\text{-}1}$：呈褐黄、灰黄夹灰白、青灰等色，可塑状态，由凝灰岩风化和花岗岩残积而成，局部含风化残留砾石，块径为 3 ～ 5cm，摇振无反应，干强度中等，韧性中等。属Ⅱ级普通土。

硬塑状粉质黏土⑦$_{1\text{-}2}$：呈灰褐、青灰、灰黄夹灰白等色，硬塑状态，由凝灰岩和花岗岩风化残积而成，局部含风化残留砾石，块径为 3 ～ 5cm，摇振无反应，干强度中等，韧性中等。属Ⅱ级普通土。

（5）侏罗系凝灰岩（J）

凝灰岩系场地内下伏基岩。在线路里程右 DK47+563、左 DK47+619 处与花岗岩不整合接触。主要矿物成分为石英、透长石及火山灰等，凝灰质结构，块状构造。根据钻探揭露野外鉴别及标准贯入试验可分为全、强、中等、微风化四个带。

全风化凝灰岩（W_4）⑨$_1$：呈浅灰、灰褐、灰黄等色，原岩结构已基本破坏，但尚可辨认，具微弱的残余结构强度，岩芯呈坚硬土状，偶夹有强风化岩块。岩体基本质量等级为Ⅴ类。属Ⅲ级硬土。

土状强风化凝灰岩（W_3）⑨$_{2-1}$：呈褐、灰褐色，岩石风化剧烈，裂隙极发育。岩芯多呈坚硬土状，局部为土夹碎块状或者块状，干钻困难。岩体基本质量等级为Ⅴ类。属Ⅲ级硬土。

块状强风化凝灰岩（W_3）⑨$_{2-2}$：呈灰、灰褐色，岩石风化剧烈，裂隙极发育。岩芯多呈碎块状或者块状，干钻困难。岩体基本质量等级为Ⅴ类。属Ⅳ级软质岩。

中等风化凝灰岩（W_2）⑨$_3$：呈褐灰、青灰色，裂隙发育，裂隙面见铁染。岩芯多呈碎块状～块状，少量短柱状，锤击易碎，合金钻进困难，需金刚石钻进。由于差异风化，不均匀含有微风化岩块。岩体基本质量等级为Ⅳ类。属Ⅳ级较硬岩。

微风化凝灰岩（W_1）⑨$_4$：呈灰褐、青灰色，裂隙发育，裂隙面见铁染。岩芯多呈碎块状～块状，少量短柱状，锤击易碎，合金钻进困难，需金刚石钻进。岩体基本质量等级为Ⅲ～Ⅳ类。属Ⅳ级较硬岩。

（6）燕山期粗粒花岗岩

花岗岩系场地内下伏基岩，属花岗侵入岩，在线路里程右DK47+563、左DK47+619处与凝灰岩不整合接触，分布于里程右DK47+563至盐田港站、左DK47+619至盐田港站。主要矿物成分为石英、长石及黑云母等，中细粒花岗结构，块状构造。根据钻探揭露野外鉴别及标准贯入试验可分为全、强、中等、微风化四个带。

全风化中细粒花岗岩（W_4）⑱$_1$：呈褐黄、黄褐色，岩芯呈土柱状，原岩结构基本完全破坏，矿物基本风化为黏性土，局部含石英颗粒。岩体基本质量等级为Ⅴ类。属Ⅲ级硬土。

砂土状强风化中细粒花岗岩（W_3）⑱$_{2-1}$：呈褐黄、黄褐、灰褐色，岩石风化剧烈，裂隙极发育。岩芯多呈坚硬土状，砂砾状，干钻困难。岩体基本质量等级为Ⅴ类。属Ⅲ级硬土。

块状强风化中细粒花岗岩（W_3）⑱$_{2-2}$：呈褐黄、褐红、灰白、肉红夹褐黑色，岩石风化剧烈，裂隙极发育。岩芯多呈碎块状，干钻困难。岩体基本质量等级为Ⅴ类。属Ⅳ级软质岩。

中等风化中细粒花岗岩（W_3）⑱$_3$：呈灰白、浅肉红夹褐黑色，岩石风化剧烈，裂隙发育。岩芯呈碎块状、短柱状，少量长柱状，干钻困难。由于差异风化，不均匀含有微风化岩块。岩体基本质量等级为Ⅳ类。属Ⅴ级次坚石。

微风化中细粒花岗岩（W_3）⑱$_4$：呈灰白、浅肉红色，岩石风化剧烈，裂隙稍发育，岩体较完整。岩芯多呈短、长块状，少量碎块状，干钻困难。岩体基本质量等级为Ⅲ～Ⅳ类。属Ⅵ级坚石。

2）水文地质概况

（1）地表水

本区间地表水系不甚发育，主要为山区沟涧及汇集谷底的地表水。

（2）地下水

沿线地下水根据其赋存介质的类型，主要有两种类型：一是第四系地层中的上层滞水和松散岩类孔隙潜水，另一类为基岩裂隙水。上层滞水赋存于第四系人工填土（填石）层中，孔隙潜水主要赋存于冲洪积砂卵石层中；基岩裂隙水主要赋存于强～中等风化带中，具有微承压性。残积粉质黏土层属隔水层。

①第四系松散地层孔隙潜水

主要分布在第四系人工填土（石）层和冲洪积卵石层中，属松散土层的孔隙潜水，为沿线主要含水层、透水层。卵石层主要被人工填土层覆盖，地下水具微承压性，最大承压水头一般为地表。第四系卵石层水量较丰富，具有中等～强透水性及中等富水性。

②基岩裂隙水

基岩裂隙水发育程度、含水性、透水性，受岩体的结构和构造、基岩风化程度、裂隙发育程度、裂隙贯通性等影响。由于岩体的各向异性，加之局部岩体破碎、节理裂隙发育，导致岩体富水程度与渗透性也不尽相同。岩体的节理、裂隙发育地带，地下水相对富集，透水性也相对较好，反之亦然。总体上，基岩裂隙水发育具非均一性。基岩裂隙水主要赋存于岩石强～中等风化带中；全风化岩含水弱，富水性差；微风化岩的导水性和富水性主要受构造裂隙控制，具各向异性。

(3)地下水的赋存、补给、径流、排泄及动态特征

本场地地下水主要受大气降水渗入补给，并在一定条件下接受梧桐山基岩裂隙水的侧向补给，并与两者具一定的水力联系。第四系孔隙水，水量较丰富，水质易被污染。

地下水运动主要受地形、地貌控制，沿线场地总体地形较平坦、起伏较小，地下水水平运动较缓慢，地下水的渗流方向由较高水头处向较低水头处渗流，流速低，流量小。受地形地貌的控制，地下水径流总体上为由北向南往海口方向排泄，垂直方向主要为大气蒸发排泄。

(4)岩土层的透水性

由于地层的渗透性差异，砂层及基岩中的水略具承压性。同时，受基岩裂隙发育程度影响，孔隙水与裂隙水局部具连通性，岩石富水性和透水性在横向上及纵向上也不均匀。

(5)地下水化学特征及水土腐蚀性评价

地铁工程混凝土结构一边接触地下水，一边暴露在大气中，场地环境类型为Ⅰ类，环境类型水对混凝土结构具微腐蚀性。

根据水质分析汇总评价表，综合场地水文地质条件分析：线路沿线地下水对混凝土结构在直接临水或强透水层具微腐蚀性，在弱透水层具微腐蚀性；对钢筋混凝土中的钢筋具微腐蚀性。

3)周边环境概况

周边建(构)筑物情况见表2-4-4。

周边建(构)筑物信息统计表 表2-4-4

序号	桩号	名称	说明
1	DK47+020.000	人行天桥	天桥横跨海盐区间
2	DK47+033.000	商业楼	距离隧道南侧最近24m、最远50m
3	DK47+023.000	高层居民楼	距离隧道南侧最近24m、最远50m
4	DK47+420.000	人行天桥	横跨区间隧道上方，距离海山公园竖井约30m
5	DK47+430.000	汽车站	距离隧道南侧最近24m、最远50m，距离海山公园距离约30m
6	DK47+830.000	人行天桥	横跨区间隧道上方
7	DK47+800.000	高层办公区	与隧道最近距离40m
8	DK47+645.000	高层居民楼	与隧道最近距离30m

线路穿越地面环境主要有交通干道、居民生活区、商业区等，地表交通繁忙，建筑物密集。沿线地下管线密集，主要有污水管道、给水管道、电信管道、电力管道、通信光缆等，地下管线埋深0.5～3.0m，局部地段超过5.0m，位于开挖深度范围内，对开挖、隧道施工影响较大。

根据已收集的资料，区间隧道周边主要管线情况见表2-4-5。

周边管线信息统计表 表2-4-5

序号	类别	材质	尺寸(mm)	埋深(m)	走向
1	污水管	混凝土	400	1.8	N64°E
2	给水管	塑胶	200	0	N64°E
3	电力管	方沟混凝土	1000×1000	1.33	N64°E

4.3.2 监测范围及监测等级

1）监测范围

本区间监测范围为 3 倍的隧道埋深。

2）监测等级

本区间隧道监测等级为二级。

4.3.3 监测项目及相关要求

根据现有深圳地铁 8 号线一期工程海山站—盐田港西站矿山法区间设计施工图及相关技术规范，具体监测内容及相关要求见表 2-4-6。

监测项目统计表

表 2-4-6

序号	监测项目	位置和监测对象	测点布置	监测精度	报警值	监测频率
1	拱顶沉降	洞内初期支护	每 20m 一个断面	±1mm	累计 24mm 或变化速率大于 3mm/d	$L \leqslant B$ 时，1～2 次 /d；$B<L \leqslant 2B$ 时，1 次 /d；$2B<L \leqslant 5B$ 时，1 次 /2d；$L>5B$ 时，1 次 /7d。 L 为开挖面距离量测断面的距离，B 为开挖跨度
2	净空收敛	洞内初期支护	每 20m 一个断面	±0.06mm	累计 16mm 或变化速率大于 3mm/d	
3	地表沉降	道路地表	车站出入段加密，正常段 20～30m 间距布置	±1mm	累计 24mm 或变化速率大于 3mm/d	
4	地下管线沉降	管线	测点沿管线轴向 5～15m 布置	±1mm	累计 24mm 或变化速率大于 3mm/d	
5	建筑物沉降	建筑物	在建筑物拐角布置	±1mm	累计下降 24mm 或变化速率大于 3mm/d	

4.3.4 数据分析

1）地表沉降

地表沉降测点累计值最大为 +94.6mm，周平均变化速率为 0.13mm/d，因地表注浆地面有局部隆起，整体数据变化较大。地表沉降趋势如图 2-4-16 所示。

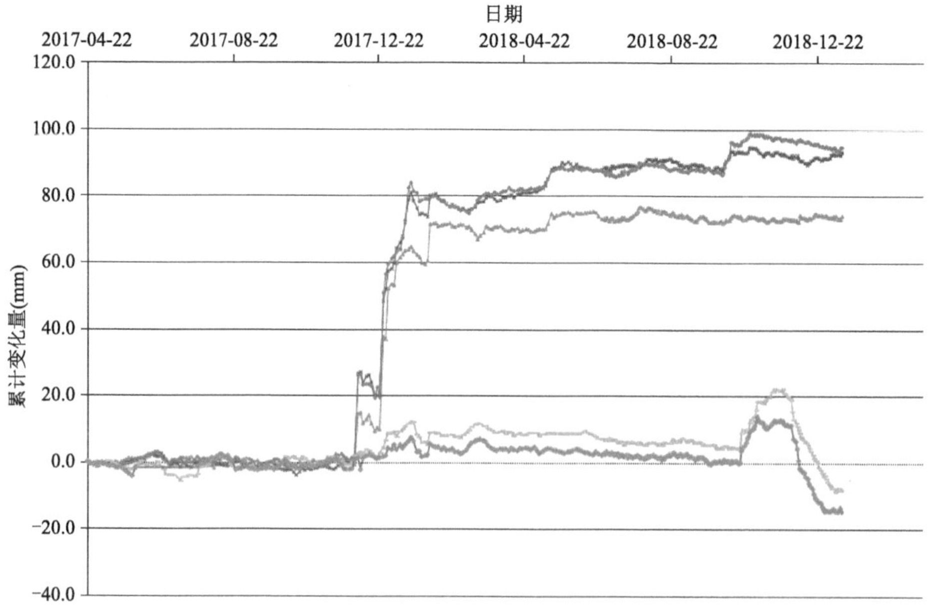

图 2-4-16　地表沉降趋势图

2)建筑物沉降

建筑物沉降测点累计值最大为 -14.5mm，平均变化速率为 -0.02mm/d，整体数据变化较小，无异常变形，建筑物沉降趋势如图 2-4-17 所示。

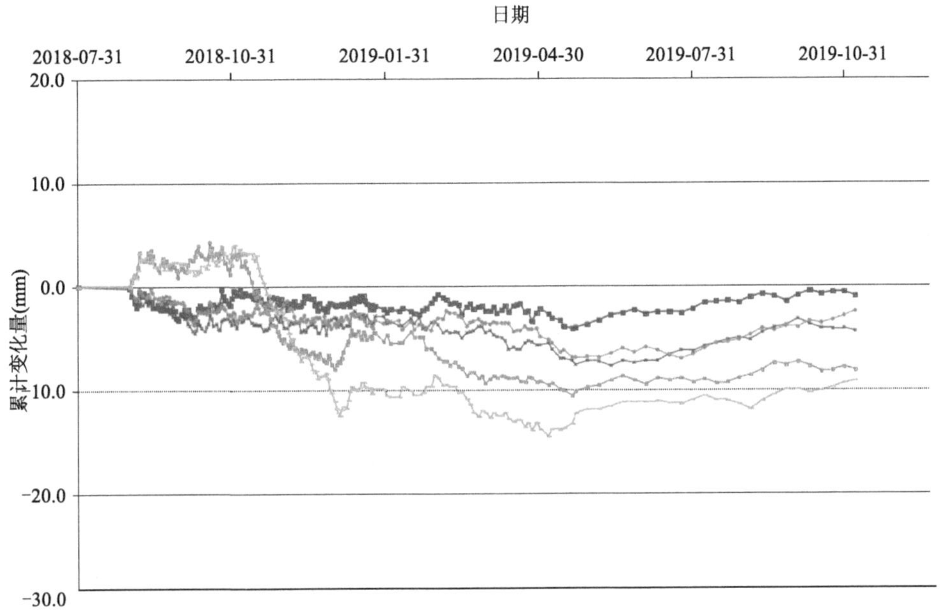

图 2-4-17　建筑物沉降趋势图

3)给水管线沉降

给水管线沉降测点累计值最大为 +55.9mm，周平均变化速率为 0.08mm/d，整体数据变化较大。给水管线沉降趋势如图 2-4-18 所示。

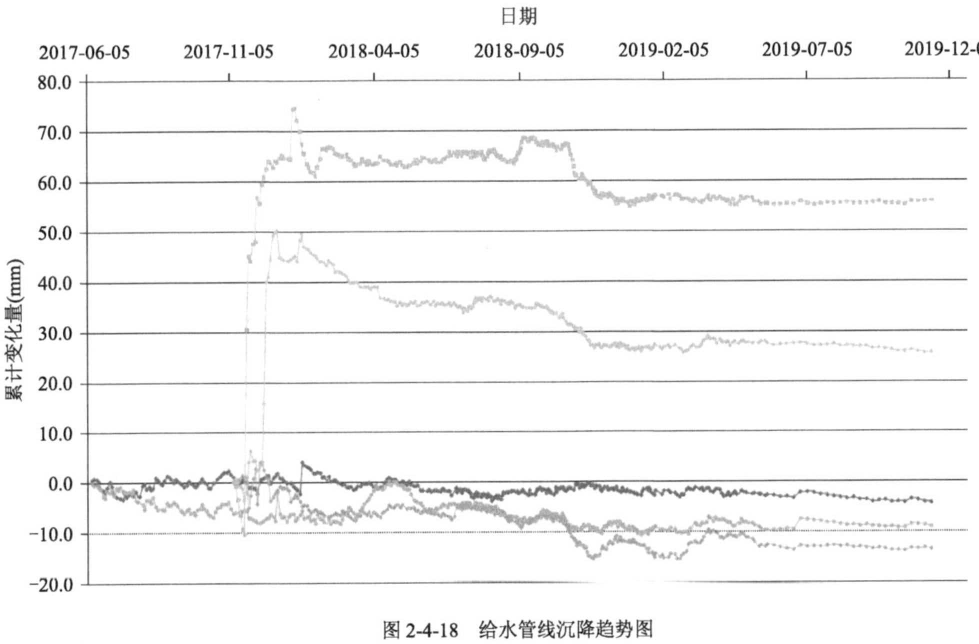

图 2-4-18　给水管线沉降趋势图

4）雨水管线沉降

雨水管线沉降测点累计值最大为 +35.4mm，周平均变化速率为 0.07mm/d，整体数据变化较大。雨水管线沉降趋势如图 2-4-19 所示。

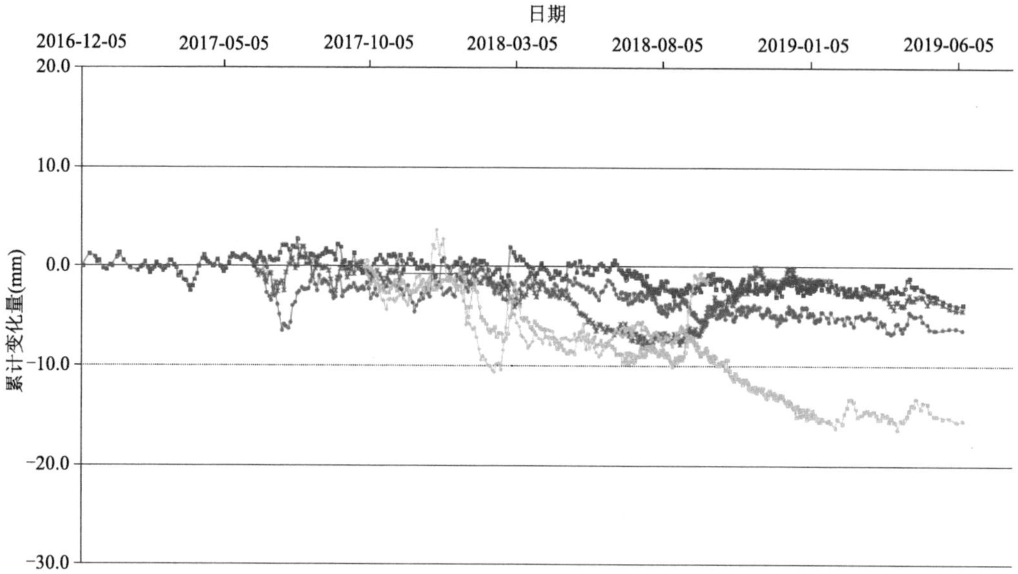

图 2-4-19　雨水管线沉降趋势图

5）燃气管线沉降

燃气管线沉降测点累计值最大为 +75.9mm，周平均变化速率为 0.11mm/d，整体数据变化较大。燃气管线沉降趋势如图 2-4-20 所示。

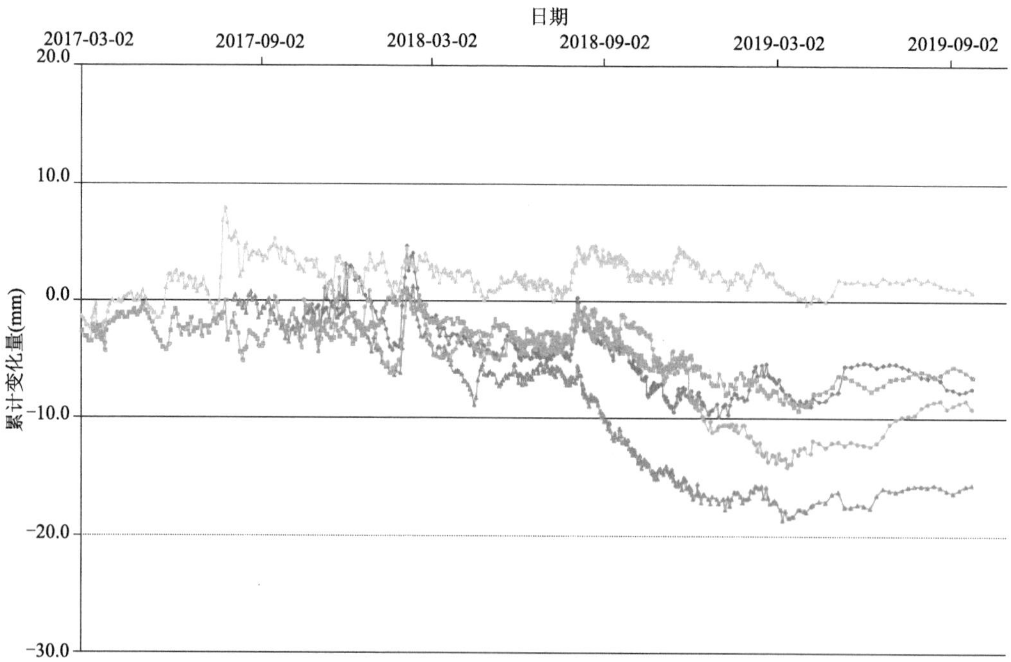

图 2-4-20　燃气管线沉降趋势图

6)隧道净空收敛

净空收敛测点累计值最大为 -6.9mm,周平均变化速率为 -0.03mm/d,整体数据变化较小,无异常变形。净空收敛趋势如图 2-4-21 所示。

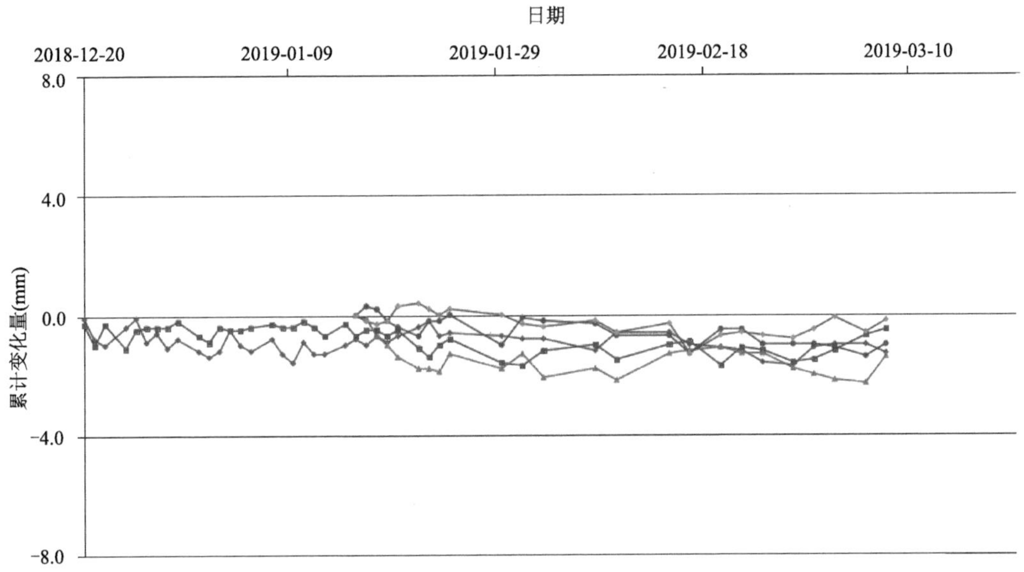

图 2-4-21 净空收敛趋势图

7)拱顶沉降

拱顶沉降测点累计值最大为 -14.1mm,周平均变化速率为 -0.08mm/d,整体数据变化较小,无异常变形。拱顶沉降趋势如图 2-4-22 所示。

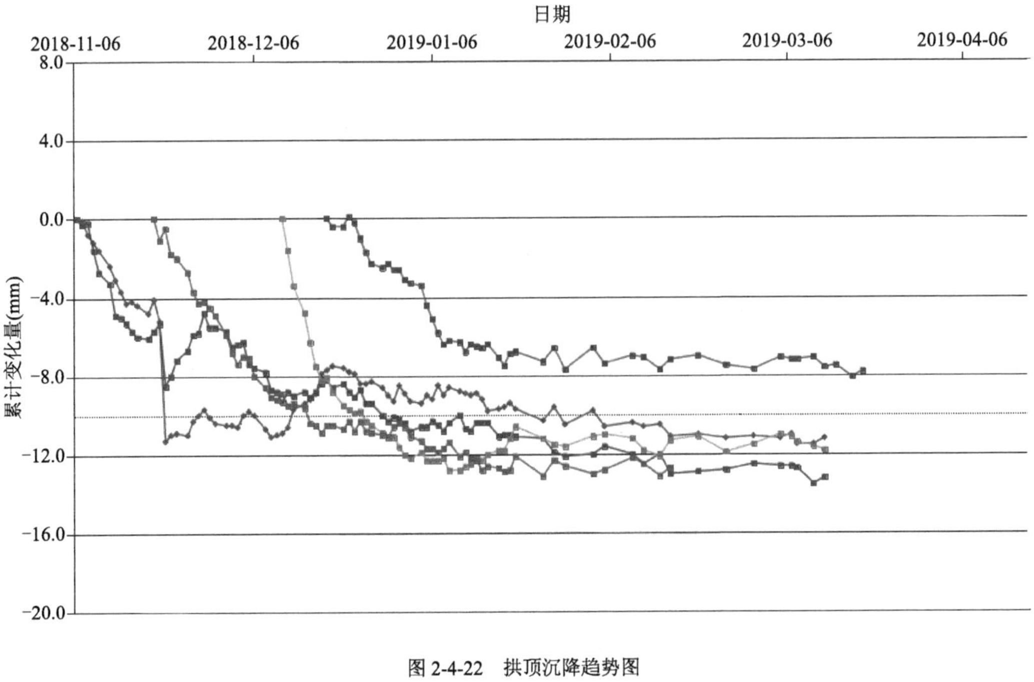

图 2-4-22 拱顶沉降趋势图

4.3.5 监测预警

在隧道开挖过程中，对现场巡视观察及监测数据整理、分析后，发现异常数据，立即通过短信、电话、电子邮件等方式向建设单位现场代表、监理、设计、施工等相关方发出预警通知，并及时发送了书面形式的预警通知书。监测过程中共预警 6 次，地下管线单项预警 1 次，地表沉降单项预警 2 次，地下管线、地表沉降共同预警 3 次，均为隧道开挖过程中预警。预警后及时有效地采取了地表注浆、加密监测、加密现场巡视等措施为施工现场保驾护航，防止意外发生。

1）地表及管线下沉

经分析，认为地表及管线下沉预警主要是由于地层土体失水引起固结沉降导致。经施工单位采取注浆加固措施后，监测数据逐渐趋于稳定。

2）地表及管线隆起

经分析，认为地表及管线隆起预警主要是由于地面注浆加固压力控制不当引起。施工单位在后续的注浆过程中，严控注浆压力、注浆质量，结合工况及监测数据控制或调整注浆压力，监测数据逐渐趋于稳定。

4.3.6 结论及建议

1）结论

结合监测数据及现场巡视情况，区间隧道开挖过程中基本安全可控，周围岩土体及周边环境处于安全可控状态。

2）建议

（1）施工前针对地质较差位置提前做好地面注浆，施工过程中，加强洞内回填注浆，格栅及时闭合成环。

（2）矿山法施工过程中做好洞内排水及封堵工作，以减小由于渗漏水造成的地面沉降。

（3）加强测点位布设及保护工作。

4.4 高架线路工程监测

4.4.1 工程概况

深圳地铁 6 号线凤凰城站—光明大街站区间位于光明区，沿光明大道敷设，区间共计 58 个墩。其中，现浇梁 5 联，其余全部为预制 U 梁。区间 44 ～ 51 号墩，位于里程 YDK37+875.218 ～ YDK38+072.218 范围内，平面曲线为直线段。高架段区间左侧为某房建基坑，基坑开挖深度为 19.30 ～ 20.10m，基坑周长约 4.30m。基坑开挖范围内主要揭露土层为素填土、粉质黏土、粗砂、砂质黏性土、全风化花岗岩和强风化花岗岩。基坑对应地铁 6 号线凤光区间段落为 46 ～ 49 号墩，45 号、50 号墩处于基坑边缘，位置关系如图 2-4-23 所示。

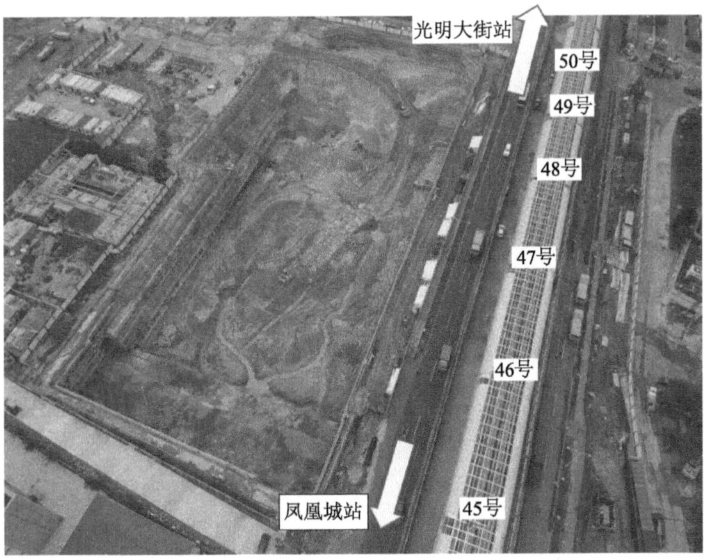

图 2-4-23　左侧基坑与 6 号线断面位置关系

4.4.2　监测目的

根据规范及深圳市相关地铁运营安全保护区和建设规划控制区工程有关管理办法的要求，需要对地铁 6 号线凤光区间桥墩桥梁实施监测，掌握地铁高架结构在临近的深基坑开挖作业期间的实时动态变化，确保地铁高架段工程自身及周边环境的安全稳定。

左侧基坑与地铁 6 号线断面位置关系如图 2-4-23 所示。

4.4.3　监测项目及测点布设

1）常规监测

地铁 6 号线凤光区间 44 ～ 52 号墩柱地铁高架段，每个桥墩布设桥墩沉降监测点 2 个，桥梁位移及沉降共用监测点 2 个。

2）自动化监测

本项目左右线共布置 80 个监测断面，每个断面 3 个测点，共计 240 个测点。具体监测断面布置如图 2-4-24、图 2-4-25 所示，监测断面布置说明如下：

（1）左、右线区间 K37+910.218 ～ K38+110.218 范围内：每 5m 分别布置一个监测断面，共布置 40 个断面，每个断面各布置 3 个监测点，合计 120 个监测点。

（2）每个断面对应的道床中间布设一个轨道人工沉降点，左、右线各 40 个断面分别对应 40 个道床沉降点，总计 80 个道床沉降点。

为保障测量精度，在监测范围内两端各安置 2 个基准点（本项目共计布设基准点 12 个）作为相应仪器的基准点。为保证监测精度，严格控制测站与监测点的距离。测站点和监测点的垂直角小于 10°，直线距离控制在 140m 左右，以保证三角高程的测量精度。

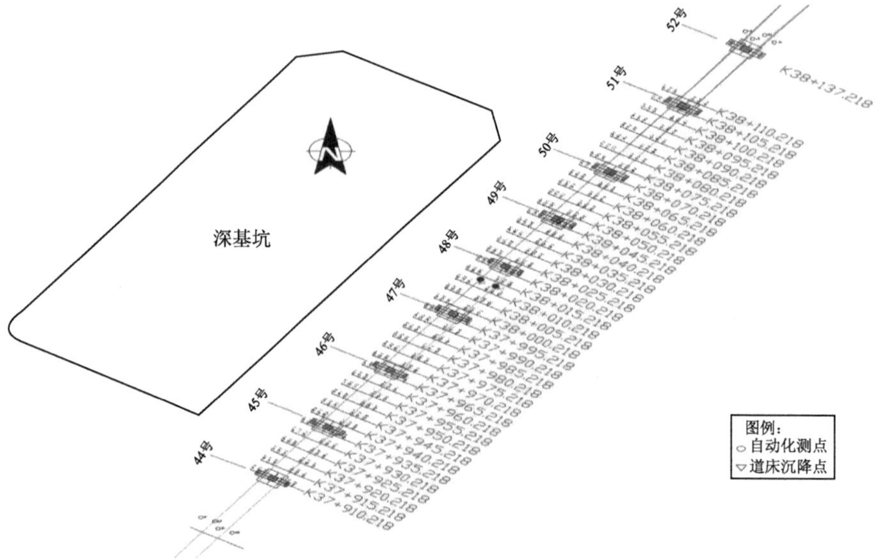

图 2-4-24 高架桥梁段自动化监测平面布置示意图

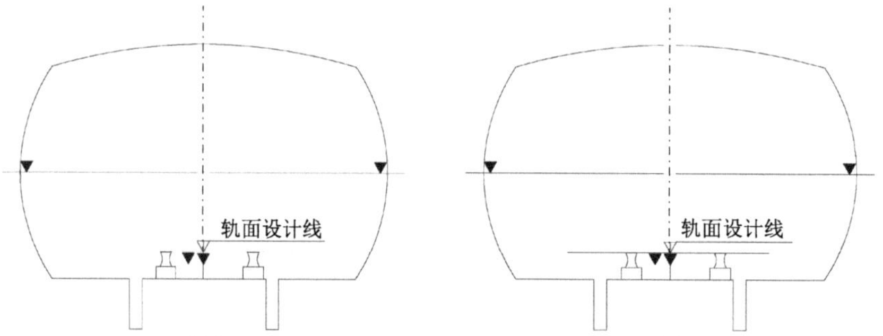

a) 左线 b) 右线

图 2-4-25 高架桥梁段自动化监测断面布置示意图

4.4.4 数据分析

1)桥墩沉降

累计变形量最大点处桥墩沉降曲线图如图 2-4-26 所示。

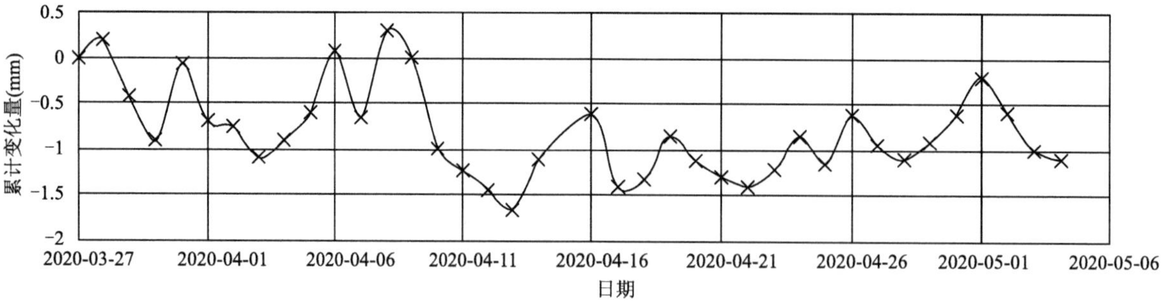

图 2-4-26 桥墩沉降曲线图

2)桥梁沉降

累计变形量最大点处桥梁沉降曲线图如图 2-4-27 所示。

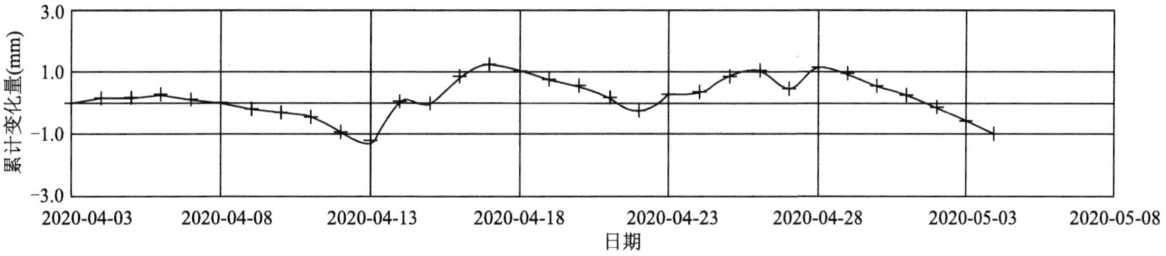

图 2-4-27　桥梁沉降曲线图

3）桥梁水平位移

监测说明：*X* 为南北方向（*X* 值“+”为向南位移，“-”为向北位移），*Y* 为东西方向（*Y* 值“+”为往基坑方向位移，“-”为基坑反方向位移）。累计变形量最大点处桥梁 *X*、*Y* 方向水平位移曲线图如图 2-4-28、图 2-4-29 所示。

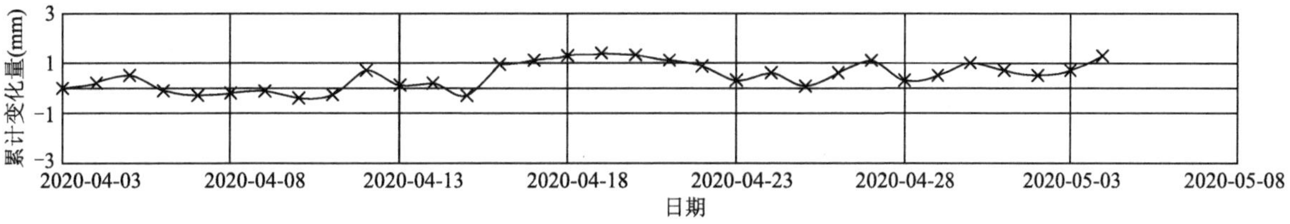

图 2-4-28　桥梁 *X* 方向水平位移曲线图

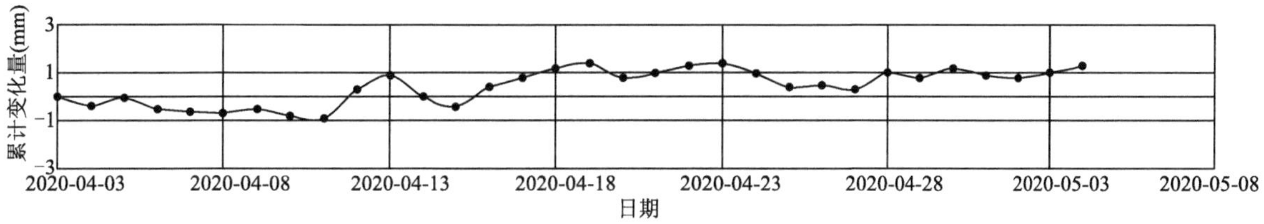

图 2-4-29　桥梁 *Y* 方向水平位移曲线图

4）自动化监测数据

自动化监测时累计变形量最大点处桥梁 *X*、*Y*、*Z* 方向水平位移曲线图分别如图 2-4-30 ～图 2-4-32 所示。

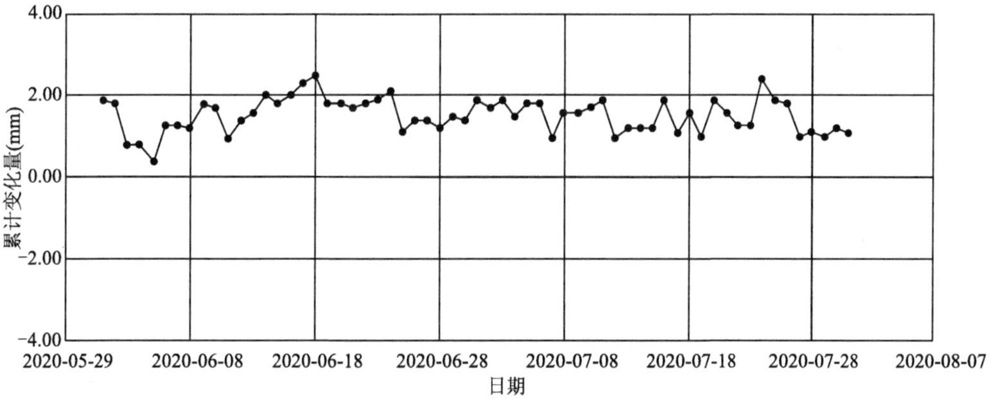

图 2-4-30　桥梁 *X* 方向水平位移曲线图

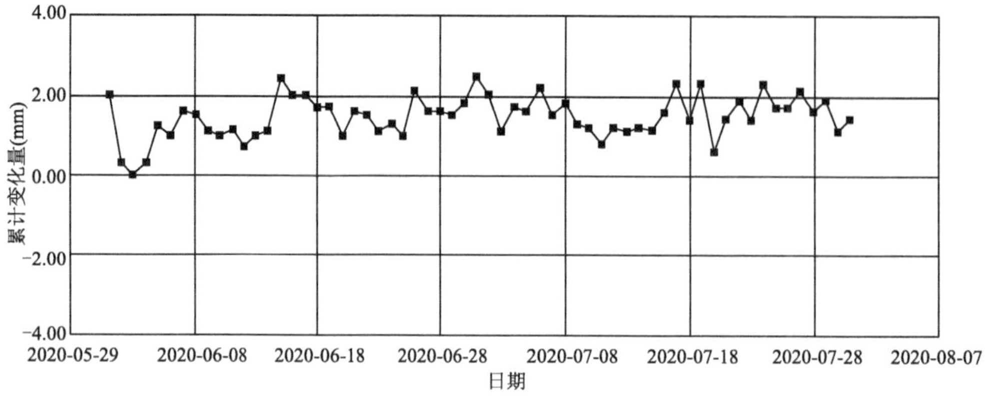

图 2-4-31 桥梁 Y 方向水平位移曲线图

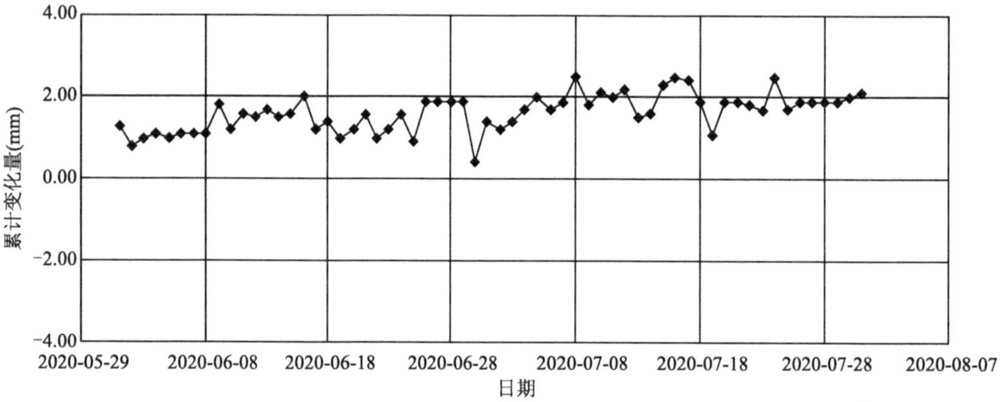

图 2-4-32 桥梁 Z 方向竖向位移曲线图

自 2020 年 3 月 28 日起，截至 2020 年 7 月 31 日，地铁 6 号线凤光区间 44 ～ 52 号地铁桥梁、桥墩、自动化各监测项目数据累计变化较小，变化速率平稳，曲线走势缓和，监测期间未发生监测预警，无异常情况。表明该监测对象处于安全可控状态。

4.5 周边环境监测

4.5.1 工程概况

1)明(盖)挖法车站

深圳地铁 10 号线岗厦站位于福华路与彩田路交叉口南侧，彩田路下，沿彩田路南北向布置，与 1 号线既有岗厦站形成 T 字通道换乘。周边主要建（构）筑物为一酒店，位于基坑西侧，40 层钢筋混凝土框架结构，有地下室，与基坑围护结构外边缘最小距离 26.06m。

岗厦站周边建（构）筑物基础埋设较深，且在地铁施工作业时，各方面保障措施到位，未对周边环境造成较大影响，其累计最大沉降量为 -13.20mm，符合规范及设计规定的 ±20mm（报警值 ±20mm），要求表明周边环境处于安全可控状态。

2)矿山法隧道

深圳地铁 10 号线岗厦北站—莲花村站矿山法段区间隧道周边建筑物主要为居民楼、商业中心。

岗厦北站—莲花村站矿山法段区间周边建（构）筑物距隧道较远，且隧道开挖速度较快，在进行隧道及爆破施工作业时，各方面保障措施到位，未对周边环境造成较大影响，其最大累计沉降量为 -2.50mm（位于居民楼），符合规范及设计规定的 ±20mm（控制值 ±20mm）要求，表明周边环境处于安全可控状态。

4.5.2 监测目的

在地铁施工期间对沿线周围重要的建（构）筑物、管线、道路等变形实施监测，并根据变形和应力分布情况来调整设计和施工方案，为施工单位提供有价值的指导性意见，用以掌握施工对周边环境的影响程度，确保施工影响区域安全稳定，为建设单位提供及时、可靠的信息，用以评定施工对周边环境的影响，并对可能发生的危及环境安全的隐患或事故进行及时、准确的预报，以便采取有效措施，避免事故的发生。同时为以后的设计与施工积累宝贵经验。

4.5.3 监测项目

根据《城市轨道交通工程监测技术规范》（GB 50911—2013）的规定：周边环境监测对象应针对不同的施工方法，根据支护结构设计方案、周围岩土体及周边环境条件综合确定，并应反映监测对象的变化特征和安全状态。周边环境主要监测项目见表 2-4-7。

周边环境主要监测项目 表 2-4-7

监测对象	监测项目	监测位置或对象
建（构）筑物	竖向位移	影响范围内建（构）筑物
	水平位移	影响范围内建（构）筑物
	倾斜	影响范围内建（构）筑物
	裂缝	影响范围内建（构）筑物
地下管线	竖向位移	影响范围内周边地下管线
	水平位移	影响范围内周边地下管线
	差异沉降	影响范围内周边地下管线
高速公路与城市道路	路面路基竖向位移	影响范围内的道路
	挡墙竖向位移	影响范围内的挡墙
	挡墙倾斜	影响范围内的挡墙
桥梁	墩台竖向位移	影响范围内的桥梁
	墩台差异沉降	影响范围内的桥梁
	墩柱倾斜	影响范围内的墩柱
	梁板应力	影响范围内的梁板
	裂缝	影响范围内的桥梁裂缝
既有城市轨道交通	隧道结构竖向位移	既有轨道交通线
	隧道结构水平位移	既有轨道交通线
	隧道结构净空收敛	既有轨道交通线
	隧道结构变形缝差异沉降	既有轨道交通线
	轨道结构（道床）竖向位移	既有轨道交通线
	轨道静态几何形位（轨距、轨向、高低、水平）	既有轨道交通线
	隧道、轨道结构裂缝	既有轨道交通结构筑物
既有铁路（包括城市轨道交通地面线）	路基竖向位移	既有轨道交通路基
	轨道静态几何形位（轨距、轨向、高低、水平）	既有轨道交通轨道

注：1. 支护结构发生较大变形或土体出现坍塌、地面出现裂缝迹象，并对地下管线可能造成危害时，应对地下管线进行水平位移监测。
2. 桥梁自身安全状态差、墩台差异沉降大或有设计要求时，应进行梁板结构应力监测。
3. 既有城市轨道交通高架线和地面线的监测项目可按照桥梁和既有铁路的监测项目选择。

4.5.4 监测常见问题及处理

在进行周边环境监测时常见问题以及相应对策主要有以下几种:

1)常见问题一:现场不具备正常监测条件

周边环境所处位置及场地狭小、人(车)流量大、地形复杂、河流隔断、交叉施工作业等。

相应措施:

(1)将问题反馈至建设单位,与设计单位协调,在保证安全的前提下,适当调整监测区域及监测方法。

(2)避免早晚高峰进行监测作业,调整作业时间,与其相邻交叉作业单位积极协调、沟通。

2)常见问题二:现场人员不配合,妨碍、阻止监测作业

相邻产权单位认定不需要、不用或不同意而阻断正常监测作业,而引起的中断情况。

相应措施:

(1)与相邻产权单位解释说明并积极沟通、协调,让产权单位了解监测的重要性,避免双方财产损失,保护业主合法权益。

(2)在公平公正的情况下,与产权单位达成书面不需要监测协议或声明,避免事后出现纠纷。

4.6 日常巡视

日常巡视是对自然条件、施工工况、周边环境、监测设施在现场进行的定期或不定期的检查活动并对施工进行监督检查。

4.6.1 工作实施要求

安排专人日常巡视,选择巡视检查路线。在工程施工前,应对施工工点及周边环境进行现场踏勘和巡查,与周边环境风险工程产权单位取得联系。监测单位、产权单位、建设单位、施工单位、监理单位等共同在首次巡查情况记录表上签字确认。

巡视检查工作主要以目测为主,配以锤、钎、量尺、裂缝仪、放大镜、照相机、摄像机等工具或等设备进行。

(1)对重要的周边环境对象,应在施工影响前采用图表、照片、视频等方式记录初始状况;

(2)现场巡视按要求填写巡视成果表。

4.6.2 巡视内容

1)明(盖)挖法基坑施工现场巡查内容

(1)施工工况

①开挖面岩土体的类型、特征、自稳性,渗漏水量大小及发展情况;

②开挖长度、分层高度及坡度,开挖面暴露时间;

③降水或回灌等地下水控制效果及设施运转情况;

④基坑侧壁及周边地表截、排水措施及效果,坑边或基底有无积水;

⑤支护桩(墙)后土体有无裂缝、明显沉陷,基坑侧壁或基底有无涌土、流砂、管涌;

⑥基坑周边有无超载;

⑦放坡开挖的基坑边坡有无位移、坡面有无开裂。

(2)支护结构

①支护桩(墙)有无裂缝、侵限情况;

②冠梁、围檩的连续性,围檩与桩(墙)之间的密贴性,围檩与支撑的防坠落措施;

③冠梁、围檩、支撑有无过大变形或裂缝;

④支撑是否及时架设;

⑤盖挖法顶板有无明显变形和开裂,顶板与立柱、墙体的连接情况;

⑥锚杆、土钉垫板有无明显变形、松动;

⑦止水帷幕有无开裂、较严重渗漏水。

2)盾构法隧道施工现场巡查内容

①盾构始发端、接收端土体加固情况;

②盾构掘进位置(环号);

③盾构停机、开仓等的时间和位置;

④管片破损、开裂、错台、渗漏水情况;

⑤联络通道开洞口情况。

3)矿山法隧道施工现场巡查内容

(1)施工工况

①开挖步序、步长、核心土尺寸等情况;

②开挖面岩土体的类型、特征、自稳性,地下水渗漏及发展情况;

③开挖面岩土体有无坍塌及坍塌的位置、规模;

④降水或止水等地下水控制效果及降水设施运转情况。

(2)支护结构

①超前支护施作情况及效果、钢拱架架设、挂网及喷射混凝土的及时性、连接板的连接及锁脚锚杆的打设情况;

②初期支护结构渗漏水情况;

③初期支护结构开裂、剥离、掉块情况;

④临时支撑结构有无明显变位;

⑤二衬结构施作时临时支撑结构分段拆除情况;

⑥初期支护结构背后回填注浆的及时性。

4)周边环境现场巡查内容

①建(构)筑物、桥梁墩台或梁体、既有轨道交通结构等的裂缝位置、数量和宽度,混凝土剥落位置、大小和数量,设施能否正常使用;

②地下构筑物积水及渗水情况,地下管线的漏水、漏气情况;

③周边路面或地表的裂缝、沉陷、隆起、冒浆的位置、范围等情况;

④河流湖泊的水位变化情况,水面有无出现漩涡、气泡及其位置、范围,堤坡裂缝宽度、深度、数量及发展趋势等;

⑤工程周边开挖、堆载、打桩等可能影响工程安全的其他生产活动。

基准点、监测点、监测元器件的完好状况、保护情况应定期巡视检查。

5)既有线隧道结构周边环境巡视内容

主要包括结构开裂、剥落,包括裂缝宽度、深度、数量、走向、剥落体大小、发生位置、发展趋势等;结构渗水,包括渗水量、发生位置、发展趋势等;道床结构开裂,包括裂缝宽度、深度、数量、走向、发生位置、发展趋势等;变形缝开合及错台,包括变形缝的扩展和闭合大小,变形缝结构有无错开等。

4.6.3 巡视频率

在每次现场监测工作实施的同时进行周边环境巡视工作,既有地铁隧道结构应至少每月巡查一次,当遇到下列情况时,应适当提高现场巡查频率:

(1)监测数据异常或变化速率较大;

(2)存在勘察未发现的不良地质条件,且影响工程安全;

(3)地表、建(构)筑物等周边环境发生较大沉降或不均匀沉降;

(4)盾构始发、接收以及停机检修或更换刀具期间;

(5)矿山法隧道断面变化部位、施工中产生受力转换部位;

(6)工程出现异常;

(7)工程险情或事故后重新组织施工;

(8)暴雨或长时间连续降雨;

(9)邻近工程施工、超载、振动等周边环境条件较大改变。

如遇见现场不具备巡视条件或不可抗力因素,在保证安全的条件下,可适当调整巡视频率并及时上报建设单位及设计单位,共同商讨解决方法。

第 5 章　监测控制值与预警

城市轨道交通工程监测应根据工程特点、监测项目控制值、当地施工经验等制定监测预警等级和预警标准。这是预防在建工程事故发生、确保基坑及周边环境安全的重要措施，也是监测工作的实施前提，还是对在建工程正常、异常和危险三种状态进行判断的重要依据，因此在建工程监测必须确定监测控制值。

5.1　监测项目控制值

根据《城市轨道交通工程监测技术规范》（GB 50911—2013），城市轨道交通地下工程施工图设计文件应明确监测项目的控制值。

5.1.1　监测项目控制值的分类

监测项目控制值按监测项目的性质分为变形监测控制值和力学监测控制值。变形监测控制值应包括监测项目的累计变化值和变化速率值，力学监测控制值包括监测项目的最大值或最小值。

5.1.2　监测项目控制值确定的相关规定

监测项目控制值的确定应符合下列规定：

（1）监测项目控制值应针对不同施工工法特点、周围岩土体特征、周边环境保护要求结合当地工程经验确定，满足监测对象的安全状态得到合理、有效控制的要求；

（2）支护结构及周围岩土体监测项目控制值应根据工程监测等级、支护结构特点及设计计算结果综合确定；

（3）周边环境监测项目控制值应根据对象的类型与特点、结构形式、变形特征、已有变形、正常使用条件及相关技术规范要求并结合其重要性、易损性及相关单位的要求综合确定；

（4）对重要的、特殊的或风险等级较高的环境对象应进行现状调查与检测，通过分析计算或专项评估确定监测项目控制值；

（5）周围地表沉降等岩土体变形监测项目控制值应根据岩土体的特性、结合支护结构工程自身风险等级和周边环境安全风险等级综合确定；

（6）监测等级高、工况条件复杂的工程要针对不同工况条件制定监测项目控制值，分工况条件控制监测对象的状态。

5.1.3　监测项目控制值的确定

1）基坑支护结构及周围岩土体变形监测项目控制值

基坑支护结构和周围岩土体变形监测项目控制值应根据工程地质条件、基坑设计参数、工程监测等级及当地工程经验等确定，当无地方经验时，可参照《建筑基坑工程监测技术标准》（GB 50497—2019）确定，见表 2-5-1。

基坑支护结构和周围岩土体变形监测项目控制值 表 2-5-1

监测项目	支护结构类型、岩土类型		工程监测等级一级			工程监测等级二级			工程监测等级三级		
			累计值(mm)		变化速率(mm/d)	累计值(mm)		变化速率(mm/d)	累计值(mm)		变化速率(mm/d)
			绝对值	相对基坑深度值		绝对值	相对基坑深度值		绝对值	相对基坑深度值	
支护桩(墙)顶竖向位移	土钉墙、型钢水泥土墙		—	—	—	—	—		30 ~ 40	0.5% ~ 0.6%	4 ~ 5
	灌注桩、地下连续墙		10 ~ 25	0.1% ~ 0.15%	2 ~ 3	20 ~ 30	0.15% ~ 0.3%	3 ~ 4	20 ~ 30	0.15% ~ 0.3%	3 ~ 4
支护桩(墙)顶水平位移	土钉墙、型钢水泥土墙		—	—	—	—	—		30 ~ 60	0.6% ~ 0.8%	5 ~ 6
	灌注桩、地下连续墙		15 ~ 25	0.1% ~ 0.15%	2 ~ 3	20 ~ 30	0.15% ~ 0.3%	3 ~ 4	20 ~ 40	0.2% ~ 0.4%	3 ~ 4
支护桩(墙)体水平位移	型钢水泥土墙	坚硬~中硬土	—	—	—	—	—	—	40 ~ 50	0.4%	6
		中软~软弱土	—	—		—	—		50 ~ 70	0.7%	
	灌注桩、地下连续墙	坚硬~中硬土	20 ~ 30	0.15% ~ 0.2%	2 ~ 3	30 ~ 40	0.2% ~ 0.4%	3 ~ 4	30 ~ 40	0.2% ~ 0.4%	4 ~ 5
		中软~软弱土	30 ~ 50	0.2% ~ 0.3%	2 ~ 4	40 ~ 60	0.2% ~ 0.4%	3 ~ 5	50 ~ 70	0.5% ~ 0.7%	4 ~ 6
地表沉降	坚硬~中硬土		20 ~ 30	0.15% ~ 0.2%	2 ~ 4	25 ~ 35	0.2% ~ 0.3%	2 ~ 4	30 ~ 40	0.3% ~ 0.4%	2 ~ 4
	中软~软弱土		20 ~ 40	0.2% ~ 0.3%	2 ~ 4	30 ~ 50	0.3% ~ 0.5%	3 ~ 5	40 ~ 60	0.4% ~ 0.6%	4 ~ 6
立柱结构竖向位移			10 ~ 20	—	2 ~ 3	10 ~ 20	—	2 ~ 3	10 ~ 20	—	2 ~ 3
支护墙结构应力			(60% ~ 70%) f			(70% ~ 80%) f			(70% ~ 80%) f		
立柱结构应力											
支撑轴力			最大值:(60% ~ 70%) f 最小值:(80% ~ 100%) f			最大值:(70% ~ 80%) f 最小值:(80% ~ 100%) f			最大值:(70% ~ 80%) f 最小值:(80% ~ 100%) f		
锚杆拉力											

注:1. f为预应力设计值。
2. 累计值取绝对值和相对基坑设计深度 H 控制值两者的较小值。
3. 当监测项目的变化速率达到表中规定值或者连续 3 次超过该值的 70% 时应预警。
4. 底板完成后,监测项目的位移变化速率不宜超过表中速率预警值的 70%。

2）周边环境监测项目控制值

周边环境监测项目控制值的确定见表 2-5-2。

<table>
<caption>周边环境监测项目控制值　　表 2-5-2</caption>
<tr><th>监测项目</th><th>判断内容</th><th colspan="3">平均控制值</th><th>最大控制值</th></tr>
<tr><td rowspan="4">管线变形</td><td rowspan="3">局部倾斜值</td><td colspan="3">承接式接头的铸铁水管、钢筋混凝土水管两个接头之间的局部倾斜值≤ 0.0025mm/d</td><td rowspan="3">控制标准的 70%</td></tr>
<tr><td colspan="3">焊接接头的水管两个接头之间的局部倾斜值≤ 0.006mm/d</td></tr>
<tr><td colspan="3">焊接接头的煤气管两个接头之间的局部倾斜值≤ 0.002mm/d</td></tr>
<tr><td>绝对沉降</td><td colspan="3">30mm/d</td><td>24mm</td></tr>
<tr><td rowspan="4">建（构）筑物沉降</td><td rowspan="3">最大沉降量</td><td colspan="3">桩基础建筑物 10mm</td><td rowspan="4">控制标准的 70%</td></tr>
<tr><td colspan="3">天然地基建筑物 30mm</td></tr>
<tr><td colspan="3">基坑立柱桩 10mm</td></tr>
<tr><td>沉降速率</td><td colspan="3">2mm/d</td></tr>
<tr><td rowspan="2">建（构）筑物裂隙开展宽度</td><td>既有裂缝发展速率</td><td colspan="3">每天发展不超过 0.1mm</td><td>0.08mm</td></tr>
<tr><td>新发生裂缝</td><td colspan="3">发现立即预警</td><td></td></tr>
<tr><td rowspan="18">建（构）筑物地基变形（倾斜）</td><td rowspan="2">砌体承重结构基础的局部倾斜</td><td colspan="2">地基土类别为中、低压缩性土</td><td>0.002</td><td rowspan="2">控制标准的 70%</td></tr>
<tr><td colspan="2">地基土类别为高压缩性土</td><td>0.003</td></tr>
<tr><td rowspan="6">工业与民用建筑相邻柱基的沉降差</td><td rowspan="2">框架结构</td><td>地基土类别为中、低压缩性土</td><td>$0.002L$</td><td rowspan="6">控制标准的 70%</td></tr>
<tr><td>地基土类别为高压缩性土</td><td>$0.003L$</td></tr>
<tr><td rowspan="2">砌体墙充填的边排柱</td><td>地基土类别为中、低压缩性土</td><td>$0.007L$</td></tr>
<tr><td>地基土类别为高压缩性土</td><td>$0.001L$</td></tr>
<tr><td rowspan="2">基础不均匀沉降时不产生附加应力的结构</td><td>地基土类别为中、低压缩性土</td><td>$0.005L$</td></tr>
<tr><td>地基土类别为高压缩性土</td><td>$0.005L$</td></tr>
<tr><td rowspan="4">多层和高层建筑物的整体倾斜</td><td colspan="2">$H \leqslant 24m$</td><td>0.004</td><td rowspan="4">控制标准的 70%</td></tr>
<tr><td colspan="2">$24m < H \leqslant 60m$</td><td>0.003</td></tr>
<tr><td colspan="2">$60m < H \leqslant 100m$</td><td>0.025</td></tr>
<tr><td colspan="2">$H > 100m$</td><td>0.002</td></tr>
<tr><td rowspan="6">高耸结构基础的倾斜</td><td colspan="2">$H \leqslant 20m$</td><td>0.008</td><td rowspan="6">控制标准的 70%</td></tr>
<tr><td colspan="2">$20m < H \leqslant 50m$</td><td>0.008</td></tr>
<tr><td colspan="2">$50m < H \leqslant 100m$</td><td>0.005</td></tr>
<tr><td colspan="2">$100m < H \leqslant 150m$</td><td>0.004</td></tr>
<tr><td colspan="2">$150m < H \leqslant 200m$</td><td>0.003</td></tr>
<tr><td colspan="2">$200m < H \leqslant 250m$</td><td>0.002</td></tr>
</table>

注：1. 局部倾斜指砌体承重结构沿纵向 6 ～ 10m 内基础两端沉降差与距离的比值。

2. L 为相邻柱基中心距离（mm）。

3. H 为基坑深度或自室外地面算起的建筑物高度（m）。

4. 整体倾斜 $=[(\text{建筑物横向倾斜})^2+(\text{建筑物纵向倾斜})^2]^{1/2}$。

5.2　预警依据及等级

监测预警的依据是根据设计单位提供的监测项目单次变化速率或者累计变化量反映监测对象即时状态与危险状态的关系，而变化速率反映的是监测对象发展变化的快慢。过大的变化速率，往往是突发事故的先兆。因此，监测项目预警值应由两部分控制，即总允许变化量和单位时间内允许变化量（允许变化速率）。一般情况下，可参照以下监控量测值控制标准执行，并且可采用控制标准的 80% 作为监测项目的预警值。

1)监测预警

根据设计单位提出的监控量测控制指标，将施工过程中监测点的预警状态按严重程度由小到大分为黄色监测预警、橙色监测预警和红色监测预警三级，见表 2-5-3。

深圳市城市轨道交通工程监测预警等级　　表 2-5-3

预警级别	预警状态描述
黄色监测预警	“双控”指标(变化量、变化速率)均达到监控量测控制值(极限值)的 70%，或双控指标之一达到监控量测控制值的 80% 时
橙色监测预警	“双控”指标均达到监控量测控制值的 80%，或“双控”指标之一超过监控量测控制值时；或“双控”指标达到极限值而整体工程尚未出现不稳定迹象时
红色监测预警	①“双控”指标均超过监控量测控制值或实测变化率出现急剧增长，工程存在不稳定迹象时； ②“双控”指标之一超过监控量测控制值且持续增长时，可视现场情况下发红色预警

2)巡查预警

巡查预警是指在施工过程中通过巡查发现安全隐患、事故征兆而启动的预警，根据事故隐患严重程度和事故征兆综合判定。按严重程度由小到大分为巡查黄色预警、巡查橙色预警和巡查红色预警三级，见表 2-5-4、表 2-5-5。

深圳市城市轨道交通工程施工安全巡查预警分级　　表 2-5-4

预警等级	巡查黄色预警	巡查橙色预警	巡查红色预警
隐患、征兆	重大隐患或事故中晚期征兆，如现场出现严重违反设计、规范要求的施工作业或表 2-5-5 所列事故中晚期征兆	严重隐患或事故早期征兆，如基坑、暗挖隧道超挖严重、支护(撑)不及时(格栅间距超过设计值的 30%，基坑超过 3 根支撑未加设)或表 2-5-5 所列事故早期征兆	一般隐患多或对存在的隐患不整改和整改不及时，如采用检查评分表进行检查评分时得分不合格

事故征兆分类　　表 2-5-5

事故类别	早期征兆	中期征兆	晚期(临发)征兆
基坑(槽)坍塌和其他坍方	①坑槽边壁(坡)或洞室顶、壁轻度渗水、涌沙、落渣； ②出现剥离层裂纹和小块剥离； ③位移长时间没有变缓的趋势，监测值超过控制值后仍不断增大	①渗水、涌沙、落渣情况加剧； ②剥离层裂纹扩展、加大； ③底部(或其他部位)土(石)层开始大块剥离； ④深度裂纹(缝)向上(或向下)扩展； ⑤位移等量测值反常急剧变化	①坑槽底部土(石)块大面积剥离，上部土(石)体裂纹急剧扩展到地面上； ②由局部开始的坍方连续不断，迅速扩展
脚手架局部垮架	①脚手架局部的平(横)杆和脚手板出现显著的弯曲变形和损伤； ②局部连接件出现裂纹或松动下滑	①早期出现的变形和损伤继续发展； ②连接件裂纹扩展或严重下滑； ③连接点开始变形	①脚手板、平(横)杆出现折断或滑脱； ②局部构架结构出现严重变形； ③可能会有异常响声出现
脚手架垂直坍塌	下部和长度达的立杆开始出现侧向拱曲变形	①成片立杆自下至上出现明显的多波拱曲变形； ②节点和连接件出现破坏迹象	开始出现节点和连墙件破坏的异常声响
支撑架垮塌和坍(倒)塌	直接承受模板和设备荷载的受弯与受压杆件开始出现明显变形	①变形迅速扩大； ②立杆根部位移； ③节点开始出现破坏迹象	①部分杆件开始折断掉落； ②支撑结构出现严重变形或失稳迹象
建筑物倒塌	基础和主要承重结构(及构件)出现明显的沉降、开裂或倾斜变形	①变形、裂缝和倾斜加速扩展； ②基础错动； ③部分构件或结构开始出现破坏迹象	建(构)筑物出现倒塌前的晃动、严重倾斜和发出开始破坏产生的异常声响
机械设备倾翻	①一侧开始出现明显沉降，另一侧开始上抬； ②一侧缆绳、锚固设施开始出现松动	①机械设备明显出现倾斜； ②缆锚点出现被拉出或破坏迹象	机械设备严重倾斜，伴有锚拉点开始破坏时的早期声响
火灾事故	①绝缘皮线过热、发软、变色； ②保险丝熔断； ③初期引(暗)燃产生的焦烟味； ④电、气焊火花(星)落在易燃物上	①开始出现明显的烟雾； ②开始燃烧的焦烟味变浓； ③已有开始燃烧的声响	①明火初期； ②烟雾和焦烟味浓烈； ③燃烧的声响加剧

5.3　综合预警

综合预警，即根据对现场的监测数据和监测项目控制指标值的比较分析以及现场各方的巡查，通过综合分析后进行的预警。预警级别由施工单位、监理单位和安全风险管理咨询机构（或专家）经综合分析后判定。综合预警分级按严重程度由小到大分为黄色综合预警、橙色综合预警和红色综合预警三级（表 2-5-6）。

综合预警等级判定　　表 2-5-6

综合预警等级	基本条件（安全风险状态）	参考标准	
		监测预警	巡视预警
黄色综合预警	存在较高风险	橙色或红色监测预警	黄色巡视预警
橙色综合预警	存在较高风险且出现危险征兆	橙色或红色监测预警	橙色巡视预警
红色综合预警	风险不可控或出现严重危险征兆	橙色或红色监测预警	红色巡视预警

注：1. 综合预警等级判定应同时考虑监测数据变化，现场施工技术水平、管理水平以及可能对现场造成的风险程度等综合因素，并参考监测预警、巡视预警的等级、数量等确定。

2. 工程风险状态及危险征兆可依据现场核查、专业经验或专家咨询等判定。

3. 当监测预警、巡视预警的数量较大、分布范围较广时，或监测数据在一定时间内未收敛，有增大趋势时，可考虑升级预警级别。

5.4　预警发布及响应

5.4.1　预警发布

当某类监测项目监测数值出现异常变化或达到设计文件、规范、规程所定的预警值时，应先检查控制点及测点是否存在松动或破坏现象，并检查仪器、监测方法及计算过程，经过复测并同步联测校核无误后，根据监测预警标准和巡查预警标准确定不同的预警级别后，立即通过电话、短信或微信等快捷方式上报建设单位，同时抄送监理单位、设计单位、施工单位，并及时报送纸质版预警工作联系单。

（1）监测预警与巡查预警。

①施工单位根据监测预警标准和巡查预警标准确定不同的预警级别后，应立即通过电话、短信或微信等快捷方式上报监理单位、设计单位和建设单位，并及时报送纸质版预警工作联系单。

②第三方监测单位根据监测预警标准和巡查预警标准确定不同的预警级别后，应立即通过电话、短信或微信等快捷方式上报建设单位，同时抄送监理单位、设计单位、施工单位，并及时报送纸质版预警工作联系单。

③黄色监测预警、黄色巡查预警 1d 内报送纸质版的预警工作联系单，橙色监测预警、橙色巡查预警 1d 内报送纸质版的预警工作联系单，红色监测预警、红色巡查预警 4h 内报送纸质版的预警工作联系单。

（2）综合预警。

①施工单位应根据监测、巡查及预警信息，综合判断工程风险综合预警等级的判定建议，并立即通过电话、短信或微信等快捷方式上报监理单位、设计单位和建设单位，并在 1d 内报送纸质版的综合预警判定建议。

②第三方监测单位应结合本单位监测、巡查及预警信息，综合判断工程风险综合预警等级的判定建议，并立即通过电话、短信或微信等方式上报建设单位，同时抄送监理单位、设计单位、施工单位，1d 内报送纸质版的综合预警判定建议。

③监理单位应当进行安全巡查，及时比对、分析施工单位和第三方监测单位上报的监测、巡查及预警信

息，提出工程风险综合预警等级的判定建议并提交建设单位，1d 内报送纸质版的综合预警判定建议。第三方监测与施工监测数据分析对比控制标准详见表 2-5-7。

第三方监测与施工监测数据分析对比控制标准 表 2-5-7

序号	监测项目	控制标准	误差影响因素（供比对时参考）
1	建筑物沉降	3mm	①在监测过程中是否使用同一基准点（高程和平面值是否统一）； ②水准线路及平面控制网形是否统一； ③观测人员不同，存在偶然误差； ④仪器精度不同； ⑤不同软件平差处理； ⑥观测时间不一致，因施工情况不同，基坑及隧道周边土体和建构筑物变化是一个动态过程； ⑦温度的影响； ⑧在《城市轨道交通工程测量规范》（GB/T 50308—2017）变形监测要求适用于二等变形监测等级
2	建筑物倾斜	5mm	
3	地表沉降	4mm	
4	管线沉降	3mm	
5	管线水平位移	5mm	
6	桩顶水平位移	5mm	
7	桩顶竖向位移（沉降）	3mm	
8	临时立柱隆沉（立柱沉降）	3mm	
9	坑底隆起（底板沉降）	3mm	
10	建筑物裂缝观察	1mm	用游标卡尺观测，一般情况下两家观测结果差别不大，对比差值取 1mm
11	桩体水平位移（测斜）	6mm	①仪器误差； ②人员操作误差； ③不同软件处理； ④观测时间不一致，因施工情况不同，基坑及隧道周边土体是一个动态过程对比差值取 6mm
12	土体侧向位移（土体测斜）	6mm	
13	地下水位	40cm	因地下水位变化是一个动态过程，在不同的时间、季节（雨季和旱季）变化较大，对比差值取 40cm
14	支撑轴力	钢支撑 200kN，混凝土支撑 500kN	①温度影响，特别是混凝土支撑轴力影响较大； ②基坑开挖，支撑轴力也是一个动态变化的过程，如施工监测在监测过程中支撑下方土方没有卸载，而第三方在监测过程中土方很有可能已经开挖； ③计算公式是否统一； ④仪器误差； ⑤人员操作误差

（3）建设单位根据施工单位、监理单位和第三方监测单位提供的工程风险综合预警等级判定建议并结合现场复核、多方会商和专家论证等形式及时综合确定工程风险综合预警等级，如图 2-5-1 所示。

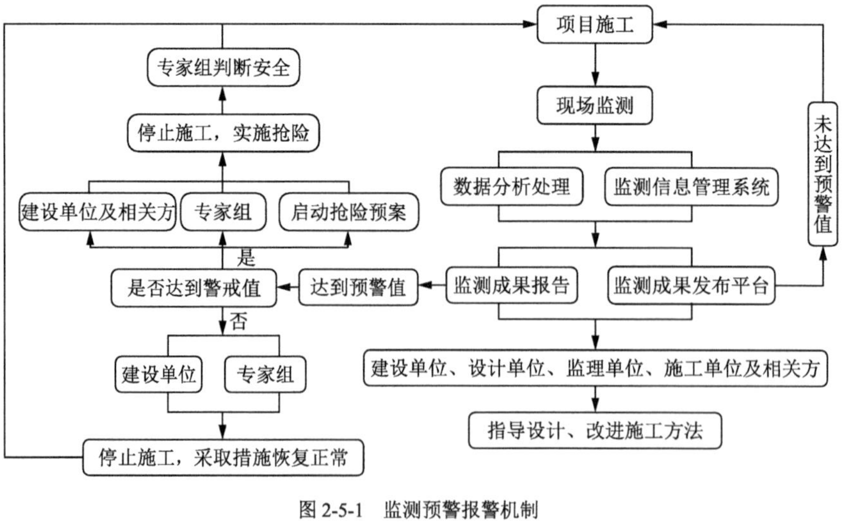

图 2-5-1 监测预警报警机制

5.4.2　预警响应

监测预警发布后，应立即启动应急预案，应急小组领导迅速确定应急响应级别，并通知各有关监测应急人员，各监测应急成员接到指令后，应迅速启动应急预案，并根据职责分工，部署、开展监测预警工作。

（1）监测、巡查预警

①黄色监测、巡查预警：监理单位应立即组织召开由施工单位、第三方监测单位、设计单位、建设单位代表参加的预警分析会议，制订预警处置方案并督促施工单位立即组织实施，消除安全隐患；施工单位、第三方监测单位加强对预警部位的监测和巡查，监理单位负责跟踪监督。

②橙色以上监测、巡查预警：监理单位应立即组织召开专家论证（橙色预警专家分析会邀请不少于 2 名专家，红色预警专家分析会邀请不少于 3 名专家），以及由施工单位、第三方监测单位、设计单位、勘察单位、咨询单位、建设单位参加的预警分析会议，制订预警处置方案并督促施工单位立即组织实施，消除安全隐患；施工单位、第三方监测单位应加密监测和巡查频率，必要时应增加监测项目和监测点；监理单位负责协调处理和跟踪监督。

预警响应处理流程图如图 2-5-2 所示。

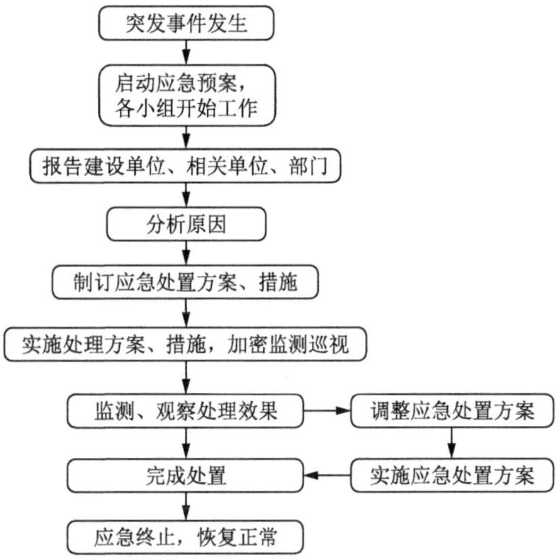

图 2-5-2　预警响应处理流程图

（2）综合预警

①施工单位、监理单位、第三方监测单位在综合预警建议信息报送的同时，及时组织分析，加强监测、巡查，进行先期风险处置。

②施工单位是预警处理的实施和执行主体，监理单位、第三方监测单位、建设单位等应加强安全监控，设计单位积极参与方案制订和风险处理工作。

③监理单位在发现存在不安全状态并达到预警时，应根据预警级别及时以安全隐患整改通知单或停工令等形式通知施工单位并报告建设单位，施工单位在落实意见后方可复工。

④黄色综合预警：监理单位项目驻地总监理工程师代表应组织参建相关方会议，施工单位项目技术负责人负责制订风险处理方案，施工单位项目经理主持并组织风险处理工作，项目驻地总监理工程师代表、第三方监测项目技术负责人、设计单位专业负责人和建设单位代表参加风险处理方案的制订和风险处理过程的监督、管理；施工单位、第三方监测单位加强监测和巡查，监理单位加强监督。

⑤橙色及以上综合预警：监理单位项目总监理工程师应组织专家论证（橙色预警专家分析会邀请不少于 2 名专家，红色不少于 3 名专家），启动应急预案。施工单位企业主管领导主持并组织风险处理，施工监测单位主管技术负责人、项目总监理工程师、第三方监测单位主管技术负责人、设计单位和勘察单位的技术负责人及建设单位分管领导、相关部门负责人参与风险处理方案的制订和风险处理过程的监督、管理，建设单位分管领导负责直接督促和协调处理工作。

⑥周边产权单位对工程环境有特殊要求的工程环境风险，预警的风险处理原则上应邀请产权单位参加。

⑦当判定工程风险处于红色综合预警时，在上报预警工作联系单的同时，施工单位应立即启动应急抢险预案，同时上报建设单位相关部门和相关产权单位。

预警信息通报及预警后应采取的措施见表2-5-8。

预警信息通报及预警后应采取的措施　　表2-5-8

预　　警	通 报 对 象	预警后采取的措施
监测或巡查黄色预警	施工单位项目总工程师、项目经理，监理单位项目总监理工程师，大标段（联合体牵头人）项目部驻地代表，建设单位代表和安质中心监督组长	加强地面和建筑物（尤其是预警点附近的雨污水管和有压管线）的检查和沉降动态监测
监测、巡查橙色或综合黄色	除前述人员外，大标段（联合体牵头人）项目总工程师、项目经理，设计单位现场代表，建设单位工程中心和安质中心部长	①加强地面和建筑物（尤其是预警点附近的雨污水管和有压管线）的检查和沉降动态监测。 ②监理组织参建单位、专家对数据及巡查信息进行综合分析、判断，提出意见。 ③属于安全的，继续施工；属于不安全的，采取特殊措施，完善施工方案、开挖进度支护参数、工艺方法
监测或巡查红色预警，或者综合橙色预警	除前述人员外，设计单位项目技术负责人、项目负责人，建设单位工程中心和安质中心负责人，政府主管部门委托的监督机构	①加强地面和建筑物（尤其是预警点附近的雨污水管和有压管线）的检查和沉降动态监测（其中监测人员24h现场值班）； ②建设单位组织施工、监理、监测、设计等单位和专家进行分析评估、预测事故发生可能性的大小、影响范围和程度，提出应对措施； ③必要时停止正常作业，采取相应补强措施，如加强支撑、堵漏止水、注浆加固等
综合红色预警	除前述人员外，还包括建设单位负责人、政府主管部门	①加强地面和建筑物（尤其是预警点附近的雨污水管和有压管线）的检查和沉降动态监测； ②施工单位抢险救援队伍、工区项目公司专业应急抢险队伍进入待命状态，调集应急救援所需要的物资、设备、工具； ③建设单位项目管理公司、应急办公室负责人赶赴现场，协调工作； ④采取必要措施，确保交通和地下管线安全； ⑤与毗邻社区的街道办、政府建立并保持热线联系
事故中期征兆、晚期征兆	除前述人员外，还包括建设单位负责人、政府主管部门	①作业人员停止作业，在采取可能的应急措施后撤离作业场所； ②启动应急预案，进入应急救援状态

5.5 消警

当在现场采取相关措施，警情得到有效控制，监测数据在24h之内变化小，且变化稳定时，或者经应急现场指挥部确定终止应急抢险时，可以终止应急监测。监测频率应依次降低，直到连续三天监测数据变化不大时，可以恢复日常监测频率。依照应急监测数据，编写应急抢险监测总结报告，并及时上报建设单位或政府相关部门同意后方可消警。施工单位按消警处理流程申请消警。

5.5.1 消警标准

（1）监测预警、巡查预警消警

在工程安全风险处理结束后，至少应具备以下条件之一，才能达到消警标准：

①预警期间没有发生工程自身事故或环境风险事故，且没有次生灾害发生，监测数据变化已不影响施工安全、隧道结构安全和周边环境安全，且已不存在后期大的受力转换和监测数据变化可能；

②监测预警发生范围内地铁主体结构工程已经完成，不存在后期大的受力转换和监测数据变化可能；

③发生了工程自身事故或环境风险事故并已进行了处理，监测数据变化已不影响施工安全、隧道结构安全和周边环境安全，且已不存在后期大的受力转换和监测数据变化可能。

（2）综合预警消警

经施工单位、监理单位、第三方监测单位、设计单位、咨询单位、建设单位六方会议或专家会议综合分析评估，确认工程本身风险和环境风险解除时，即达到消警标准。

5.5.2　消警流程

（1）监测、巡查预警消警

由施工单位提交书面监测（巡查）预警消警申请表（主要包括预警响应及处理情况、监测数据稳定性分析、现场巡查状况及安全评价等），并根据预警级别的不同报不同单位审核批准。

①黄色、橙色预警：由施工单位填写消警申请表，经监理单位和第三方监测单位审批后进行消警，并抄报建设单位。

②红色预警：由施工单位填写消警申请表，经监理单位和第三方监测单位审核，报建设单位相关部门负责人审批后进行消警。

（2）综合预警消警

在通过六方会议或专家会议综合分析评估确认工程本身风险和环境风险解除后，由施工单位提交消警申请表，由监理单位、第三方监测单位、设计单位、咨询单位进行初审，然后再经建设单位相关部门负责人审核，报建设单位分管领导审批后进行消警。

第 6 章　监测管理

6.1　行业管理

根据住房和城乡建设部《城市轨道交通工程质量安全检查指南》要求，结合当前城市轨道交通工程的监测工作实际，对施工监测单位和第三方监测单位的基本管理要求和管理目标进一步细化，详见表 2-6-1。

监测项目的基本管理要求表　　表 2-6-1

项　目	需　求
资质与资格	①是否具备相应资质承揽业务； ②监测项目是否存在转包或违法分包行为； ③监测项目负责人是否具备相应专业资格，有无城市轨道交通或类似工程监测经验； ④监测项目技术人员专业、数量是否满足工程所在地相关规定和合同要求； ⑤监测项目负责人变更是否经建设单位同意（书面变更手续）； ⑥监测专业技术人员、一线作业人员是否经相关行业机构专业技术培训并考核合格后持证上岗； ⑦监测专业技术人员、一线作业人员是否经企业质量技术安全培训
仪器设备	①监测仪器设备的类型及数量是否能满足监测工程的实际需要； ②监测仪器在使用期内有无检定证书，各类测试元器件有无合格证、标定证书； ③监测仪器设备精度是否能满足实际监测工程要求； ④常用仪器设备日常检校记录是否齐全
管理制度	①是否建立或落实监测管理制度； ②是否建立或落实监测质量技术安全责任制度和相应考核、奖惩制度
监测方案制定及审查	①是否按规范和合同要求编制监测方案； ②是否按规定对监测方案进行专家论证； ③监测方案是否经单位技术负责人、项目负责人签字，是否加盖单位公章； ④监测方案编制依据是否全面； ⑤监测范围、等级确定是否合理； ⑥监测项目或巡查内容是否齐全； ⑦是否按设计文件确定监测项目控制指标或控制指标是否齐全，是否给定巡查标准； ⑧监测点埋设位置、数量、形式、方法和保护是否满足规范要求； ⑨是否明确对监测控制网及基准点测设要求； ⑩监测及巡查频率、起止条件是否明确或是否能满足工程要求； ⑪有无监测信息反馈流程或监测预警标准； ⑫仪器监测及巡查方法描述是否具体，是否能满足工程要求； ⑬监测工作有无质量安全保证措施； ⑭监测点布置平剖面图、与相邻环境的关系图、地质剖面图等是否齐全或规范
基准点、监测点埋设及保护	①基准点或工作基点埋设数量或位置是否符合相关要求； ②监测点（孔）埋设位置、数量与监测方案或工程实际情况是否相符，布置方案调整是否经审批； ③监测点（孔）埋设方法或保护措施是否符合要求； ④监测点（孔）编号或类型标识是否清晰； ⑤监测点（孔）损坏后是否及时进行恢复或补救； ⑥埋设的监测点是否经验收
监测实施	①是否建立监测基准网，是否进行测点初始值采集并形成记录； ②是否在工程施工影响前对监测点的初始值采集并形成记录； ③是否在工程施工影响前对周边重要环境对象的初始状态进行巡查并形成文字或影像记录； ④是否按监测方案实施现场监测和巡查； ⑤是否对监测作业人员进行工作交底； ⑥基准点使用前是否进行复核联测； ⑦现场仪器监测项目或巡查内容是否全面； ⑧是否结合工程进度及监测频率要求进行现场监测和巡查，监测数据或巡查信是否连续； ⑨当出现警情或异常等情况时是否提高监测及巡查频率

续上表

项　目	需　求
监测成果	①监测报表中工点名称、监测时间、工况、仪器设备、气象条件等表头信息是否齐全； ②监测报告中是否结合工况条件对监测项目数值变化或巡视信息进行分析或安全评价； ③监测报告内容是否齐全； ④监测报告是否盖章，有无相关人员签字； ⑤是否伪造监测数据，是否出具虚假监测报告或监测结论
信息反馈及预警报告	①日常监测、巡查信息反馈是否及时，反馈对象是否齐全； ②仪器监测数据或巡查达到预警标准时是否及时进行警情报送
监测资料归档管理	①是否建立监测资料档案管理； ②原始数据文件、巡查信息、成果报告等监测资料归档是否齐全，归档资料有无统一编号，管理是否规范

6.2 建设单位管理

建设单位作为轨道交通建设工程的管理和执行主体，应严格按照国家相关法律法规，建立轨道交通建设工程监测管理体系，健全规章制度，规范监测工作。其职责主要有：

（1）通过公开招标或直接委托方式选择符合资质要求的监测单位实施第三方监测工作，建立健全完善的监测管理体系。

（2）组织审查第三方监测方案，对第三方监测单位的运转体系及工作质量，主要包括人员、设备、仪器、成果等进行监督检查、指导和协调。对深圳市城市轨道交通工程建设监测工作进行日常监管，对参建单位进行安全质量及履约管理，定期组织对标段监理、第三方监测、施工监测进行专项检查。

（3）建立应急监测工作领导小组。

6.3 设计单位管理

（1）设计单位在施工图设计中应有详细的监测设计，根据工程施工范围的地质条件，提出对基坑围护结构、支撑以及周边地下水位、建（构）筑物、地下管线、主要交通干道等监测项目的具体监测要求，并明确测点布置、监测频率的要求，设定预警值、报警值、控制值等。

（2）负责根据工程进展及变更情况，及时对监测项目、监测频率、设计控制指标等进行修正和再确认。

（3）参加建设单位组织的全线监测工作例会，对监测数据、监测的运转体系、工程的安全性做出评价并提出意见和建议。

（4）根据建设单位的要求，参与应急监测的分析总结工作。

（5）参与施工监测及第三方监测方案的专家评审会。

（6）根据相关情况及要求，与施工、监理、第三方监测单位共同研究确定监测方案。

6.4 监理单位管理

监理单位应严格履行合同要求，建立完善的监测管理制度，受建设单位委托对施工单位进行监督管理。其职责主要有：

（1）每个监理标段须配置测量专业监理工程师，负责对本标段范围内的监测工作进行日常管理，协调第三方监测单位与施工监测单位的工作关系，并编制监测监理细则，测量专业监理工程师应具备工程测量或工程类工程师及以上职称，且具有5年以上测量专业工作经验。

（2）审查承包商报送的施工监测单位资质、业绩、主要人员资格、主要监测仪器设备和工作能力等，并报建设单位审批备案。审查施工监测方案和第三方监测专项方案，并提出审核意见。

（3）督促施工单位布设监测点，组织施工单位、第三方监测单位进行监测点验收工作；监督管理施工监测和第三方监测单位日常监测工作，督促施工监测单位对被破坏的测点进行修复，且完成修复时间不宜超过3d。

（4）在施工单位进行基坑开挖、盾构进出洞施工、隧道进洞施工、联络通道施工、下穿既有铁路以及其他危险性较大的关键节点施工前进行节点验收，审查第三方监测和施工监测单位是否完成监测准备工作，如测点布设、初始值采集及资料归档等工作。

（5）对施工监测和第三方监测数据和巡查信息及时进行对比（同时、同点位）、分析总结（通过数据显示推算现场施工对周边环境能造成的影响及后续监测数据的趋势），形成记录。当施工监测与第三方监测数据差异超过允许值后，监理单位应及时核准双方数据的准确性，采取处理措施。发现异常时，及时向建设单位代表反馈。

（6）审核监测单位编制的应急预案，监测预警时或出现紧急情况时，须及时向建设单位代表报告现场情况，并通知第三方监测、勘察、设计等相关参建单位，协助施工单位做好现场抢险应急处理工作。

6.5 施工单位及施工监测单位管理

施工单位是工程建设质量、安全控制的主体，应严格履行合同要求，建立完善的监测管理制度，服从建设单位、监理单位的管理，配合第三方监测单位工作，做好施工监测的管理工作。施工单位对所承包的工程项目监测工作负全部责任。无论建设单位是否实施第三方监测，都不能免除自身责任。其主要职责有：

（1）施工单位是施工监测的责任主体，对所承包的工程项目监测质量、信息反馈及时性及处理措施负责。施工项目的技术负责人对施工监测工作全面负责。

（2）施工监测技术负责人应具有中级（含中级）以上技术职称和城市轨道交通工程监测工作经验。项目须配备与工程规模相适应的监测技术人员、作业人员。监测技术人员应具备相应的专业技术职称及工作经验，作业人员应经过技术培训合格后上岗，现场巡查人员应当具有现场实际工程经验。

（3）施工单位须委托具有符合以下要求的监测单位开展本标段的施工监测工作：具有独立法人资格的企事业单位，或者上述单位下属的研究所、设计院、检测中心等机构。不得与所监测工程的第三方监测单位有隶属关系或者其他利害关系。

（4）须要求施工监测单位针对所监测的轨道交通工程配备相应的监测仪器设备，仪器设备的种类、性能、精度、数量等应满足该工程施工监测的要求，并提供所用仪器设备表及有效证书各一份。所用监测仪器设备必须计量检定合格，并在合格证的有效期内使用，其他仪器及量测系统必须依据规范及仪器出厂说明定期校准。

（5）在进行基坑开挖，盾构始发和到达，矿山法破马头门，隧道施工，下穿既有铁路、房屋、桥梁、站房，过江河湖沟以及其他危险性较大关键节点的施工前，须通过监理单位组织的包含监测点布设和初始值采集等内容的施工前节点验收。

（6）施工监测单位的项目负责人或技术负责人参加监测专题会。施工监测各项工作须随时接受监理单位的监督检查和指导。

（7）及时进行围护结构中监测预埋件的埋设；在凿桩头时加强对测斜管等监测预埋件的保护；在施工过程中须注意对所有监测点进行保护，及时恢复损坏的监测点。

（8）按照合同、设计文件和相关规范要求，结合工程实际编制施工监测方案、现场巡查方案等，并经监理单位和第三方监测单位审查，报建设单位备案实施。

（9）对车站、区间、停车场、控制中心、车辆段（含附属工程）支护结构体系及岩土体、周边环境对象等进行施工监测、现场巡查和综合分析，及时向监理单位、建设单位代表和设计单位反馈信息。发现异常时，及时通知监理单位、建设单位代表和设计单位，并采取应对措施。

（10）须根据监测方案以及相关要求编制监测日报、周报和月报，及时根据施工工况和外界天气，如暴雨、台风等情况调整监测频率。当监测数据出现异常时，及时分析原因、提供处理方案并呈报书面报告；对施工监测中发生的异常情况进行分析；做好日常专业分析工作。

（11）编制应急预案，报监理单位审核。在出现紧急情况时，须及时向监理单位、建设单位代表报告现场情况并根据应急预案开展工作。

（12）必须及时、准确报送监测报告。当监测值或巡查信息达到预警标准时，须立即以电话、短信、微信等方式向相关单位报告，并在24h内递交书面报告。

（13）遵守建设单位以及上级主管部门发布的相关管理办法的规定和要求。

6.6 第三方监测单位管理

第三方监测单位对工程项目的安全质量承担监测责任。第三方监测单位主要负责人应当对本单位监测工作全面负责。项目负责人对所承担工程项目的安全质量监测工作负责。

6.6.1 资质要求

（1）应具有国家住房和城乡建设部颁发的工程勘察综合类甲级资质和国家测绘地理信息局颁发的甲级测绘资质。

（2）应具有省级以上市场监督管理局颁发的计量认证证书。

（3）应具有城市轨道交通工程第三方监测业绩，且既往监测工作3年内无不良行为记录。

（4）不得转包监测业务，不得与所监测工程的施工单位、施工监测单位有隶属关系或者其他利害关系。

6.6.2 组织机构及人员要求

（1）第三方监测单位根据其委托合同要求，针对所监测的轨道交通工程建立完善的监测项目管理组织机构；项目管理机构应配置符合招标合同条件要求的监测项目负责人、技术负责人和监测技术人员、作业人员。监测技术负责人应具有中级（含中级）以上技术职称和城市轨道交通工程5年以上监测工作经验，监测技术人员应具备相应的专业技术职称和3年以上监测工作经验，作业人员应经过技术培训合格后上岗，现场巡查人员应当具有现场实际工程经验。

（2）应根据第三方监测合同及相关法律法规的要求，建立健全完善的轨道交通工程监测管理制度和安全生产岗位责任制，组织实施合同范围内轨道交通工程第三方监测工作。

6.6.3 仪器设备要求

第三方监测单位应根据规范、设计和合同要求，针对所监测的轨道交通工程配备相应的监测仪器设备，仪器设备的种类、性能、精度、数量等应满足城市轨道交通工程监测的基本要求；并提供所用仪器设备表及有效证书各一份。所用监测仪器设备必须计量检定合格，并在合格证的有效期内使用，其他仪器及量测系统必须依据规范及仪器出厂说明定期校准。

6.6.4 监测项目和范围

监测范围、监测项目、监测频率须严格按规范、设计和合同要求进行。

6.6.5 监测工作要求

（1）编制完成合同范围内项目总方案、各工点专项监测方案，报建设单位组织审查和专家评审。

（2）第三方监测作业开始前，按照计量认证规定要求，完成监测仪器设备的检定、校验工作；根据有关部门安全生产监督管理要求，对监测人员进行安全教育和技术培训。

（3）认真履行职责和义务，严格按照审批后的第三方监测方案开展监测和巡查工作，及时准确地反馈监测信息成果；监测报告中应有对安全情况的总体评价，对出现的异常情况要有分析意见，并提出需采取的措施建议。

（4）必须及时准确地报送监测报告。当监测值或巡查信息达到预警标准时，必须立即以电话、短信、微信等方式向建设单位代表报告，并在24h内递交书面报告。

（5）编制第三方监测工作应急预案，在出现紧急情况时，立即启动应急预案，及时向建设单位相关主管部门报告现场情况并通知相关标段监理单位，协助现场进行抢险应急处理工作。

（6）工程变更或工程进度引起监测信息（监测对象、监测项目、监测频率等）变更时，应及时按合同要求，编制监测信息变更申请报送给建设单位审查和审批。

（7）按照规范和合同中对监测资料归档管理的规定，认真做好监测技术资料的整理、编制及归档工作（包括电子文件）。

（8）参加施工监测方案评审会；参与对现场测点及测试元器件的验收，并提出意见；参加开工、中间和完工三个阶段的所有验收会议，配合建设单位组织召开全线监测工作专题会，为建设单位评估工程实施风险状况提供依据。

（9）积极与监理单位进行沟通协调，时刻掌握现场施工动态，发现现场监测点被破坏或被覆盖导致无法进行监测时，以书面工作联系单的方式告知相关标段监理进行协调解决，如在限定期限内未恢复测点，以书面报告形式向建设单位汇报反馈。

第 7 章　监测新技术

7.1　自动化监测技术

7.1.1　技术应用

近年来，随着城市轨道交通的快速发展和安全事故的频发，在建设和运营过程中对安全监测的时效性要求越来越高，传统方式的人工监测已不能满足实时、高精度、高频率的监测需求，自动化监测技术应运而生。近几年随着测绘技术、物联网技术、云技术、大数据分析技术的快速发展，自动化监测技术发展迅速，开始向智能化监控方向发展，主要体现为软硬件一体的自动化监测系统。与传统人工监测相比，自动化监测系统具有连续、动态、实时、高精度等优势，现代的自动化监测系统已经实现了远程实时数据采集与无线传输、数据处理、在线分析与成果多维展示、成果预警预报的计算机智能控制一体化。

鉴于人工监测具有时间滞后、效率低等特点，目前自动化监测技术主要应用于时效要求高、工作量大的高风险工程中。它通过运用自动化监测系统，对城市轨道交通结构进行实时全方位的变形监控，向外部工程建设单位及地铁管理单位提供可靠的实时动态监测数据，如竖向位移、水平位移、隧道收放、垂直度（倾斜）、裂缝变形等监测成果，为保证地铁的结构和营运安全提供数据支持。随着城市的深入开发建设，地铁沿线高风险工程分布越来越密集，自动化监测已成为工程安全风险控制的重要手段。

7.1.2　监测系统原理与设计

自动化监测系统主要由测量传感器、数据采集软件、通信与供电装置、控制计算机装置、数据处理与成果管理软件、外部设备等软硬件组成，通过采集软件远程控制监测传感器，实现监测数据的快速采集、传输、入库。数据处理与成果管理软件对入库的原始数据进行计算处理与分析，实现计算机或移动客户端的成果在线发布、统计分析、多维展示、预警预报。

为加强城市轨道交通结构安全监测自动化系统的管理，规范自动化监测系统的建设，保证自动化监测成果的准确性和可靠性，并结合工程特点与管理需要，在实施自动化监测前，应进行总体与专项设计，包括系统总体设计及系统功能专项设计要求等。

1）监测系统总体设计

监测系统应稳定、可靠，根据工程实际需要与运行环境，采用成熟、可靠的技术和设备，防止组建过程中出现系统不协调，造成监测数据不连续或成果不准确。

监测系统的建设应突出重点监测项目、重点监测部位，监测点的布置应坚持少而精的原则。采用的设备应性能稳定，传感器的量程和精度应满足工程需要，通信与供电系统应与列车通信系统隔离。

数据采集计算处理软件应经专业检测单位测试，保证监测数据的准确性。数据采集频率的设置应满足工程实际需求，应以能及时、系统地反映城市轨道交通结构变形的渐变过程为确定原则。监测成果精度应满足规范和监测需求，真实反映城市轨道交通结构的变形。

系统的设备设施应安装牢固，满足轨道交通的限界要求，不影响轨道交通结构范围内既有设备和列车运营安全。监测期间应加强系统维护，自动监测数据应定期与人工监测值进行比较，发现异常时应及时修复自动化监测系统。

2）监测系统功能设计

监测系统应能实现监测数据自动采集、传输、处理、分析与展示的基本功能，具有高度的可靠性和长期稳定性，系统硬件和软件应符合城市轨道交通结构安全监测技术发展及计算机网络技术发展要求，同时又具有良好的开放性和兼容性。能实现自校或人工检校以验证监测数据是否真实、可靠。

监测系统应具有较强的环境适应性和耐恶劣环境性，具备防雷、防潮、防锈蚀，抗振、抗电磁干扰等性能，能够在潮湿、强电磁干扰条件下长期连续稳定运行。有掉电保护和短期自动供电功能，在断电情况下能由备用电源自动供电，确保维持正常运行 24h 以上。能实现现场网络数据通信和远程通信功能，具有开放的系统网络通用协议和传感器输入输出协议。能通过网络向相关工作人员及上级主管部门发送监测数据和有关轨道结构安全信息。同时具有网络安全防护功能，设有网络硬防火墙或软防火墙，以确保网络的安全运行。

3）监测系统数据采集与传输要求

数据采集装置能连续、准确、可靠地工作，在使用寿命期能适应工作环境，主要性能应能满足技术规范要求。同时应能接入全站仪、静力水准仪、激光测距仪、光纤光栅传感等各类监测传感器，对接入的监测仪器进行精确标定，其综合准确度应能满足轨道交通结构安全监测技术规范的要求。

数据采集装置能以中央控制方式（应答式）按照中央控制装置（监控主机）指令进行选点、测量，或以自动控制方式（自报式）按设定的时间和方式进行自动数据采集。能按要求将传感器采集的各种输出信号转换为测量数据，并将所测数据传送到系统的中央控制装置或其他装置。监测系统的中央控制装置能自动地对接收到的监测数据进行分类管理，存入计算机数据库。监测系统在调试完毕后，应逐日连续观测并取得稳定的初始值。

4）监测系统数据处理与成果管理要求

监测系统除具有采集数据自动入库功能外，还应具有人工输入数据功能，能方便地输入未实施自动化监测的测点或因系统故障而用人工补测的数据。可实现对原始数据的检验、管理等，同时能对监测数据进行初步分析和为异常值判识提供计算、检验和辅助服务。可方便地制作或自动生成日常管理报表、图形，可方便地对数据库进行维护，对资料进行整编并制作整编图表。

监测系统能通过人机交互方式方便地对数据进行查询、检索及编辑，能灵活显示、绘制和打印各种监测数据、图表、文档及图片。实现轨道交通结构安全信息文档、图片管理功能，并可以人机交互方式方便、快捷地查询、检索、输出各种安全管理档案。

监测系统同时具有必要的离线分析与评估功能，具备对监测资料进行定量分析所需的主要计算、检验、评价功能。满足数据处理实时在线发布、共享，其成果自动以图形和数据形式展示，并可方便查询历史数据。

监测系统能实现监测信息自动检测和预警预报功能，监测量超限、异常时能自动检测、判识、报警，可通过手机、邮件等方式发送报警信息。

7.1.3 既有结构全站仪自动化监测

全站仪监测系统由智能型全站仪及安装支架、棱镜、监控计算机、通信与供电装置、数据采集控制软件、数据处理与成果管理软件等组成，属于高精度在线监测系统。智能型全站仪是一种能代替人工进行自动搜索、跟踪、辨识和精确照准目标并获取角度、距离、三维坐标以及影像等信息的测量装置，其通过 CCD 影像传感器对测量目标进行快速识别，自动完成照准、读数等操作。全站仪自动化监测系统是目前应用较为广泛的高精度三维监测系统，快速、高效，成果精度高，能够实现轨道交通结构的实时三维变形监测，目前已广泛应用于城市轨道交通结构安全监测，监测项目包括竖向位移、水平位移、隧道收敛、隧道断面变形、垂直度（倾斜）等。在深圳市城市轨道交通工程三期二阶段项目建设过程中，3 号线南延福保站 B 与 C 出入口上跨深港高铁、6 号线二期民乐出入场线 TBM 隧道上穿 4 号线隧道、6 号线二期体育馆站—通新岭站区间隧道下穿既有地铁 3 号线通新岭站、6 号线二期通新岭—科学馆站隧道下穿 1 号线大科区间隧道工程等监测项目均应用了全站仪自动化监测手段。

1）自动化监测技术要求

（1）遵循《建筑物变形测量规范》（JGJ 8—2016）、《城市轨道交通工程测量规范》（GB/T 50308—2017）、《工程测量标准》（GB 50026—2020）、地铁监测标准和深圳市地铁集团对深圳地铁设施保护的具体规定要求。

（2）变形监测以地铁结构安全监测为主，根据现场情况选取盾构隧道结构重要部位布设监测点和安装监测设备，建立 24h 连续监测自动化安全监测系统。

（3）安全监测系统同时配备系统维护和监测技术人员，以保障监测系统 24h 正常运行并及时向有关部门提供监测状态信息。

（4）为确保监测技术人员的安全及地铁的安全、正点运行，安全监测系统需全自动、无人值守。

（5）安全监测系统软件具有远程监控管理、自动变形预报的功能。

（6）变形监测点的点位中误差 m_{p} 小于 2mm，其中，$m_{\mathrm{p}}=\sqrt{m_x^2+m_y^2+m_z^2}$。

2）实时自动化监测系统

（1）系统构成

监测系统分为信息采集、数据处理、信息发布三个部分，如图 2-7-1 所示。

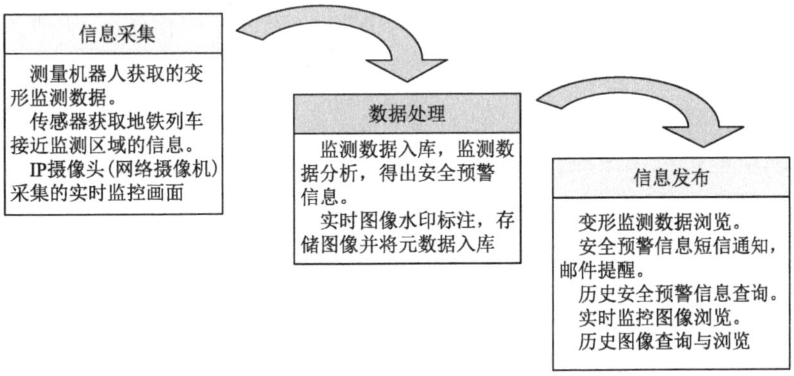

图 2-7-1 自动化监测系统构成

（2）系统硬件

系统主要硬件设备包括测量机器人（全自动智能全站仪）、参考基准目标棱镜、变形监测目标棱镜、传感器、计算机、网络通信设备等，现场主要控制设备为一台计算机。自动监测系统构成如图 2-7-2 所示。

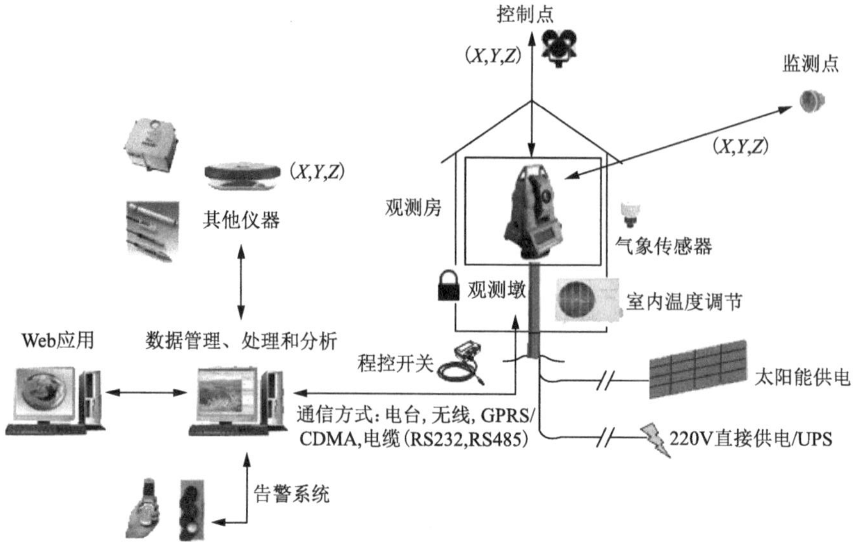

图 2-7-2　自动化监测系统构成

①测量机器人：为监测系统的主要监测设备，该仪器是一种能代替人工进行自动搜索、跟踪、辨识和精确照准目标并获取角度、距离、三维坐标以及影像等信息的智能型电子全站仪。因其具有自动目标识别——衰减全反射（ATR）功能，可以自动精确瞄准棱镜，并能够与制订测量计划、控制测量过程、进行测量数据处理与分析的软件系统相结合，可以代替人工完成许多测量任务，同时还具有全自动、遥测、实时、动态、精确、快速等诸多优点。

②棱镜：是测量机器人自动识别的主要目标，因此在参考点、变形监测点上都应配备配套的棱镜，参考点上采用大棱镜，变形监测点上采用小棱镜。

③网络通信设备。

a. 远程数据通信接口：实现测量机器人与计算机之间的双向通信、控制和监测数据的传输。

b. 非对称数字用户环路（Asymmetric Digital Subscriber Line，ADSL）/ 光纤专线：提供系统进入互联网的通道，为监测数据的发布和远程浏览地铁隧道内部画面信息提供数据传输途径。

c. 路由器：主要是提供 IP 与服务器的通信，另外与 ADSL/ 光纤专线相连接，构成计算机接收远程命令，监控、发布测量机器人工作状况的接口。

④感应传感器：在拟监测区来车方向前约 100m 处设置一组传感器（传感器的具体位置通过现场试验确定），即当地铁列车车头到达传感器时，感应传感器通过计算机给测量机器人发出暂停工作 t 秒的信号，以解决地铁列车运行时遮挡引起的不通视以及列车运行时振动、强气流引起的观测值不稳定的问题。

⑤现场控制计算机：系统调试、控制测量机器人的工作，监测数据采集及初处理。

⑥远程控制计算机：远程控制测量机器人，发布及管理监测信息，对系统进行远程维护。

⑦计算机稳压电源：因系统以计算机为核心，为提高系统的稳定性和可靠性，计算机需配备稳定、可靠的工作电源。

⑧测量机器人专用电源：测量机器人对电源要求较高，因此需要配备稳定、可靠的工作电源。

（3）系统软件

①实时测量控制及解算软件：测站布设在变形监测区域内。测站点坐标采用自由设站的方法，由测量机器人自动精确照准监测区域外的参考点，由该软件自动控制测量机器人进行参考点观测并进行实时数据

处理，计算测站的精确坐标并确定测站变形。

②自动化变形监测软件：控制测量机器人自动周期性地观测变形监测点，实时进行数据采集、数据处理、数据分析、报表输出、图形显示和自动报警等。

③远程控制：远程控制通过 ADSL 有线通信的方式实现，由安放在地铁站的计算机通过 ADSL 专线方式与互联网连接，远程控制计算机可利用地铁站计算机的 IP 地址或通信端口与之相连并发送控制指令。

④信息发布管理系统：监测数据由现场控制计算机初步处理后，自动上传到远程控制计算机进行进一步的数据分析与处理及信息发布。

（4）系统优点

①建立高精度的参考点，采用自由设站测量方案，通过拟稳平差的方法可以最大限度地利用参考点，分时段处理可以有效地减弱大气误差的影响，从而提高测量精度。

②简化了气象等附加设备，为系统在计算机的控制下实现全自动、高可靠的变形监测创造了有利条件。

③在无人值守的情况下，可以实现全天 24h 连续自动监测，节约了大量的人力。能实时进行数据采集、数据处理。

④在短时间内同时求得被测点位的三维坐标，因此根据设计方案的要求，可做全方位的预报。

⑤不仅可以实时获取监测数据，而且可以获取地铁隧道现场基站的图像，并通过互联网将信息发布出来，相关主管人员可通过互联网随时随地查看最新的监控信息。

根据信息安全的要求，对接入系统的网络用户进行身份验证，根据不同的用户级别浏览相对应的信息。

⑥可利用电子邮件服务、手机短信服务自动向相关主管领导发送报警预警信息，为主管领导的决策提供服务。

3）自动化监测基准网的建立及检核

（1）监测基准网的建立

监测基准网采用独立坐标系统，在基坑施工影响范围外稳定处两端各布设 2 个基准点，每条线 4 个基准点的坐标即为该条线监测系统的基准数据。基准点控制网采用自由设站的方法进行测量，测站的测量技术要求按照 CP Ⅲ的精度要求执行。

（2）监测基准点的检核

①水平位移基准网检测。水平位移监测基准网通常采用导线网，因此测量方法选用瑞士徕卡精密自动全站仪，采用边角同测方式，通过固定在远离变形区域的检核基准点对监测所用基准点进行测量，按照水平位移监测基准网的技术要求进行复测，以验证基准点在三维方向上的稳定性、可靠性、牢固性。

②垂直位移基准网检测。垂直位移监测基准网布设成环形网，选用徕卡电子水准仪，采用水准测量方法观测。按《建筑变形测量规范》（JGJ 8—2016）二级水准测量的技术要求进行观测，作业过程严格遵守规范要求，每次观测由固定的测量人员，采用固定仪器按相同的观测路线进行。

③基准网检测校核的频率。在隧道监测期间原则上按每月一次的频率进行，特殊情况下可以延长到 45d。基准网检测工作完成后，需向地铁交通设施保护办公室提交检核记录，检核记录以作业令、签到表、检核报告等作为基准网检测的依据。

4）监测点的布设

监测点采用 L 形棱镜进行布设，首先用冲击钻钻孔径为 12mm 左右、5 ～ 8cm 深的孔，埋设膨胀螺栓用以固定棱镜，并根据测站位置，将镜头旋转至合适的方向和角度。一般测点布置如图 2-7-3、图 2-7-4 所示。

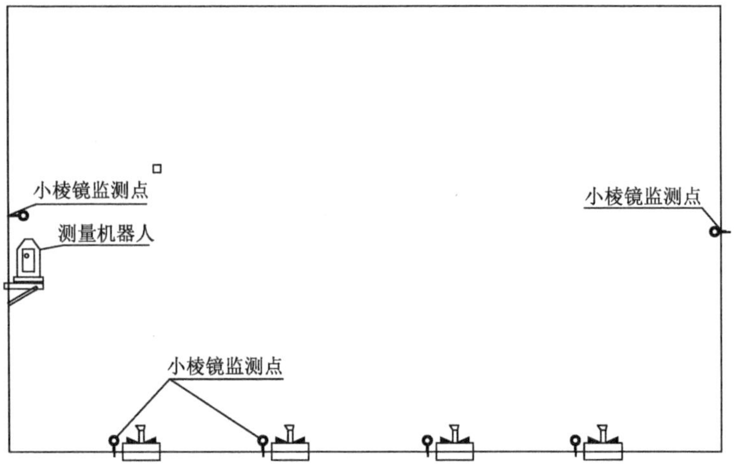

图 2-7-3　车站段布点断面示意图

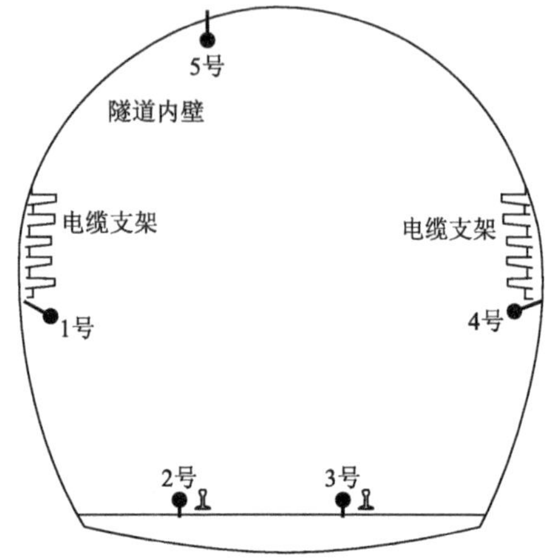

图 2-7-4　隧道段布点断面示意图

棱镜、监测仪器安装前用钢筋探测仪检查打孔位置是否有钢筋，避免因钻孔过程中碰到钢筋导致废孔影响结构。如孔位遇到钢筋造成废孔，需现场使用环氧砂浆修补。为防止道床监测点被破坏，道床监测点加装棱镜保护罩，以正确反映隧道变形量。监测项目完成后，拆除棱镜、监测仪器所遗留在结构上的膨胀螺栓头需采用角磨机切除。

5）数据的采集处理

自动化数据采集通过远程控制实现，由安放在地铁站的计算机通过 ADSL 专线方式与互联网连接，而远程控制计算机可利用地铁站计算机的 IP 地址或通信端口与之相连并发送控制指令。根据监测频率要求，远程控制计算机发出控制指令，调整全站仪的数据采集时间间隔。数据采集过程中，将观测数据通过网络实时传送至远程指定的服务器。技术人员通过网络就可以下载这些数据，并进行处理。

6）工程案例

【案例 2-7-1】下穿隧道自动化监测

（1）工程概况

深圳地铁 6 号线二期由深圳北站至科学馆站，全长 11.5km，设站 6 座。其中通科区间起点为通新岭站，终点为科学馆站。通科区间隧道下穿既有地铁 2 号线大燕区间隧道。2 号线大燕区间为已投入运营的隧道，区间下穿 2 号线既有区间隧道，距 2 号线大燕区间隧道垂直距离约为 1.2m。

通科区间线路从通新岭站由北向南走向布置在上步路下方，经过振兴路、振华路到达科学馆站，下穿地铁 1、2 号线既有隧道，与 1 号线科学馆站 L 形通道换乘。左线全长 797.368m，右线全长 797.368m，覆土厚度 18.68 ～ 25.23m。站前单渡线段设置在靠近科学馆站一端，渡线段左线长 83.3m、右线长 77m，中间渡线长 14.25m，采用矿山法施工，临时竖井设置在老干部活动中心南侧绿化带中，暗挖段地质从上至下依次为素填土、粉质黏性土、砾质黏性土、全风化花岗岩、强风化花岗岩。洞身地层为砾质黏性土，隧底位于全风化花岗岩地层。通科区间总平面图如图 2-7-5 所示。

通科区间隧道左线在里程 ZDK4+180.44 ～ ZDK4+198.50、右线在里程 YDK4+167.65 ～ YDK4+185.02 处穿越运营地铁 2 号线大燕区间隧道。

通科区间隧道与地铁 2 号线大燕区间隧道关系平面图和剖面图分别如图 2-7-6 和图 2-7-7 所示。

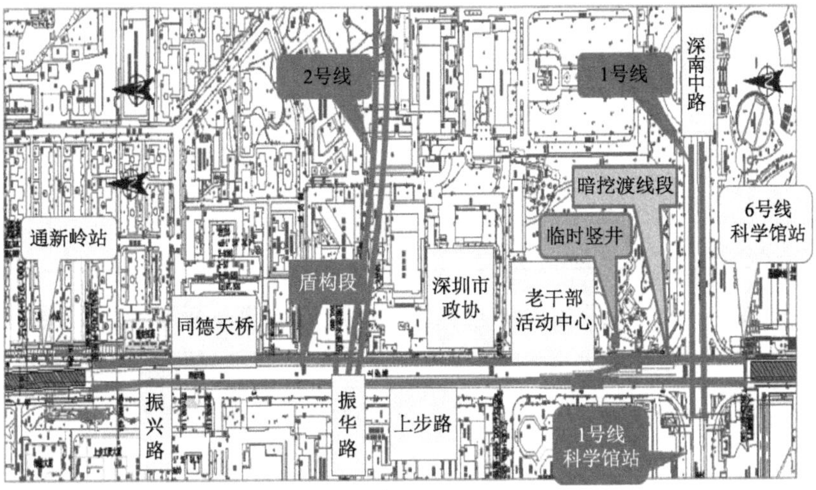

图 2-7-5　通科区间总平面图

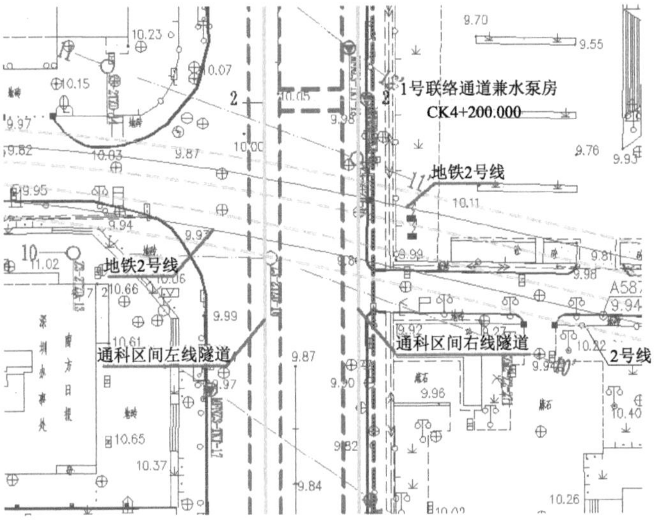

图 2-7-6　地铁 6 号线通科区间隧道与地铁 2 号线大燕区间隧道关系平面图

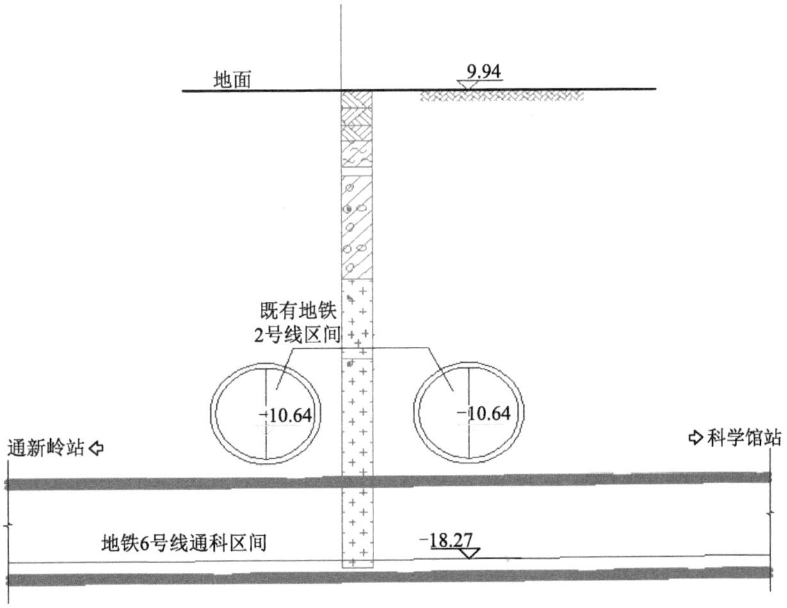

图 2-7-7　地铁 6 号线通科区间隧道与地铁 2 号线大燕区间隧道关系剖面图(高程单位:m)

（2）监测控制指标

根据相关规范及设计要求，本项目变形监测控制指标见表 2-7-1。

变形监测控制指标一览表

表 2-7-1

序　号	监 测 项 目	预警值（黄色）	报警值（橙色）	控制值（红色）
1	结构绝对变形量	6.0mm	8.0mm	10.0mm
2	左右轨道差异沉降	2.4mm	3.2mm	4.0mm

根据《深圳轨道交通有限公司地铁安全保护区管理办法》，当实际变形值达到预警值时，须向有关单位发出黄色预警；当实际变形值达到最大报警值时，应发出橙色报警；当超过最大变形允许值时，应发出红色报警。当首次报警后，若测点以较大的速率继续下沉变形，应视情况继续报警。

（3）监测周期及频率

监测频率说明：本项目一般施工状态情况下监测频率为 1 次 /4h，施工关键期为 1 次 /h。从工程施工前一周开始至施工完成后监测数据稳定为止，具体根据现场实际情况进行调整。

（4）监测点布设

①监测点布置

根据本项目现场条件，结合相关规范及设计要求，本项目监测范围为地铁 2 号线大燕区间隧道上行线监测里程 YDK29+978.210 ～ YDK30+108.21；下行线监测里程 ZDK29+977.388 ～ ZDK30+107.338。上、下行线共布置 34 个监测断面，每个断面 5 个测点，共计 170 个测点。监测断面布置说明如下：

a. 上行线 YDK29+978.210 ～ YDK30+108.210 范围：在地铁 6 号线通科区间隧道下穿地铁 2 号线大燕区间隧道正上方处为每 5m 布置一个监测断面，其他部位为每 10m 布置一个监测断面，共布置 17 个断面，每个断面在隧道内布置 5 个监测点，共计 85 个监测点。

b. 下行线 ZDK29+977.388 ～ ZDK30+107.338 范围：在地铁 6 号线通科区间隧道下穿地铁 2 号线大燕区间隧道正上方处为每 5m 布置一个监测断面，其他部位为每 10m 布置一个监测断面，共布置 17 个断面，每个断面在隧道内布置 5 个监测点，共计 85 个监测点。

c. 每个断面对应的道床中间布设一个轨道沉降点，上行线 17 个断面对应 17 个道床沉降点，下行线 17 个断面对应 17 个道床沉降点，总计 34 个道床沉降点。

为保障测量精度，在监测范围内两端各安置 3 个基准点（本项目共计布设基准点 12 个）作为相应仪器的基准点。为保证监测精度，严格控制测站与监测点的距离。测站点和监测点的垂直角小于 10°，直线距离控制在 140m 左右，以保证三角高程的测量精度。

图 2-7-8　隧道自动化监测点布设现场

②监测点埋设

a. 基准点的埋设：在挡墙的侧壁采用电钻钻孔的方式，通过标准膨胀螺栓将徕卡大棱镜固定在侧壁上（图 2-7-8），然后定期对基准点进行复核。

b. 断面点的埋设：在轨道上的指定位置，采用道床钻孔的方式，通过标准膨胀螺栓将徕卡专用小棱镜固定。

c. 道床沉降点的埋设：在每个监测断面道床中间位置钻孔埋设一个“十”字测量钉。

③监测技术与方法

本项目监测方法分为自动化监测和人工监测，以自动化监测为主，人工监测为辅。人工监测主要是对自动化监测数据进行校核以及作为应急监测储备。为了保证监测数据的连续性、有效性及可比性，人工监测与自动化监测均采用同一监测点标志。

自动化监测仪器：Leica TM30 测量机器人、智云物联监测平台专业监测软件。

人工监测仪器：Leica DNA03 水准仪（道床沉降监测）。

（5）监测数据情况

纵向位移累计变化量曲线如图 2-7-9 所示，截至 2019 年 4 月 20 日，地铁 6 号线通科区间隧道下穿 2 号线燕大区间隧道下行线预警点位监测数据见表 2-7-2（沉降预警值为 -6mm，报警值为 -8mm，控制值为 -10mm）。

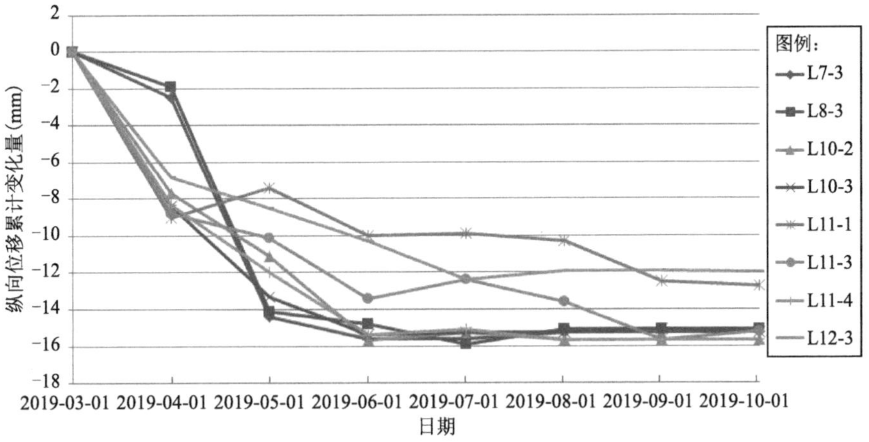

图 2-7-9　纵向位移累计变化量曲线图

预警点位一览表　　表 2-7-2

序　号	点　号	累计变形值(mm)	备　注
1	L10-2	-6.6	超预警值
2	L10-3	-7.4	超预警值
3	L11-1	-7.7	超预警值
4	L11-2	-8.0	超报警值
5	L11-3	-7.8	超预警值
6	L11-4	-6.1	超预警值
7	L12-3	-6.0	超预警值

针对该监测数据超限情况，监测单位立即发布橙色预警。当前施工工况：截至 2019 年 4 月 20 日右线 210 环已掘进完成，刀盘位置位于里程 YDK4+173.77 处。

截至 2019 年 5 月 24 日，地铁 6 号线通科区间隧道下穿地铁 2 号线燕大区间隧道下行线预警点位监测数据见表 2-7-3（沉降预警值为 -6mm，报警值为 -8mm，控制值为 -10mm）。针对该监测数据超限情况，监测单位立即发布红色预警。截至 2019 年 5 月 24 日左线 205 环已掘进完成，刀盘位置位于里程 YDK4+182.425 处。

现场随即组织召开专家分析会，施工单位按照专家意见和监测数据及时调整后续施工作业及盾构掘进参数，采取应对措施，后期监测数据变化情况得到控制，各个测项的变化整体呈收敛趋势。

预警点位一览表 表 2-7-3

序　号	点　号	累计变形值(mm)	备　注
1	L7-3	-12.7	超控制值
2	L8-3	-10.2	超控制值
3	L10-3	-11.0	超控制值
4	L11-4	-11.4	超控制值

【案例 2-7-2】上跨隧道自动化监测

(1)工程概况

深圳地铁 6 号线民乐出入场线 TBM 隧道上跨地铁 4 号线隧道，出入线隧道在 MRCK0+820 上跨地铁 4 号线，出入线隧道为 2 条 TBM 单洞单线隧道，地铁 4 号线为单洞双线矿山法隧道。出入线隧道与地铁 4 号线夹角为 67°，结构竖向净间距为 5.7m。根据设计及有关单位要求，对应地铁 4 号线 K8+680 ～ K8+810 里程段为受影响区段。民乐出入场线 TBM 隧道上跨地铁 4 号线隧道平面图及剖体图分别如图 2-7-10 和图 2-7-11 所示。

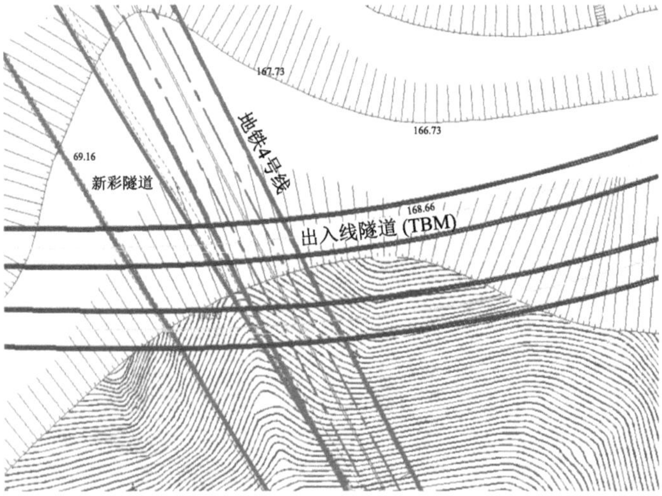

图 2-7-10　民乐出入场线 TBM 隧道上跨地铁 4 号线隧道平面图

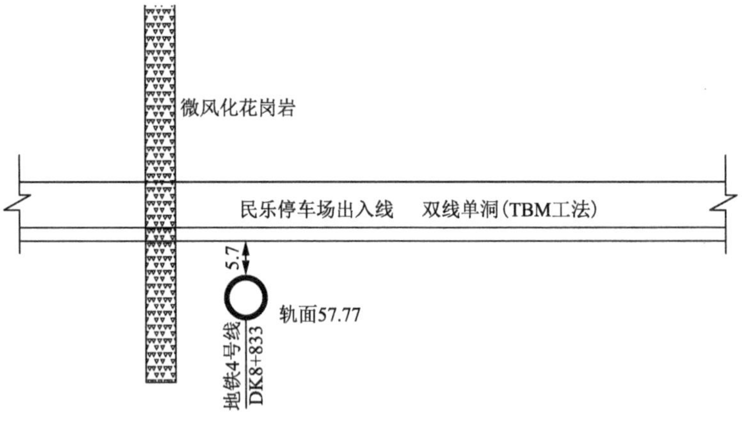

图 2-7-11　民乐出入场线 TBM 隧道上跨地铁 4 号线隧道剖面图(尺寸单位:m)

(2)监测内容

根据设计及有关部门相关要求，需要对地铁 6 号线民乐出入场线 TBM 隧道上穿地铁 4 号线隧道受影响范围内水平位移、竖向位移及道床沉降进行监测。监测长度为 130m，重点部位监测断面间距 5m，其他部位监测断面间距 10m，每个断面布点 10 个，监测断面布点如图 2-7-12 所示。根据相关规范及设计要求，本项目主要监测范围为上、下行线 K8+680 ～ K8+810。

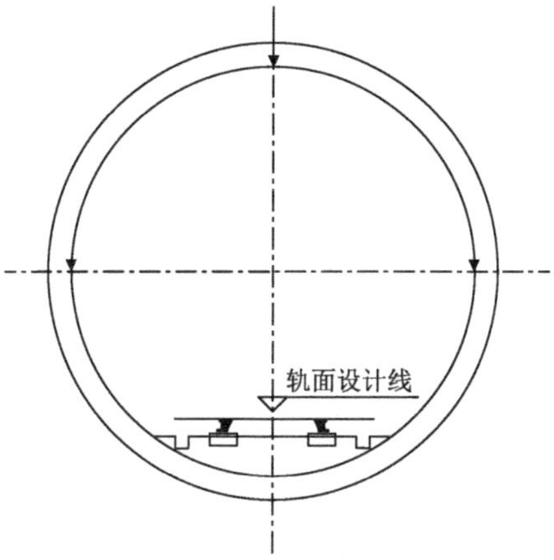

图 2-7-12　地铁 4 号线上民区间隧道横断面监测点布置图

（3）监测控制指标及频率

监测控制指标及频率见表 2-7-4 和表 2-7-5。

变形监测控制指标一览表　　表 2-7-4

序　号	监 测 项 目	预警值（黄色）	报警值（橙色）	控制值（红色）
1	结构绝对变形量	6.0mm	8.0mm	10.0mm
2	差异变形	2.4mm/10m	3.2mm/10m	4.0mm/10m

变形监测控制指标一览表　　表 2-7-5

施 工 工 法	施 工 进 程		监测频率	备　注
盾构法下穿施工	与既有线的距离（m）	>3	2 次 /1d	根据工程风险情况可加强监测频率
		3 ～ 0	4 次 /1d	
		0	1 次 /1h	
		达报警时	1 次 /0.5h	

（4）监测点布置

本项目上行线监测里程为 KR8+680 ～ KR8+810；下行线监测里程为 KL8+680 ～ KL8+810。上、下行线共布置 16 个监测断面，上、下行线每个断面设 5 个测点，共计 160 个测点，监测断面布置说明如下：

①上行线 KR8+680 ～ KR8+810 区间：在地铁 6 号线民乐出入场线 TBM 隧道上穿地铁 4 号线上民区间隧道正上方为每 5m 布置一个监测断面，其他部位为每 10m 布置一个监测断面，共布置 16 个断面，每个断面在隧道内布置 5 个监测点，共计 80 个监测点。

②下行线 KL8+680 ～ KL8+810 区间：在地铁 6 号线民乐出入场线 TBM 隧道上穿地铁 4 号线上民区间隧道正上方为每 5m 布置一个监测断面，其他部位为每 10m 布置一个监测断面，共布置 16 个断面，每个断面在隧道内布置 5 个监测点，共计 80 个监测点。

③每个断面对应的道床中间布设一个轨道沉降点，上行线 16 个断面对应 16 个道床沉降点，下行线 16 个断面对应 16 个道床沉降点，总计 32 个道床沉降点。

为保障测量精度，在监测范围内两端各安置3个基准点（本项目共计布设基准点12个）作为相应仪器的基准点。为保证监测精度，严格控制测站与监测点的距离。测站点和监测点的垂直角小于10°，直线距离控制在100m左右，以保证三角高程的测量精度。

（5）监测点布设

①基准点的埋设：在挡墙的侧壁采用电钻钻孔的方式，通过标准膨胀螺栓将徕卡大棱镜固定在侧壁上，然后定期对基准点进行复核。

②断面点的埋设：在轨道上指定的位置，采用道床钻孔的方式，通过标准膨胀螺栓将徕卡专用小棱镜固定。

③道床沉降点的埋设：在每个监测断面道床中间的位置钻孔埋设一个"十"字测量钉。

（6）监测数据情况

隧道内自动化监测点于2018年10月15日进行了布置，2018年10月21日采集了初始值。截至2019年3月6日，从历时6个月、日报302次的地铁自动化监测数据来看，各期监测点监测数据变化较小，当上穿地铁4号线完成后，水平、垂向数据变化量很小，目前各项数据已趋于稳定，并已收敛。各监测点累计变化量均未超过设计预警值，说明施工对地铁的影响较小，地铁隧道整体处于安全稳定的状态。地铁4号线受影响范围内的上、下行线隧道监测数据情况如图2-7-13和图2-7-14所示。

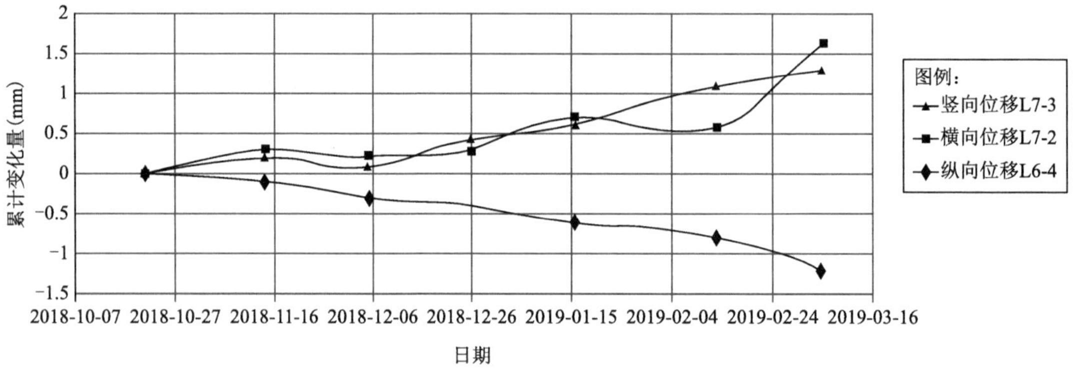

图2-7-13　地铁4号线隧道上行线累计变化量历时曲线图

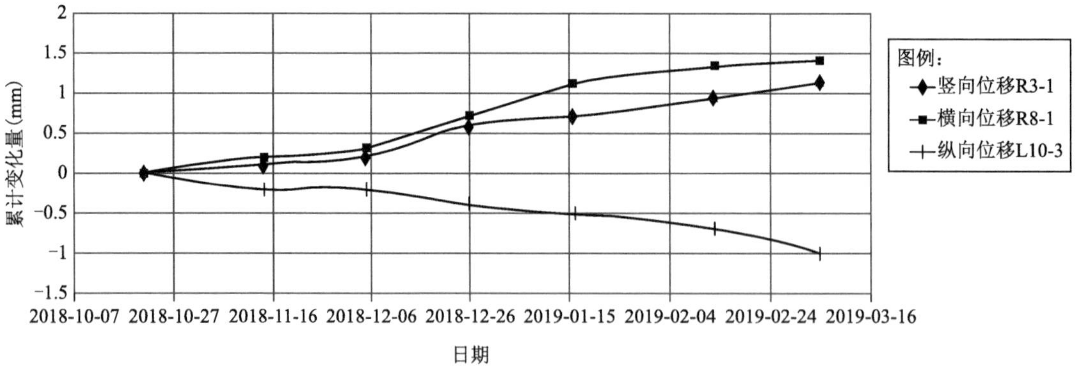

图2-7-14　地铁4号线隧道下行线累计变化量历时曲线图

7）盾构穿越既有线隧道自动化监测工作小结

（1）地铁盾构穿越既有线期间基本达到连续、平衡。通过盾构穿越期间施工参数控制情况与监控量测情况结合分析，有效控制同步注浆及二次补浆是保证盾构开挖面稳定、有效控制围岩变形的重要措施。

（2）不同的地层和环境条件，对施工的敏感程度不同。穿越土砂复合地层，盾构通过后的后续沉降较大，并且持续时间较长。应根据具体工程条件，适时采取行之有效的技术措施，并根据监控量测反馈结果及时调整施工参数，才能够达到减小沉降的效果。

（3）盾构施工的实时监控与自动化监测的结合，对工程建设信息化管理具有重要的研究及实践意义。

7.1.4　静力水准自动化监测

1）概述

静力水准监测系统采用高精度微压传感器来测量被监测点沉降的变化。系统包含多支精密沉降传感器并由一根 ϕ10mm 的通液管与 ϕ6mm 的通液管连接在一起，通液管的一端与储液罐相连，通气管通过干燥管与储液罐连接形成内压自平衡系统，可有效消除大气压力对系统产生的影响，如图 2-7-15 所示。传感器内置温度传感器，可用来监测测点处的环境温度。

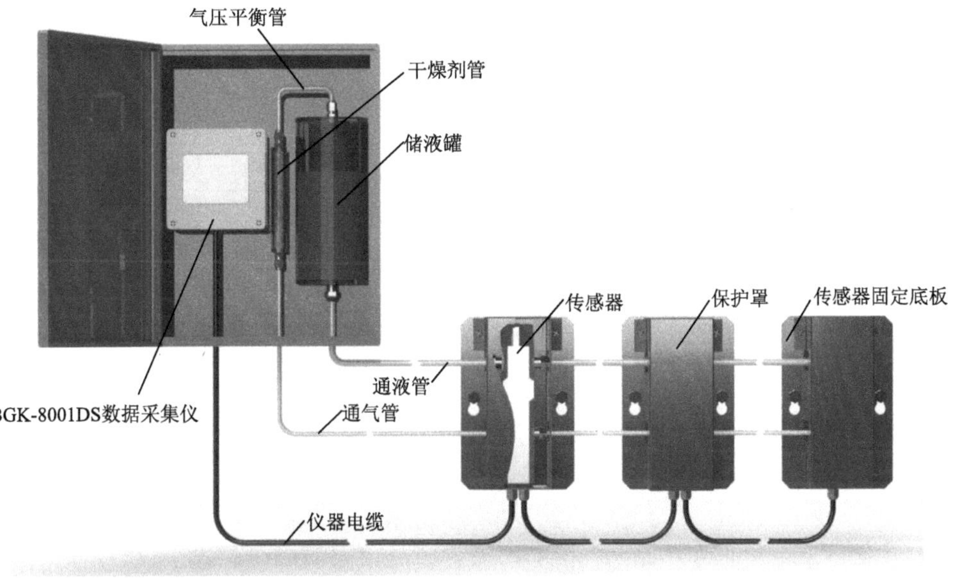

图 2-7-15　静力水准系监测统组成

传感器输出为数字接口，所有传感器只需使用 1 根 4 芯电缆就可以将测值传输到数据采集装置上输出或显示读数。当测点处产生沉降或抬升时，传感器与储液罐处的压力差随之改变，其高程变化可以通过传感器压力改变换算出来，所有传感器的高程变化均以基准测点的传感器为基准。

2）安装

系统的安装宜按照如下顺序执行：确定各测点安装高程、安装传感器与储液罐、连接传感器电缆、连接通液管与通气管、灌注液体及排气。

（1）基准点及储液罐的设置

每个独立的静力水准系统均应设置一个基准测点，基准测点应设置在相对稳固的位置，通常设置在储液罐旁或固定在储液罐内。所有传感器的安装原则上应布置在同一高程，并且必须确保储液罐的液面高程（通常为储液罐体高度 1/2 处）高于传感器的任意一点，以形成有效的压力差。储液罐内同时安装有数据采集仪、无线通信模块及供电设备。

（2）传感器固定保护及安装方式的确定

传感器的保护可选购配套的固定底板及保护罩，使用安装底板保护罩可方便传感器的固定。安装底板上设有2个ϕ10mm安装孔，可使用M8～10的膨胀螺栓固定，如图2-7-16所示。另提供一种可选的黏结式保护罩，适用于不能在墙面上开孔的无损安装环，如地铁隧道壁或地面。安装时，先将传感器固定底板（选装件）使用快速凝固树脂固定在墙壁或支架的竖直屏幕上，然后再将传感器固定在安装底板上即可。

（3）导线连接

传感器为数字接口，通过一根电缆连接即可获取系统所有传感器的读数。在系统安装调试前，必须对系统中每支传感器设置一个唯一的地址。

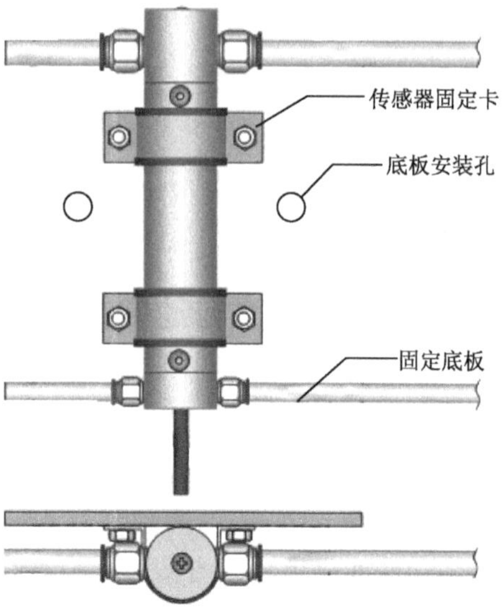

图2-7-16 传感器安装固定示意图

①传感器电缆芯线定义，见表2-7-6。

传感器电缆芯线定义 表2-7-6

序　号	芯线颜色	功能定义	备　注
1	红	电源＋	接电源正极
2	黑	电源＋	接电源负极
3	绿	485+	支持ModBus RTU协议
4	白	485-	
5	裸线	屏蔽地	

②关于传感器供电电压。传感器供电电压为直流12～24V。当使用12V供电时，每支传感器静态功耗小于10mA，测量时不大于20mA。配套的数据采集设备同时提供传感器的电源，并需要在现场提供220V交流供电。

③传感器电缆连接。传感器采用总线传输，即采用一根四芯电缆连接传感器并对传感器进行供电。实际操作时，只需将传感器电缆逐支按照芯线颜色并联在信号电缆的同色芯线上，建议使用锡焊连接工艺，连接方法如图2-7-17所示。

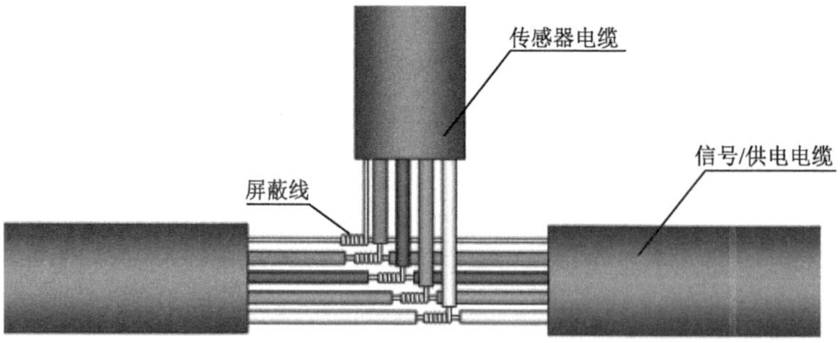

图2-7-17 传感器电缆连接示意图（焊接法）

电缆连接时必须做好芯线间的绝缘与防潮处理，例如用自黏胶带做芯线间的绝缘包扎，使用自黏性绝缘橡胶带在外层包裹以密封防潮。

若使用选配三通接线盒连接电缆，则如图2-7-18所示按照红、黑、绿、白、屏蔽顺序固定在接线端子排上，然后将电缆卡套拧紧防止电缆松脱，再盖上盖并拧紧螺栓。对于最后一支传感器，需将多余的电缆卡套孔封闭。

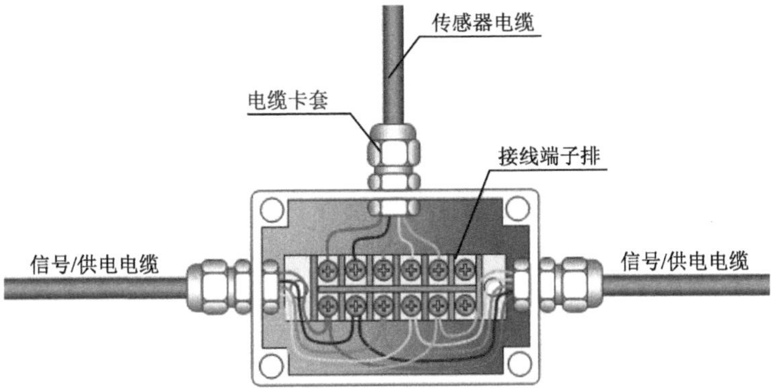

图 2-7-18　三通电缆接线盒连接示意图

对于末端传感器，有时需要在绿、白芯线间并联一支 200 ～ 500 Ω 的电阻以平衡网络负载或防止终端反射。

电缆连接完毕后，应使用数据采集设备对传感器进行数据采集，确认每支传感器没有问题后再进行下一步操作。

传感器的通信连接还可选用带连接器连接的 T 形电缆接头（图 2-7-19），该种结构须在订货时进行说明。即每个传感器均带有 2m 左右的电缆，电缆端部为连接器（航插）（图 2-7-20）。此外，用户可选购两端带有航插的电缆，电缆可选长度为 20m、25m、30m。

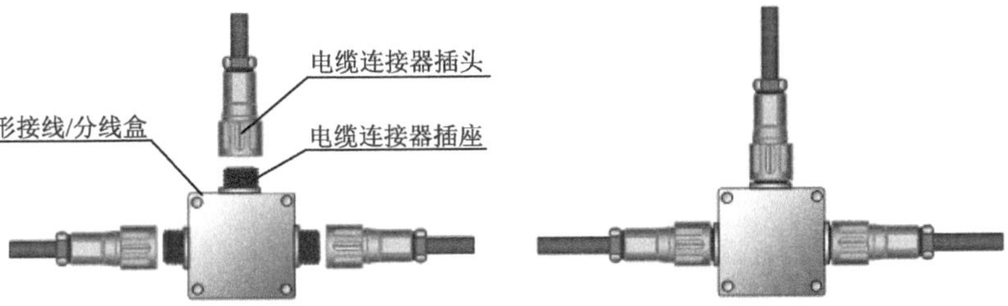

图 2-7-19　T 形电缆连接 / 分线盒的连接

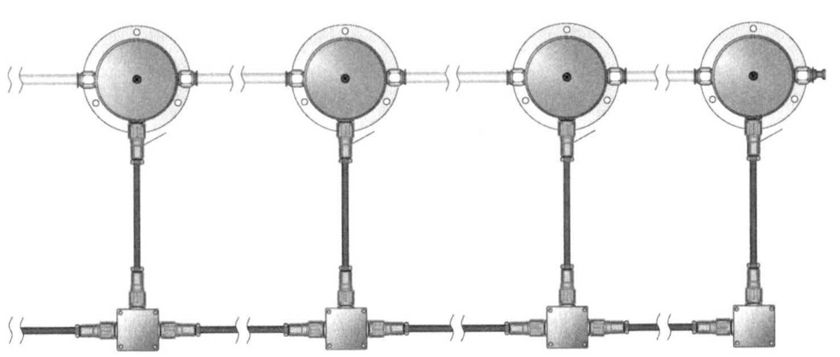

图 2-7-20　使用 T 形接线盒连接示意图

这种电缆连接方式的优点如下：

a. 在现场除固定外无须使用螺丝刀等工具即可实现总线的快速连接；

b. 连接的可靠性好，操作简单且无专业技术要求；

c. 可避免导线错误连接导致通信不正常，甚至损坏传感器；

d. 总线中有传感器出现故障影响通信时，只需断开该传感器的连接而不影响总线中其他传感器的正常通信。

（4）传感器与通液、通气管连接

传感器出厂时在仪器的通液、通气管接头两端均装有运输保护用的封堵头，在安装通液、通气管时应移除。

通液、通气管与传感器之间使用快速自锁管接头连接，安装时先将通气、通液管按长度下料切断，切口应平齐光滑，然后将管稍夹用力推至接头底部即可锁紧。若要拆除管道，先用手指压住管接头处的压盘至底部，然后再拉出管道，禁止直接硬拉以避免损坏管接头，如图2-7-21所示。

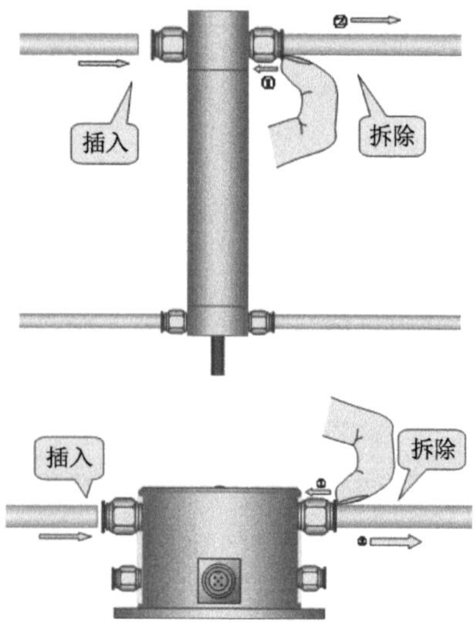

图2-7-21　通液通气管连接与拆除示意图

末端的传感器仅有一侧安装有通液、通气管接口，并且只有1条电缆作为信号输出。可另行选购安装底板与保护罩来进行安装。在确认完全排除通液管内空气的前提下，传感器安装方向不受限制，既可立装也可平放。所有的传感器安装高程必须位于传感器测量范围之内，同时应确保传感器通液管所在位置与储液罐内液面之间的高差小于传感器标称的测量范围，否则将会导致传感器超量程而永久损坏。实际安装时，除应保持储液罐的安装高程设于稳定处外，储液罐液面高程应超过同一系统中位置最高的传感器。通液管、通气管长度不足时，则使用专用的金属卡直通接头来连接加长。

（5）末端传感器通液管与通气管的封堵

由于传感器本身是通用的，因此末端传感器的通液管、通气管接头的一端需要进行封堵。封堵时，只需将专用的堵头插入传感器的管接头内至底部即可，如图2-7-22所示。

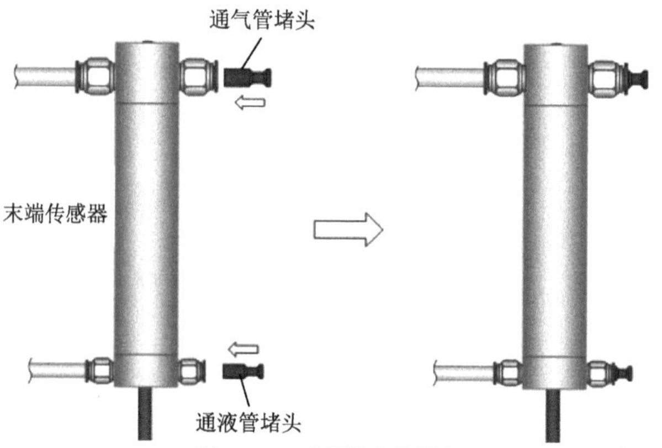

图2-7-22　末端传感器封堵

（6）通液管的敷设及保护

通液管的敷设应尽可能保持平直安装，并且在其安装高程上应没有大的垂直向起伏。或在凹凸不平的地面或墙面上安装时，应注意各传感器安装高程必须满足通液要求，并且通液管的任意位置不得高于传感器。通气管可与通液管一并敷设，特别需要说明的是，除了保持不会被折直角弯、堵塞、破损外，还要确保在敷设的过程中通气管内不得进水。通液管与通气管可以使用槽钢、市售的电缆线槽保护，不推荐使用钢管或其他管类保护的原因是若通液管被穿入钢管时，管内有气泡则难以发现，同时也无法排除。若埋入地下，需保证管线接头牢靠，并给管线预留一定的拉伸量，确保能承受一定的水平位移变形。

（7）液体去气、充液及系统安装调试

①液体的选用及去气

传压液体关系到测量精度与稳定性，应严格选择符合下述要求的类型，不能随意使用普通的自来水或其他混合液体替代。

对于冬季气温仍在 0℃以上的地区可使用纯净水并添加 10% 甲醛防腐，以防止液体滋生藻类。对于环境温度可能低于 0℃的地区，使用混合比为 2∶1 的纯净水与乙二醇混合液体（冰点约为 -25℃，还可根据环境极低气温选用商用的汽车防冻液替代），乙二醇防冻液本身具有良好的防腐性能而不必添加防腐剂。液体的用量根据管线长度确定，标配的 ϕ10mm 通液管每 100m 需约 5L 的传压液体（即 0.05L/m），此外，每条管线至少还应多预备 2L 的余量。

计算公式为：液体用量（L）= 0.05× 管线长度（m）+2L。

特别提示：无论使用上述哪种液体，在加注前均应对液体本身进行去气处理，经去气的液体不得搅动或放置在空桶中摇晃。运输时应尤其注意。严禁使用未经去气或去气不完全的液体来灌注，否则会在灌注后一定时间内离析并聚集在管内形成气泡或气栓，这对测量结果将产生严重的影响。

②液体灌注

液体灌注通常从低处向高处进行充液，可先将储液罐放低一点。灌注过程中注意使用读数装置来监测传感器的读数，防止传感器超量程而损坏。

灌注液体时，传感器应放置在同一高程范围内，应确保传感器处的液体压力不会超过传感器的额定量程，特别是在液体灌注后不要随意将其中任一传感器提起并高于量程范围，否则有可能造成其他传感器损坏。最可靠的方法是连续监测传感器的最大或最小读数值，确保传感器不会超量程而损坏。在液体管充好液后应将所有可见气泡赶出或排除通液管道，必要时打开每个传感器顶部的排气螺栓让液体流出直至没有气泡为止。管道或传感器中存在气泡将会导致传感器读数不稳定、测值误差增大或系统性能严重下降。

最易实施的排气方法是在管道连接完毕后、传感器固定前开始灌注液体，这样一边灌注液体一边托起管道排气操作方便，例如将通液管呈竖直方向操作即可将传感器内的空气完全排除，必要时拧开排气螺栓确保完全排气。传感器顶部的密封螺栓是传感器的重要部件之一，它是带有密封圈的专用螺栓，因此必须小心操作，防止丢失。在排气完毕将该螺栓装回原处时用力要适当，避免用力过大导致螺栓损坏而失去密封作用。

③储液罐中液面高度及液面隔离

储液罐中最终的液面高度一般为储液罐体高度的 1/2 左右，严禁过量灌注液体使液体反流至储液罐顶部的通气管内，从而导致系统性能下降、失效甚至造成传感器的永久损坏。一旦灌注完液体并确认管道排气完毕后，建议在储液罐内加注黏度较稀的硅油形成与通气管之间的隔离膜，硅油加注量为覆盖 2 ～ 3mm 为宜。

④不同环境下的安装应用简述

多数情况下，如果做好管线系统的保护，系统可安装在多种环境中，例如固定在墙体或地面上，也可埋设在沟槽中，甚至安装于海底以监测海床的沉降。当应用于不同的环境时，其配置的方法也略有区别。

a. 储液罐的安装高度

储液罐的安装高度原则上与传感器的高差越小越好，以降低管道或液体膨胀产生的水位变化对测值产生的影响，尽管这种影响对系统影响是等量的。对于沉降量变幅较小的应用环境，储液罐的安装高度建议以其箱体底部与传感器顶部的排气螺栓高程一致。除非应用环境中测点的抬升或隆起变幅较大，储液罐与传感器安装的高差可以增大到满足现场测量范围的要求为止。对于这种应用环境，通常推荐储液罐液面高程与传感器顶部高程差为传感器量程的一半。

b. 一般环境下的安装

安装于地面或洞室的墙壁上时，传感器可使用固定底板及保护罩固定或黏结在墙壁或地面上，储液罐则安装在相对稳定的位置。为方便排气及维护，管线的保护宜选用金属或塑料线槽固定，不推荐使用任何形式的管材保护或固定,如图 2-7-23 所示。

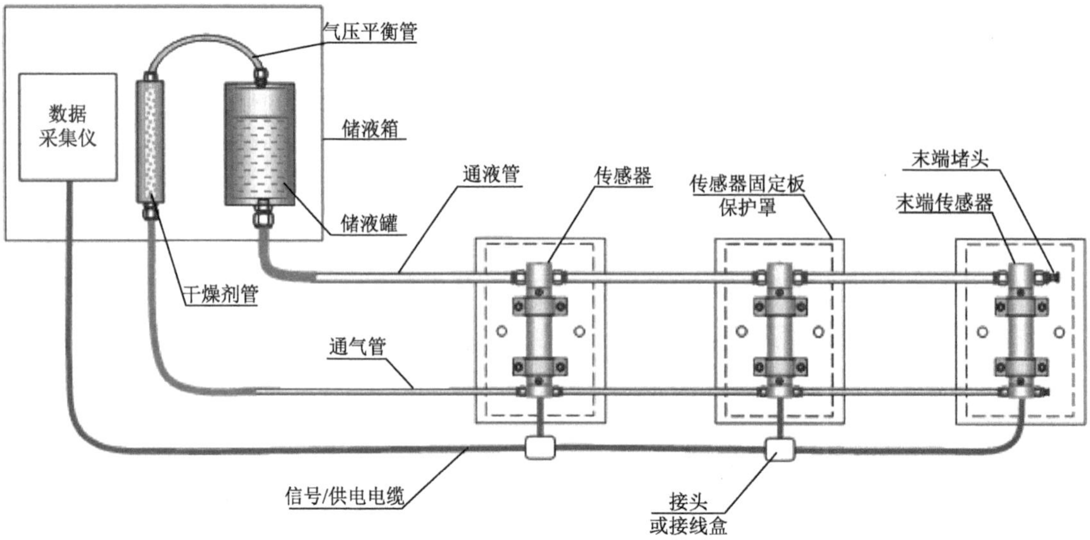

图 2-7-23　静力水准系统连接示意图

c. 轨道、路基沉降监测的安装

用于铁道路基或地铁路基沉降监测时传感器可以水平安装,这样可以保证传感器整体安装厚度不超过60mm,避免影响机车通行。一般可直接将传感器部分固定在两条铁轨间的枕木上或埋设在两条枕木之间的道砟中(需要做好管线的保护),或者固定于其他指定位置。

d. 埋设于沟槽中

对需要埋设在沟槽中的静力水准系统应选用全密封设计的传感器。由于地面可能存在温差较大的现象,建议在储液罐内或近旁安装基准传感器,以消除或减小因温度变化导致液体密度变化对测值产生的影响。

沟槽的深度应不低于 50cm,并且确保槽底部在同一高程,如果沟槽可能受到重压,则需要使用刚性保护措施,如槽钢或金属线槽保护等。如果没有较大压力或承载时,则只需用砂回填并实施覆盖。

e. 水下安装(需定制专用壳体及管道、专用不锈钢储液罐、保护箱及专用部件)

用于水下安装使用时,必须对系统做好足够的保护措施。由于水下安装是一项复杂的工作,管线连接固定、液体的灌注及管道排气必须在岸上完成,然后进行整体安装。在开始系统安装时将整个系统控制在同一高程,以免产生较大压差导致传感器超量程而损坏。除非有足够的把握不会在安装中超量程,否则建议选择量程较大的传感器,如 3500mm 的量程,以降低安装中的风险。但量程加大后系统分辨力将会下降,该参数是否满足技术要求也是在选型中需要考虑的问题。此外,水下安装还应注意将电缆头进行防水保护或引至水面进行防护。上述系统仅限深度小于 20m 的水下使用,水深超过 20m 时,应选用耐高压型及配套的通液与通气管。

3)数据获取及数据转换

数据采集仪采用配套的 BGK-Micro-40D 型数据采集仪采集并存储数据,该装置同时提供传感器测量期间的电源,选配无线通信模块可实现基于互联网(Internet)网络传输的远程数据采集。

4)监测设备保护及系统维护

(1)通液管、通气管及通信电缆需用 PVC 穿线管进行保护,穿过路面的部分可考虑穿钢管,需要埋设的应挖沟埋设,建筑物上需用线卡或管卡固定,保持现场美观。

(2)墩台及传感器也应砌砖保护或制作相应保护装置,保护装置制作应考虑后期检修的方便,可留门或采用其他手段。

(3)若有气泡则必须排除,必要时补充液体。直径超过通液管内径的气泡将导致系统产生极大误差或读数不稳定。

(4)若传感器读数不稳定,除检查通液管内有无气泡外,还应检查传感器接头及内部是否有气泡。

(5)当传感器的液位测值变幅较大时,多是由于管道与液体本身受气温影响产生收缩或膨胀所致,此时应以计算的沉降值来评判传感器是否稳定,而不能单纯以传感器液位变幅来确定传感器的稳定性。

(6)用于地铁隧道内时,白天可能受到车辆同行振动的影响使测值不稳定,建议以夜间停运期间的数值作为监测依据。

(7)当储液罐内液位下降较大时,表现为系统中的所有传感器液位测值逐渐减小。可能产生的原因是通液管或接头漏液。多数液位有少量下降或回升是由温度变化引起的。

(8)如果供电正常条件下不能获取所有传感器的读数,则数据通信绿、白芯线可能被短路或者呈现开路。

7.1.5　固定式测斜仪自动化监测

导轮式固定测斜仪系统用于长期监测大坝、基础墙、边坡、挡墙等类似建筑的分层水平位移变形,单独安装时用于测量建筑物或结构的倾斜变化。

若采用钻孔方式并安装测斜管,且在测斜管内不同高程安装倾斜传感器(图 2-7-24),即可获取建筑物或结构内部不同高程的水平位移状态,相对于活动式测斜仪而言,这种应用可方便地实现远程遥测,并可准确而连续地监测建筑物或结构物内部或剖面的变形情况。

图 2-7-24　测斜仪传感器外形

7.1.6　地下水位自动化监测

1)地下水自动化监测井布置原则

本工程施工区域范围地下水位自动化监测,控制地铁施工对周边环境和建筑物的影响。

(1)车站主体基坑长边轮廓外 50m 范围内布置 2 排监测井。一排尽量靠近基坑布置,另一排尽量布置在基坑轮廓外 50m 处。

(2)每排中监测井的纵向间距为 40 ~ 50m。

(3)监测井纵向和横向间距可根据地面环境进行局部调整。

(4)若因基坑邻近道路、建筑物、铁路等客观原因导致部分监测井无法布置或者布置后难以保护使用,可取消该处监测井。

(5)监测井数量应按实际布置情况统计。

2)地下水位进行自动化监测频率

地下水位自动化监测频率为 1 次 /d,特殊情况下监测频率根据需要加密。

3)地下水位设备安装

(1)钻孔

采用工程钻探机,一般采用 ϕ70mm 以上的钻头钻孔,为了使水位测量到位,防止安装时水位管中有沉淀，水位孔都需比安装深度深一些。一般每 10m 多钻深 0.5m，即 10m+0.5m=10.5m，20m+1m =21m，以此类推。在松散或破碎体上钻孔时要用泥浆或水泥浆护壁，在水位管安装前不可有塌孔产生。

（2）清孔

钻头钻到预定位置后，不要立即提钻，需把水泵接到清水里向下灌清水，直至泥浆水变成清水为止，提钻后立即安装设备。

（3）安装水位管

安装的全过程可分为以下三步：

①水位管的连接

水位管一般长度为 2m/ 根，需要一根一根地连接到设计的长度。连接的方法为采用边向孔内插入边连接，首先将第一根水位管在没有外接头的一端套上底盖，用 3 个 M4×10 自攻螺钉拧紧（每孔最下面的一节管子）封口，封口后为防缝隙漏浆，可用土工布裹扎，然后插入孔中慢慢地向下放。放完一节，再向管接头内插入下一节水位管，必须注意的是应插到管子端面相接为止（用自攻螺钉拧紧，接头处为防缝隙漏浆，可用土工布裹扎），按此方法一直连接到设计的长度。当测孔较深、水位管重量较大时，可用尼龙绳吊住水位管往下放。

②回填

水位管安装合格后应向水位管与孔壁之间的空隙中回填，使水位管与周边有机结合。回填时用手扶正水位管，不断向水位管内注入清水，注满并保持满管清水，以防回填时浆液渗入水位管内。回填的原料视钻孔确定。一边回填一边轻轻地摇动管子，使之填实。回填速度不能太快，以免塞孔后回填料下不去形成空隙。填满后盖上管盖，用自攻螺钉上紧。一天后再进行检查，回填料若有下沉再补充填满。

③安装传感器

在装有水位管的测孔内投入一个水位计，如图 2-7-25 所示。

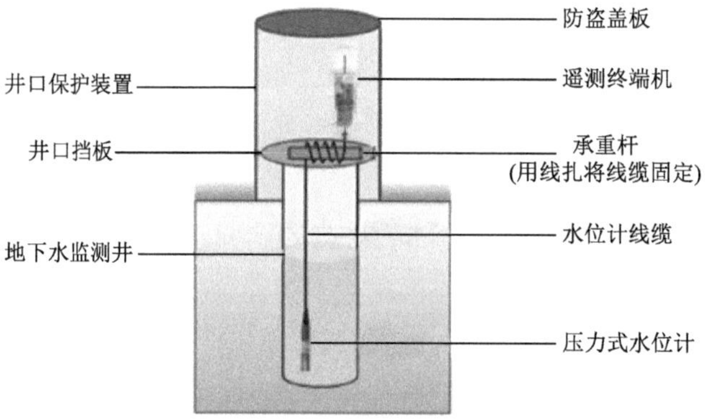

图 2-7-25　地下水位测点安装

④供电系统

a. 现场有 220V 电源，可直接接电源供电；

b. 如现场没有电源，则需太阳能和蓄电池联合供电。

太阳能发电系统由太阳能电池板、太阳能控制器、蓄电池（组）组成。

太阳能电池板是太阳能发电系统中的核心部分，也是太阳能发电系统中价值最高的部分。其作用是将太阳的辐射能力转换为电能，或送往蓄电池中存储起来，或推动负载工作。太阳能电池板的质量和成本将直接决定整个系统的质量和成本。

太阳能控制器的作用是控制整个系统的工作状态，并对蓄电池起到过充电保护、过放电保护的作用。在温差较大的地方，合格的控制器还应具备温度补偿功能。其他附加功能如光控开关、时控开关都应当是控制器的可选项。

一般为铅酸电池，小微型系统中，也可用镍氢电池、镍镉电池或锂电池。其作用是在有光照时将太阳能电池板所发出的电能储存起来，到需要时再释放出来。

7.1.7　支撑轴力自动化监测

1）钢筋计

（1）简介

振弦式钢筋计主要用来监测混凝土或其他结构中钢筋的应力，例如混凝土支撑、钢筋格栅。钢筋计（图 2-7-26）是由一定长度的高强圆钢，沿其中心轴线钻孔，在钻孔内安装一个微型振弦式应变计构成。使用便携式读数仪或数据采集系统可远程读取钢筋或锚杆的荷载或应力读数。钢筋计包括一段高强度钢体，焊接在两段钢筋端面之间。它焊接在钢筋混凝土结构的待测钢筋断面之间，电缆通过压紧接头从钢筋计中引出。

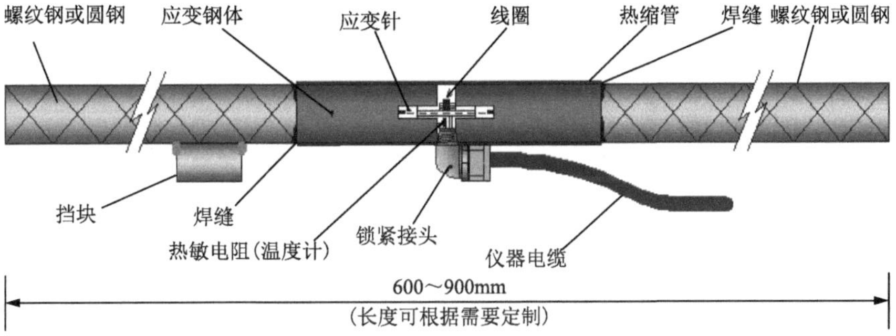

图 2-7-26　钢筋计

（2）安装

①初始检验

在安装开始前，检查钢筋计的正常使用功能非常有必要。每一支钢筋计都配有率定表，它给出了读数值与荷载间的关系，同时也给出了初始零读数与仪器系数。钢筋计的电缆中黑、红芯线用于连接到读数仪上读数，在现场检验时，在经过温度修正后，这两个读数差值不大于 25 个字，通常是由于运输原因导致变形引起的，但不会影响钢筋计的线性。绿、白芯线连接到读数仪上可获得温度值。

在钢筋计上施加拉力，读数将会产生变化，应力增加会使读数上升。使用万用表的欧姆挡可检测电缆的连接特性。钢筋计线圈电阻应在（180±10）Ω 之间。当检测时，应加上电缆电阻（芯线电阻大约为 50 Ω /km，双向则乘以 2）。在 25℃时，绿、白芯线之间的电阻大约为 3000 Ω，在任何导线和屏蔽线之间的绝缘电阻应超过 50MΩ（测量绝缘电阻应使用 100V 直流兆欧表，万用表测量电阻时应为∞挡）。

②注意事项

因为振弦仪器的输出信号是频率，所以电缆电阻细微的变化、电缆的连接加长不会影响读数仪的读数。标准钢筋计在出厂时配备 3m 电缆，安装前，需根据现场情况进行连接加长。埋设在土体中的电缆应尽可能避免接头。如无法避免电缆连接，应采用防水接头，推荐采用 ES-3 型专用热缩接头，也可使用环氧接头，如 3M Scotchcast TM 的 82-A1 型专用电缆接头。

用于连接的电缆应是高质量的 100% 屏蔽的绞合电缆（带有整体屏蔽的抗干扰芯线）。连接时，屏蔽线（裸线）也应焊接到一起并引到接地点。焊接前用万用表测量传感器芯线间电阻数值并记录。其中红黑芯线电阻通常为（180±10）Ω；绿白芯线电阻在室温 25℃时约为 3kΩ；红黑线与绿白线以及对屏蔽线（裸线）间绝缘电阻应大于 50MΩ（测量绝缘电阻应使用 100V 直流兆欧表，万用表测量电阻时应为∞挡）。

焊接前将电缆端部剥除外皮（长度约 8cm），露出芯线，在剩余电缆外皮部位用砂布或砂纸打毛（长度约为 3cm）。电缆外面套 ϕ12mm 热缩套管（长度约为 14cm）。用剥线钳将芯线剥除 0.5 ～ 0.8cm 芯线外皮，芯线上套 ϕ2mm 热缩套管。芯线对应颜色对接并拧在一起后，用电烙铁焊锡。焊锡过程应避免虚焊并去除毛刺。5 根芯线均需焊接，焊接时注意：a. 将各个芯线接头错开；b. 保证各芯线长度一致，以保证电缆受拉时，各芯线能均匀受力。焊接结束后，裸露芯线长度大约为 7cm。焊接结束后，将 ϕ2mm 热缩套管推至芯线接头部位，用热风枪将热缩套管热缩于接头部位。最后将 ϕ12mm 热缩套管推至电缆接头部位，用热风枪将热缩套管热缩于接头部位。ϕ12mm 热缩套管每端均应压在传感器电缆外皮 3cm 左右。使用热风枪吹热缩套管时应控制温度，必须使热缩套管内部的热熔胶融化成透明、流动状态，完全充满接头内部。温度过高会使芯线外皮融化，造成芯线短路，也会造成热缩套管碳化变脆，如图 2-7-27 所示。

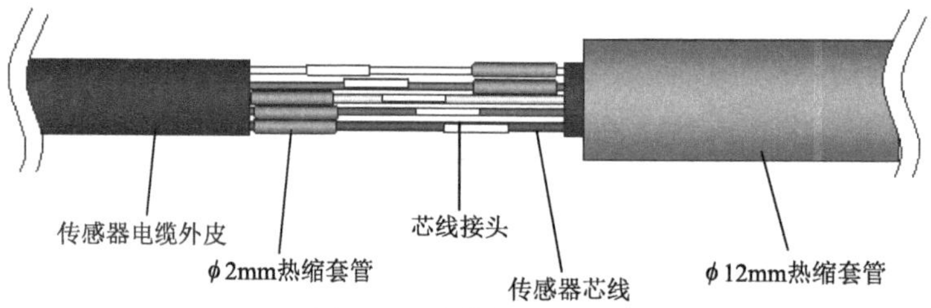

图 2-7-27　电缆焊接示意图

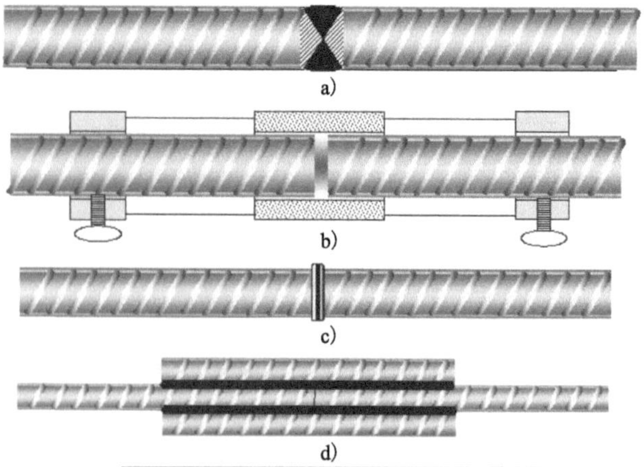

图 2-7-28　钢筋计的几种焊接方式

芯线焊接工作结束后，必须用读数仪进行读数测量检查，并使用万用表测量各芯线间电缆电阻情况。避免因焊接工作造成接头部位芯线短路、断路。

（3）钢筋计的焊接或连接

钢筋计的焊接须按照相关规范或设计的技术文件执行，通常具有如下几种焊接工艺：坡口焊、窄间隙对焊、电渣对焊、绑条焊与搭接焊，如图 2-7-28 所示。

（4）电缆敷设

仪器电缆走线应沿着结构钢筋并用尼龙扎线每隔 1m 将其固定。除了安装仪器的结构外，电缆还应采取保护措施防止因移动设备或其他施工行为带来的意外损伤。

2)轴力计

轴力计的安装注意事项：

(1)安装架圆形钢筒上没有开槽的一端面与支撑的牛腿(活络头)上的钢板电焊焊接牢固，电焊时必须与钢支撑中心轴线与安装中心点对齐。

(2)待冷却后，把轴力计推入焊好的安装架圆形钢筒内并用圆形钢筒上的 4 个 M10 螺栓把轴力计牢固地固定在安装架内，使支撑吊装时，不会把轴力计滑落下来即可。

(3)测量轴力计的初始频率，检查是否与出厂时的初始频率相符合(≤ ±20Hz)，然后把轴力计的电缆妥善地绑在安装架的两翅膀内侧，以钢支撑在吊装过程中不会损伤电缆为标准。

(4)钢支撑吊装到位后，即安装架的另一端(空缺的那一端)。在围护墙体上的钢板对上，轴力计与墙体钢板间最好再增加一块尺寸为 250mm×250mm×25mm 的钢板，防止钢支撑受力后轴力计陷入墙体内，造成测值不准等。

(5)在施加钢支撑预应力前，把轴力计的电缆引至方便正常测量时为止，并进行轴力计初始频率的测量，且必须记录在案。

(6)施加钢支撑预应力达设计标准后即可开始正常测量。

(7)变量的确定：一般情况下，本次支撑轴力测量与上次同点号的支撑轴力的变化量，与同点号初始支撑轴力值之差为本次变化量。填写成果汇总表并绘制支撑轴力变化曲线图。

轴力计安装示意图如图 2-7-29 所示。

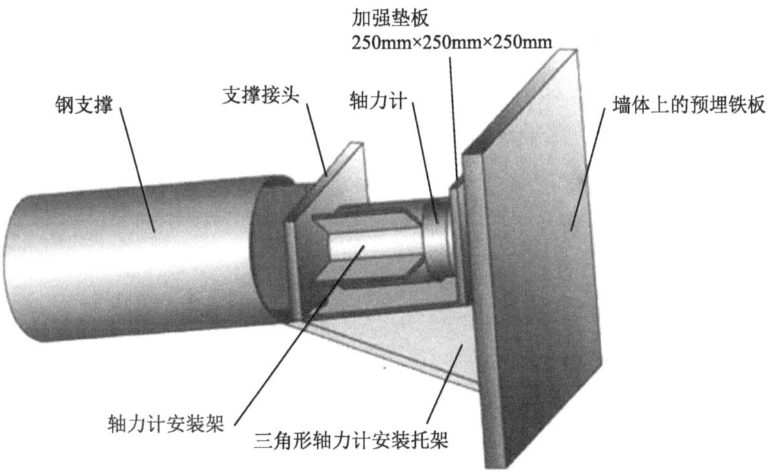

图 2-7-29　轴力计安装示意图

7.1.8 地基合成孔径雷达(SAR)地表沉降自动化监测

1)合成孔径雷达干涉技术原理

(1)InSAR 几何原理

InSAR 技术的基本原理是获取覆盖相同区域的两景合成孔径雷达影像之间的干涉相位图，然后根据相位信息与地表形变变化函数模型对相位进行分析获取地表高程或地表形变量。为了确保两景 SAR 影像处于同一几何空间，在生成干涉图前需要对两景 SAR 影像进行精确配准。图 2-7-30 为 InSAR 测量原理示意图，给出了 InSAR 测量需要的关键参数及其相互关系。

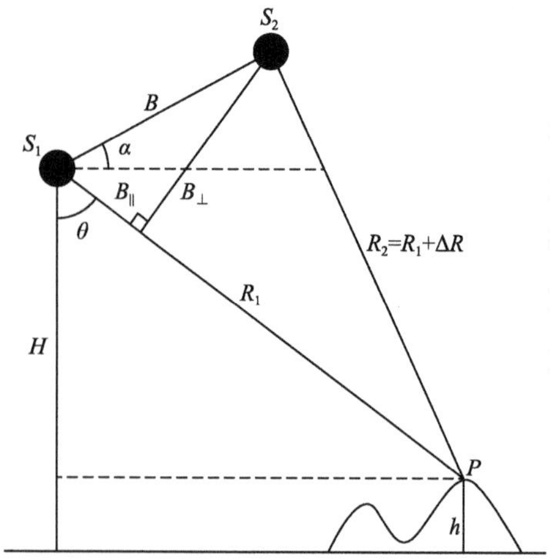

图 2-7-30　InSAR 测量原理几何示意图

图 2-7-30 中 S_1、S_2 分别为 SAR 卫星获取两次影像时天线的空间位置，B 表示 SAR 卫星获取两次影像时天线之间的空间基线，H 表示 SAR 卫星与参考水平面的高度差，α 为基线 B 的水平倾角，θ 为 SAR 卫星与地面目标 P 之间的侧视角，R_1 与 R_2 分别为 SAR 卫星在两次观测时与地面目标 P 的直线距离，$B_{\|}$ 是两次获取影像时卫星之间的平行基线，$B_{\perp}$ 是两次获取影像时卫星之间的垂直基线，两者为空间基线 B 在 SAR 卫星视线（LOS）方向上的平行和垂直分量，ΔR 为 SAR 卫星两次观测时卫星到地面目标 P 的距离差，h 为地面目标 P 的高程。

（2）D-InSAR 基本原理

雷达差分干涉测量（D-InSAR）技术是利用同一地表范围形变前的 SAR 影像与形变后的 SAR 影像组成的干涉对进行差分干涉处理，然后去除干涉相位信息中的地形相位，获取地表的形变信息。在实际的试验处理过程中，D-InSAR 技术可以根据处理时使用的 SAR 影像数目的不同或者干涉相位除去方法的不同，分成几种不同的处理模式。其中常见的“二轨法”处理模式是利用一个 SAR 影像干涉对进行干涉处理，利用研究区的数字高程模型（DEM）数据进行地形相位的去除，进行差分干涉后获取地表形变信息。图 2-7-31 为“二轨法”差分干涉测量的原理图。

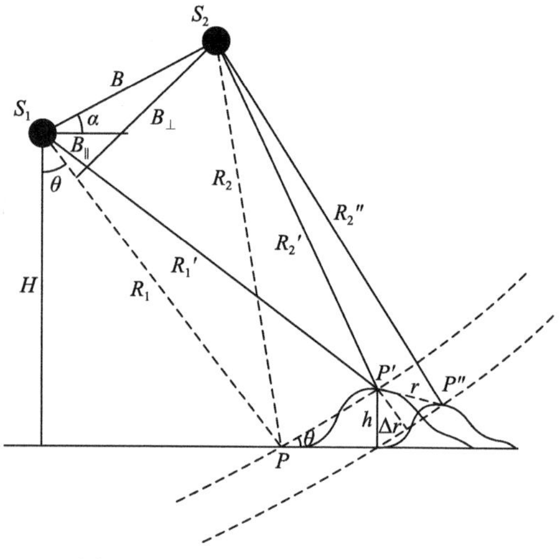

图 2-7-31　“二轨法”差分干涉测量原理图

D-InSAR 技术常用于雷达卫星获取的 SAR 影像的数据处理，适合进行全天候、大范围的地表沉降监测，获取大区域的整体地表变形信息或趋势。但由于卫星与地球距离遥远以及研究区域内的散射点数量等因素的制约，在相对较小的特定区域内，利用雷达卫星数据不一定能够获得较好的地表变形信息。而后来出现的地基 SAR 技术则能很好地弥补星载 InSAR 系统的不足。

（3）地基 SAR 基本原理

地基 SAR 技术是星载 InSAR 技术的有效补充，能根据实际环境因素来设计监测的时间和地点，更灵活、多变地进行形变监测方案设计。地基 SAR 系统主体是一个发射和接收微波的雷达传感器，当传感器沿着轨道移动时重复这个发射和接收的过程来实现成像的功能。地基雷达的基本原理是基于地基合成孔径雷达差分干涉测量技术，通过地基合成孔径雷达技术，在距离向利用脉冲压缩实现高分辨率，在方位向通过波束锐化实现高分辨率，从而获取观测区域的二维高分辨率图像；通过差分干涉测量技术，把同一目标区域，不同时间获取的序列二维高分辨率图像结合起来，利用图像中各像素点的相位差反演获得被测区域的高精度变形信息。地基 SAR 系统是基于地面的合成孔径雷达，如图 2-7-32 所示是一套常规的地基 SAR 系统。

图 2-7-32　地基 SAR 系统

1- 雷达主机；2- 轨道；3- 运动控制组合；4- 电源控制组合；5- 连接线缆；6- 三防计算机

2)基于地基SAR技术下穿某小区房屋沉降监测案例

(1)工程概况

为有效监测地铁10号线一站(福民站)一区间(福民—福田口岸)在地下施工过程的沉降情况,采用地基SAR技术对"一站一区间"的历史沉降进行普查,对未来的沉降进行监测和趋势判断,定期提供监测报告和提供预警服务,为地铁10号线"一站一区间"的施工安全提供技术支撑。工程概况如图2-7-33所示。

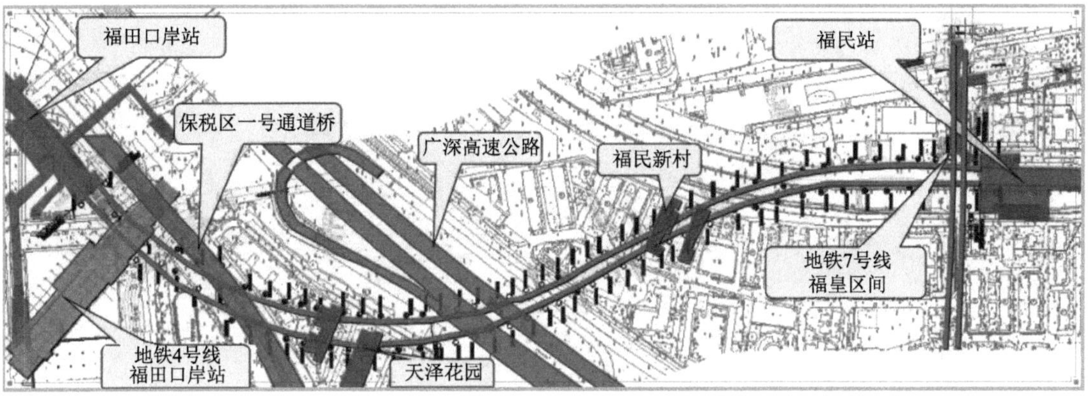

图2-7-33 工程概况图

采用地基SAR对居民小区范围内的两栋重点监测目标进行实时监测,按照工作实施流程,自2018年10月25日起正式启动,本次监测周期为2018年10月25日~11月23日,全期采用雷达进行数据采集工作。该周期监测工作历时30个日历日,连续监测663h,处理形变图像2652帧。通过分析监测数据评判安全状态并给出合理化建议。根据项目工作内容和目标,指定的监测区域为小区地面、房屋(图2-7-34)。

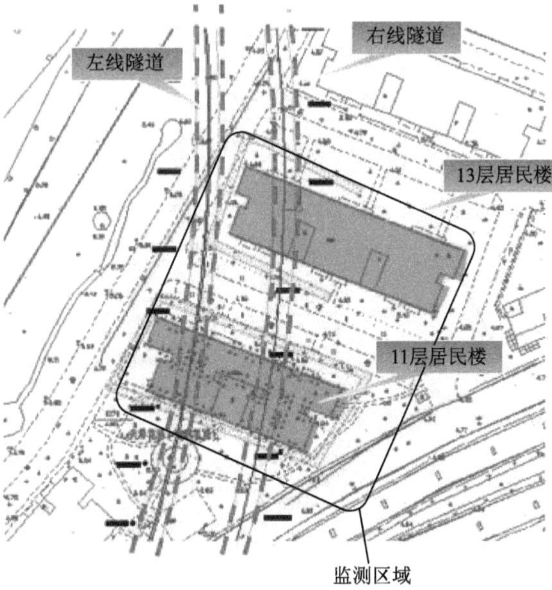

图2-7-34 监测区域

(2)雷达位置选址

监测目标位于居民小区两栋房屋,监测位置根据实地考察选择在广深高速公路对面的一居民楼25

层25c楼外露天阳台，经过激光测距仪测算，雷达监测位置距离两个监测目标角点斜距约为560m、600m。

从雷达安装位置能够直视观测目标，如图2-7-35所示，视线较好，中间无其他建筑物遮挡，25层阳台为露天，如图2-7-36所示，根据现场测量阳台的长度为3.2m，宽度为2.3m，空间较大，能够安装雷达设备。

图2-7-35　从雷达安装位置观察监测目标

图2-7-36　安装位置露天阳台

（3）监测几何分析

根据现场勘查，监测楼房小区域方位向宽度约251m，距离向跨度约211m。雷达站位置距离观测目标最近618m，最远距离670m，天线波束宽度约60°。

（4）沉降监测结果

①数据校验

居民小区监测与相干系数对应关系如图2-7-37所示。被测边坡大部分区域相干系数均大于0.9，相干性较好。

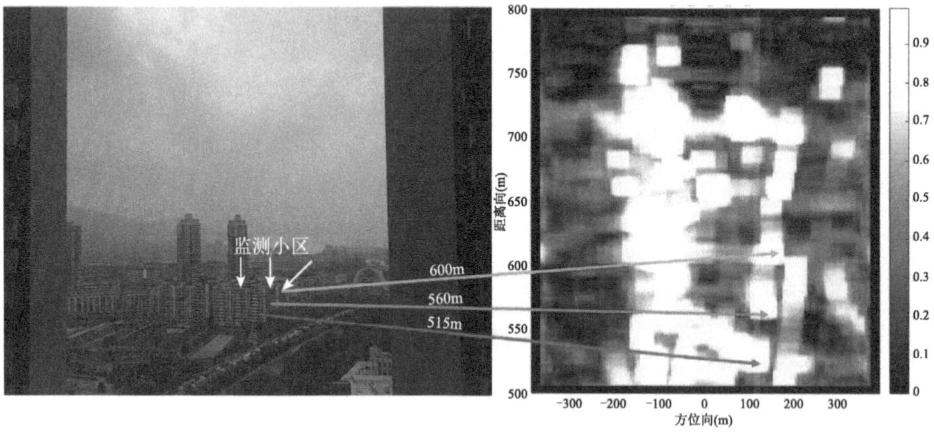

图2-7-37　监测小区与相干系数图对应关系

②整体分析

居民小区沉降监测结果分析如图2-7-38所示，监测结果见表2-7-7。

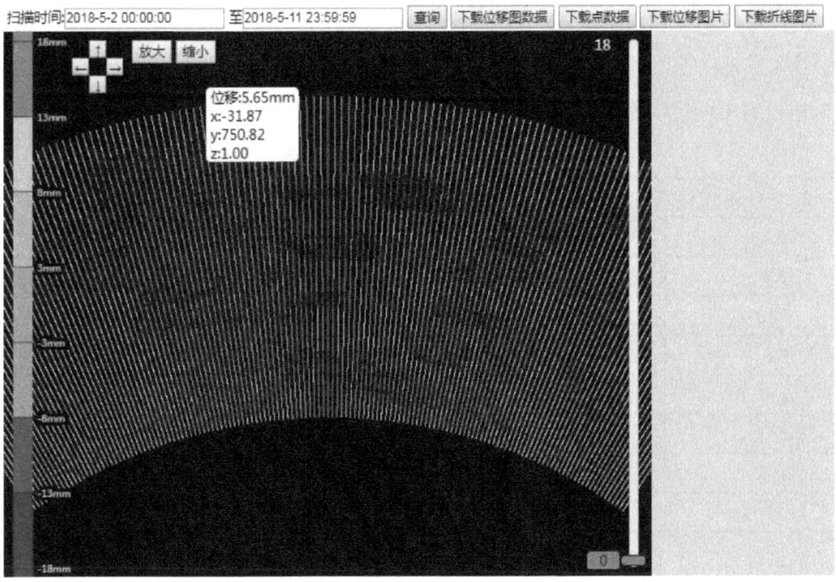

图 2-7-38 沉降监测结果分析

沉降监测结果分析内容表 表 2-7-7

分析项目	内容
图片来源	雷达监测预警系统中，历史监测数据查看
扫描时间	2018 年 10 月 25 日到 2018 年 11 月 23 日
区域累积变形	如图 2-7-38 所示左侧部分显示，部分区域为青色，表示区域整体保持稳定，未发生整体区域性位移；小部分区域呈红 / 蓝色，表示发生相对较大位移。青色表示位移量很小（小于 ±2mm），蓝色表示发生负向位移（近似为沉降），红色表示发生正向位移（近似为隆起）
控制点变形量曲线	监测区域为建筑物，同一建筑物形变量应整体区域一致，选取控制点，分析控制点在扫描时间内累积形变量随时间变化的曲线，观察形变趋势
控制点变形速度	根据变形量与时间变化的关系，得到速度随时间变化的关系

根据其位置关系，将预警系统内形变图数据导出绘制等高变形图，如图 2-7-39 所示，并将该区域分成 4 个小区域。本次对区域 1 中的两栋楼进行重点分析。

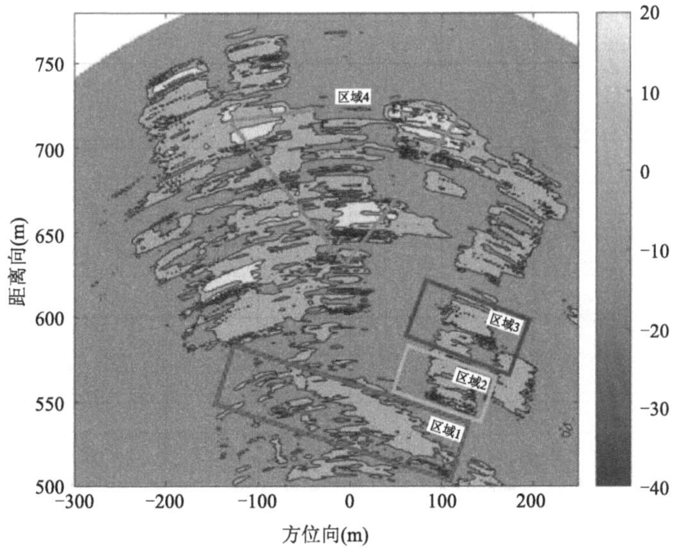

图 2-7-39 等高变形图

③区域1监测结果分析

在居民楼上选取8个控制点，对8个控制点进行沉降分析，区域1内各点自2018年11月19日00:09到2018年11月23日23:39止整体分析见表2-7-8。

沉降监测区域1整体位移分析（单位：mm） 表2-7-8

点号	最大值	发生时间	累积值
P1	6.1	2018年11日20日 22:30	5.6
P2	8.6	2018年11月22日 14:19	8.35
P3	3.38	2018年11月22日 14:04	3.11
P4	3.5	2018年11月20日 15:45	3.3
P5	2.92	2018年11月23日 16:49	2.85
P6	2.57	2018年10月29日 17:17	2.42
P7	2.05	2018年10月31日 21:17	0.5
P8	-2	2018年11月9日 16:35	0.25

各点的单日位移见表2-7-9。

沉降监测区域1单日点位移分析（单位：mm） 表2-7-9

测量日期	第一周（10月25日—10月28日）	第二周（10月29日—11月4日）	第三周（11月5日—11月11日）	第四周（11月12日—11月18日）	第五周（11月19日—11月23日）
P1	2.82	0.22	-1.03	2.71	0.74
P2	5.71	0.85	0.72	0.03	1.17
P3	1.97	-0.3	0.24	0.4	1.12
P4	1.98	-0.52	0.73	0.5	1.01
P5	1.09	-0.49	0.17	0.1	1.51
P6	1.41	-0.58	0.18	0.09	1.25
P7	1.38	-0.73	0.25	0.91	1.29
P8	1.07	-0.19	0.09	0.58	1.3

注：点位移也可理解为单日形变速度，单位为mm/d。

其中，正向单日点位移最大值为5.71 mm，发生在10月25日至10月28日P2；负向单日点位移最大值为-1.03 mm，发生在11月5日至11月11日P1。

目标点日累积位移见表2-7-10。

沉降监测区域1累积位移分析（单位：mm） 表2-7-10

累积截止日	第一周（10月25日—10月28日）	第二周（10月29日—11月4日）	第三周（11月5日—11月11日）	第四周（11月12日—11月18日）	第五周（11月19日—11月23日）
P1	2.81	3.07	1.91	4.83	5.6
P2	5.28	6.31	6.98	7.15	8.35
P3	1.19	1.1	1.34	1.93	3.11
P4	1.22	0.8	1.6	2.34	3.3
P5	1.16	0.59	0.73	1.36	2.85
P6	1.45	0.87	1.09	1.1	2.42
P7	0.62	-0.11	0.13	-0.9	0.5
P8	0.32	-1.62	-1.62	-0.98	0.25
平均值	1.76	1.38	1.52	2.1	3.3

自 2018 年 10 月 25 日 16:53 到 2018 年 11 月 23 日 23:39 止累积变形情况如图 2-7-40 所示。最大累积位移为 8.35mm；平均累积位移为 3.3mm；区域 1 各目标点瞬时速度如图 2-7-41 所示。

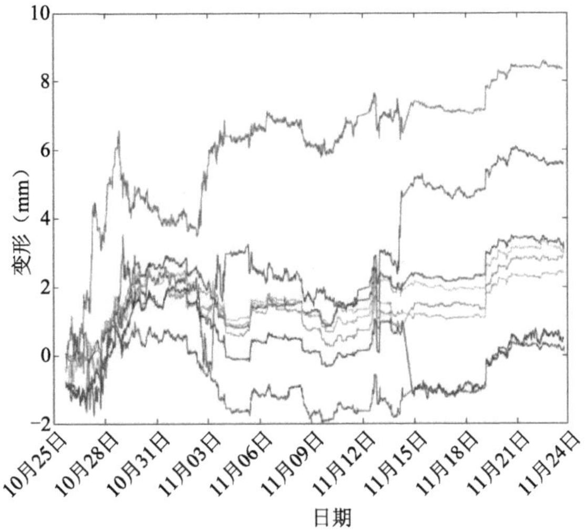

图 2-7-40　区域 1 选点累积变形情况

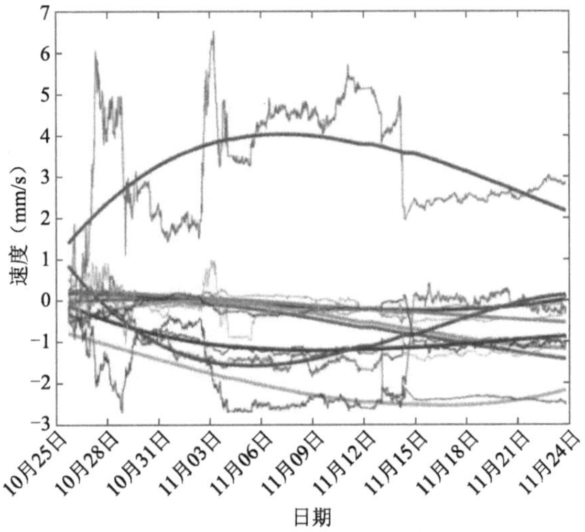

图 2-7-41　区域 1 选点瞬时速度变化情况

从瞬时速度拟合结果来看未见拟合速度突变点，各点上下波动速度较缓，整体变形速度趋于稳定。

结论：区域 1 两栋楼整体存在正向位移。正向单日点位移最大值为 5.71mm，负向单日点位移最大值为 −1.03 mm，最大累积位移为 8.35mm，平均累积位移为 3.3mm，位移量较小，整体形变速度稳定。

7.2　三维激光扫描监测技术

7.2.1　技术适用性

基于几何的方法是利用三维激光扫描仪获取深度数据来建立三维模型，这种方法含有被测场景比较精确的几何信息。

三维激光扫描技术是一种先进的全自动高精度立体扫描技术，又称为“实景复制技术”，三维激光扫描是基于面的数据采集方式，三维激光扫描获得的原始数据为点云数据，点云数据是大量扫描离散点的结合。

适用于监测范围大，监测精度要求略低，需要三维立体信息的对象。

7.2.2 作业原理

三维激光扫描仪发射器发出一个激光脉冲信号，经物体表面漫反射后，沿几乎相同的路径反向传回到接收器，可以计算目标点 P 与扫描仪的距离 S，控制编码器同步测量每个激光脉冲横向扫描角度观测值 α 和纵向扫描角度观测值 β。三维激光扫描测量一般为仪器自定义坐标系。X 轴在横向扫描面内，Y 轴在横向扫描面内与 X 轴垂直，Z 轴与横向扫描面垂直。

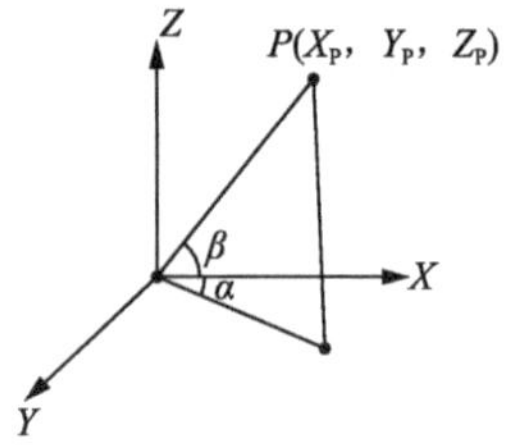

图 2-7-42 扫描点坐标计算原理

如果测站及定向点的空间坐标是已知的，则可以求得每一个扫描点的三维坐标，计算原理如图 2-7-42 所示。

7.2.3 技术优点

与其他传统方法相比较，三维激光扫描方法在监测工程中具有以下优点：

（1）信息丰富。三维激光扫描系统以一定间隔的点对变形体表面进行扫描，形成大量点的三维坐标数据。与单纯依靠少量监测点对变形体进行变形监测研究相比，具有信息全面和丰富的特点。

（2）实现对变形体的非接触测量。测量三维激光扫描系统采集点云的过程中完全不需要接触变形体，仅需要在站与站之间拼接时，在变形体周围布置少量的标靶。

（3）便于对变形体进行整体变形的研究。三维激光扫描系统通过多站的拼接可以获取变形体多角度、全方位、高精度的点云数据，通过去噪、拟合和建模，可以方便地获取变形体的整体变形信息。

（4）便于对变形体的保护。采用几何水准、静力水准等技术，需要对变形体进行布点监测，会对变形体装修或结构造成破坏，而三维激光扫描方式可避免布点对结构的影响，尤其适用于对文物、重要道路、重要建（构）筑物等变形体进行监测。

7.3 监测信息化

监测工作作为城市轨道交通工程建设过程中的一项重要内容，为现场的安全施工提供了可靠的技术支持。通过监测信息的反馈，根据工程监测及其数据处理所得到的结果来指导工程设计和施工，以达到优化工程施工过程和保证施工安全的目的。

在城市轨道交通工程建设的过程中，参与风险管理的单位众多，但一般监测信息的反馈是通过监测日报、监测周报、阶段性报告等形式，逐一提交给建设、监理、设计等相关单位。尤其在工程监测发现异常现象或测点变化异常时，监测单位将预警信息报送给建设单位、监理单位、设计单位等，再由建设单位组织专家和参建各方进行专家会议，商榷解决方案；之后，建设单位将处置措施下达给施工单位，施工单位再进行警情施工现场处理。监测信息的反馈管理时效性较差，需要层层上报，时间较长且过程烦琐，不利于安全隐患的及时解决。

随着城市的发展和城市轨道交通建设的高速推进，高风险施工也越来越多，及时准确的数据分析及安全巡视可以有效地降低、控制现场风险的发生及发展。但由于监测种类繁多、监测数据量庞大，依靠传统的人工采集、处理及信息反馈不能满足及时性和全面性的需求。监测信息化的实施能够进行监测数据的采集、处理、分析、查询和管理工作，可以将监测成果及时、准确地反馈给工程参建各方，提高监测成果的时效性；同时可以将监测成果及时形成时程曲线，将多个监测项目进行综合对比分析，为信息化施工提供数据支持。

监测信息化就是利用网络平台，依靠现代通信设备和测量仪器，实现集现场监测数据采集上传、软件自动分析处理、及时预警、及时分析处理、远程监控于一体的监控测量管理系统，能满足各级监管人员和监测人员的不同需求。

监测信息化管理系统一般由数据采集端、服务器端、客户端组成。

(1)数据采集端分为智能无线数据采集传输设备(图 2-7-43)和移动采集设备两种。智能无线数据采集传输设备是通过传感器、数据采集模块、紫峰(ZigBee)或第四代移动通信(4G)等通信设备，将数据直接传输至服务器数据库，如本章第 7.1 节中介绍的轴力自动化监测、水位自动化监测等；移动采集设备是通过将系统应用程序(App，图 2-7-44)安装于手机等智能终端上，通过蓝牙实现手机与监测仪器（如全站仪、电子水准仪、测斜仪等）的通信，并将数据上传至服务器数据库。

图 2-7-43　智能无线数据采集传输设备

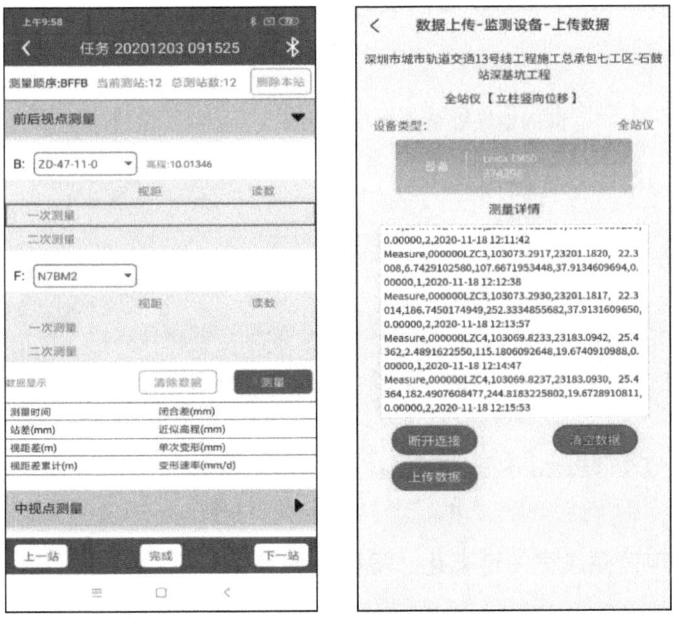

图 2-7-44　移动采集应用程序

传统测量方法是人工采集、手工录入数据，然后进行数据处理和分析，容易出现差错，并有一定的延迟性，甚至有时会出现人为修改量测数据和结果的情况，测量数据的及时性、真实性、准确性无法保证。通过智能无线数据采集传输设备和移动采集设备进行监测数据的采集可以完全杜绝这种现象的发生，并具备实时现场检测能力，由它获取的原始数据及时、可靠、真实、准确。

（2）服务器端负责项目信息管理，仪器设备控制，接收、存储数据，自动平差解算、统计分析，判定是否预警、展示并发布预警信息，考核判定等。

服务器端通过对原始数据的实时处理，以及运用平差理论、数学模型和回归分析、差异分析等数理方法，对采集到的各类数据进行数字化建模分析，形成各类变化曲线和图形、图表，并具备工程管理功能。

（3）客户端由移动端 App（图 2-7-45）与网页端（图 2-7-46）构成，为用户提供数据查询、分析、预警查询与闭合处理、监测成果输出等功能。

图 2-7-45　信息化平台移动端

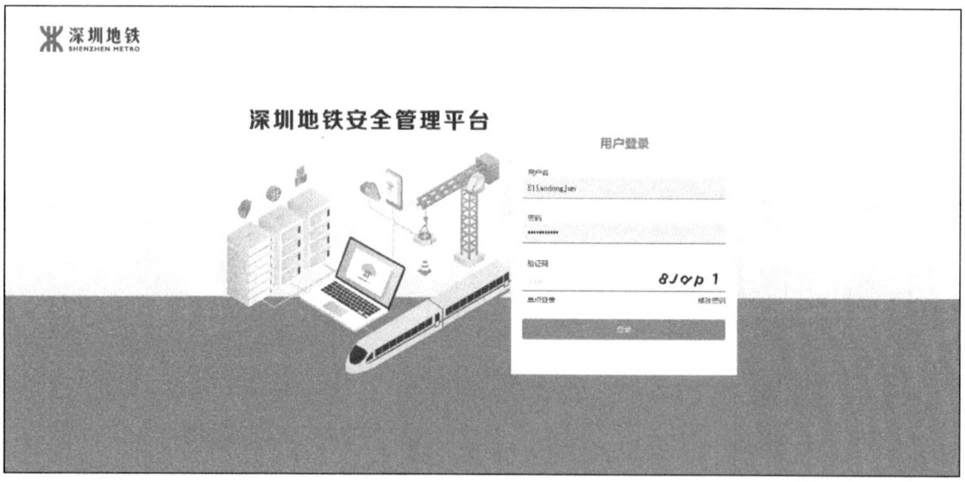

图 2-7-46　信息化平台网页端

通过客户端，可以实现监测成果的可视化。根据工程参建单位的职责不同，可以为各参建单位建立不同级别权限的账户，各参建单位可以方便、及时、直观地查询自己权责范围内的风险对象的变化情况并进行处理，做到风险因素变化早发现、早评估、早治理。

目前，各个地方陆续出台了相关法规及政策导向，将逐步开始要求施工单位、第三方监测单位的监测数据实时提交到安全管理平台，积极发挥监测数据的预警作用，以建立完善的实时监管系统，确保工程施工的安全进行。

深圳市地铁集团有限公司于 2020 年 2 月正式上线了“深圳地铁安全管理平台”(图 2-7-47)，要求深圳市城市轨道交通工程四期及以后阶段项目的施工监测和第三方监测全部纳入管理平台进行管理，实现当天监测成果的上传、分析、预警、处置等工作。此平台是包含了建设单位、监理单位、施工单位、第三方监测单位、施工监测单位等多个参建方管理的综合性平台，管理平台通过监测单位第一时间上传的监测结果，统计分析后形成各种图表、曲线、预警信息等，当有预警时第一时间将预警信息通过短信形式发送至相关管理人员。所有参建单位相关人员通过计算机端或手机端可随时随地查阅每个工点的安全状态，并根据需要及时进行风险事件的处理，达到控制工程风险、安全施工的目的。

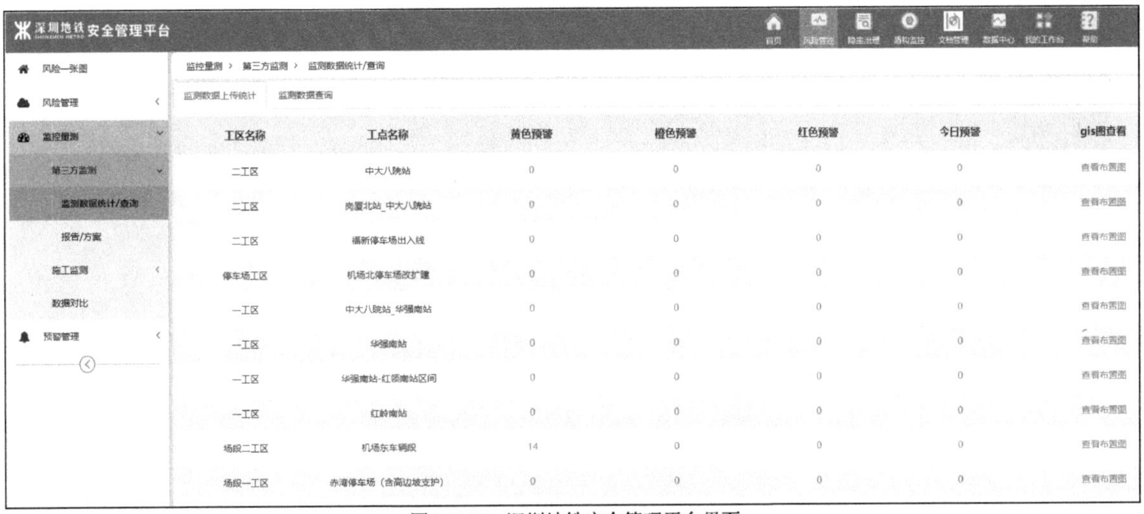

图 2-7-47　深圳地铁安全管理平台界面

深圳市城乡和住房建设局于 2020 年 5 月上线了“深圳市基坑和边坡监测预警平台”(图 2-7-48)，要求深圳市所有在建基坑及边坡的监测工作全部对接平台，对监测单位、监测人员、监测仪器设备等进行严格管理，监测数据自动实时上传至系统云平台，平台进行统一平差解算，自动触发预警信息，通过监控大屏或短信等手段通知项目各参建单位及时应对，避免事故发生。此平台可以实现现场监测数据不落地，实时显示监测成果，保证监测工作的及时性、真实性、准确性，为工程的施工安全保驾护航。

a）

图　2-7-48

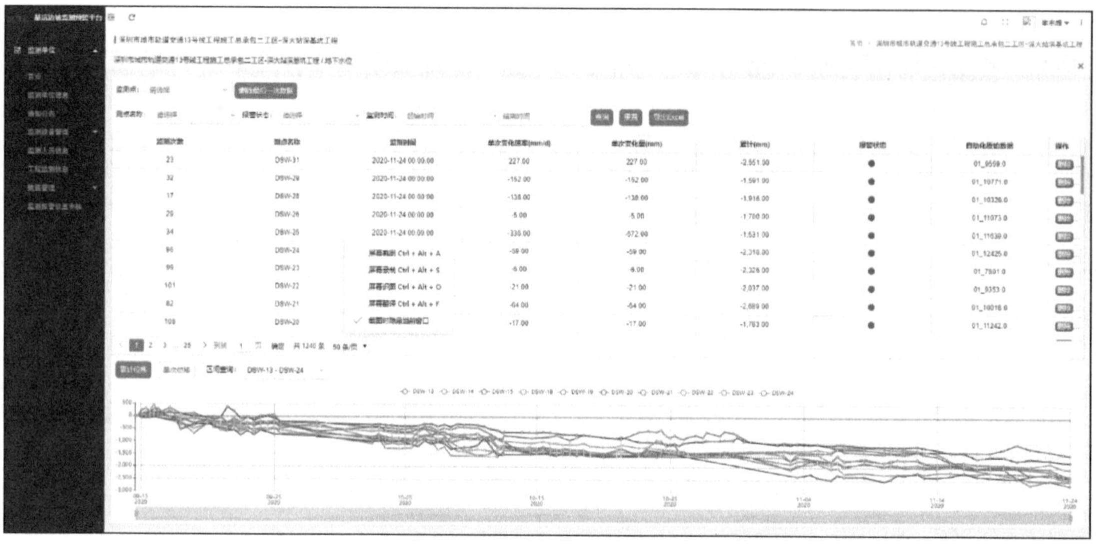

b）

图 2-7-48　深圳市基坑和边坡监测预警平台界面

第 8 章　总结

8.1　管理方面

为加强深圳市城市轨道交通工程监测管理，保障安全质量，预防事故发生，规范各参建单位行为，明确监测工作的重点和要点，在深圳市城市轨道交通工程建设过程中真正做到“安全、可靠、信息化施工”，深圳市地铁集团有限公司专门制定了相应的《深圳市城市轨道交通工程监测管理办法》，确定了深圳市城市轨道交通工程监测实行施工监测和第三方监测机制，并明确了各参建方的监测工作职责。深圳市城市轨道交通工程三期二阶段所有项目在实施过程中，建设、设计、施工、监理及第三方监测等单位各司其职，均很好地执行了各自的工程监测职责，实时反映了施工过程中工程自身及周边环境的变形情况，减少了工程事故发生的概率，起到了安全监测的作用。

对《深圳市城市轨道交通工程监测管理办法》的贯彻和执行，是保证深圳市城市轨道交通工程三期二阶段所有项目工程监测工作圆满完成的根本，各参建单位在以后的轨道交通工程建设中应更加严格遵守。并应在此基础上根据实际情况明确具体监测项目的控制指标，确定施工监测和第三方监测的监测重点和工作量，理清施工监测、第三方监测和监理之间的管理关系和管理职责，从而保证轨道交通工程施工科学、合理、经济和安全。

8.2　技术方面

深圳市城市轨道交通工程三期二阶段所有项目的监测过程中，工程监测信息采集主要通过人工监测和巡视。各监测单位能够根据不同监测项目和现场条件，积极选用不同监测仪器和监测方法，由技术人员操作仪器设备通过一定频次的外业数据采集和内业数据处理，形成监测成果，从而指导施工，保证工程主体及周边环境的安全。随着轨道交通工程建设复杂程度的提高和对工程监测工作要求的提升，监测工作今后应该由原来的人工监测逐渐向半自动化监测、自动化监测方向发展。

通过智能化监测仪器设备、物联网、监测云平台，以及与三维地理信息系统（GIS）、建筑信息模型（BIM）系统融合，实现计算机客户端、移动客户端的同步管理和显示，通过监测大数据智能分析系统实现成果报告格式标准化自动生成、自动预警发布、自动处置及信息化管理等，从而确保监测数据的真实性、数据分析的准确性和信息化指导施工的及时性，确保工程施工安全进行。

附录

附录 A 监测项目编号和图例

各类监测项目编号和图例见附表 A-1 ～附表 A-5。

明挖法和盖挖法的基坑支护结构监测项目代号和图例 附表 A-1

监 测 项 目	项 目 代 号	图 例
支护桩(墙)、边坡顶部水平位移	ZQS	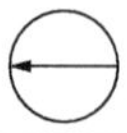
支护桩(墙)、边坡顶部竖向位移	ZQC	
支护桩(墙)体水平位移	ZQT	
支护桩(墙)结构应力	ZQL	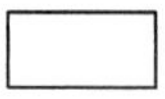
立柱结构竖向位移	LZC	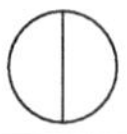
立柱结构水平位移	LZS	
立柱结构应力	LZL	
支撑轴力	ZCL	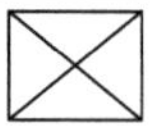
顶板应力	DBL	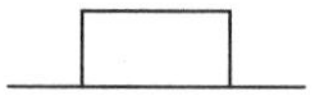
锚杆拉力	MGL	
土钉拉力	TDL	
竖井井壁支护结构净空收敛	SJJ	

盾构法隧道管片结构监测项目代号和图例 附表 A-2

监 测 项 目	项 目 代 号	图 例
管片结构竖向位移	GGC	
管片结构水平位移	GGS	
管片结构净空收敛	GGJ	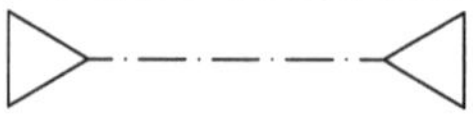
管片结构应力、管片连接螺栓应力	GGL	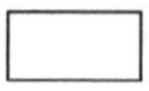

矿山法支护结构监测项目代号和图例 附表 A-3

监 测 项 目	项 目 代 号	图 例
初期支护结构拱顶沉降	GDC	
初期支护结构底板竖向位移	DBS	
初期支护结构净空收敛、隧道拱脚竖向位移	JKJ	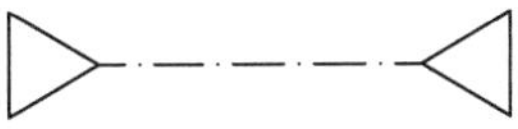
中柱结构竖向位移、倾斜	ZZC	
中柱结构应力	ZNL	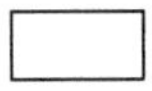
初期支护结构、二次衬砌应力	ZHL	

周围岩土体监测项目代号和图例 附表 A-4

监 测 项 目	项 目 代 号	图 例
地表沉降	DBC	
土体深层水平位移	TST	
土体分层竖向位移	TCC	
坑底隆起(回弹)	KDC	
支护桩(墙)侧向土压力、管片围岩压力、围岩压力	WTL	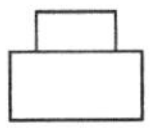
地下水位	DSW	
孔隙水压力	KSL	

周边环境监测项目代号和图例 附表 A-5

监 测 项 目	项 目 代 号	图 例
建(构)筑物、桥梁墩台、挡墙竖向位移	JGC	
建(构)筑物、地下管线、桥梁墩台差异沉降	JGY	
隧道结构竖向位移、轨道结构(道床)竖向位移	SGC	
建(构)筑物、隧道结构水平位移	JGS	
隧道结构变形缝差异沉降	JGK	
轨道静态几何形位(轨距、轨向、高低、水平)	GDX	
建(构)筑物倾斜	JGQ	
桥梁墩柱倾斜、挡墙倾斜	QGQ	
建(构)筑物裂缝	JGF	
桥梁裂缝	QGF	
隧道、轨道结构裂缝	SGF	

续上表

监 测 项 目	项 目 代 号	图 例
地下管线竖向位移	GXC	
地下管线水平位移	GXS	
路面竖向位移	LMC	
路基竖向位移	LJC	
桥梁梁板应力	LBL	
爆破振动	BPZ	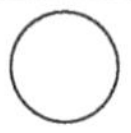

附录 B　监测点埋设要求及图例

B.1　支护结构顶部水平位移监测点埋设要求

（1）支护结构顶部水平位移监测点（附图 B-1）宜采用在基坑冠梁上设置强制对中的观测标志的形式，观测装置宜采用连接杆件与冠梁上埋设的固定螺栓连接，连接杆件尺寸与固定螺栓规格可根据采用的测量装置尺寸要求加工。

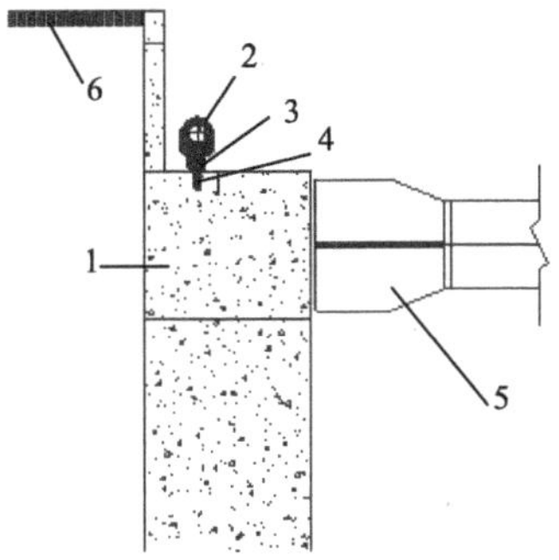

附图 B-1　支护结构顶部水平位移监测点

1- 冠梁；2- 测量标志；3- 连接杆件；4- 固定螺栓；5- 支撑；6- 地面

（2）基坑边坡顶部水平位移监测点（附图 B-2）宜采用混凝土标石，用于观测标志的螺纹钢直径宜为 18 ～ 22mm，长度宜为 200 ～ 400mm；混凝土标石上部直径宜为 100mm，下部直径宜为 200mm，底部埋置深度宜为 300 ～ 500mm，顶部宜根据现场情况采取有效的保护措施。

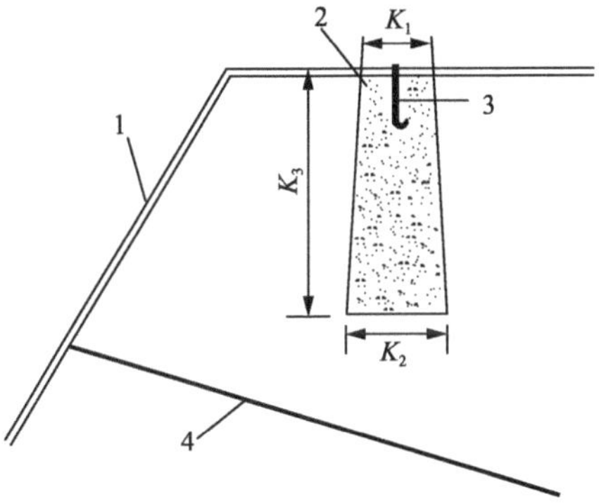

附图 B-2　基坑边坡顶水平位移监测点

1- 基坑边坡；2- 混凝土标石；3- 标志钢筋；4- 锚杆或土钉；K_1- 混凝土标石顶直径；K_2- 混凝土标石底直径；K_3- 混凝土基石底距硬化地面高度

B.2　建（构）筑物竖向位移监测点埋设要求

建（构）筑物竖向位移监测点如附图 B-3 所示。

（1）建（构）筑物竖向位移监测点埋设宜采用 L 形螺纹钢筋，钢筋直径宜为 18 ～ 22mm，外露端顶部宜加工成球形。

（2）标志宜采用钻孔埋入的方式，周边空隙用锚固剂回填密实，标志点的高度宜位于地面以上 300mm。

（3）螺纹钢外露端顶部与建（构）筑物外表面的距离宜为 30 ～ 40mm，螺纹钢埋入结构长度宜为墙体厚度的 1/3 ～ 1/2。

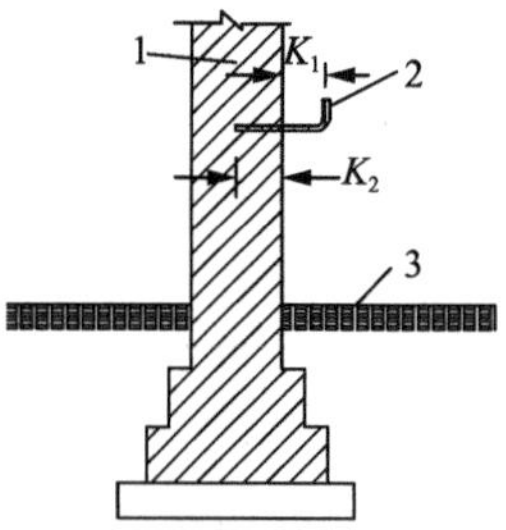

附图 B-3 建(构)筑物竖向位移监测点

1- 砖墙或钢筋混凝土结构；2- 监测点；3- 地面；K_1- 监测点与建(构)筑物外表面距离；K_2- 监测点埋入结构深度

B.3 隐蔽式竖向位移监测点埋设要求

隐蔽式竖向位移监测点宜按附图 B-4、附图 B-5 或附图 B-6 的规格埋设。

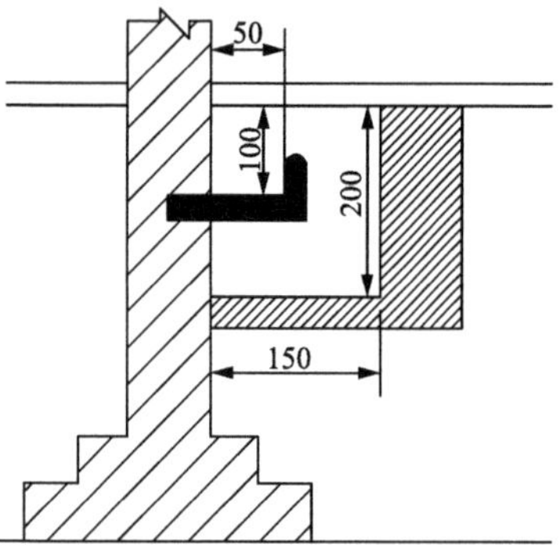

附图 B-4 窨井式监测点（适用于建筑物内部埋设，尺寸单位：mm）

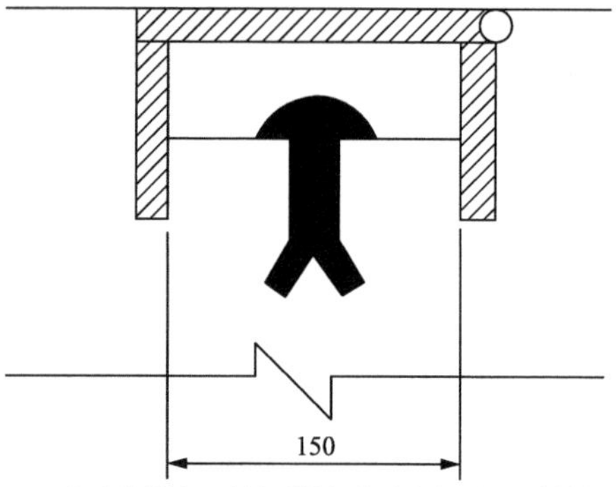

附图 B-5 盒式监测点（适用于设备基础上埋设，尺寸单位：mm）

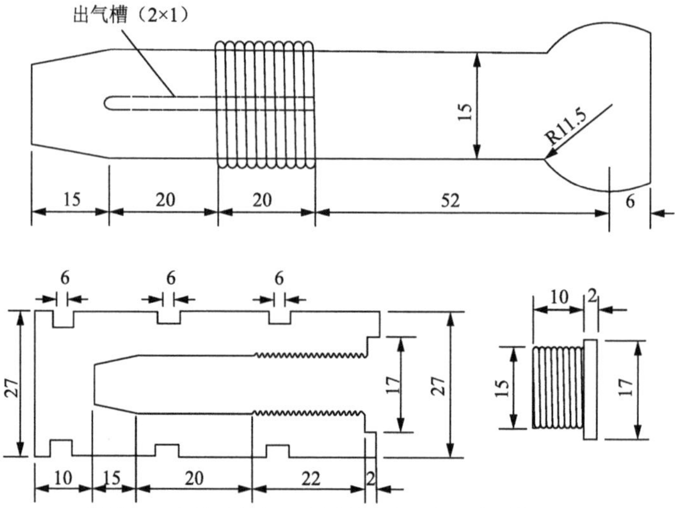

附图 B-6 螺栓式测点（适用于墙体上埋设，尺寸单位：mm）

B.4 路基竖向位移监测点的埋设要求

高速公路、城市道路的路基竖向位移监测点的埋设（附图 B-7），应符合下列规定：

（1）高速公路、城市道路的路基竖向位移监测点宜采用钻孔方式埋设，钻孔深度应到原状土层，钻孔直径不宜小于 80mm，螺纹钢标志点直径宜为 18 ～ 22mm，底部将螺纹钢标志点用混凝土与周边原状土体固定，底端混凝土固结长度宜为 50mm，孔内用细砂回填。

（2）路基竖向位移监测点的保护井壁宜采用钢质材料，井壁厚度宜为 10mm，井底垫圈宽度宜为

50mm，井深宜为 200 ～ 300mm；井盖宜采用钢质材料，井盖直径宜为 150mm，井口高程宜与道路地表高程相同。

（3）井底垫圈面距监测点顶部高度不宜小于井深长度的 1/2，且不宜小于预计的路基最大沉降量。

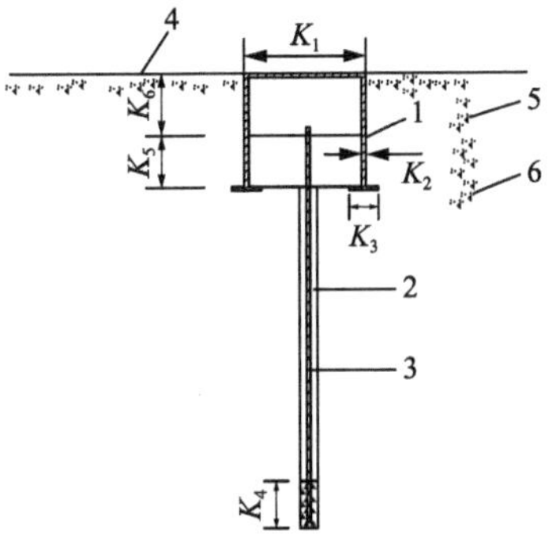

附图 B-7　城市道路路基竖向位移监测点

1- 保护井；2- 钻孔回填细沙；3- 螺纹钢标志；4- 路面；5- 面层；6- 基层；K_1- 保护井盖直径；K_2- 保护井井壁厚度；K_3- 井底垫圈宽度；K_4- 底端混凝土固结长度；K_5- 井底垫圈面距监测点顶部高度；K_6- 监测点顶部距井盖顶高度

B.5　地下管线监测点埋设要求

地下管线监测点宜按附图 B-8、附图 B-9 埋设，应符合下列规定：

（1）由扁铁制成稍大于管线直径的圆环，将测杆与管线连接成为整体，测杆伸至地面，道路地面处布置相应的窨井。

（2）将硬塑料管（金属管）打设或埋设于所测管线顶面和地表之间，量测时将测杆放入埋管的固定位置，标尺置于测杆顶端。

（3）在代表性管线的邻近打 ϕ100mm 的钻孔，孔深至管底高程，取出浮土后用砂铺平孔底，放入适当面积钢板，以 ϕ20mm 的钢筋为测杆，周围用净砂填实。

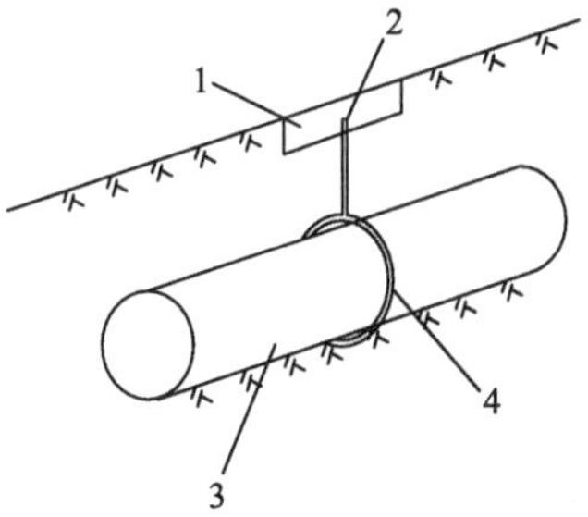

附图 B-8　抱箍式直接监测点

1- 窨井；2- 测杆；3- 管线；4- 抱箍

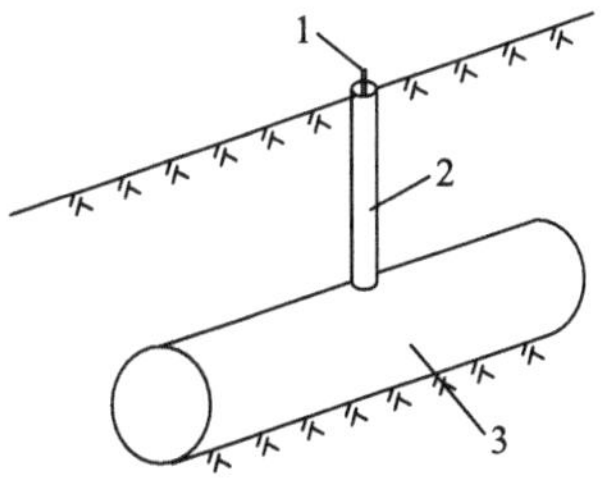

附图 B-9　套筒式直接监测点

1- 测杆；2- 硬管；3- 管线

B.6　土体分层竖向位移监测点埋设要求

土体分层竖向位移监测点的埋设（附图 B-10），应符合下列规定：

（1）土体分层竖向位移监测点宜采用埋设分层沉降管、管外套磁环的形式，分层沉降管内径为 59mm，外径宜为 71mm，埋置深度应符合监测设计的要求；分层沉降管口部分宜采用刚套管保护，管底应进行封堵。

（2）保护井壁宜采用钢质材料，井壁厚度宜为 10mm，井底垫圈宽度宜为 50mm，井深宜为

200 ～ 300mm；井盖宜采用钢质材料，井盖直径宜为 150mm，井口高程宜与地面高程相同。

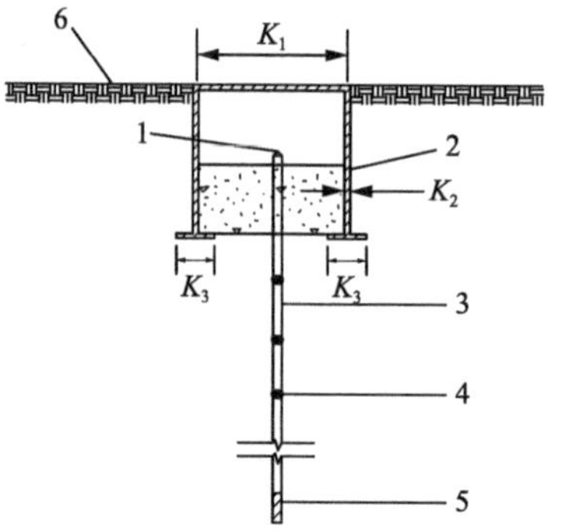

附图 B-10　土体分层竖向位移监测点

1- 分层沉降管保护盖；2- 保护井；3- 分层沉降管；4- 磁环；5- 分层沉降管底封堵端；6- 地表；K_1- 保护井盖直径；K_1- 保护井井壁厚度；K_3- 井底垫圈宽度

附录 C　现场巡查报表

各类现场巡查报表见附表 C-1 ～附表 C-3。

明(盖)挖法基坑现场巡查报表　　附表 C-1

明(盖)挖法基坑现场巡查报表		编号	
工程名称：　天气：　报表编号：			
本次巡查时间：　年　月　日　时			
分类	巡查内容	巡查结果	备注
施工工况	开挖面岩土体的类型、特征、自稳性，渗漏水量大小及发展情况		
	开挖长度、分层高度及坡度，开挖面暴露时间		
	降水、回灌等地下水控制效果及设施运转情况		
	基坑侧壁及周边地表截、排水措施及效果，坑边或基底有无积水		
	支护桩(墙)后土体有无裂缝、明显沉陷，基坑侧壁或基底有无涌土、流砂、管涌		
	基坑周边有无超载		
	其他		
支护结构	支护桩(墙)有无裂缝、侵限情况		
	冠梁、围檩的连续性，围檩与桩(墙)之间的密贴性，围檩与支撑的防坠落措施		
	冠梁、围檩、支撑有无过大变形或裂缝		
	支撑是否及时架设		
	盖挖法顶板有无明显变形和开裂，顶板与立柱、墙体的连续情况		
	止水帷幕有无开裂、较严重渗漏水情况		
	其他		
周边环境	建(构)筑物的裂缝位置、数量和宽度，混凝土剥落位置、大小和数量，设施能否正常使用		
	地下构筑物积水及渗水情况		
	周边路面或地表的裂缝、沉陷、隆起、冒浆的位置、范围等情况		
	管线沿线地面开裂、渗水及塌陷情况，检查井等附属设施的开裂以及井内有无积水或积水的深度等情况		
	工程周边开挖、堆载、打桩等可能影响工程安全的其他生产活动		
	其他		
监测设施	基准点、监测点的完好状况、保护情况		
	监测元器件的完好状况、保护情况		
	其他		
现场巡查人：　　监测负责人：			
监测单位：　　第　页　共　页			

盾构法隧道现场巡查报表　　附表 C-2

<table>
<tr><td colspan="2">盾构法隧道现场巡查报表</td><td>编号</td><td></td></tr>
<tr><td colspan="4">工程名称：　　　　天气：　　　　报表编号：</td></tr>
<tr><td colspan="4">本次巡查时间：　年　月　日　时</td></tr>
<tr><td>分类</td><td>巡查内容</td><td>巡查结果</td><td>备注</td></tr>
<tr><td rowspan="5">施工工况</td><td>盾构始发端、接收端土体加固情况</td><td></td><td></td></tr>
<tr><td>盾构掘进位置（环号）</td><td></td><td></td></tr>
<tr><td>盾构停机、开仓等的时间和位置</td><td></td><td></td></tr>
<tr><td>联络通道开洞口情况</td><td></td><td></td></tr>
<tr><td>其他</td><td></td><td></td></tr>
<tr><td rowspan="3">管片变形</td><td>管片破损、开裂、错台情况</td><td></td><td></td></tr>
<tr><td>管片渗漏水情况</td><td></td><td></td></tr>
<tr><td>其他</td><td></td><td></td></tr>
<tr><td rowspan="6">周边环境</td><td>建（构）筑物、桥梁墩台或梁体、既有轨道交通结构等的裂缝位置、数量和宽度，混凝土剥落位置、大小和数量，设施能否正常使用</td><td></td><td></td></tr>
<tr><td>地下构筑物积水及渗水情况，地下管线的漏水、漏气情况</td><td></td><td></td></tr>
<tr><td>周边路面或地表的裂缝、沉陷、隆起、冒浆的位置、范围等情况</td><td></td><td></td></tr>
<tr><td>河流湖泊的水位变化情况，水面有无出现漩涡、气泡及其位置、范围，堤坡裂缝宽度、深度、数量及发展趋势等</td><td></td><td></td></tr>
<tr><td>工程周边开挖、堆载、打桩等可能影响工程安全的其他生产活动</td><td></td><td></td></tr>
<tr><td>其他</td><td></td><td></td></tr>
<tr><td rowspan="3">监测设施</td><td>基准点、监测点的完好状况、保护情况</td><td></td><td></td></tr>
<tr><td>监测元器件的完好状况、保护情况</td><td></td><td></td></tr>
<tr><td>其他</td><td></td><td></td></tr>
<tr><td colspan="4">现场巡查人：　　　　监测负责人：</td></tr>
<tr><td colspan="4">监测单位：　　　　第　页　共　页</td></tr>
</table>

矿山法隧道现场巡查报表

附表 C-3

矿山法隧道现场巡查报表		编号	
工程名称：　　天气：　　报表编号：			
本次巡查时间：　年　月　日　时			
分类	巡查内容	巡查结果	备注
施工工况	开挖步序、步长、核心土尺寸等情况		
	开挖面岩土体的类型、特征、自稳性，地下水渗漏及发展情况		
	开挖面岩土体有无坍塌及坍塌的位置、规模		
	降水或止水等地下水控制效果及降水设施运转情况		
	其他		
支护结构	超前支护施作情况及效果、钢拱架架设、挂网及喷射混凝土的及时性、连接板的连接及锁脚锚杆的打设情况		
	初期支护结构渗漏水情况		
	初期支护结构开裂、剥离、掉块情况		
	临时支撑结构有无明显变位		
	二次衬砌结构施作时临时支撑结构分段拆除情况		
	初期支护结构背后回填注浆的及时性		
	其他		
周边环境	建(构)筑物、桥梁墩台或梁体、既有轨道交通结构等的裂缝位置、数量和宽度，混凝土剥落位置、大小和数量，设施能否正常使用		
	地下构筑物积水及渗水情况，地下管线的漏水、漏气情况		
	周边路面或地表的裂缝、沉陷、隆起、冒浆的位置、范围等情况		
	河流湖泊的水位变化情况，水面有无出现漩涡、气泡及其位置、范围，堤坡裂缝宽度、深度、数量及发展趋势等		
	工程周边开挖、堆载、打桩等可能影响工程安全的其他生产活动		
	其他		
监测设施	基准点、监测点的完好状况、保护情况		
	监测元器件的完好状况、保护情况		
	其他		
现场巡查人：　　监测负责人：			
监测单位：　　第　页　共　页			

附录 D　周边环境初始状态调查报告格式

D.1　封面格式

[土建 ×× 标] 周边环境调查（No.×）

（正式报告中该行放置在第一行）

深圳地铁

××线××工程周边环境现状调查报告

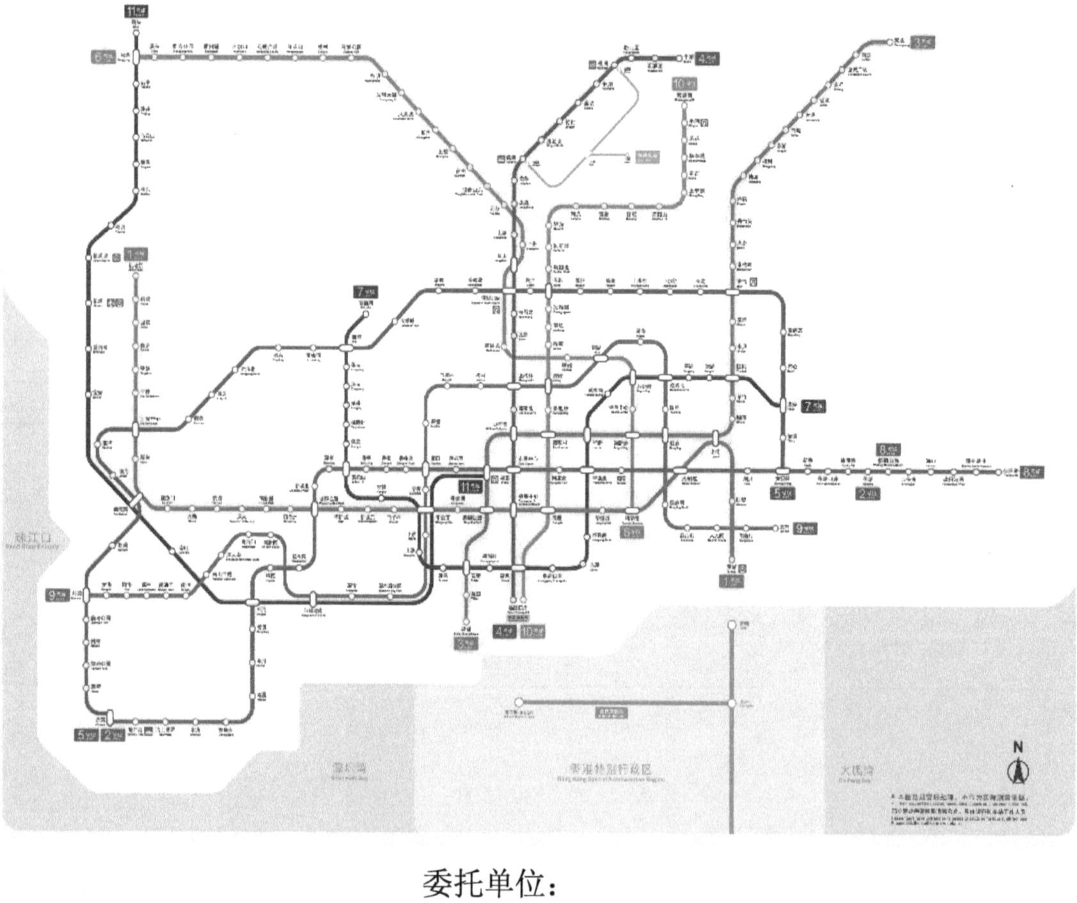

委托单位：

监测单位：(签章)

二〇××年×月×日

D.2　扉页格式

该页按有关规定附项目责任人员名单及签名。

监测联系人及电话：

D.3 目录格式

目　录

D.4 内容要求

第 1 章　工程概况

1.1 项目概况

本工点的工程简述、设计说明等。

1.2 周边环境概况

本工点周边环境的相关说明及与本工点建设工程的相互关系等。

第 2 章　调查依据

法律法规、技术标准、设计资料等。

第 3 章　调查目的

结合工程设计、监测工作等说明调查的目的。

第 4 章　调查内容

本次调查需要确定的信息。

第 5 章　调查方法

使用的仪器设备、技术方法等。

第 6 章　现场调查

6.1 基本情况调查

周边建（构）筑物的基本信息。

6.2 现状调查

周边建（构）筑物的现状情况，包括构件的破损、裂缝、较大变形等，配以照片、图示等。

第 7 章　调查结果及建议

7.1 现状调查结果

通过调查给出周边建（构）筑物目前的状态。

7.2 建议

通过调查结果给出建议。

第 8 章　附件

建（构）筑物基本信息表、现场照片、缺陷描述及照片等。

附录 E　监测方案格式

E.1　封面格式

[土建××标]监测方案(No.×)

(正式报告中该行放置在第一行)

深圳地铁

××线××工程监测实施方案

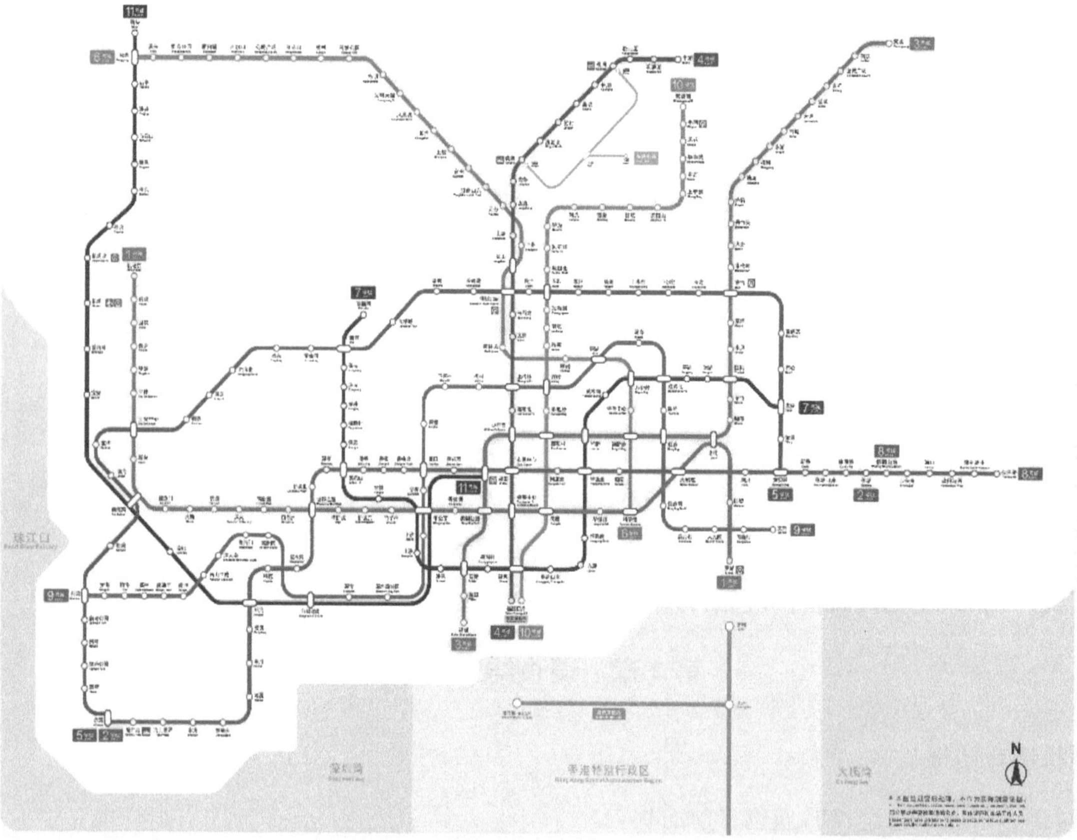

委托单位：

监测单位:(签章)

二O××年×月×日

E.2　扉页格式

该页按有关规定附项目责任人员名单及签名。

监测联系人及电话：

E.3 目录格式

目　　录

E.4 内容要求

第 1 章 编制依据

1.1 任务委托文件

中标通知书、合同等。

1.2 法律法规文件

政府法律法规文件。

1.3 技术标准要求

国家、行业、地方有关规范要求。

1.4 工程相关资料

设计文件、勘察文件、环境调查资料等。

第 2 章 工程概况

2.1 项目简述

工程背景及概况。

2.2 工程地质及水文地质

本项目工程勘察揭露的地质、水文等与工程结构关系情况。

2.3 周边环境

本项目施工影响到的周边建构筑物的具体情况，以及与工程的关系情况。

2.4 工程规模及施工方法

工程地点、设计结构、施工方法、辅助工艺、施工计划等。

2.5 工程监测等级

根据设计资料确定的监测等级。

第 3 章 监测目的

根据本项目实际监测目的和要求叙述。

第 4 章 监测项目及要求

4.1 监测范围及内容

根据合同、设计文件等，确定监测的范围、对象、内容、工作量。

4.2　监测精度及监测仪器要求

根据监测对象、内容及工程监测等级，确定监测精度及监测仪器。

4.3　监测控制值及预警

根据设计文件及地铁公司监测管理办法进行分工点、分项目确定。

4.4　监测点的布设原则

根据施工图设计文件、合同要求、专家评审意见等确定各监测项目的布点原则。

4.5　监测初始值的采集要求

根据规范标准及设计要求进行初始值的采集。

4.6　监测频率计周期

根据设计文件、合同、规范等，列表给出监测频率和周期。

4.7　监测起止时间

根据设计文件、合同、规范等，列表确定各监测项目的起止时间。

第 5 章　监测方法及技术要求

5.1　变形控制网的建立与施测

5.1.1　平面控制网的建立与施测

平面控制网的网形，基准点、工作基点的埋设、联测，技术指标，复测检核，稳定性评价等。

5.1.2　高程控制网的建立与施测

高程控制网的网形，基准点、工作基点的埋设、联测，技术指标，复测检核，稳定性评价等。

5.2　周边环境监测

5.2.1　建(构)筑物沉降监测

监测点埋设方法、监测仪器设备、监测方法、精度指标、数据处理、统计分析等。

5.2.2　建(构)筑物倾斜监测

监测点埋设方法、监测仪器设备、监测方法、精度指标、数据处理、统计分析等。

5.2.3　建(构)筑物裂缝监测

监测点埋设方法、监测仪器设备、监测方法、精度指标、数据处理、统计分析等。

5.2.4　地表沉降监测

监测点埋设方法、监测仪器设备、监测方法、精度指标、数据处理、统计分析等。

5.2.5　管线变形监测

监测点埋设方法、监测仪器设备、监测方法、精度指标、数据处理、统计分析等。

5.3　周边环境监测

5.3.1　围护结构桩(墙)顶水平位移监测

监测点埋设方法、监测仪器设备、监测方法、精度指标、数据处理、统计分析等。

5.3.2　围护结构桩(墙)顶竖向位移监测

监测点埋设方法、监测仪器设备、监测方法、精度指标、数据处理、统计分析等。

5.3.3　基坑周围地表沉降监测

监测点埋设方法、监测仪器设备、监测方法、精度指标、数据处理、统计分析等。

5.3.4　支护结构变形监测

监测点埋设方法、监测仪器设备、监测方法、精度指标、数据处理、统计分析等。

5.3.5　支撑轴力(混凝土内力)监测

监测点埋设方法、监测仪器设备、监测方法、精度指标、数据处理、统计分析等。

5.3.6　地下水位监测

监测点埋设方法、监测仪器设备、监测方法、精度指标、数据处理、统计分析等。

5.3.7　立柱沉降监测

监测点埋设方法、监测仪器设备、监测方法、精度指标、数据处理、统计分析等。

5.4　现场巡查

分工法对巡查内容、巡查过程、巡查方法、巡查信息判断处理方法、异常巡查信息处理、巡查信息拍摄、记录要求等进行叙述。

第6章　工程风险分析及监控重点

6.1　工程风险源统计

本项目工程本身风险源及周边环境风险源统计。

6.2　风险源影响统计

根据统计的风险源确定可能影响到的工程区域及内容。

6.3　监测重、难点分析

根据设计文件、施工方法、施工计划、工程地质和水文条件、风险源及影响的区域内容等进行分析，提出监测的重点，并对监测过程中可能出现的异常情况进行分析。

6.4　监测重、难点应对措施

根据监测重、难点分析结果，提出相应的应对措施。

第7章　监测信息反馈

7.1　监测信息反馈流程

根据地铁公司工程监测管理办法确定反馈流程。

7.2　监测信息反馈要求

对监测信息内容、时间、人员等的规定。

7.3 监测信息反馈内容

内容格式等。

第8章 监测应急预案

8.1 工程风险监测应急预案

出现工程风险时对应的监测组织保障机构、人员、设备、处理流程、信息反馈等。

8.2 监测作业安全应急预案

监测作业安全保障、应急情况、应急处理流程、处理措施、信息反馈等。

第9章 监测作业组织计划

9.1 组织机构及人员

组织机构形式、人员及分工。

9.2 仪器设备

监测仪器设备配置及分配。

9.3 进度计划及进度控制

根据工程节点进行监测内容的进度安排、资源配置等。

第10章 监测作业保障措施

10.1 质量保障措施

工程质量管理目标、质量风险点分析、各环节质量保障制度等。

10.2 环境保障措施

环境管理目标、环境保护风险点分析、各环节环境保护控制措施等。

10.3 职业健康及安全保障措施

职业健康及安全管理目标、安全风险点分析、各环节安全控制制度等。

第11章 对施工监测的监督管理

与施工监测的关系、对施工监测的要求、监管内容、管理制度等。

第12章 与工程相关单位的配合措施

与监管部门、建设单位、施工单位、监理单位、设计单位等的配合内容及方式等。

附件

监测布点图。

附录 F　监测日报格式

F.1　封面格式

[土建 ×× 标]监测 - 日(No.×)
(正式报告中该行放置在第一行)

深圳地铁

××线××区间监测日报

(20××.××.××)

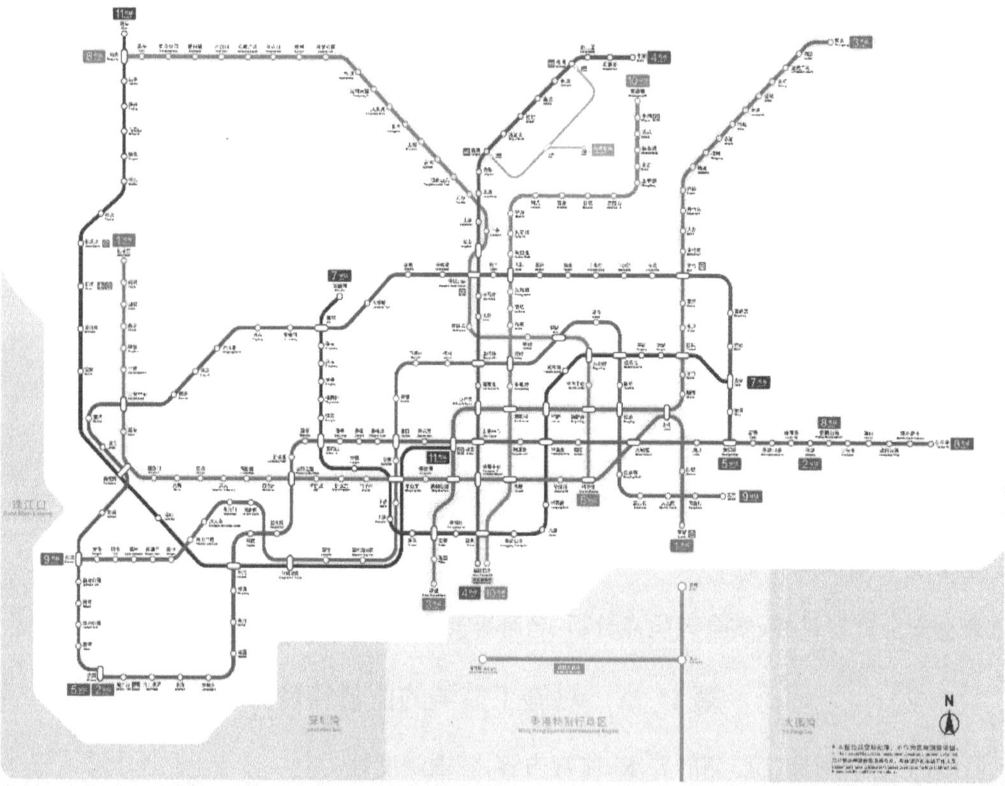

委托单位：

监测单位：(签章)

二〇××年×月×日

F.2　扉页格式

该页按有关规定附项目责任人员名单及签名。

监测联系人及电话：

F.3 目录格式

目　　录

F.4　内容要求

1　工程监测概况

提供监测项目平面、剖面布置图、周边环境平面图。

2　监测预 / 报警统计

监测项目预警及超控点位统计表见附表 F-1，预警值用黄色标识，报警值用红色标识。

监测项目预警及超控点位统计表　　附表 F-1

监测项目		设计值	报警值	控制值	累计值	报警测点	超控测点	备注
地表沉降								
建筑物沉降								
拱顶沉降								
水平收敛								
受力	拱架应力							
	混凝土应力							
	锚杆轴力							
水位								

3　施工工况记录

工况记录表见附表 F-2。

工况记录表　　附表 F-2

监测点编号	监测时间	监测点里程	掌子面或刀盘面里程	节点工况

4　主要监测成果

4.1　支护体系监测成果

实测支护体系各监测项目的日变量值、变化速率、累计变量值报表，绘制有关曲线图。

4.2　周边环境监测成果

实测周边环境各监测项目的日变量值、变化速率、累计变量值报表，绘制有关曲线图。

4.3 异常测值分析

…………

5 监测巡视信息

支护体系、开挖面、周边环境巡视信息，包括巡视照片、记录等。

6 监测结论与建议

…………

7 相关附图、附表

包括各监测项目监测布点位置、施工监测数据汇总成果表、变形断面曲线、变形时间过程曲线等图表。

曲线图及表格中预警值数值用黄色标识，超控制值数值用红色标识（纸质文件的标识可打印后用相应色彩的彩笔标出）。

7.1 水平位移（收敛）监测日报表

水平位移监测日报表

附表 F-3

报表编号 NO:______

深圳市城市轨道交通 ×× 线工点监测日报表

仪器型号：	监测日期： 年 月 日			天气：		
累计观测时间______天				监测报警值(mm)：		
监测点号	初始值(mm)（日期： ）	本次水平位移量(mm)（日期： ）	前次累计水平位移量(mm)（日期： ）	本次累计水平位移量(mm)	水平位移速率(mm/d)	备注
监测说明（监测内容分析和判断性结论）						
工况						

注：监测点位布置图附后。

监测人： 校对人： 审核人：

7.2 竖向位移监测日报表

竖向位移监测日报表

附表 F-4

报表编号 NO：______

深圳市城市轨道交通 ×× 线工点监测日报表

仪器型号：	监测日期： 年 月 日			天气：		
累计观测时间______天				监测报警值(mm)：		
监测点号	初始值(mm) （日期： ）	本次竖向位移量(mm) （日期： ）	前次累计竖向位移量(mm) （日期： ）	本次累计竖向位移量(mm)	变形速率(mm/d)	备注
监测说明 （监测内容分析和判断性结论）						
工况						

注：监测点位布置图附后。

监测人： 校对人： 审核人：

7.3 轴力(应力)监测日报表

轴力(应力)监测日报表 附表 F-5

报表编号 NO:______

深圳市城市轨道交通 ×× 线工点监测日报表

仪器型号: 监测日期: 年 月 日 天气:

累计观测时间________天 监测报警值(kN):

监测编点号	初始值(kN)(日期:)	本次测值(kN)(日期:)	前次累计变化值(kN)(日期:)	本次累计变化值(kN)	变化速率(kN/d)	备注
监测说明(监测内容分析和判断性结论)						
工况						

注:监测点位布置图附后。

监测人: 校对人: 审核人:

附录G 监测周报格式

G.1 封面格式

[土建××标]监测-周(No.×)

(正式报告中该行放置在第一行)

深圳地铁

××线××区间监测周报

(20××.××.×× ~20××.××.××)

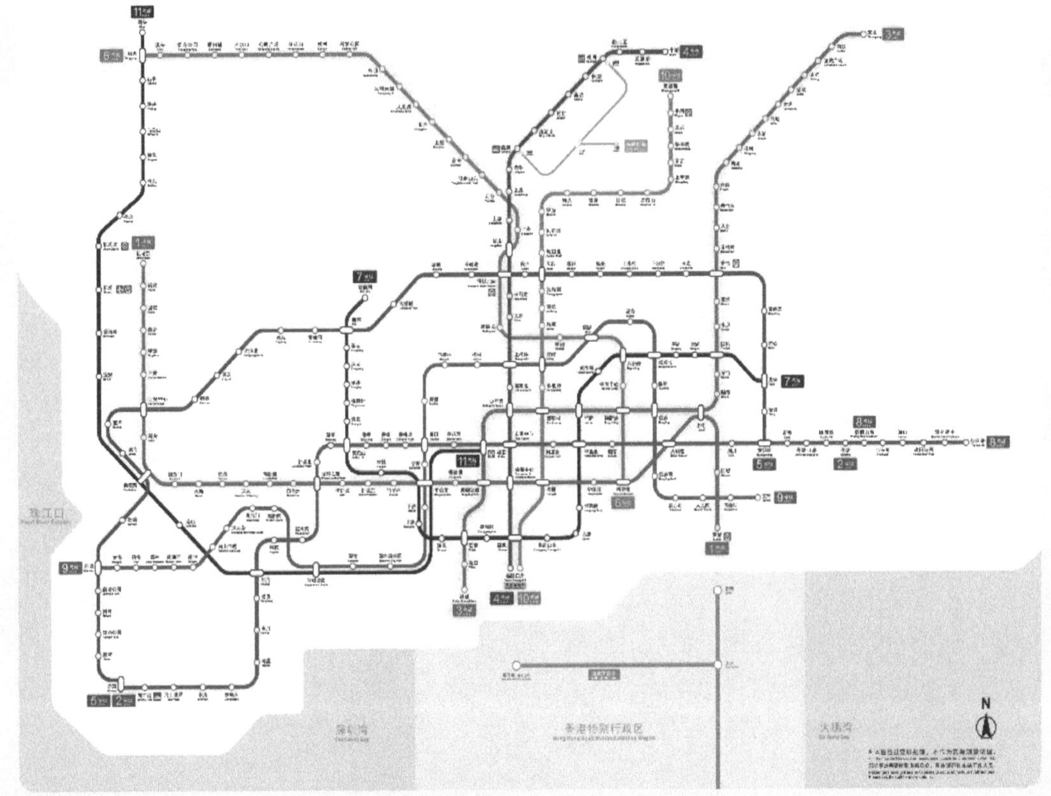

委托单位:

监测单位:(签章)

二〇××年×月×日

G.2 扉页格式

该页按有关规定附项目责任人员名单及签名。

监测联系人及电话：

G.3　目录格式

目　录

G.4 内容要求

1 工程监测概况

提供监测项目平面、剖面布置图,周边环境平面图。

2 监测预/报警统计

监测项目预警及超控点位统计表见附表G-1,预警值用黄色标识,报警值用红色标识。

监测项目预警及超控点位统计表 附表G-1

监测项目		设计值	报警值	控制值	累计值	报警测点	超控测点	备注
地表沉降								
建筑物沉降								
拱顶沉降								
水平收敛								
受力	拱架应力							
	混凝土应力							
	锚杆轴力							
水位								

3 施工工况记录

工况记录表见附表G-2。

工况记录表 附表G-2

监测点编号	监测时间	监测点里程	掌子面或刀盘面里程	节点工况

4 主要监测成果

4.1 支护体系监测成果

实测支护体系各监测项目的周变量值、变化速率、累计变量值报表,绘制有关曲线图。

4.2 周边环境监测成果

实测周边环境各监测项目的周变量值、变化速率、累计变量值报表,绘制有关曲线图。

4.3　异常测值分析

5　监测巡视信息

支护体系、开挖面、周边环境巡视信息，包括巡视照片、记录等。

6　监测结论与建议

…………

7　相关附图、附表

包括各监测项目监测布点位置、施工监测数据汇总成果表、变形断面曲线、变形时间过程曲线等图表。

曲线图及表格中预警值数值用黄色标识，超控制值数值用红色标识（纸质文件的标识可打印后用相应色彩的彩笔标出）。

附录 H　监测月报格式

H.1　封面格式

[土建 ×× 标] 监测 - 月（No.×）

（正式报告中该行放置在第一行）

深圳地铁

× × 线 × × 区间监测月报

（20××.××.×× ～ 20××.××.××）

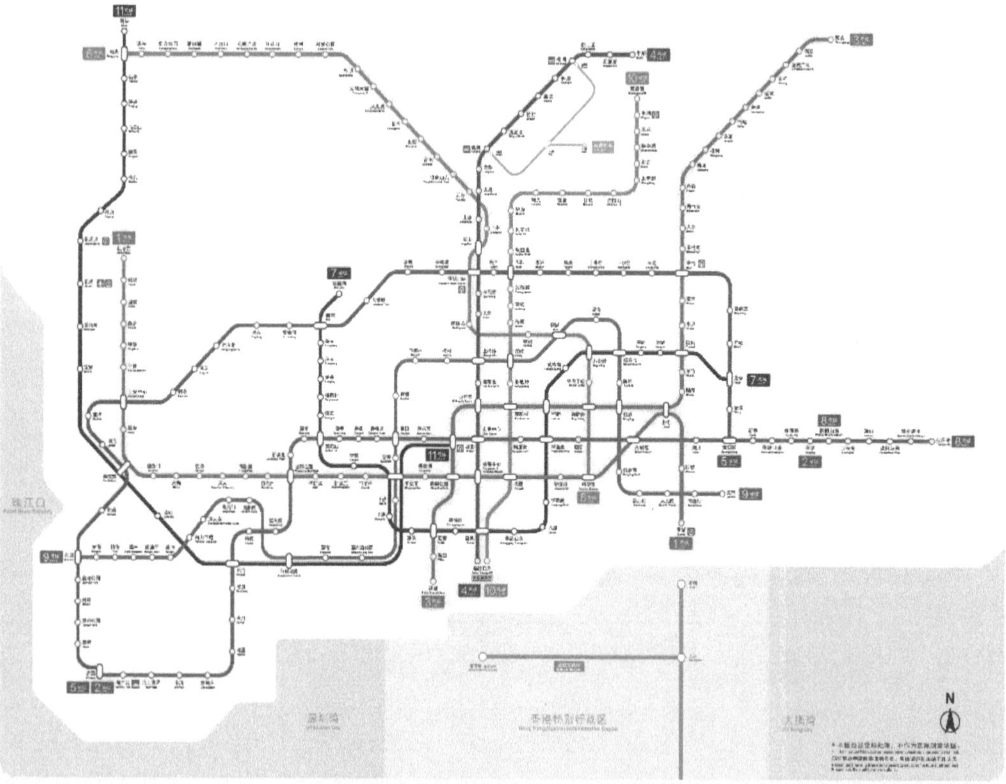

委托单位：

监测单位：（签章）

二O××年×月×日

H.2　扉页格式

该页按有关规定附项目责任人员名单及签名。

监测联系人及电话：

H.3 目录格式

目　　录

H.4　内容要求

第 1 章　工程及监测概况

描述工程概况，提供工程总平面图与监测项目平面、剖面布置图、周边环境平面图。

第 2 章　工况统计

提供各监测点的工况统计表，统计表格式见附表 H-1，其中，监测点栏目填写监测点编号，工况栏目填写相应测点工况发生的日期。

节点工况统计表　附表 H-1

监测点	工况 1	工况 2	工况 3	工况 4	工况 5	工况 6	工况 7	工况 8	工况 9	工况 10

第 3 章　主要监测成果

3.1　支护体系监测成果

实测支护体系各监测项目的阶段变量、累计变量值报表，绘制时间历程曲线、空间分布曲线。

3.2　周边环境监测成果

实测周边环境各监测项目的阶段变量、累计变量值报表，绘制时间历程曲线、空间分布曲线。地表沉降曲线、周边建筑物沉降曲线结合工况进行分析。

第 4 章　监测异常数据分析

监测异常数据指监测值变化过大、变化速率过快等，包括工点风险状况、工点监测、巡视预警情况的统计说明及原因分析。

第 5 章　监测报警汇总统计分析

按监测控制标准，对统计达到报警值的监测项目进行统计，统计表格式见附表 H-2。

监测项目预警及超控点位统计表　附表 H-2

监测项目	设计值	报警值	控制值	累计值	报警测点	超控测点	备注
地表沉降							
建筑物沉降							
拱顶沉降							
水平收敛							

续上表

监测项目		设计值	报警值	控制值	累计值	报警测点	超控测点	备注
受力	拱架应力							
	混凝土应力							
	锚杆轴力							
水位								

第6章 监测结论与建议

对监测成果进行评价，对监测规律进行总结，对监测发展趋势进行预测，从监测角度对工程安全性和工艺的合理性提出建议，对下一步监测工作和工程安排提出建议。

附录 I　监测工点总结报告格式

I.1　封面格式

[土建 ×× 标] 监测阶段（No.×）

（正式报告中该行放置在第一行）

深圳地铁

×× 线 ×× 区间监测总结报告

（20××.××.×× ～ 20××.××.××）

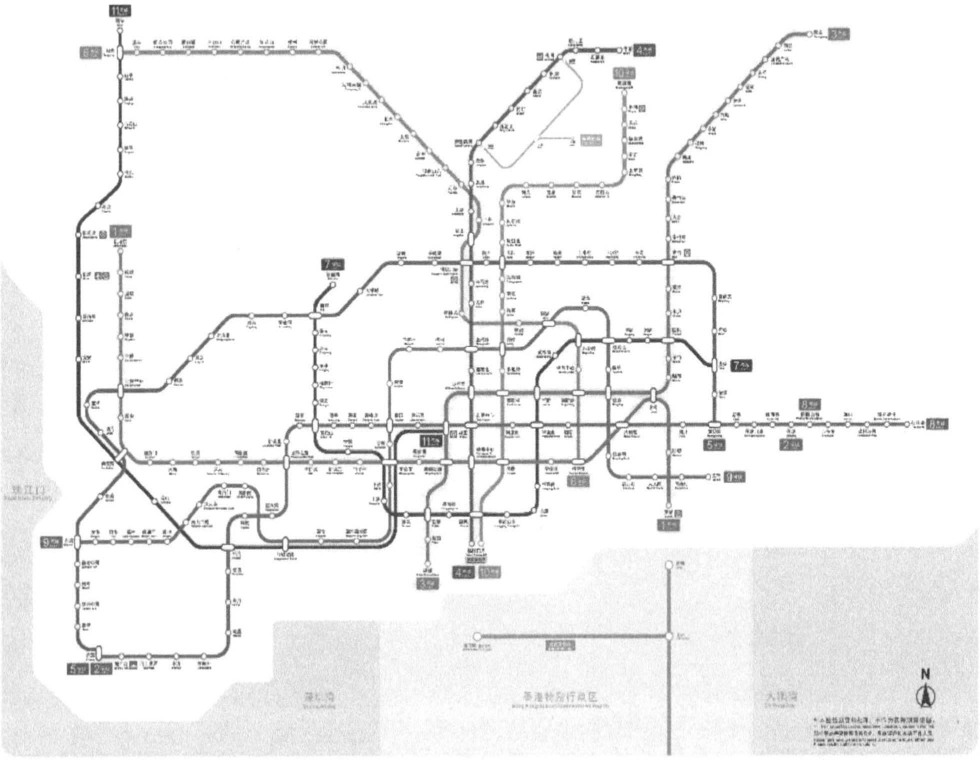

委托单位：

监测单位：（签章）

二〇 ×× 年 × 月 × 日

I.2 扉页格式

该页按有关规定附项目责任人员名单及签名。

监测联系人及电话：

I.3 目录格式

目　录

I.4 内容要求

第1章 工程监测概况

1.1 工程概况

简述工程规模、工程地质条件,包括工法、埋深等。

1.2 工程设计图

工程总平面图、断面图等。

1.3 工程地质剖面图

…………

第2章 周边建筑物及工程环境统计

2.1 周边建筑统计

周边建筑物信息统计表格式见附表I-1。绘制周边环境平面图。

周边建筑物信息统计表　　附表I-1

序号	建筑物名称	与隧道的距离（m）	结构类型及地面层数	地下室		基础类型	桩基础		备注
				层数	埋深		桩径（m）	桩长（m）	
1									
2									
3									
4									
5									
6									
7									
8									

2.2 其他工程环境统计

道路与市政管线等其他周边环境监测项目统计表参照附表I-1选用。

第3章 监测点布设

3.1 监测项目平面、剖面布置图

…………

3.2 监测项目与点位统计表

统计表格式见附表I-2。

监测项目与点位统计表　　附表 I-2

项目里程号	地表沉降	建筑物沉降	管线沉降	拱顶沉降	水平收敛	受　力			
						拱架应力	锚杆轴力	钢筋应力	

第 4 章　工况统计

提供各监测点的工况统计表，统计表格式见附表 I-3 采用，其中，监测点栏目填写监测点编号，工况栏目填写相应测点相应工况发生的日期。

节点工况统计表　　附表 I-3

监测点	工况 1	工况 2	工况 3	工况 4	工况 5	工况 6	工况 7	工况 8	工况 9	工况 10

第 5 章　监测报警汇总统计分析

5.1　单个监测项目汇总

5.1.1　汇总项目

（1）地表点沉降时间过程曲线。

（2）建筑物沉降时间过程曲线。

（3）水位变化时间过程曲线。

…………

5.1.2　分析成果

统计各监测项目总体变化区间及分布特征，绘制单个项目按点位统计表，见附表 I-4。

单个测项成果统计（以隧道轴线地表沉降为例） 附表 I-4

隧道围岩级别	区间名称	监测点编号	工况 1	工况 2	工况 3	工况 4
统计值 最小值						
统计值 最大值						
统计值 平均值						

5.2　监测项目综合分析

监控量测数据的计算分析工作中除应对每个项目进行单项分析外，还应进行多项目的综合分析、对比分析、相关性分析。

5.2.1　统计项目

（1）不同围岩级别相同工况不同测点变形对比分析。

（2）同一测点不同工况变形对比分析。

（3）不同围岩级别相同工况不同测点受力对比分析。

（4）同一测点不同工况受力对比分析。

（5）地表沉降与拱顶沉降的相关性分析。

5.2.2　分析成果

（1）地表沉降槽参数。

（2）结合地基、基础及上部结构特征，分析建筑物沉降影响的范围及空间分布特征。

（3）地表沉降与拱顶沉降的定量关系。

5.3　相关变形成果汇总

…………

第 6 章　监测异常数据分析

监测异常数据指监测值变化过大、变化速率过快等，包括工点风险状况、工点监测、巡视预警情况的统计说明及原因分析。

6.1　监测异常情况统计

…………

6.2　监测异常数据分析

…………

第7章 监测报警汇总统计分析

按监测控制标准，对统计达到报警值的监测项目进行统计，统计表格式见附表I-5。

监测项目预警及超控点位统计表 附表I-5

监测项目		设计值	报警值	控制值	累计值	报警测点	超控测点	备注
地表沉降								
建筑物沉降								
拱顶沉降								
水平收敛								
受力	拱架应力							
	混凝土应力							
	锚杆轴力							
水位								

第8章 监测结论与建议

监测规律的总结及风险事务处理情况，包括对各方反馈意见的落实情况及风险事务处理、效果、变化趋势、存在的问题、下一步风险处理建议等。

附录 J 监测总报告格式

J.1 封面格式

[土建 ×× 标] 监测阶段（No.×）

（正式报告中该行放置在第一行）

深圳地铁

××线××工程监测总报告

（20××.××.×× ～20××.××.××）

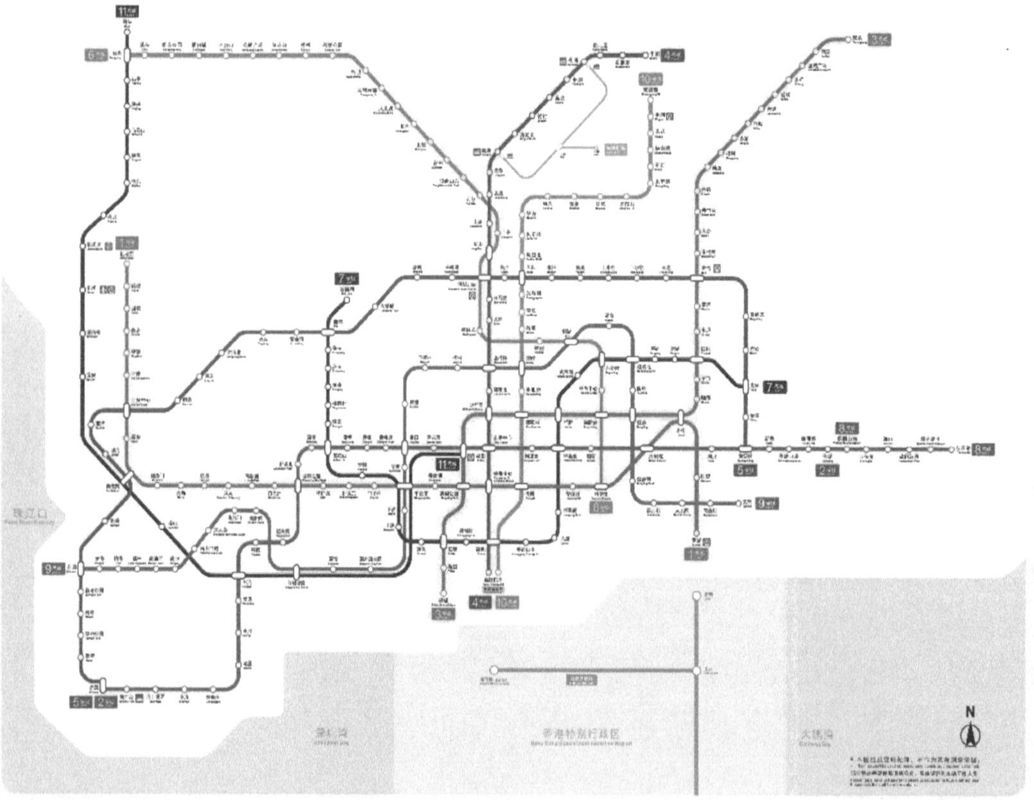

委托单位：

监测单位：(签章)

二〇××年×月×日

J.2　扉页格式

该页按有关规定附项目责任人员名单及签名。

监测联系人及电话：

J.3 目录格式

目　录

J.4　内容要求

第 1 章　工程监测概况

1.1　工程概况

简述工程规模、工程地质条件，包括工法、埋深等。

1.2　工程总平面图

工程总平面图、断面图等。

1.3　周边环境条件

按附表 J-1 汇总各站周边建筑物信息。

周边建筑物信息统计表　　附表 J-1

序号	建筑物名称	与隧道距离(m)	结构类型及地面层数	地　下　室		基础类型	桩　基　础		备注
				层数	埋深		桩径(m)	桩长(m)	
1									
2									
3									
4									
5									
6									
7									
8									

第 2 章　监测点布设

2.1　监测布置图

监测项目平面、剖面布置图。

2.2　监测点位统计

按工点对监测项目及监测点位进行汇总统计，统计表格式见附表 J-2。

监测项目与点位统计表　　附表 J-2

项目里程号	地表沉降	建筑物沉降	管线沉降	拱顶沉降	水平收敛	受　力			
						拱架应力	锚杆轴力	钢筋应力	

第3章　监测项目及周边建筑物分类

3.1　监测项目分类

将工点按施工方法、监测等级等进行分类。

3.2　周边建筑物分类

对工点周边建筑根据其基础类型分为两类，即天然地基和桩基础两类进行统计，统计表格式见附表J-3。

周边建筑物分类表　　附表J-3

序　号	建筑类别	建筑物名称
1	天然地基建筑	
2		
3		
4		
1	桩基础建筑	
2		
3		
4		

第4章　监测数据分析

4.1　单个监测项目汇总

4.1.1　汇总项目

（1）地表点沉降时间过程曲线。

（2）建筑物沉降时间过程曲线。

（3）水位变化时间过程曲线。

…………

4.1.2　分析成果

统计各监测项目总体变化区间及分布特征，绘制单个项目按点位统计表，见附表J-4。

单个测项成果统计（以隧道轴线地表沉降为例）　　附表J-4

隧道围岩级别		区间名称	监测点编号	工况1	工况2	工况3	工况4
统计值	最小值						
	最大值						
	平均值						

4.2　监测项目综合分析

监控量测数据的计算分析工作中除应对每个项目进行单项分析外，还应进行多项目的综合分析、对比分析、相关性分析。

4.2.1　统计项目

（1）不同围岩级别相同工况不同测点变形对比分析。

（2）同一测点不同工况变形对比分析。

（3）不同围岩级别相同工况不同测点受力对比分析。

（4）同一测点不同工况受力对比分析。

（5）地表沉降与拱顶沉降的相关性分析。

4.2.2　分析成果

（1）地表沉降槽参数。

（2）结合地基、基础及上部结构特征，分析建筑物沉降影响的范围及空间分布特征。

（3）地表沉降与拱顶沉降的定量关系。

4.3　相关变形成果汇总

…………

第 5 章　异常监测数据统计分析

监测异常数据指监测值变化过大、变化速率过快等，包括工点风险状况、工点监测、巡视预警情况的统计说明及原因分析。

5.1　监测异常情况统计

…………

5.2　监测异常数据分析

…………

5.3　监测报警汇总统计分析

…………

第 6 章　监测结论与建议

6.1　监测技术、规律及管理工作的总结

…………

6.2　监测工作建议

…………

参 考 文 献

[1] 建设部,国家质量监督检验检疫总局．工程测量规范:GB 50026—2007[S]. 北京:中国计划出版社,2008.

[2] 住房和城乡建设部．城市轨道交通工程测量规范:GB/T 50308—2017[S]. 北京:中国建筑工业出版社,2017.

[3] 住房和城乡建设部．城市轨道交通工程监测技术规范:GB 50911—2013[S]. 北京:中国建筑工业出版社,2014.

[4] 住房和城乡建设部．建筑基坑工程监测技术标准:GB 50497—2019[S]. 北京:中国计划出版社,2019.

[5] 住房和城乡建设部．建筑变形测量规范:JGJ 8—2016[S]. 北京:中国建筑工业出版社,2016.

[6] 国家铁路局．铁路工程测量规范:TB 10101—2018[S]. 北京:中国铁道出版社,2019.

[7] 全国地理信息标准化技术委员会．全球定位系统(GPS)测量规范:GB/T 18314—2009[S]. 北京:中国标准出版社,2009.

[8] 全国地理信息标准化技术委员会．国家一、二等水准测量规范:GB/T 12897—2006[S]. 北京:中国标准出版社,2006.

[9] 住房和城乡建设部．城市轨道交通技术规范:GB 50490—2009[S]. 北京:中国建筑工业出版社,2009.

[10] 住房和城乡建设部．卫星定位城市测量技术标准:CJJ/T 73—2019[S]. 北京:中国建筑工业出版社,2019.

[11] 注册测绘师资格考试教材编审委员会．测绘综合能力[M]. 北京:测绘出版社,2009.

[12] 陕西省工程建设标准．西安城市轨道交通工程监测技术规范:DBJ 61-98—2015[S]. 西安:陕西省建筑标准设计办公室,2015.

[13] 深圳市地铁建设集团有限公司．深圳市地铁建设集团有限公司城市轨道交通工程测量管理办法[Z]. 2019.

[14] 深圳市地铁建设集团有限公司．深圳市地铁建设集团有限公司城市轨道交通工程监测管理办法[Z]. 2019.

[15] 深圳市地铁集团有限公司．深圳市地铁集团有限公司基坑工程监测成果报告编制标准[Z]. 2019.

[16] 深圳市地铁集团有限公司．深圳市地铁集团有限公司隧道工程监测成果报告编制标准[Z]. 2019.

[17] 金淮,张建全,吴锋波,等．城市轨道交通工程监测理论与技术实践[M]. 北京:中国建筑工业出版社,2014.

[18] 江苏省土木建筑学会城市轨道交通建设专业委员会．城市轨道交通工程监测技术与管理指南[M]. 北京:中国建筑工业出版社,2019.

[19] 王丹,王双龙,林鸿,等．建筑变形测量规范:JGJ 8—2016 实施指南[M]. 北京:中国建筑工业出版社,

2017.
[20]江苏省住房和城乡建设厅，江苏省土木建筑学会城市轨道交通建设专业委员会．城市轨道交通工程监测技术与管理指南[M]．北京：中国建筑工业出版社，2019.
[21]周晓军．地下工程监测和检测理论与技术[M]．北京：科学出版社，2014.
[22]王安明，孙铁斌，蓝树猛，等．深基坑变形监测方法与工程实践[M]．郑州：黄河水利出版社，2015.
[23]刘强，毛远芳，李雪，等．工程变形监测[M]．北京：高等教育出版社，2019.
[24]马海志，马全明，王书林，等．地铁既有铁路工程测量技术与应用[M]．北京：中国劳动社会保障出版社，2013.
[25]北京交通大学．地铁工程监测测量管理与技术[M]．北京：中国建筑工业出版社，2013.
[26]罗海风，詹显军，陈博．轨道交通监测信息化管理系统研发与运用[J]．轨道交通信息技术，2018(252)：58-62.
[27]张先锋．地铁工程测量技术指南[M]．北京：人民交通出版社，2013.
[28]胡荣明．城市地铁测量安全技术[M]．北京：中国矿业大学出版社，2013.
[29]秦长利．城市轨道交通工程测量[M]．北京：中国建筑工业出版社，2008.
[30]北京交通大学．地铁工程监测测量管理与技术[M]．北京：中国建筑工业出版社，2013.
[31]宋超，熊琦智．三角高程测量在地下轨道交通工程联系测量中的应用[J]．城市勘测，2012，000(001)：120-121.
[32]王玉福，李鹏，梁爽，等．城市轨道交通工程测量技术与应用[M]．北京：中国工信出版集团，2017.
[33]曾嘉．全站仪竖直传高法在水电站金结安装施工测量中的应用[J]．中国科技博览，2014(45)：240-240.
[34]程效军，鲍峰．无定向导线的布设及精度分析[J]．同济大学学报(自然科学版)，2002，30(7)：886-889.
[35]张慧慧．导线直传法在地铁盾构隧道定向测量中的应用研究[J]．长春工程学院学报(自然科学版)，2013，14(4)：89-91.
[36]国家测绘局人事司．工程测量：技师版[M]．北京：测绘出版社，2009.
[37]崔旭升，潘国荣，李法礼．双联系三角形法在竖井联系测量中的应用[J]．大地测量与地球动力学，2010(02)：156-159.
[38]田正华，叶满珠，刘军峰．双联系三角形法在中长距离隧道联系测量中的应用[J]．河南科技，2020，700(02)：118-120.
[39]李强．城市地铁施工测量控制因素及精度分析[J]．铁道勘察，2009(02)：1-4.
[40]方门福．地铁控制测量检测技术方法探讨[J]．城市勘测，2014(4)：123-126.
[41]杜胜品，陆键，马永锋．基于车辆限界的高速公路交织区交通安全许价研究[J]．交通信息与安全，2011(2)：69-72.
[42]叶芹禄．城市轨道交通车辆司机室加长后车辆限界的计算[J]．铁道勘察，2011(2)：99-101.
[43]陈园．城市轨道交通限界设计要点分析[J]．科技交流，2010(1)：79-82.